व्यावहारिक
उर्दू-हिन्दी शब्दकोश

2007 में राजपाल एण्ड सन्ज़ से पहली बार यह कोश प्रकाशित हुआ। इससे पूर्व इस कोश के ग्यारह संस्करण प्रकाशित हो चुके थे।

₹ 399

ISBN : 9788170286899

VYAVAHARIK URDU-HINDI SHABDKOSH (Dictionary)

Edited by Dr. Sayyed Asad Ali

मुद्रक : जी.एस. ऑफसेट दिल्ली

राजपाल एण्ड सन्ज़

1590, मदरसा रोड, कश्मीरी गेट, दिल्ली-110006

फोन : 011-23869812, 23865483, 23867791

e-mail : sales@rajpalpublishing.com

www.rajpalpublishing.com

www.facebook.com/rajpalandsons

व्यावहारिक उर्दू-हिन्दी शब्दकोश

सम्पादक
डॉ. सैयद असद अली

राजपाल

दो शब्द

यह बात याद रखने की है कि उर्दू भाषा की जन्मभूमि भारत ही है। यह ज़बान हिन्दोस्तान में ही पैदा हुई है, इसका वतन हिन्दोस्तान है और यह भारत की एक प्रमुख भाषा रही है। उर्दू और हिन्दी का संबंध बहुत पुराना है। दोनों भाषाओं का ढाँचा भी बहुत कुछ मिलता-जुलता है। यह एक भाषावैज्ञानिक और ऐतिहासिक सत्य है कि आरंभिक दिनों की पुरानी उर्दू में हिन्दुस्तानी बोलियों (हिन्दी) के शब्दों का बहुत प्रयोग किया जाता था और यह भी एक हक़ीक़त है कि हिन्दी को अपने आधुनिक रूप तक पहुँचाने में उर्दू का बड़ा योगदान रहा है। यदि हम इस बात को यों कहें कि उर्दू और हिन्दी मुश्तरकः ज़बानें या साझी भाषाएँ हैं तो कोई अत्युक्ति न होगी।

रही लिपि, ढाँचे, वाक्यरचना और व्याकरण आदि की बातें तो उर्दू और हिन्दी में यद्यपि लिपि की भिन्नता को ही अलगाव का सबसे बड़ा आधार माना जाता है किंतु यह भी सर्वमान्य है कि लिपि किसी भाषा का बाहरी आवरण मात्र होती है। आज उर्दू, फारसी, अरबी, पुश्तो और सिंधी लिपियाँ दायें से बायें की ओर लिखी जाती हैं तो भारतीय भाषाओं में ही प्राचीन काल की लिपि खरोष्ट्री भी फारसी-अरबी की भाँति दायें से बायें की ओर लिखी जाती थी जो मौर्य काल में पश्चिमोत्तर भारत में प्रचलित थी। जहाँ तक ढाँचे का प्रश्न है, पारिभाषिक शब्दों और क्रियापदों के अतिरिक्त हिन्दी और उर्दू वाक्य-रचना, व्याकरण, मुहावरे और लोकोक्तियों आदि की दृष्टि से एक दूसरे के बहुत निकट हैं।

किसी भाषा के जीवित होने के लक्षणों में से एक यह भी है कि वह अन्य भाषाओं के शब्दों को लेकर उन्हें अपनी भाषा की प्रकृति के अनुरूप ढालने और उन्हें आत्मसात करने की क्षमता रखती हो। अरबी वालों ने तुर्की, यूनानी, इब्रानी आदि अनेक भाषाओं के शब्दों को ग्रहण किया और यही प्रवृत्ति फारसी और उर्दू ने भी अपनायी। अंग्रेज़ी जैसी उन्नत भाषा ने ग्रीक, लैटिन, फ्रांसीसी, पुर्तगाली और अरबी आदि भाषाओं के शब्दों को अपनाया और आत्मसात् किया है। यहाँ तक कि ये शब्द उसमें ऐसे रच-बस गए हैं कि इन सब आगत शब्दों का योग अंग्रेज़ी के अपने निजी शब्द-भंडार पर हावी हो गया है, किंतु ये सब शब्द अंग्रेज़ी के ही हो गए हैं।

उर्दू शब्द-भंडार अरबी, फारसी, तुर्की भाषाओं पर आधारित है किंतु फिर भी

उसके अधिकांश शब्द संस्कृत के ही हैं। हिन्दी का आधार संस्कृत है। संस्कृत और फारसी भाषाओं के अनेक शब्दों में बड़ी समानता पाई जाती है। ऋग्वेद और ज़िंदावेस्ता की भाषा में वह मेल स्पष्टतः परिलक्षित होता है। भाषा जैसे बहते नीर में भेदों को तलाश करना सतही बातें हैं, समता देखने-दिखाने से इसके प्रवाह में गति ही आती है। किसी भी प्रगतिशील भाषा को इन सबसे ऊपर उठना होता है। न तो कोई भाषा कृत्रिम रूप से गढ़े गए शब्दों तथा अन्य भाषा के शब्दों की ठूसठास से उन्नत होती है और न उसमें प्रचलित सदियों से इस्तेमाल होते आए शब्दों के सर्वथा बहिष्कार से ही उसका रूप-स्वरूप बनता है। हिन्दी का राष्ट्रभाषा के रूप में स्वरूप तब ही दृढ़ हो पाएगा जब हिन्दी में अरबी, फारसी, तुर्की से आगत उर्दू के प्रचलित शब्दों का समावेश बना रहे। किंतु इसके अतिरिक्त असमिया, बंगला, गुजराती, मराठी आदि प्रादेशिक भाषाओं के कुछ शब्दों को आत्मसात् करना ही होगा। यद्यपि नागरी लिपि संसार की एक उन्नत लिपि है किंतु अभी भी इसमें अरबी-फारसी के अनेक वर्णों (अलिफ़ ऐन; ते, तोय; से, स्वाद, सीन; जीम; ज़ाल, ज़े, ज़्वाद, ज़ोय) को सही-सही लिखने के लिए वर्ण नहीं हैं। इसलिए लिपि की सीमाओं को देखते हुए उन्हें पृथक्-पृथक् लिखने की व्यवस्था नहीं है जिससे अशुद्ध उच्चारण से अर्थ का अनर्थ हो सकता है। इसलिए इस कोश में यह अभाव रहना स्वाभाविक है।

यह सर्वसिद्ध है कि न केवल हिन्दी भाषियों की रोज़मर्रा की बोलचाल में ये शब्द प्रयोग में आते हैं अपितु देवनागरी में लिखे हुए 'पृथ्वीराज रासो' से लेकर सदियों के साहित्य में भी ऐसे शब्दों की विपुल संख्या मौजूद है जिन्हें आज उर्दू शब्द कहा जा सकता है। यहाँ तक कि हमारे जीवन के प्रत्येक क्षेत्र में ऐसे शब्द मिलते हैं जिनके या तो हिन्दी पर्याय मिलते ही नहीं और यदि गढ़े भी जाएँगे तो वे भाषा के स्वरूप को कृत्रिम बना देंगे। इनमें से कुछ शब्द यहाँ दिए गए हैं :

फल, मिठाई-संबंधी	:	अनार, अंगूर, अंजीर, आलूबुख़ारा, कद्दू, किशमिश, नाशपाती, खरबूज़ा, तरबूज़, सेब, बादाम, पिस्ता, हलवा, बरफी, गुलाबजामुन, गज़क, जलेबी, समोसा, क़लाक़ंद, कबाब, बिरयानी, क़ोरमा आदि।
धर्म-संबंधी	:	रोज़ा, नमाज़, दीन, ईमान, क़ुरान ख़ुदा आदि।
श्रृंगार-संबंधी	:	साबुन, आईना, शीशा, इत्र आदि।
पत्र-व्यवहार-संबंधी	:	ख़त, लिफ़ाफ़ा, पता, डाकिया आदि।
स्थान-संबंधी	:	मुहल्ला, देहात, शहर, जिला, क़स्बा, सूबा आदि।
व्यवसाय-संबंधी	:	कारीगर, दर्ज़ी, साईस, बावर्ची, हलवाई आदि।
बीमारी-संबंधी	:	हकीम, नुस्खा, नज़ला, बुखार, जुकाम, पेचिश, बीमार, हैज़ा, दवा, जुलाब आदि।

पोशाक-सम्बन्धी : कमीज़, आस्तीन, जेब, दामन, तीहरा, पाजामा, शलवार, दस्ताना, साफा आदि।

शासन-संबंधी : चपरासी, वकील, सरकार, सिपाही, हाकिम आदि।

दैनिक व्यवहार के अन्य अनेक ऐसे उर्दू शब्द हैं जिनके पर्याय हिन्दी में प्रायः नहीं मिलते। इनसे यह स्पष्ट हो जाता है कि हिन्दू-मुस्लिम दो महान संस्कृतियों में आदान-प्रदान की प्रक्रिया स्वाभाविक रूप से अधिक गतिशील हुई है, जो भावात्मक एकता की दृष्टि से कुछ कम महत्त्व की बात नहीं है।,

किसी भी कोश की उपयोगिता में सन्देह नहीं किया जा सकता किंतु इस कोश की उपयोगिता इसलिए असंदिग्ध है क्योंकि न तो यह इतना महार्घ है कि सर्वसाधारण के लिए उपलब्ध ही न हो सके और न इतना छोटा कि आवश्यक शब्द ही छूट गए हों। ऐसे एक कोश की आवश्यकता बराबर बनी हुई थी जो सुविधाजनक (हैंडी) भी हो और लेखक, अनुवादक, पत्रकार, कमेंटेटर, नाटककार, सिनेमाप्रेमी, उर्दू कविता और मुशायरों के प्रेमियों के लिए उपयोगी हो। इस कोश में अरबी, फारसी, तुर्की से आगत उन उपयोगी शब्दों को जमा किया गया है जो अच्छी हिन्दी का आवश्यक अंग बन गए हैं या जिनकी सहायता से उर्दू साहित्य का अच्छा ज्ञान प्राप्त किया जा सकता है तथा उर्दू शब्दों के सही उच्चारण और अर्थ को समझा जा सकता है। इसमें केवल आकार बढ़ाने वाले ग़ैरज़रूरी शब्दों को नहीं जोड़ा गया, न ही आवश्यक शब्दों को छोड़ा गया है।

तज़रबे से देखने में ऐसा आया है कि नई पीढ़ी भी उर्दू शब्दों, मुहावरों और साहित्य को सुनकर पूरी तरह अपनी दिलचस्पी का इज़हार तो करती है लेकिन क्योंकि उर्दू भाषा से अपरिचित है इसलिए बस दिल मसोस कर रह जाती है। बहरहाल ज़िंदगी में अदबी महफिलों में उठ-बैठ के लिए ज़रूरी है कि रोज़मर्रा की बोलचाल को और खूबसूरत बनाया जाए इसलिए उर्दू के अलफ़ाज़ के सही-सही तलफ्फ़ुज या उच्चारण और सही मतलब को जानना बड़ा ज़रूरी है। यह शब्दकोश आज की शौकीन पीढ़ी के उन लोगों के लिए भी उपयोगी होगा जो इसकी सहायता से साधारण बातचीत से लेकर महफिलों, मुशायरों, सिनेमा के चुस्त वाक्यों, नाटकों या हिन्दी में लिप्यंतरित उर्दू साहित्य का सहज रूप से आनंद ले सकते हैं।

इस छोटे परंतु उपयोगी प्रयास में हमें पं॰ गौरीशंकर ओझा, पांड्या और श्रीमती जयश्री व्यास का जो सराहनीय सहयोग प्राप्त हुआ उसके लिए हम हृदय से उनके प्रति आभारी हैं। इस शब्दकोश में कुछ त्रुटियाँ भी निकाली जा सकती हैं, किंतु मनुष्य को पूर्णता का दावा नहीं करना चाहिए, उसके सभी प्रयास सदा संशोधन और सुधार की अपेक्षा रखते हैं। यदि इस शब्दकोश का उपयोग करने वाले सुविज्ञों को इसमें कोई त्रुटि दिखाई दे तो वे कृपया हमें सूचित करने का कष्ट करें। अगले संस्करण में वे त्रूटियाँ दूर कर दी जाएँगी।

गच्छतः स्खलनं क्वापि भवन्त्येव प्रमादतः।
हसंति दुर्जनास्तत्य समादधति सज्जनाः॥

—सम्पादक

संकेत

अ॰ फा॰	:	अरबी फारसी
अव्य॰	:	अव्यय
इ॰	:	इब्रानी
उ॰	:	उर्दू
उदा॰	:	उदाहरण, जैसे
क्रि॰	:	क्रिया
ती॰ शु॰ हैं	:	तीनों शुद्ध हैं
तु॰	:	तुर्की
तु॰ फा॰	:	तुर्की फारसी
दे॰	:	देखिए
दो॰ शु॰ हैं	:	दोनों शुद्ध हैं
पु॰	:	पुल्लिग
प्रत्य॰	:	प्रत्यय
फा॰	:	फारसी
फा॰ अ॰	:	फारसी अरबी
फा॰ तु॰	:	फारसी तुर्की
बहु॰	:	बहुवचन
व्या॰	:	व्याकरण
लघु॰	:	लघु रूप
वा॰	:	वाक्य
वि॰	:	विशेषण
स्त्री॰	:	स्त्रीलिंग

अ

अंकुज, अंगुज (फा० पु०)–हाथीवान का अंकुश, अंकुस।

अंगबीं (फा० स्त्री०)–मधु, शहद।

अंगारः (फा० पु०)–रेखाचित्र, खाका, उपन्यास, कहानी, लेख, निगारिश।

अंगाश्तः (फा० वि०)–जाना हुआ, ज्ञात।

अंगुश्त (फा० स्त्री०)–उँगली।

अंगुश्तनुमा (फा० वि०)–कुख्यात, जिसकी ओर उँगली उठाई जाए।

अंगुश्तनुमाई (फा० स्त्री०)–कुख्याति, बदनामी।

अंगुश्तरी (फा० स्त्री०)–अँगूठी, मुद्रिका।

अंगूर (फा० पु०)–एक सुप्रसिद्ध रसीला फल, द्राक्षा, दाख।

अंगूरी (फा० वि०)–अंगूर के रंग की, अंगूर से बनी।

अंगेज़ (फा० प्रत्य०)–उत्तेजित करने वाला, उभारने वाला।

अंज़ (अ० स्त्री०)–बकरी, अजा।

अंजब (अ० वि०)–कुलीनतम, दासीपुत्र।

अंजाम (फा० पु०)–अंत, परिणाम, फल।

अंज़ार (अ० स्त्री०)–'नज़र' का बहुवचन, दृष्टियाँ।

अंजास (अ० स्त्री०)–'नजिस' का बहु०, अपवित्रताएँ।

अंजुम (अ० पु०) नज्म का बहुवचन, तारे।

अंजुमन (फा० स्त्री०)–सभा, संस्था।

अंजुमन आरा (फा० वि०)–सभा की शोभा बढ़ाने वाला।

अंजुमन आराई (फा० स्त्री०)–सभा की शोभा बढ़ाना।

अंद (फा० वि०)–अल्प, न्यून।

अंदर (फा० वि०)–भीतर, अंतर्गत, में।

अंदरून (फा० वि०)–भीतर, पेट।

अंदरूनी (फा० वि०)–आंतरिक, भीतरी।

अंदर्ज़ (फा० स्त्री०)–हितोपदेश।

अंदलीब (अ० स्त्री०)–बुलबुल।

अंदाख़्तः (फा० वि०)–फेंका हुआ, डाला हुआ।

अंदाजः (फा० पु०)–अनुमान, विचार।

अंदाज़ (फा० पु०)–अनुमान, ढंग।

अंदाज़न (फा० वि०)–अनुमानतः, लगभग।

अंदाम (फा० पु०)–शरीर, देह।

अंदुहाँ (फा० वि०)–दुःखित, खेद-ग्रस्त।

अंदेशः (फा० पु०)–शंका, भय, खटका।

अंदेशःनाक (फा० वि०)–चिंताजनक, भयानक।

अंदोख़्तः (फा० वि०)–जमा किया हुआ, संचित।

अंदोह (फा० पु०)–क्लेश, दुःख, शोक।

अंबर (अ० पु०)–एक सुगंधित पदार्थ।

अंबार (अ० पु०)–ढेर, राशि।

अंबोह (फा० पु०)–समुदाय, समूह।

अंसार (अ० पु०)–'नस्र' का बहु०, सहायक गण। मदीने के वे लोग जिन्होंने हज़रत मुहम्मद साहब को और उनके साथियों को अपने घरों में ठहराया था और उनकी सहायता की थी।

अंसारी (अ० वि०)–अंसार का वंशज, आजकल जुलाहों के लिए प्रयुक्त।

अकक (अ० पु०)–उमस, गर्मी।

अक़द (अ० पु०)–बात करने में ज़बान का लड़खड़ाना।

अक़ब (अ० पु०)–पीठ पीछे, पश्चात्, परोक्ष।

अक़ल्लीयत (अ० स्त्री०)–अल्प-संख्यक।

अक़स (अ० पु०)–कृपण होना।

अक़ाइद (अ० पु०)–'अक़ीदः' का बहु०, धर्म विश्वास।

अक़ाबिर (अ० पु०)–'अकबर' का बहु० प्रतिष्ठित लोग।

अक़ारिब (अ० पु०)–'अक़्रब' का बहु०, रिश्तेदार।

अक़ालीम (अ० पु०)–इक़्लीम का बहु०, बहुत से महाद्वीप।

अक़ीक़ः (अ० पु०)–मुसलमान बच्चों का मुंडन और नामकरण संस्कार, जिसमें बकरी की कुर्बानी होती है।

अक़ीक़ (अ० पु०)–एक बहुमूल्य पत्थर, माणिक्य।

अक़ीदः (अ० पु०)–आस्था, धर्म, मत, श्रद्धा।

अक़ीदत (अ० स्त्री०)–निष्ठा, धार्मिक विश्वास।

अक़ीब (अ० वि०)–अनुगामी, अनुयायी।

अक़ीम (अ० पु०)–बाँझ पुरुष, नपुंसक।

अक़ीर (अ० वि०)–निराश, बाँझ।

अकीलः (अ० स्त्री०)–खाद्य-पदार्थ।

अक़ीलः (अ० वि०)–अपनी जाति का नेता, श्रेष्ठतम। (स्त्री०) पर्दा-नशीन स्त्री; बुद्धिमती।

अक़ील (अ० वि०)–अक़्लमंद, बुद्धि-मान।

अक़ूबत (अ० स्त्री०)–यातना, पीड़ा।

अकूल (अ० वि०)–बहुभक्षी।

अक़्क़ार (अ० पु०)–वनस्पति, जड़ी-बूटी।

अक्कार (अ० पु०)–किसान, कुआँ खोदने वाला।

अक्कास (अ० वि०)–फ़ोटोग्राफ़र, चित्रकार।

अक्कासी (अ० स्त्री०)–फ़ोटोग्राफ़ी, चित्रकारी।

अक़्द (अ० पु०)–विवाह, पाणिग्रहण।

अक़्द नामः (अ०+फा० पु०)–विवाह का इक़रारनामा।

अक्दर (अ० वि०)–बहुत गंदा।

अक़्दस (अ० वि०)–परम पवित्र, बहुत प्रतिष्ठित।

अक़्दह (अ० वि०)–निकृष्टतम।

अक़्दाम (अ० पु०)–क़दम का बहु०, बहुत से पाँव।

अक़्देसानी (अ० पु०)–पुनर्विवाह।

अक्नाफ़ (अ० पु०)–कन्फ का बहु०, किनारे, दिशाएँ, त्राण-स्थान।

अक्नूँ (फा० अव्य०)–दृढ़, इस समय।

अक्फ़र (अ० वि०) – बहुत बड़ा नास्तिक।

अक्फ़ा (अ० वि०)–बहुत से गोत्र, बहुत पर्याप्त।

अक्बर (अ० वि०)–महान्, एक मुगल सम्राट्; अकबर।

अक़्बल (अ० वि०)-बड़ा विद्वान्; भेंगा।

अक़्बह (अ० वि०)–निकृष्टतम।

अक्मल (अ० वि०)–पूर्णतम।

अक्रम (अ० वि०)–अति दानी, अति प्रतिष्ठित।

अक़्रान (अ० पु०)–'क़र्न' का बहु०, युग समूह।

अक़्रब (अ० वि०)–समीपतम।

अक़्रब (अ० पु०)–बिच्छू, वृश्चिक राशि।

अक्रम (अ० वि०)–बहुत बड़ा दानी, अति प्रतिष्ठित।

अक़्ल (अ० पु०)–बुद्धि, प्रज्ञा, मेधा।

अक़्लमंद (अ० फा० वि०)–बुद्धिमान, सूझबूझ वाला।

अक़्लमंदी (अ० फा०)–बुद्धिमत्ता, समझदारी।

अक़्वाम (अ० पु०)–'क़ौम' का बहु०, जातियाँ, राष्ट्र समूह।

अक़्वाल (अ० पु०)–'क़ौल' का बहु०, किसी महान् व्यक्ति के प्रवचन।

अक्स (अ० पु०)–प्रतिबिंब, छाया, परछाँही।

अक्सर (अ० वि०)–बहुधा, प्रायः।

अक़्सर (अ० वि०)–अल्पतम, लघुतम।

अक्सरियत (अ० स्त्री०)–आधिक्य, बहुसंख्यक जनता।

अक़्सा (अ० वि०)–बहुत दूर, दूरवर्ती।

अक़्साम (अ० पु०)–'क़िस्म' का बहु०, प्रकार, सौगन्धें।

अक्सीर (अ० स्त्री०)–दे० इक्सीर।

अक्सोतर्द (अ० पु०)–एक काव्यालंकार।

अख़ (अ० पु०)–भ्राता, भाई।

अख़गर (फा० पु०)–आग की चिंगारी।

अख़फ़ (फ़्फ़), (अ० वि०)–लघुतम।

अख़वात (अ० स्त्री०)–'उख़्त' का बहु०, बहिनें।

अख़स (स्स), (वि०)–अति कृपण।

अख़स्सुल खास (अ० वि०)–मुख्यतम।

अख़ी (अ०)–मेरा भाई, हे भ्राता।

अख़ीर (अ० पु०)–अंत, छोर, किनारा, मरण-काल, मृत्यु का समय।

अख़ुंद (फा०)–शिक्षक।

अख़्ज़ (अ० पु०)–उद्धृत करना, ग्रहण करना।

अख़्ज़र (अ० वि०)–गहरे हरे रंग का।

अख़्तर (फा० पु०)–तारा, भाग्य।

अख़्तर शुमारी (फा० स्त्री०)–तारे गिनना, बेचैनी में रात काटना।

अख़्तरे जौज़ा (फा० अ० पु०)–बुधग्रह।

अख़्बस (अ० वि०)–अत्यन्त दुष्ट।

अख़्बार (अ० पु०)–'ख़बर' का बहु०, समाचार पत्र।

अख़्बार नवीस (अ० फ़ा० वि०)–पत्रकार, संपादक।

अख़्बारी (अ० वि०)-अख़्बार से संबंधित।

अख़्म: (अ० पु०)–झुर्री, शिकन।

अख़्म (अ० पु०)–माथे की झुर्री।

अख़ूब (अ० वि०)–निर्जन, वीरान।

अख़ूस (अ० वि०)–गूंगा।

अख़्लाक़ (अ० पु०)–'ख़ुल्क़' का बहु०, शिष्टाचार, सभ्यता, सद्गुण।

अगर (फ़ा० अव्य०)–यदि, जो।

अगरचे (फ़ा० अव्य०)–यद्यपि, गोकि।

अग़ाइद (अ० पु०)–'अग़ीद' का बहु०, अत्यंत कोमल, तवंगी।

अग़ानिम (अ० पु०)–'ग़नम' का बहु०, भेड़-बकरियाँ।

अग़ानी (अ० पु०)–'उग्निय:' का बहु०, वे बाजे, जो फूंककर न बजाए जायँ, जैसे सितार, मृदग आदि।

अग़यार (अ० पु०)–'ग़ैर' का बहु०, ग़ैर लोग, प्रतिद्वंद्वी।

अग़्रूब (अ० वि०)–अद्भुत, आश्चर्यजनक।

अचार (फ़ा० पु०)–अमचूर, खटाई।

अज़ (फ़ा० अव्य०)–से।

अज़ अव्वल ता आख़िर (फ़ा० वि०)–आदि से अन्त तक, नितांत।

अज़कार रफ़्त: (फ़ा० वि०)–अपाहज, नपुंसक, व्यर्थ।

अज़ ख़ुद (फ़ा० अव्य०)–स्वयम्, स्वत:।

अज़ख़ुद रफ़्त: (फ़ा० वि०)–संज्ञाहीन, निश्चेष्ट।

अज़ग़ैब (फ़ा० पु०)–परोक्ष, भाग्य से।

अजब (अ० वि०)–विचित्र, अद्भुत।

अजबतर (अ० वि०)–बहुत ही विचित्र।

अजम (अ० पु०)-अरब के अतिरिक्त ईरान और तूरान आदि देश; (वि०)–गूंगा।

अज़मत (अ० स्त्री०)–प्रतिष्ठा, बड़प्पन, सम्मान।

अज़ रुए इंसाफ़ (फ़ा० अव्य०)–न्यायत:, न्याय के अनुसार।

अजल (अ० स्त्री०)–मृत्यु, समय।

अजल (ल्ल), (अ० वि०)–श्रेष्ठतम।

अज़ल (ल्ल), (अ० वि०)–अति नीच, अधमतर।

अज़ल (अ० वि०)–अनादि काल।

अज़सरे नौ (फ़ा० वि०)–पुन: नये सिरे से।

अज़हद (फ़ा० अ० वि०)–असीम, अपार, बहुत अधिक।

अज़ाँ (फ़ा० अव्य०)–उससे।

अज़ाँजुम्ल: (अ० फ़ा० अव्य०)–उनमें से।

अज़ाँपेश (फ़ा० वि०)–उससे पहले, तत्पूर्व।

अज़ाँबाद (अ० फ़ा० वि०)–तत्पश्चात्।

अज़ा (अ० पु०)–मृत्यु-शोक।

अज़ा (अ० स्त्री०)–कष्ट, दु:ख।

अजाइब (अ० पु०)–'अजीब' का बहु०, विचित्रताएँ।

अजाइब ख़ान: (अ० फ़ा० पु०)–अजायब घर, संग्रहालय।

अजाज (अ० पु०)–धूल-मिट्टी।

अज़ाज़ील (अ० पु०)–शैतान बनने से पूर्व का नाम।

अज़ादार (अ० फा० वि०)–जो किसी के मरने का शोक कर रहा हो, मुहर्रम में इमाम हुसैन का मातम मनानेवाला।

अज़ादारी (अ० फा० स्त्री०)–मृत्यु-शोक-काल, ता'ज़ियादारी।

अज़ान (अ० स्त्री०)–मस्जिदों में होने वाली नमाज़ के पूर्व की सूचना। बाँग।

अज़ाब (अ० पु०)–पापों का परोक्ष दंड, यातना, पीड़ा, दुःख।

अज़ाबुल क़ब्र (अ० पु०)–मुसलमानों के मतानुसार क़ब्र के भीतर का पाप, कष्ट।

अज़ीं (फा० अव्य०)–इससे।

अजीज़ (अ० वि०)–नामर्द, नपुंसक।

अज़ीज़ (अ० वि०)–स्वजन, प्रिय, अप्राप्य।

अज़ीज़ तरीन (अ० फा० वि०)–प्रियतम।

अजीब (अ० वि०)–अद्‌भुत, विचित्र, अनोखा।

अजीब तर (अ० फा० वि०)–बहुत ही निराला, अति विचित्र।

अजीबुल ख़िल्क़त (अ० वि०)–विचित्र आकृति का।

अजीबोग़रीब (अ० वि०)–बहुत ही विचित्र।

अज़ीम (अ० वि०)–महान्, विशाल, श्रेष्ठ।

अज़ीमत (अ० स्त्री०)–निश्चय, जादू-टोना।

अज़ीमुल जुस्सः (अ० वि०)–महाकाय।

अज़ीमुश्शान (अ० वि०) – महान्, विशाल, महामान्य।

अज़ीयत (अ० स्त्री०) – अत्याचार, कष्ट, यातना।

अज़ीयत देह (अ० फा० वि०)–कष्टदायी, दुःखदायी।

अजीर (अ० वि०)–श्रमिक, मजदूर।

अजील (अ० वि०)–फुर्तीला, आतुर।

अजूबः (अ० वि०)–अनोखी वस्तु।

अज़ूबत (अ० स्त्री०)– मधुरता, मिठास।

अज़्अफ़ (अ० वि०)–अति निर्बल।

अज़्का (अ० वि०)–मेधावी, कुशाग्र बुद्धि।

अज़्ग़ासे अह्‌लाम (अ० पु०)–ऐसे स्वप्न, जिनका स्वप्न फल ठीक न बताया जा सके।

अज़्दहा (फा० पु०)–अजगर।

अज्दाद (अ० पु०)–'जद' का बहु०, पूर्वज, पुरखे।

अज्नबी (अ० वि०)–अपरिचित, अनजान।

अज्नास (अ० स्त्री०)– 'जिंस' का बहु०, अनाज, ग़ल्ले।

अज़्ब (अ० पु०)–मधुर, स्वादिष्ट।

अज़्बीयत (अ० स्त्री०)–बोलने की शक्ति, भाषण-पटुता।

अज़्बुल लिसान (अ० वि०)–मधुरभाषी।

अज़्म (अ० पु०)–संकल्प, निश्चय, हड्डी।

अज़्मत (अ० स्त्री०)–महिमा, महत्त्व, सम्मान।

अज़्मबिल जज़्म (अ० पु०)–दृढ़ संकल्प, दृढ़ निश्चय।

अज्मल (अ० वि०)–अति रूपवान, सुंदरतम।

अज्मा (अ० पु०)–गूँगा, मूक।

अज्र (अ० पु०)–प्रत्युपकार, पारि-

श्रमिक।

अज्र.ा (अ० स्त्री०)–अविवाहिता, कुमारी, 'वामिक' की प्रेमिका, अरब की एक सुंदरी।

अज्ल (अ० पु०)–उत्तेजित होना।

अज्ला (अ० वि०)–अत्यन्त चमकदार।

अजहर (अ० वि०)–अत्यधिक प्रकाशमान्, मिस्र का प्राचीन विश्वविद्यालय 'जामिअए अज़्हर'।

अज़्हर मिनश्शम्स (अ० वि०)–सूर्य से अधिक स्पष्ट और उज्ज्वल, सर्वविदित।

अज़्हा (अ० स्त्री०)–कुर्बानी, बलि।

अतम(म्म) (अ० वि०)–सर्वांगपूर्ण, संपूर्ण।

अतल (अ० स्त्री०)–बिना शृंगार की हुई स्त्री।

अता (अ० स्त्री०)–दान, प्रदान, पुरस्कार।

अताई (अ० वि०)–जिसने कोई कला या गुण, नियमपूर्वक गुरू से न सीखा हो, चतुर।

अताक़ (अ० पु०)–दास का अपने स्वामी से मुक्त होना।

अतालीक़ (तु० पु०)–शिष्टाचार, व्यवहार-निष्ठा सिखाने वाला गुरु।

अतिब्बा (अ० पु०)–'तबीब' का बहु०, हकीम-वैद्यगण।

अतीक़ (अ० वि०)–पुरातन, बंधनमुक्त।

अतीफ़ (अ० स्त्री०)–वह स्त्री, जिसमें नम्रता, पातिव्रत्य और आज्ञाकारिता हो।

अतीय: (अ० पु०)–उपहार, प्रदान की हुई वस्तु।

अतील (अ० वि०)–प्यासा, तृषित।

अत्तार (अ० वि०)–सुगंधकार, इत्र बनाने बेचने वाला; औषधियाँ बेचने वाला, गंधी, साहसी।

अत्फ़ाल (अ० पु०)–'तिफ़्ल' का बहु०, बालकगण।

अत्यब (अ० वि०)–बहुत अच्छी सुगंधवाला।

अत्राफ़ (अ० पु०)–'तरफ़' का बहु०, दिशाएँ।

अतलस (अ० स्त्री०)–एक बहुमूल्य रेशमी कपड़ा।

अतलाल (अ० पु०)–पुराने और ध्वस्त मकान आदि के चिह्न।

अत्हर (अ० वि०)–अति पवित्र।

अद (द्द), (अ० पु०)–गिनना, गणना करना।

अदद (अ० पु०)–संख्या, अंक, मात्रा।

अदन (अ० पु०)–यमन का एक द्वीप, मोती के लिए प्रसिद्ध, स्वर्ग के उपवन।

अदब (अ० पु०)–शिष्टता, सभ्यता, साहित्य।

अदब आमोज (अ० फा० वि०)–शिष्टता सिखाने वाला।

अदब नवाज (अ० फा० पु०)–साहित्य का सम्मान करने वाला।

अदबी (अ० वि०) – साहित्यिक, साहित्य संबंधी।

अदबीयत (अ० स्त्री०)–साहित्यिकता।

अदबीयात (अ० स्त्री०)–साहित्य संबंधी पुस्तकें आदि।

अदम (अ० पु०)–यमलोक, परलोक, हीन।

अदा (फ़ा० स्त्री०)–हाव-भाव, अंगभंगी, नखरा।

अदायगी (अ० फ़ा० स्त्री०)–परिशुद्धि,

चुकाया जाना ।
अदाए क़र्ज़ (अ० पु०)–ऋण-शुद्धि ।
अदाए ख़ास (फ़ा० अ० स्त्री०)–पद्धति-विशेष ।
अदाकार (फ़ा० वि०)–अभिनेता, नट ।
अदालत (अ० स्त्री०)–कचहरी, न्यायालय, न्याय ।
अदालते आलियः (अ० स्त्री०)–उच्च न्यायालय ।
अदालते ख़फ़ीफ़ (अ० स्त्री०)–अल्प-वाद न्यायालय ।
अदालते दीवानी (अ० फा० स्त्री०)–व्यवहारालय, लेन-देन संबंधी न्यायालय ।
अदालते फ़ौजदारी (अ० फा० स्त्री०)–अपराध संबंधी न्यायालय ।
अदालते मातहत (अ० स्त्री०)–अधीन न्यायालय ।
अदालते माल (अ० स्त्री०)–राजस्व न्यायालय ।
अदालते मुराफ़अः (अ० स्त्री०)–पुनर्विचारालय ।
अदावत (अ० स्त्री०)–शत्रुता ।
अदावते क़ल्बी (अ० स्त्री०)–हार्दिक शत्रुता ।
अदीद (अ० स्त्री०)–अधिक, बहुत, गणना ।
अदीब (अ० वि०) – साहित्यकार, कलाकार, सुशील, नम्र ।
अदीम (अ० वि०)–अप्राप्य, रहित ।
अदीमुन्नज़ीर (अ० वि०)–अनुपम, अद्वितीय ।
अदीमुलअर्ज़ (अ० पु०)–धरातल ।
अदीमुलफ़ुर्सत (अ० वि०)–अवकाश-विहीन ।
अदीमुलमिसाल (अ० वि०)–अनुपमेय ।
अदील (अ० वि०)–समान, तुल्य ।
अदूल (अ० पु०)–सत्यनिष्ठ व्यक्ति ।
अदूलेहुक्म (अ० पु०)–अवज्ञाकारी ।
अद्ना (अ० वि०)–तुच्छ, अधम, ज़रा-सा ।
अद्ल (अ० पु०)–न्याय, सदृश ।
अनक़रीब (अ० अव्य०)–शीघ्र ही ।
अनत (अ० पु०)–पाप, गुनाह ।
अनफ़ (अ० स्त्री०)–नाक, नासा ।
अनल्लाह (अ० वा०)–मैं ईश्वर हूँ ।
अनलहक़ (अ० वा०)–मैं सत्य हूँ, मैं ब्रह्म हूँ, अहं ब्रह्मास्मि ।
अना (तु० स्त्री०)–जननी, माता ।
अनाजील (अ० स्त्री०)–'इंजील' का बहु०, बाइबिलें ।
अनात (अ० स्त्री०)–देर, विलंब ।
अनानीयत (अ० स्त्री०)–अहंवाद ।
अनाम (अ० पु०)–जनता, सर्व-साधारण ।
अनामिल (अ० स्त्री०)–'अन्मिलः' का बहु०, उँगलियों के सिरे ।
अनार (फा० पु०)–दाड़िम फल ।
अनारदानः (फा० पु०)–अनार के सूखे हुए बीज ।
अनासिर (अ० पु०)–'उंसुर' का बहु०, पंचभूत—आकाश, आग, पानी, मिट्टी और हवा ।
अनीक़ (अ० वि०)–अद्भुत, सुंदर ।
अनीफ़ (अ० वि०)–तीव्र, तेज; झगड़ालू ।
अनीस (अ० वि०)–मित्र, सखा ।
अन्क़स (अ० वि०)–अत्यंत निकृष्ट ।
अन्क़ा (अ० पु०)–एक प्रसिद्ध कल्पित साहित्यिक पक्षी उन्क़ा ।
अन्क़ास (अ० पु०)–'नक़्स' का बहु०, कमियाँ; त्रुटियाँ ।

अन्फ़स (अ० वि०)–बहुत ही उत्तम, या सुंदर।

अन्वर (अ० वि०) –उज्ज्वलतम, शोभायमान।

अफ़ (**फ़्फ़**) (अ० पु०)–सतीत्व, पातिव्रत्य।

अफ़ा (अ० पु०)–मरना।

अफ़ाज़िल (अ० पु०) -'अफ़्ज़ल' का बहु०, प्रतिष्ठित जन।

अफ़ीफ़ (अ० स्त्री०)–सती, पतिव्रता।

अफ़ीफ़ (अ० वि०)–पत्नीव्रत, परस्त्री-विमुख।

अफ़्ई (अ० पु०)–काला साँप।

अफ़्कार (अ० पु०)–'फ़िक्र' का बहु०, चिंताएँ।

अफ़्ग़ान (फा० पु०)–अफ़ग़ानिस्तान का निवासी।

अफ़्ग़ानिस्तान (फा० पु०) -काबुलियों का देश

अफ़्ज़ल (अ० वि०)–उत्तमतर, बहुत अधिक।

अफ़्ज़ह (अ० वि०)–बहुत ही निंदित, कुख्यात।

अफ़्ज़ा (फा० प्रत्य०)–बढ़ाने वाला जैसे हौसल: 'अफ़्ज़ा'–उत्साह बढ़ाने वाला।

अफ़्ज़ाइश (फा० स्त्री०)–वृद्धि, बढ़ोतरी।

अफ़्ज़ाइशे नस्ल (फा० स्त्री०)–संतान-वृद्धि, वंश-वृद्धि।

अफ़्ज़िय (अ० स्त्री०)–'फ़ज़ा' का बहु०, खुले स्थान।

अफ़्ज़ूं (फा० वि०)–अत्यधिक, प्रचुर, कुल जोड़।

अफ़्दर (अ० पु०)–भतीजा, भानजा।

अफ़्राख़्त: (फा० वि०)–उठाया हुआ।

अफ़्राख़्तनी (फा० वि०)–उठाने योग्य।

अफ़्राद (अ० पु०)–'फ़र्द' का बहु०, अनेक व्यक्ति।

अफ़्रासियाब (फा० पु०)–तूरान का एक प्राचीन शायर।

अफ़्रासे आब (फा० पु०)–वे बुलबुले, जो पानी बरसते समय उठते हैं।

अफ़्रोख़्त: (फा० वि०)–जलाया हुआ, क्रुद्ध, उत्तेजित।

अफ़्रोख़्तगी (फा० स्त्री०) क्रोध, रोष; उत्तेजना।

अफ़्रोख़्तनी (फा० वि०)–जलाने योग्य; उत्तेजित करने योग्य,

अफ़्रोज़ (फा० प्रत्य०)–जलाने वाला, वृद्धिकारी, जैसे—दिल-अफ़्रोज़, दिल को उज्ज्वल करने वाला। रौनक़-अफ़्रोज़—शोभा बढ़ाने वाला।

अफ़्लाक (अ० पु०)–'फ़लक' का बहु०, आकाश-समूह।

अफ़्लातून (अ० पु०)–प्रसिद्ध यूनानी दार्शनिक प्लेटो का अरबी नाम।

अफ़्वाह (अ० स्त्री०)–बहुवचन है, परंतु एकवचन में प्रयुक्त होता है, किंवदंती, लोकोक्ति, उड़ती हुई ख़बर।

अफ़्शाँ (फा० स्त्री०)–जलकण, स्त्रियों के बालों अथवा गालों पर छिड़कने का सुनहला या रुपहला चूर्ण, (प्रत्य०) झाड़ने वाला, छिड़कने वाला।

अफ़्शुर्द: (फा० वि०)–निचोड़ा हुआ, (पु०) निचोड़ा हुआ अर्क़ आदि।

अफ़्शुर्दए अंगूर (फा० पु०)–अंगूर की मदिरा।

अफ़सर (अ० पु०)–मुकुट, पदाधिकारी।

अफ़सरी (अ० स्त्री०)–पदाधिकार, सत्ता, हुकूमत।

अफ़सानः (फ़ा० पु०)–आख्यायिका, उपन्यास, मनगढ़ंत किस्सा।

अफ़सानःगो (फा० वि०)–कहानियाँ कहने वाला।

अफ़सानःनवीस (फा० वि०)–कहानी या उपन्यास-लेखक, अफ़सानः निगार।

अफ़्सुर्दः (फा० वि०)–उदास, ठिठरा हुआ। मुरझाया हुआ।

अफ़सुर्दःदिल (फा० वि०)–खिन्न चित्त, उदास।

अफ़सुर्दगी (फा० स्त्री०)–उदासीनता, मलिनता।

अफ़सूँ (फा० पु०)–मंत्र, जादू, इन्द्रजाल।

अफ़सोस (फा० पु०)–शोक, रंज; पश्चात्ताप, खेद।

अफ़सोसनाक (फा० वि०)–शोकजनक, अशुभ।

अबदः (अ० पु०)–'आबिद' का बहु०, तपस्वी।

अबद (अ० पु०)–अनंतता, नित्यता।

अबस (अ० वि०)–व्यर्थ, निरर्थक।

अबा (अ० पु०)–लंबा चुग़ा; वस्त्र, लिबास।

अबाबील (अ० स्त्री०)–एक प्रसिद्ध चिड़िया, भांडकी।

अबीर (अ० पु०)–एक प्रकार की सुगंधित गुलाबी बुकनी, जिसे लोग होली में अपने इष्ट मित्रों के कपड़ों पर डालते हैं।

अबूस (अ० वि०)–रूखे स्वभाव का।

अब्अद (अ० वि०)–बहुत अधिक दूर।

अब्कार (अ० पु०)–'बिक्र' का बहु०, कुआँरियाँ; प्रातःकाल।

अब्जद (अ० स्त्री०) – वर्णमाला। अलिफ, बे से ये तक का क्रम।

अब्तर (अ० वि०)–अस्तव्यस्त, बदहाल।

अब्तरी (अ० स्त्री०)–अस्तव्यस्तता। राज्य-परिवर्तन।

अब्द (अ० पु०)–भक्त, गुलाम।

अब्ना (अ० पु०)–'इब्न' का बहु०, पुत्रगण।

अब्नाए ज़मानः (अ० पु०)–संसार वाले, अवसरवादी।

अब्बास (अ० पु०)–रूखे स्वभाववाला; सिंह, हज़रत मुहम्मद साहब के चाचा, एक पौधे का नाम।

अब्बासी (अ० वि०)–हज़रत अब्बास का वंशज।

अब्र (फा० पु०)–मेघ, बादल।

अब्र आलूद (फा० वि०)–मेघाच्छादित।

अब्रक (फा० पु०)–अभ्रक।

अब्रू (फा० स्त्री०)–भ्रू, भृकुटी।

अब्रे बहार (फा० पु०)–वसंत ऋतु का मेघ।

अब्रे नैसाँ (फा० पु०)–चैत मास का बादल, कहा जाता है कि उसकी बूंद मोती बन जाती है।

अब्रे बाराँ (अ० पु०)–वर्षाकाल का बादल।

अब्लक़ (अ० वि०) – चितकबरा घोड़ा।

अब्लह (अ० वि०)–भोलाभाला; मूर्ख।

अब्हर (अ० स्त्री०)–नर्गिस का फल;

मांसल व्यक्ति।

अमल: (अ० पु०)–कर्मचारी वर्ग।

अमल (अ० पु०)–कार्य, कर्म, लोकाचार।

अमलदारी (अ० फा० स्त्री०)–शासन, सत्ता।

अमली (अ० वि०)–कार्य संबंधी, काम का।

अमा (अ० स्त्री०)–अंधता, कुमार्ग, हलका बादल।

अमाइद (अ० पु०)–'अमीद' का बहु०, प्रतिष्ठित लोग।

अमाइम (अ० पु०)–इमाम का बहु०, पगड़ियाँ, साफे।

अमान (अ० स्त्री०)–सुरक्षा, शांति।

अमानत (अ० स्त्री०)–न्यास, धरोहर।

अमानतदार (अ० फा० वि०)–न्यासधारी, सत्यनिष्ठ।

अमारात (अ० स्त्री०)–अमारत का बहु०, चिह्न, लक्षण।

अमासिल (अ० पु०)–'अम्सल' का बहु०, उदाहरण।

अमीक़ (अ० वि०)–अगाध, गहन, गंभीर।

अमीद (अ० वि०)–प्रतिष्ठित, नेता।

अमीन (अ० वि०)–न्यासधारी, सत्यनिष्ठ।

अमीम (अ० वि०)–व्यापक, जो सबके लिए हो।

अमीर (अ० वि०)–धनाढ्य, अध्यक्ष, शासक।

अमीरज़ाद: (अ० फा० वि०)–धनीपुत्र, अमीर का लड़का।

अमीरान: (अ० फा० वि०)–अमीरों जैसा।

अमीरी (अ० स्त्री०)–श्रेष्ठता, धनाढ्यता।

अमीरुल अस्कर (अ० पु०)–सेनापति।

अमीरुल उमरा (अ० पु०)–अत्यधिक धनी, एक पदवी।

अमीरुल बह (अ० पु०)-एडमिरल, नौ-सेनापति।

अमीरे कारवाँ (अ० फा० पु०)–यात्रीदल का अध्यक्ष।

अम्जद (अ० वि०)–अत्यंत पवित्र, अत्यंत बुजुर्ग, प्रतिष्ठित।

अम्द (अ० पु०)–संकल्प, इरादा, इच्छा।

अम्दन (अ० वि०) - निश्चयपूर्वक, जानबूझकर।

अम्न (अ० पु०)–शांति, सुख-चैन।

अम्नपसंद (अ० फा० वि०)–शांतिप्रिय।

अम्मार: (अ० वि०)–पाप की ओर प्रवृत्त करने वाला।

अम्मार: (अ० पु०)–जहाजों का बेड़ा।

अम्मारी (अ० स्त्री०)–हाथी का हौदा।

अम्र (अ० पु०)–आदेश, कार्य, विषय, समस्या।

अम्रद (फा० पु०)–किशोर, बिना दाढ़ी-मूँछ का सुन्दर लड़का।

अम्राज (अ० पु०)–'मरज़' का बहु०, बहुत सी बीमारियाँ।

अम्ल: (अ० स्त्री०)–भलाई, उपकार।

अम्स (अ० पु०)–विगत कल।

अम्सल (अ० वि०)–पूज्य, श्रेष्ठ।

अम्सार (अ० पु०)–बड़े-बड़े नगर।

अम्साल (अ० पु०)–'मसल' का बहु०, कहावतें।

अम्सिल: (अ० पु०)–'मिसाल' का

बहु०, उदाहरण।

अयाँ (अ० वि०)–स्पष्ट, दृष्टिगोचर।

अयाज़ (फा० पु०)–महमूद ग़ज़नवी के गुलाम का नाम जिसे वह बहुत चाहता था इसका असली नाम अयास था।

अयाल (फा० पु०)–घोड़े की गर्दन के लंबे बाल।

अय्यार (अ० वि०)-धूर्त, वंचक, छली।

अय्याश (अ० वि०)–व्यभिचारी, विलासी।

अय्यूब (अ० पु०)–एक धैर्यवान पैगम्बर का नाम।

अरक़ (अ० पु०)–जल, दवाओं का भभके आदि से खींचा हुआ पानी, आसव, स्वेद, पसीना।

अरक़ेबहार (अ० फा० पु०)–मदिरा, शराब।

अरब (अ० पु०)–अरब देश, अरब-निवासी।

अरबिस्तान (अ० फा० पु०)–अरब देश।

अरबी (अ० वि०)–अरब का निवासी, अरब से संबंधित (स्त्री०) अरबी भाषा।

अरस्तू (अ० पु०)–यूनान का एक प्रसिद्ध विद्वान, अरिस्टाटल।

अराइज़ (अ० पु०)–'अर्ज़ी' का बहु०, अर्जियाँ, प्रार्थनाएँ।

अराइज़ नवीस (अ० फा० वि०)–अर्ज़ी लिखने वाला।

अराइस (अ० पु०)–'अरूस' का बहु०, दूल्हा, दुल्हनें।

अराज़ी (अ० स्त्री०)–'अर्ज़' का बहु०, ज़मीनें, भूमियाँ।

अरीज़ (अ० पु०)–चिट्ठी, पत्र, प्रार्थना-पत्र।

अरीफ़ (अ० वि०)–पहचानने वाला।

अरीश (अ० पु०)–झोंपड़ा, छप्पर।

अरीस (अ० पु०)–दूल्हा, वर।

अरुज़्ज़ (अ० पु०) –चावल।

अरूज़ (अ० पु०)–पिंगल, छन्द-शास्त्र।

अरूज़ी (अ० वि०)–जो पिंगलशास्त्र का अच्छा ज्ञाता हो।

अरूफ़ (अ० वि०)–बहुत पहचानने वाला, धैर्यवान्।

अर्कान (अ० पु०)–खंभे, सदस्य लोग।

अर्काने दौलत (अ० पु०)–राज्य के प्रमुख पदाधिकारी।

अर्ज़ (अ० स्त्री०)–प्रार्थना, (पु०) चौड़ाई, भूमि।

अर्ज़ गुज़ार (अ० फा० वि०)–प्रार्थी।

अर्ज़दाश्त (अ० फा० वि०)–प्रार्थना, प्रार्थनापत्र।

अर्जमंद (फा० वि०)–प्रतिष्ठित, सफल, प्रतापी।

अर्ज़ाँ (फा० वि०)–सस्ता, मंदा, कम दामों का।

अर्ज़ी (अ० स्त्री०)–प्रार्थना पत्र।

अर्ज़ीदा'वा (अ० पु०)–वाद पत्र।

अर्ज़े हयात (अ० स्त्री०)–जीवन के आनंद, सांसारिक सुख।

अर्तजक (फा० पु०)–बिजली, विद्युत्, बर्क़।

अर्बान (अ० पु०)–अग्रिम धन, बयाना।

अर्बाब (अ० पु०)–'रब' का बहु०, वाले।

अर्बाबे अक़्ल (अ० पु०)–बुद्धिवाले, मेधावीगण।

अर्बाबे क़लम (अ० पु०)–लेखकगण, साहित्यकार वर्ग।

अर्बाबे फ़न (अ० पु०)–कलाकार लोग, शिल्पी लोग, साहित्यकार लोग, विद्वज्जन।

अर्बाबे वफ़ा (अ० पु०)–आशिक़ लोग, प्रेमीजन, भक्तगण।

अर्मान (तु० पु०)–इच्छा, लालसा, लालच।

अर्मुग़ाँ (फा० पु०)–उपहार, पुरस्कार।

अर्श (अ० पु०)–सिंहासन, आठवाँ आकाश, युद्ध।

अर्शद (अ० वि०)–परमप्रिय शिष्य।

अर्शे आ'ज़म (अ० पु०)–ईश्वर के सिंहासन का स्थान।

अर्शे सानी (अ० पु०)–कुर्सी, वह स्थान, जहाँ तारे हैं।

अर्सए जंग (अ० फा० पु०)–रणभूमि, युद्धक्षेत्र।

अर्सए दराज (अ० फा० पु०)–लंबा समय, दीर्घकाल।

अर्सए हश्र (अ० पु०)–क़यामत का मैदान, जहाँ सब मुर्दे एकत्र हों।

अर्हम (अ० वि०)–महादयालु।

अलम (अ० पु०)–दुःख, क्लेश, ध्वजा, पताका।

अलम अंगेज़ (अ० फा० वि०)–शोकजनक, दुःखप्रद।

अलमदार (अ० फा० वि)–ध्वजा-वाहक।

अलमनश्रह (अ० वि०)–सर्वविदित।

अलमनाक (अ० फा० वि०)–खेद-जनक, कष्टप्रद।

अलमबरदार (अ० फा० वि०)–झंडा उठाने वाला।

अलमीयः (अ० पु०)–दुखांत, कष्ट-सूचक बात।

अलल ए'लान (अ० वि०)–खुल्लम-खुल्ला, सब प्रकार से।

अलल ख़ुसूस (अ० वि०)–मुख्यतः, खासकर।

अलविदा (अ० स्त्री०)–रमज़ान मास का अंतिम शुक्रवार।

अलवी (अ० पु०)–हज़रत अली की वह संतान जो फ़ातिमा से अतिरिक्त है।

अलानियः (अ० वि०)–खुल्लमखुल्ला, डंके की चोट।

अलामत (अ० स्त्री०)–चिह्न, निशान, लक्षण।

अलामते इम्तियाज़ (अ० स्त्री०)–पदक।

अलालत (अ० स्त्री०)–रोग, बीमारी।

अलावः (अ० अव्य०)–अतिरिक्त, सिवाय।

अलाहदः (अ० वि०)–पृथक्, अलग।

अलिफ़ (अ० पु०)–उर्दू वर्णमाला का प्रथम अक्षर।

अली (अ० वि०)–उच्च, ईश्वर का एक नाम, चौथे खलीफ़ा।

अलीम (अ० वि०)–सर्वज्ञ, ईश्वर का एक नाम।

अलील (अ० वि०)–रोगी, बीमार।

अल्अमान (अ० अव्य०)–शरण के लिए—बचाओ बचाओ, त्राहि।

अल्क़त (अ० वि०)–इतिश्री, समाप्त।

अल्ग़रज (अ० क्रि० वि०)–तात्पर्य यह कि, सारांश यह कि, किंबहुना।

अल्ताफ़ (अ० पु०)–'लुत्फ़' का बहु०, दयाएँ, कृपाएँ।

अल्फ़ (अ० वि०)–हजार, सहस्र।

अल्बत्तः (अ० अव्य०)–अवश्य, परंतु।

अल्मस्त (फा० वि०)–नशे में चूर, बहुत ही मस्त।

अल्मास (फा० पु०)–एक बहुमूल्य रत्न।

अल्लाम: (अ० वि०)–बहुत बड़ा विद्वान्, महापंडित।

अल्लाह (अ० पु०)–ईश्वर, परमात्मा।

अल्विदा (अ० स्त्री०)–रमज़ान मास का अंतिम शुक्रवार।

अल्हम्दुलिल्लाह (अ० यौ०)– समस्त प्रशंसा अल्लाह के लिए।

अवा (अ० पु०)–शृगाल, सियार।

अवान (अ० पु०)–समय, काल।

अवान (अ० स्त्री०)–सधवा, सुहागिन।

अवाम (अ० पु०)–'आम' का बहु०, साधारणजन।

अवामुन्नास (अ० पु०)–सर्वसाधारण, जनता।

अवीस (अ० वि०)–कठिन।

अव्वल (अ० वि०)–प्रथम, प्रमुख।

अव्वलन (अ० वि०)–सर्व प्रथम।

अव्वलीयत (अ० स्त्री०)–प्रथमता, प्रधानता।

अशद (द्द), (अ० वि०)–बहुत सख्त, प्रचंड, अति तीव्र।

अशरः (अ० पु०)–दस, दस की संख्या, जैसे—अशरा मुहर्रम, मुहर्रम के दस दिन।

अशीक़ः (अ० स्त्री०)–प्रेमिका, प्रेयसी।

अशीयत (अ० स्त्री०)–रात्रि, निशा।

अशीर (अ० वि०)–स्वजन, पड़ोसी।

अश्अश (अ० अव्य०)–आश्चर्य।

अश्आर (अ० पु०)–'शेर' का बहु०, बहुत से पद।

अश्क (फा० पु०)–अश्रु, आँसू।

अश्कफ़िशाँ (फा० वि०)–आँसू बहाने-वाला, रोने वाला।

अश्कबार (फा० वि०)–आँसू बहाने-वाला।

अश्ख़ास (अ० पु०)– शख़्स' का बहु०, कई व्यक्ति।

अश्फ़ाक़ (अ० पु०)–'शफ़क़त' का बहु०, अनुकंपाएँ।

अश्या (अ० स्त्री०)–'शय' का बहु०, वस्तुएँ।

अश्रफ़ (अ० वि०)–कुलीनतम, अत्य-धिक प्रतिष्ठित।

अश्रफ़ी (अ० स्त्री०)– स्वर्ण-मुद्रा, मोहर।

अश्रफ़ुल मख़्लूक़ात (अ० वि०)–सारे प्राणियों में श्रेष्ठतम, मनुष्य।

अश्हर (अ० वि०)–बहुत अधिक प्रसिद्ध।

असद (अ० पु०)–व्याघ्र, सिंह।

असदुल्लाह (अ० पु०)–अल्लाह का शेर, हज़रत अली की उपाधि, उर्दू का महान कवि ग़ालिब का पूल नाम।

असबः (अ० पु०)–स्नायु, पट्ठा, पुत्रादि, स्वजन।

असबात (अ० पु०)–'असबः' का बहु०, पुत्र या नातेदार।

असबीयत (अ० स्त्री०)–पक्षपात।

असर (अ० पु०)–प्रभाव, गुण, चिह्न।

असरअन्दाज़ (अ० फा० वि०)–प्रभावित करने वाला।

असरअन्दाज़ी (अ० फा० स्त्री०)–प्रभावित करना।

असस (अ० स्त्री०)–नींव, बुनियाद।

असा (अ० पु०)–हाथ में पकड़ने वाली छड़ी।

असातीर (अ० पु०)–'उस्तूरः' का

बहु०, कथाएँ, गाथाएँ।

असाफ़ीर (अ० पु०)–'उस्फ़ूर' का बहु०, गौरैयाँ, घरेलू चिड़ियाँ।

असामी (अ० पु०)–'अस्माँ' का बहु०, नामावली, नाम, किसान, किसी महाजन से लेन-देन रखने वाला।

असार (अ० स्त्री०)–दरिद्रता, फकीरी।

असालतन (अ० स्त्री०)–स्वयं, खुद।

असालीब (अ० पु०)–'उस्लूब' का ब॰ , शैलियाँ, पद्धतियाँ।

असास (अ० स्त्री०)–नींव, बुनियाद।

असीर (अ० वि०)–बंदी, कठिन, क्लिष्ट, अंगूर की मदिरा, दुष्कर।

असील (अ० वि०)–कुलीन, उत्तम।

अस्अद (अ० वि०)–बहुत ही शुभ, अत्यधिक मांगलिक, बहुत नेक।

अस्करी (अ० वि०)–सैनिक, सिपाही।

अस्ग़र (अ० वि०)–बहुत ही छोटा, लघुतर।

अस्तबल (फा० पु०)–अश्वशाला, घुड़साल।

अस्तुख्वाँ (फा० स्त्री०)–अस्थि।

अस्ना (अ० अव्य०)–मध्य, बीच।

अस्नाद (अ० पु०)–'सनद' का बहु०, प्रमाण-पत्र।

अस्नाम (अ० पु०)–'सनम' का बहु०, मूर्तियाँ।

अस्प (फा० पु०)–अश्व, घोड़ा।

अस्फ़ा (अ० वि०)–बहुत स्वच्छ, निर्मल।

अस्बाब (अ० पु०)–'सबब' का बहु०, कारण—समूह, उपकरण, सामान।

अस्बाबे ख़ानः (अ० फा० पु०)–गृह-सामग्री।

अस्मराँ (अ० पु०)–गेहूँ, गंदुम, गोधूम।

अस्र (अ० पु०)–समय, काल, सूर्यास्त से पहले का समय, तीसरे पहर की नमाज़।

अस्लम (अ० वि०)–बहुत ही सुरक्षित, सहिष्णुतम।

अस्लह (अ० वि०)–बहुत ही सदाचारी।

अस्ली (अ० वि०)–जो नकली न हो, यथार्थ।

अस्लीयत (अ० स्त्री०)–यथार्थता, वास्तविकता।

अस्वद (अ० पु०)–बहुत काला, कृष्ण।

अस्वात (अ० स्त्री०)–'सौत' का बहु०, ध्वनियाँ, आवाज़ें।

अस्वार (अ० पु०)–सवार, अश्वारोही, बहुत से बैल।

अस्हाब (अ० पु०)–'साहिब' का बहु०, मुहम्मद साहिब के सिहावी, वाले।

अस्हार (अ० पु०)–सवेरे, प्रातःकाल।

अहद (अ० वि०)–एक-एक की संख्या (पु०) ईश्वर।

अहम (म्म), (अ० वि०)–महत्त्वपूर्ण, मुख्य।

अहम्मीयत (अ० स्त्री०)–महत्ता, महिमा।

अह्क़र (अ० वि०)–अति तुच्छ, अतिविनम्रता दिखाने के लिए प्रयुक्त।

अह्काम (अ० पु०)–'हुक्म' का बहु०, आज्ञाएँ।

अह्द (अ० पु०)–पक्का निश्चय, प्रतिज्ञा, वचन, युग, समय।

अहद्नामः (अ० फा० पु०)–प्रतिज्ञा-पत्र।

अहद्शिकन (अ० फा० पु०)–प्रतिज्ञा भंग करनेवाला, वायदा खिलाफ।

अह्दी (अ० वि०)–बहुत आलसी।

अहदेअतीक़ (अ० पु०)–प्राचीनकाल।

अहदेज़रीं (अ० फा० पु०)–स्वर्ण-युग, सुखद समय।

अहदे हाज़िर (अ० पु०)–आधुनिक-काल, वर्तमान समय।

अह्बाब (अ० पु०)–'हबीब' का बहु०, मित्र लोग।

अह्मक़ (अ० वि०)–बहुत ही मूर्ख, अनाड़ी।

अह्रार (अ० पु०)–'हुर' का बहु०, आजाद लोग।

अह्ल (अ० वि०)–योग्य, पात्र।

अह्लकार (अ० फा० पु०)–कर्म-चारी।

अह्लमद (अ० पु०)–अदालत के माल, दीवानी आदि विभागों का प्रधान मुंशी।

अह्लिया (अ० स्त्री०)–पत्नी, जोरू, भार्या।

अह्लेअदम (अ० पु०)–यमलोक के निवासी, मृत।

अह्लेइल्म (अ० पु०)–विद्वान् लोग।

अह्ले ज़िम्म: (अ० पु०)–वे ग़ैर मुस्लिम जो मुस्लिम राज्य में रहते हों।

अह्ले वतन (अ० पु०)–देशवासी, वतन वाले।

अह्ले हक़ (अ० पु०)–सत्यनिष्ठ लोग।

अह्वाल (अ० पु०)–'हाल' का बहु०, घटनाएँ।

अह्संत (अ० वि०)–साधु-साधु, धन्य-धन्य।

अह्सन (अ० वि०)–अति सुंदर, अत्युत्तम।

अह्सने तक़्वीम (अ० पु०)–मानव-शरीर।

आ

आँ (फा० सर्व०)–वह। यौ० **आँकि** वह जो।

आइंद: (फा० वि०)–जो आने को हो, भविष्य, आगामी।

आइद (अ० वि०)–लागू होने वाला।

आइल (अ० वि०)–संन्यासी, फ़क़ीर।

आईन: (फा० पु०)–दर्पण, मुकुर।

आईन (फा० पु०)–विधान, कानून, चलन।

आईनदाँ (फा० वि०)–विधानज्ञ, वकील।

आईनबंदी (फा० स्त्री०)–कमरे में झाड़ आदि सजाना।

आईनी (फा० वि०)–वैधानिक, कानूनी।

आक़ा (तु० पु०)–स्वामी, ईश्वर।

आक़िद (अ० वि०)–ग्रंथि लगानेवाला, वचन देने वाला।

आक़िबत (अ० स्त्री०)–परिणाम, अंत, मृत्यु के पश्चात की अवस्था।

आक़िबतअंदेश (अ० फा० वि०)–परिणामदर्शी।

आक़िल (अ० वि०)–बुद्धिमान, मेधावी।

आख़िर (अ० वि०)–अंत, पिछला।

आख़िरतबीं (अ० फा० वि०)–दूर-दर्शी, परिणामदर्शी।

आख़िरी (अ० वि०)–अन्तिम, पिछला।

आग़ा (तु० पु०)–स्वामी, भाई, काबुली।

आग़ाज़ (फा० पु०)–अनुष्ठान, प्रारंभ।

आग़ाज़िंद: (फा० वि०)–आरंभकर्ता।

आगाह (फा० वि०)–ज्ञात, सूचित।

आगाही (फा० स्त्री०)–ज्ञान, जानकारी, सूचना।

आग़ोश (फा० उभ०)–अंक, गोद।

आ'जज़ (अ० वि०)–अत्यंत विवश, दीन, विनीत।

आ'ज़म (अ० वि०)–बहुत बड़ा, महान्।

आ'जम (अ० वि०)–गूँगा, मूक।

आज़र्द: (फा० वि०)–पीड़ित, दुखित, सताया हुआ।

आज़ाद: (फा० वि०)–स्वच्छंद, निरंकुश।

आज़ाद (फा० वि०)–स्वतन्त्र, स्वाधीन, मुक्त।

आज़ाद मिज़ाज (फा० अ० वि०)–स्वेच्छाचारी, मनमौजी।

आज़ादान: (फा० वि०)–स्वतंत्रतापूर्वक।

आज़ादी (फा० स्त्री०)–स्वतंत्रता, स्वाधीनता, निरंकुशता, छुटकारा।

आज़ादीपसंद (फा० वि०)–जो स्वतंत्रता चाहता हो।

आज़ार (फा० पु०)–कष्ट, रोग, खेद, दुःख देने वाला।

आज़ारतलब (फा० अ० वि०)–दुःखप्रिय।

आजिज़ (अ० वि०)–निराश्रय, लाचार, असहाय।

आजिज़ी (अ० स्त्री०)–असहायता, बेबसी, विनम्रता।

आज़िम (अ० वि०)–इच्छा करने वाला।

आजिल: (अ० स्त्री०)–मर्त्यलोक।

आजिल (अ० वि०)–जल्दबाज़, संसार।

आज़ूर (फा० वि०)–लालची, लोभी।

आज़माइंद: (फा० वि०)–परीक्षा करने वाला।

आज़माइश (फा० स्त्री०)–परीक्षा, जाँच।

आतश (फा० स्त्री०)–अग्नि, आग।

आतश अंगेज़ (फा० वि०)–आग जलाने वाला।

आतशक (फा० स्त्री०)–उपदंश रोग।

आतशकार (फा० वि०)–रसोइया, आतशबाज़।

आतशख़ान: (फा० पु०)–पारसियों की अग्निशाला, चूल्हा।

आतशख़्वार (फा० पु०)–आग खाने-वाला, चकोर।

आतशगाह (फा० स्त्री०)–दे० 'आतशख़ानः'।

आतशगीर (फा० वि०)–ज्वलनशील, चिमटा।

आतशज़दगी (फा० स्त्री०)–आग लगना, अग्निकांड।

आतशज़बाँ (फा० वि०)–धुआँधार भाषण देने वाला।

आतशदस्त (फा० वि०)–फुर्तीला, चालाक।

आतशदान (फा० पु०)–चूल्हा, अँगीठी।

आतशपरस्त (फा० वि०)–अग्निपूजक।

आतशपार: (फा० पु०)–अग्निकण, अंगारा।

आतशबाज़ (फा० पु०)–आतशबाज़ी

बनाने वाला।

आतशबाज़ी (फा० स्त्री०)–बारूद के खिलौने, बारूद के खिलौने बनाने का काम।

आतशमिज़ाज (फा० अ० वि०)–क्रुद्धात्मा, गुस्सैल।

आतशीं (फा० वि०)–अग्निमय, आग जैसा लाल।

आतशे ख़ामोश (फा० स्त्री०)–बुझी हुई आग।

आतशे जिगर (फा० स्त्री०)–हृदय की आग, प्रेमाग्नि।

आतशेतर (फा० स्त्री०)–शराब, मदिरा।

आतशे नुम्रूद (फा० अ० स्त्री०)–वह आग जो पैग़म्बर इब्राहीम को जलाने के लिए नुम्रूद बादशाह ने जलाई थी।

आतिफ़त (अ० स्त्री०)–कृपा, दया।

आतिश (फा० स्त्री०)–अग्नि, आग।

आदत (अ० स्त्री०)–प्रकृति, स्वभाव, अभ्यास।

आदतन (अ० वि०)–स्वभावतः, आदत से।

आदम (अ० पु०)–मूल पुरुष, मानव।

आदमख़ोर (अ० फा० वि०)–नरभक्षी।

आदमज़ाद (अ० फा० पु०)–मनुष्य का पुत्र।

आदमी (अ० पु०)–मनुष्य।

आदमीयत (अ० स्त्री०)–मानवता, शिष्टता, सुशीलता।

आ'दल (अ० वि०)–बहुत अधिक न्याय करने वाला।

आदाब (अ० पु०)–प्रणाम, नमस्कार।

आदिल (अ० वि०)–न्यायनिष्ठ।

आदी (अ० वि०)–अभ्यस्त, व्यसनी।

आन (अ० स्त्री०)–क्षण, पल।

आन (फा० स्त्री०)–छटा, छवि, हाव-भाव।

आनन फ़ आनन (अ० वि०)–तत्क्षण, तुरंत।

आनिफ़ (अ० वि०)–वशीभूत, आज्ञाकारी।

आनिसः (अ० स्त्री०)–कुमारी।

आनिस (अ० वि०)–प्रेमी।

आनी (अ० वि०)–बन्दी, क्षणिक।

आनुक (फा० पु०)–सीसा (एक धातु)।

आपा (तु० स्त्री०)–बड़ी बहिन, दीदी।

आफ़त (फा० स्त्री०)–विपत्ति, कष्ट, बुरा दिन।

आफ़तज़दः (फा० वि०)–विपत्तिग्रस्त।

आफ़तनसीब (फा० अ० वि०)–जिसके भाग्य में विपत्तियाँ ही हों।

आफ़ते नागहानी (फा० स्त्री०)–दैवी घटना।

आफ़ाक़ (अ० पु०) संसार।

आफ़ात (फा० स्त्री०)–विपत्तियाँ। 'आफ़त' का बहु०।

आफ़िंदी (तु० पु०)–श्रीमान्, महोदय।

आफ़ियत (अ० स्त्री०)–सुख, आराम, शान्ति।

आफ़ियत कोश (अ० फा० वि०)–शान्ति के लिए प्रयत्नशील।

आफ़्ताबः (फा० पु०)–एक प्रकार का लोटा, जिसमें टोंटी और दस्ता होता है।

आफ़्ताब (फा० पु०)–सूर्य, प्रभाकर।

आफ़्ताबगीर (फा० पु०)–छज्जा, छतरी।

आफ़्ताबपरस्त (फा० वि०)–सूर्य-पूजक।

आफ़्ताबे सरे शाम (फा० पु०)–संध्या समय का सूर्य।

आफ़्ताबे हश्र (अ० फा० पु०)–महा-प्रलय-काल का सूर्य।

आफ़ीं (फा० अव्य०)–धन्यवाद, वाह-वाह।

आब (फा० पु०)–जल, पानी, चमक-दमक, कांति।

आबकाम: (फा० पु०)–खट्टे पदार्थों से बनाया हुआ पानी।

आबकार (फा० वि०)–मदिरा-विक्रेता।

आबकारी (फा० स्त्री०)–मद्य-विभाग, मदिरा का व्यवसाय।

आबख़ान: (फा० पु०)–शौचगृह।

आबख़ुर्द (फा० पु०)–भाग्य, प्रारब्ध।

आबख़ोर: (फा० पु०)–कुल्हड़, मिट्टी का ग्लास।

आबगीन: (फा० पु०)–शीशा, दर्पण, बारीक काँच की बड़े पेट की बोतल।

आबजोश (फा० पु०)–शोरबा, रसा, सूप।

आबदार (फा० वि०)–चमकदार।

आबदारी (फा० स्त्री०)–चमक-दमक, आभा।

आबदीद: (फा० वि०)–सजल नयन, रुआँसा।

आबदुज़्द (फा० पु०)–एक तंग मुँह का बर्तन, जिसकी तली में छेद होते हैं।

आबदोज़ (फा० वि०)–पानी के अंदर का मार्ग, पानी के भीतर चलने वाला पोत आदि।

आबनाए (फा० पु०)–जलडमरूमध्य।

आबपाशी (फा० स्त्री०)–भूमि और खेती की सिंचाई।

आबबाज़ी (फा० स्त्री०)–तैरना।

आबयान: (फा० पु०)–सिंचाई का महसूल, जलकर।

आबरू (फा० स्त्री०)–प्रतिष्ठा, सतीत्व, यश।

आबरूदार (फा० वि०)–प्रतिष्ठित, साध्वी।

आबरूरेज़ी (फा० स्त्री०)–मानहानि, सतीत्व-हरण।

आबल: (फा० पु०)–छाला, फफोला।

आबशनास (फा० वि०)– माँझी, मल्लाह।

आबशार (फा० पु०)–झरना, प्रपात।

आबाए उल्वी (अ० पु०)–नौ आकाश; सप्तग्रह।

आबाद (फा० वि०)–जिसमे आबादी हो, बसित; वह भूमि जो बोई-जोती जाती हो।

आबादकार (फा० वि०)–वह जो किसी वीरान प्रदेश को आबाद करे; वह किसान जो किसी परती भूमि को उपजाऊ बनाये।

आबादी (फा० स्त्री०)–बस्ती, रौनक़, जनसंख्या।

आबिद: (अ० स्त्री०)–तपस्विनी।

आबिद (अ० वि०)–तपस्वी।

आबिर (अ० वि०)–पथिक।

आबिस्त: (फा० स्त्री०)–गर्भवती।

आबे अंगूर (फा० पु०)–अंगूर की मदिरा, अंगूर का अरक।

आबे कौसर (अ० फ़ा० पु०)–स्वर्ग के हौज़ का पानी।

आबे ख़ंजर (फा० पु०)–खंजर की धार।

आबेख़िज्र (फा० अ० पु०)–आबे-हयात, अमृत जल।

आबे जारी (अ० फा० पु०)–प्रवाहित जल।

आबेजाविदाँ (फा० पु०)–अमृत।

आबे बक़ा (अ० फा० पु०)–आबे-हयात, मदिरा।

आबे बस्त: (फा० पु०)–शीशा, काँच।

आबे मुंजमिद (अ० फा० पु०)–जमा हुआ पानी।

आबे रवाँ (फा० पु०)–बहता हुआ पानी।

आबे शोर (फा० पु०)–खारा पानी।

आबे सियाह (फा० पु०)–गहरा पानी, मोतियाबिंद।

आबे हयात (फा० अ० पु०)–अमृत-जल, सुधा।

आबोगिल (फा० पु०)–मनुष्य का ढाँचा।

आबोताब (फा० स्त्री०)–चमक-दमक, धूमधाम।

आबोदान: (फा० पु०)– अन्न-जल, दाना-पानी, जीविका।

आबोहवा (फा० अ० स्त्री०)–जल-वायु।

आबनूस (फा० पु०)–एक प्रसिद्ध काली लकड़ी, जो बहुत भारी होती है।

आम (अ० वि०)–सर्वसाधारण, गौण।

आम-फ़हम (अ० फा० वि०)–सरल, जन साधारण के समझने योग्य।

आमद (फा० स्त्री०)–आगमन, आय।

आमदनी (फा० स्त्री०)–आय, पैदावार, कमाई।

आमदोख़र्च (फा० पु०)–आय-व्यय।

आमदोरफ़्त (फा० स्त्री०)–यातायात, आना-जाना।

आमाजगाह (फा० स्त्री०)–लक्ष्य, स्थान।

आमाद: (फा० वि०)–तत्पर, उद्यत।

आमादगी (फा० स्त्री०)–तत्परता, अनुमति।

आमाल (अ० स्त्री०)– 'अमल' का बहु०, आशाएँ।

आ'माल (अ० पु०)–'अमल' का बहु०, काम, कार्य-समूह, आचार-व्यवहार।

आ'मालनाम: (अ० फा० पु०)–वह पत्र जिस पर मनुष्य के अच्छे-बुरे कर्म लिखे जाते हैं।

आमास (फा० पु०)–सूजन, वरम, शोथ।

आमिन: (अ० स्त्री०)–निर्भय स्त्री, मुहम्मद साहब की पत्नी का नाम।

आमियान: (अ० फा० वि०)–अश्लील, अशिष्ट।

आमिल: (अ० स्त्री०)–काम करने-वाली स्त्री, कार्य-कारिणी, विषय-निर्धारिणी।

आमिल (अ० वि०)–शासक, इच्छुक।

आमी (अ० वि०)–सामान्य व्यक्ति, नीच।

आमीन (अ० अव्य०)–एवमस्तु, तथास्तु।

आमुर्ज़गार (फा० वि०)–मोक्षदायक अर्थात् ईश्वर।

आमुर्जिश (फा० स्त्री०) – मोक्ष, कल्याण।

आमेख्त: (फा० वि०)–मिला हुआ, मिलाया हुआ।

आमेज़िश (फा० स्त्री०)–मिलावट, उपाधि।

आमोख़्त: (फा० पु०)–पढ़े हुए पाठ को फिर से पढना (वि०) पठित।

आमोज़गार (फा० वि०)– शिक्षक, शिक्षार्थी।

आमोज़ीदनी (फा० वि०)–सीखने योग्य, सिखाने योग्य।

आयंद: (फा० वि०)– आनेवाला, आगामी, भविष्य, भविष्य में।

आयत (अ० स्त्री०)–चिह्न, निशान, कुरान का एक वाक्य, उस वाक्य के आख़िर में बना हुआ गोल चिह्न।

आया (फा० अव्य०)–क्या, किम्।

आयानी (फा० स्त्री०)– शिष्टता, उत्तमता।

आर (अ० पु०)–लज्जा, लाज।

आ'रज (अ० वि०)–लँगड़ा, पंगु।

आरा (अ० स्त्री०)–'राय' का बहु०, रायें, मत।

आराइंद: (फा० वि०)–सजाने या संवारने वाला।

आराइश (फा० स्त्री०)– सजावट, सुसज्जा।

आराम (फा० पु०)–सुख, सुगमता, आनंद, विश्राम।

आरामकुर्सी (फा० स्त्री०)–वह कुर्सी जिस पर फैल कर लेटा जा सके।

आरामगाह (फा० स्त्री०)–विश्रामालय।

आरामतलब (फा० अ० वि०)–आराम चाहने वाला, आलसी।

आरामदेह (फा० वि०)–सुखदायी।

आरामे जाँ (फा० पु०)–प्रेमिका, पुत्र।

आ'राश (अ० पु०)–'अर्श' का बहु०, बहुत से अर्श।

आ'रास (अ० पु०)–'उर्स' या 'उरूस' का बहु०।

आरास्त: (फा० वि०)–सुसज्जित (घर आदि), शृंगारित।

आरास्तगी (फा० स्त्री०)–घर आदि की सजावट, स्त्री आदि का शृंगार क्रम।

आरिज़: (अ० पु०)–रोग, व्याधि।

आरिज़ (अ० पु०)–कपोल, गाल।

आरिज़ी (अ० वि०)–अस्थायी, क्षणिक।

आरिफ़: (अ० स्त्री०)–आरिफ़ स्त्री, ब्रह्मज्ञानी।

आरिफ़ (अ० वि०)–ज्ञाता, परिचित, ब्रह्मज्ञानी।

आरिफ़बिल्लाह (अ० वि०)–ब्रह्मज्ञानी, ऋषि।

आरिफ़ान: (अ० फा० वि०)–ब्रह्मज्ञानियों जैसा।

आरियत (अ० स्त्री०)–अस्थायित्व।

आरी (अ० वि०)–नंगा, वंचित, अलंकार रहित गद्य।

आरे (फा० स्त्री०)–हाँ, जी हाँ।

आर्ज़ू (फा० स्त्री०)–इच्छा, उत्कंठा, आशा।

आर्ज़ूए वस्ल (फा० अ० स्त्री०)–प्रेमिका से प्रेमी के मिलने की इच्छा।

आर्ज़ूगाह (फा० स्त्री०)–वह स्थान जहाँ से कोई मनोकामना सिद्ध होने की आशा हो।

आर्ज़ूमंद (फा० वि०)–इच्छुक।

आर्द (फा० पु०)–आटा।

आलंग (तु० पु०)–हरियाली का मैदान।

आल: (अ० पु०)–उपकरण, औजार।

आ'लम (अ० वि०)–सबसे अधिक जानने वाला।

आलम (अ० पु०)–जगत्, संसार, दशा।

आलम (अ० वि०)–बहुत अधिक कष्ट देने वाला।

आलम अफ़्रोज़ (फा० वि०)–संसार को प्रकाशित करने वाला।

आलम आरा (अ० फा० वि०)–संसार को सुज्जित और शृंगारित करने वाला।

आलम आराई (अ० फा० स्त्री०)–संसार की सजावट और शृंगार।

आलम आश्कार (अ० फा० वि०)–विश्व-विदित।

आलम आश्नाई (अ० फा० स्त्री०)–सारे संसार से परिचित होना।

आलमगीर (अ० फा० वि०)–विश्व-व्यापी, विश्व-विजयी।

आलमताब (अ० फा० वि०)–सारे संसार को प्रकाशित करने वाला।

आलमफ़रेब (अ० फा० वि०)–विश्व-मोहन, सारे संसार को मुग्ध करने वाला।

आलमी (अ० वि०)–सांसारिक।

आलमे अज्साम (अ० पु०)–मर्त्यलोक, दुनिया।

आलमे अर्वाह (अ० पु०)–परलोक, स्वर्ग।

आलमे अस्बाब (अ० पु०)–संसार, दुनिया।

आलमे आब (अ० फा० पु०)–वह स्थान, जहाँ पानी ही पानी हो; मद्यपान की अवस्था।

आलमे क़ुद्स (अ० पु०)–स्वर्ग, सुर-लोक।

आलमे ख़याल (अ० पु०)–कल्पना-जगत्, ऐसी दुनिया, जिसे केवल तसव्वुर ने बनाया हो।

आलमे ख़ाक (अ० फा० पु०)–भूलोक, संसार।

आलमे ख़्वाब (अ० फा० पु०)–स्वप्न-जगत्, नींद की हालत।

आलमे ग़ैब (अ० फा० पु०)–अदृश्य जगत्।

आलमे जावेद (अ० फा० पु०)–नित्य-लोक, स्वर्ग

आलमे ज़ाहिर (अ० पु०)–संसार।

आलमे तसव्वुर (अ० पु०)–वह संसार, जहाँ प्रेमी अपनी प्रेमिका के ध्यान में पहुँच जाता है।

आलमे तस्वीर (अ० पु०)–स्तब्धता और निश्चेष्टता की अवस्था।

आलमे फ़ना (अ० पु०)–दे० 'आलमे फ़ानी'।

आलमे फ़ानी (अ० पु०)–नश्वर जगत्।

आलमे बक़ा (अ० पु०)–परलोक, वह लोक जो नश्वर नहीं होता।

आलमे बर्ज़ख़ (अ० पु०)–वह लोक जो स्वर्ग और नरक के बीच में है।

आलमे बाक़ी (अ० पु०)–दे० आलमे बक़ा'।

आलमे बाला (अ० पु०)–परलोक, आकाश।

आलमे मलकूत (अ० पु०)–देवलोक, जहाँ केवल फ़रिश्ते रहते हैं।

आलमे मा'ना (अ० पु०)–वह अवस्था, जिसका अनुभव न किया जा सके।

आलमे मिसाल (अ० पु०)–वह जगत्, जो परलोक के अंतर्गत है, और जिसमें संसार की हर वस्तु ज्यों की

त्यों मौजूद है।

आलमे लाहूत (अ० पु०)–ब्रह्मलोक, जहाँ ईश्वर के सिवा और कुछ नहीं होता।

आलमे लौहो क़लम (अ० पु०)–अर्श, वह लोक, जहाँ ईश्वर का सिंहासन है।

आलमे वुजूद (अ० पु०)–जीवनावस्था, अस्तित्त्व।

आलमे शुहूद (अ० पु०)–वह जगत्, जिसमें हम सब कुछ देख सकें। मर्त्य-लोक, दुनिया।

आलमे सिफ़्ली (अ० पु०)–तुच्छ जगत्, संसार।

आलमे हयूलानी (अ० पु०)–जगत्, संसार।

आ'ला (अ० वि०)–सबसे अच्छा, सर्वश्रेष्ठ, श्रेष्ठ।

आलाईद: (फा० वि०)–लथड़ा हुआ, सना हुआ।

आलात (अ० पु०)– आल:' का बहु०, औजार, अस्त्र-शस्त्र।

आलाते जंग (अ० फा०)–युद्धास्त्र।

आलाफ़ (अ० पु०)–'अल्फ़' का बहु०, हजारों।

आलाम (अ० पु०)–'अलम' का बहु०, मुसीबतें।

आलामे रोजगार (अ० फा० पु०)–सांसारिक कष्ट।

आलिफ़ (अ० वि०)–स्नेह करने वाला।

आलिम: (अ० स्त्री०)–विदुषी।

आलिम (अ० वि०)–विद्वान्, पंडित, दुःखदायी।

आलिमान: (अ० फा० वि०)–विद्वानों जैसा।

आलिमुलग़ैब (अ० वि०)–अंतर्यामी।

आलिमे कुल (अ० वि०)–सर्वज्ञ।

आलिमे बा अमल (अ० पु०)–ऐसा विद्वान्, जिसका आचार-व्यवहार विद्वानों जैसा हो।

आलिमे बे अमल (अ० फा० पु०)–ऐसा विद्वान्, जिसका आचरण विद्वानों से विरुद्ध हो।

आली (अ० वि०)–उच्च, उत्तम।

आलीक़द्र (अ० वि०)–महामहिम।

आली ख़ानदान (अ० फा० वि०)–कुलीनतम, उच्च कुल।

आली जनाब (अ० फा० वि०)–महामान्य।

आली दिमाग़ (अ० वि०)–महाप्रज्ञ, उच्चबुद्धि।

आलीशान (अ० वि०)–महान्, महा-मान्य।

आली हिम्मत (अ० वि०)–महा साहसी।

आलुफ़्त: (फा० वि०)–निरंकुश, स्वच्छंद, पराया।

आलूच: (फा० पु०)–एक मीठा मेवा।

आलूद: (फा० वि०)–लिप्त, सना हुआ।

आलूद: दामन (फा० वि०)–अपराधी, दोषी।

आलूदए इस्याँ (फा० अ० वि०)–पापमय।

आलूदगी (फा० स्त्री०)–अपवित्रता, अपराध, मलिनता।

आलू बुखारा (फा० पु०)–एक प्रसिद्ध मेवा।

आले अबा (अ० पु०)–हज्रत फ़ातिमा, हज्रत अली और इमाम हसन और हुसैन।

आव (फा० पु०)–पानी, आब ।

आ'वज (अ० वि०)–टेढ़ा, वक्र ।

आ'वर (अ० वि०)–सौतेला भाई, कौआ ।

आवाज़ (फा० स्त्री०)–स्वर, शब्द ।

आवाज़े पा (फा० स्त्री०)–पग-ध्वनि ।

आवाज़े बाज़गश्त (फा० स्त्री०)–प्रतिध्वनि ।

आवान (अ० पु०)–'आन' का बहु०, बहुत-से काल, सहायक गण ।

आ'वान (अ० पु०)–'औन' का बहु०, सहायक गण ।

आवारः (फा० वि०)–दुश्चरित्र, व्यर्थ भ्रमण करने वाला ।

आवारः गर्दी (फा० स्त्री०)–व्यर्थ में इधर-उधर घूमना ।

आवारः मिज़ाज (फा० अ० वि०)–दुश्चरित्र ।

आवारः वतन (फा० अ० वि०)–प्रवासी ।

आवारगी (फा० स्त्री०)–व्यर्थ इधर-उधर घूमना, बदचलनी ।

आवेज़ए गोश (फा० पु०)–कान का लटकन, बुन्दा ।

आवेज़िंदः (फा० वि०)–लिपटने वाला ।

आशामिंदः (फा० वि०)–पीने वाला ।

आशामीदः (फा० वि०)–पिया हुआ, जो पिया गया हो ।

आशामीदनी (फा० वि०)–पीने योग्य, पेय ।

आशिक़ (अ० वि०)–प्रेमी, अनुरक्त ।

आशिक़ मिज़ाज (अ० वि०)–प्रेम प्रवण ।

आशिक़ानः (अ० फा० वि०)–प्रेमियों जैसा, प्रेमपूर्ण ।

आशिक़ी (अ० स्त्री०)–प्रेम, अनुराग ।

आशिर (अ० वि०)–दसवाँ, दसवाँ भाग ।

आशुफ़्तः (फा० वि०)–अस्त-व्यस्त, व्याकुल ।

आशुफ़्तः ख़याल (फा० अ० वि०)–जिसके विचार अस्त-व्यस्त हों, प्रेमी ।

आशुफ़्तः ख़ातिर (फा० अ० वि०)–उद्विग्नचित्त ।

आशुफ़्तगी (फा० स्त्री०)–उद्विग्नता, व्यग्रता ।

आशूरा (अ० पु०)–मुहर्रम की दसवीं तारीख़ ।

आशोब (फा० पु०)–हलचल, उपद्रव ।

आशोबगाह (फा० स्त्री०)–संसार ।

आशोबीदः (फा० वि०)–उद्विग्न, मुग्ध ।

आशोबे आगही (फा० पु०)–माया-जाल ।

आश्कारा (फा० वि०)–प्रकट, व्यक्त, स्पष्ट ।

आश्ती (फा० स्त्री०)–मित्रता, संधि ।

आश्ना (फा० पु०)–मित्र, परिचित ।

आश्नाई (फा० स्त्री०)–मित्रता, अनुचित संबंध ।

आश्ना फ़रोशी (फा० स्त्री०) मित्र की उसके मुँह पर प्रशंसा करना ।

आश्ना सूरत (फा० अ० वि०)–परिचित मुख ।

आश्नाह (फा० स्त्री०)–तैराकी, (वि०) तैराक ।

आश्माली (फा० स्त्री०)–चाटुकारिता ।

आश्याँ (फा० पु०)–घोंसला, नीड़, आश्याना ।

आसफ़ (अ० पु०)–हज़्रत सुलेमान का वज़ीर जो बहुत ही बुद्धिमान और निपुण था।

आसाँ (फा० वि०)–'आसान' का लघु, सरल, सुगम, सहज।

आसा (फा० अव्य०)–समान, तुल्यवत्।

आसाइश (फा० स्त्री०)–सुख, समृद्धि।

आसान पसंद (फा० वि०)–जो हर काम में सुविधा चाहता हो।

आसानी (फा० स्त्री०)–सुविधा, सुगमता।

आ'साब (अ० पु०)–'असब' का बहु०, पट्ठे, स्नायु-समूह।

आसार (अ० पु०)–'असर' का बहु०, लक्षण, चिह्न।

आसारुस्सनादीद (अ० पु०)–पूर्वजों की निशानियाँ।

आसारे क़दीम: (अ० पु०)–भग्नावशेष।

आसारे क़ियामत (अ० पु०)–महाप्रलय के लक्षण।

आसास (अ० पु०)–'असस्' का बहु०, नीवें।

आसिफ़ (अ० पु०)–आँधी, लक्ष्य से हटने वाला बाण।

आसिया (फा० स्त्री०)–चक्की।

आसियाए आब (फा० स्त्री०)–पनचक्की।

आसी (अ० वि०)–दुखी, उर्दू के एक कवि का नाम।

आसी (अ० वि०)–बहुत ही बूढ़ा, पापी, दुखित।

आसीम: (फा० वि०)–स्तब्ध, व्याकुल।

आसूद: (फा० वि०)–धनवान्, समृद्ध, सुखी।

आसूद: दिल (फा० वि०)–जिसे पूर्ण संतोष प्राप्त हो।

आसूदगी (फा० स्त्री०)–संतोष, तृप्ति, समृद्धि, संपन्नता।

आसेब (फा० पु०)–भूत, प्रेत, विपत्ति।

आस्ताँ (फा० पु०)–चौखट, ड्योढ़ी, आस्ताना।

आस्ताने यार (फा० पु०)–प्रेमिका का निवास-स्थान।

आस्तीं (फा० स्त्री०)–'आस्तीन' का लघु रूप।

आस्तीन (फा० स्त्री०)–कुर्ते, अँगरखे या कोट का वह भाग, जो बाँहों को ढकता है।

आस्माँ (फा० पु०)–'आस्मान' का लघु०, दे० 'आस्मान'।

आस्माँ क़द्र (फा० अ० वि०)–बहुत अधिक प्रतिष्ठित।

आस्माँ रस (फा० वि०)–गगनस्पर्शी।

आस्माँ शिगाफ़ (फा० वि०)–गगनभेदी।

आस्माँ सैर (फा० अ० वि०)–आकाशगामी, गगनचारी।

आस्मान (फा० पु०)–आकाश, नभ, देवलोक।

आहंग (फा० पु०)–गान, राग, काल, संकल्प।

आह (फा० स्त्री०)–उच्छ्वास, हाय।

आहन (फा० पु०)–लोहा।

आहन गर (फा० वि०)–लोहार।

आहन रुबा (फा० पु०)–चुंबक पत्थर।

आहनीं (फा० वि०)–लोहे का, लोहे जैसा।

आहनीं अज़्म (फा० अ० वि०)–लोहे की भाँति अटूट निश्चय वाला।

आहनीं जिगर (फा० वि०)–निर्दय।

आहर्मन (फा० पु०)–'अहरमन' पार्सियों का बदी का देवता।

आहा (फा० अव्य०)–वाह-वाह, साधु-साधु।

आहार (फा० पु०)–लेई, भोजन।

आहिर: (अ० स्त्री०)–व्यभिचारिणी, कुलटा।

आहिस्त: (फा० वि०)–मंद, धीमा।

आहिस्त:कार (फा० वि०)–बहुत धीरे-धीरे काम करने वाला दीर्घसूत्री।

आहिस्त: ख़िराम (फा० वि०)–मंदगामी।

आहिस्तगी (फा० स्त्री०)–मंदता, धीमापन।

आहूचश्म (फा० वि०)–हिरण जैसी आँखों वाली सुंदरी, मृगनयनी, मृगनयन।

आहूपरस्ती (फा० स्त्री०) मृगया-प्रेम।

आहूबच: (फा० पु०)–मृग-शावक।

इ

इंजिज़ाब (अ० पु०)–आत्मसात् होना, आकृष्ट होना।

इंजिमाद (अ० पु०)–जमकर ठोस हो जाना।

इंज़िमाम (अ० पु०)–जुड़ना, मिलना।

इंजिला (अ० पु०)–चमकना, घर या देश से निकलना, दु:ख का दूर होना।

इंज़िवा (अ० पु०)–एकांतवासी होना, एकांत।

इंजिहाक़ (अ० पु०)–नष्ट होना, मर जाना।

इंजीर (अ० पु०)–एक प्रसिद्ध फल, अंजीर।

इंजील (अ० स्त्री०)–बाइबिल, ईसाइयों का धर्मग्रंथ; अंगल्यून।

इंतिआश (अ० पु०)–ऊपर उठना, समृद्ध होना।

इंतिक़ा (अ० पु०)–चुनना, स्वीकार करना।

इंतिक़ाअ (अ० पु०) – पराङ्मुख होना।

इंतिक़ाद (अ० पु०)–जाँचना, आलोचना करना, आलोचना।

इंतिकाफ़ (अ० पु०)–किसी वस्तु का घृणास्पद होना।

इंतिक़ाम (अ० पु०)–प्रत्यपकार।

इंतिक़ाल (अ० पु०)–मृत्यु, एक से दूसरे को पहुँचना।

इंतिक़ाले अराज़ी (अ० पु०)–ज़मीन का एक के पास से दूसरे की मिलकियत में चला जाना।

इंतिक़ाश (अ० पु०)–साकार होना, काँटा निकालना।

इंतिख़ाब (अ० पु०)–चुनाव, निर्वाचन।

इंतिख़ाबे जुदागान: (अ० फा० पु०)-ऐसा चुनाव, जो सांप्रदायिक आधार पर हो।

इंतिख़ाबे मख़्लूत (अ० पु०)–संयुक्त निर्वाचन।

इंतिज़ाअ (अ० पु०)–उखड़ना, अस्तव्यस्त होना, विप्लव होना।

इंतिज़ाए सल्तनत (अ० पु०)–राज्य-

क्रांति।

इंतिजाब (अ० पु०)–प्रतिष्ठित होना, श्रेष्ठ होना।

इंतिज़ाम (अ० पु०)–प्रबंध, प्रबंध करना।

इंतिज़ार (अ० पु०)–प्रतीक्षा करना, प्रतीक्षा।

इंतिफ़ा (अ० पु०)–नष्ट करना, नष्ट होना, आग का बुझना, दीपक का बुझना।

इंतिबाअ (अ० पु०)–छपना, मुद्रित होना।

इंतिबाक़ (अ० पु०)–एक दूसरे से मिलना, जुड़ना।

इंतिबाह (अ० पु०)–चेतावनी देना, चेतावनी।

इंतिलाक़ (अ० पु०)–जाना, गमन करना।

इंतिशार (अ० पु०) – अस्त-व्यस्त होना, गड़बड़, बेचैनी।

इंतिसाक़ (अ० पु०)–व्यवस्था ठीक करना, शैली, प्रबंध, ढंग।

इंतिसाब (अ० पु०)–किसी वस्तु को किसी के नाम समर्पित करना।

इंतिसाम (अ० पु०)–सुगधित पदार्थ सूघना।

इंतिहा (अ० स्त्री०) – पराकाष्ठा, चरम सीमा।

इंतिहाई (अ० वि०)–अत्यधिक, अंत वाला।

इंतिहापसंद (अ० फा० वि०)–क्रांति और हिंसा द्वारा देश में इंक़िलाब लाने का सिद्धांत मानने वाला।

इंतिहाब (अ० पु०)–डाके आदि में लुट जाना, लूटना।

इंदत्तहक़ीक़ (अ० वि०)–जाँच के समय, जाँच के अनुसार।

इंदल्लाह(अ० वि०)–ईश्वर के निकट, ईश्वर के यहाँ।

इंदिराज (अ० पु०)–दर्ज होना, लिखा जाना।

इंबिसात (अ० पु०)–खुलना, हर्ष।

इंशा (अ० स्त्री०)–लेख लिखना, साहित्य, अदब, आरंभ करना, उत्पन्न करना।

इंशाद (अ० पु०)–कविता सुनाना।

इंशा पर्दाज़ (अ० फा० वि०)–गद्य-लेखक, निबंधकार, साहित्यकार।

इंशा पर्दाज़ी (अ० फा० स्त्री०)–निबंध-रचना।

इंशिक़ाक़(अ० पु०)–फटना, तड़कना, दरकना।

इंशिराह (अ० पु०)–हृदय का खुल जाना, चित्त की प्रसन्नता।

इंसान(अ० पु०)–मनुष्य, मानवजाति, सभ्य, सज्जन।

इंसानी (अ० वि०)–मानवीय।

इंसानीयत (अ० स्त्री०)–मानवता।

इंसाफ़ (अ० पु०)–न्याय, नीति।

इंसाफ़न (अ० वि०)–न्याय के अनुसार।

इंसाफ़ पसंद (अ० फा० वि०)–न्यायप्रिय।

इंसिदाद(अ० पु०)–बंद होना, निवारण।

इंसिदादे जुर्म(अ० पु०)–अपराधों का रुक जाना।

इआनत (अ० स्त्री०)–सहायता, सहयोग।

इआनते मुज्रिमान: (अ० स्त्री०)–किसी अवैध कार्य में सहायता।

इक़्तिदार (अ० पु०)–सत्ता, सम्मान।

इक़्तिनास (अ० पु०)–शिकार करना, जीविका कमाना।

इक्तिफ़ा (अ० पु०)–पर्याप्त होना।

इक़्तिबास (अ० पु०)–पुस्तक, लेख या काव्य में से कुछ भाग का उद्धरण।

इक़्तिसादी (अ० वि०)–आर्थिक।

इक्तिसाब (अ० पु०) – उपार्जन, कमाना।

इक्तिसाबे ज़र (अ० फा० पु०)–धनोपार्जन।

इक़्तिसाम (अ० पु०)–बाँटना।

इक़्तिसार (अ० पु०)–जबर्दस्ती किसी से कोई काम लेना, जबर्दस्ती, कम करना, छोटा करना।

इक़्तिसास (अ० पु०) – प्रतिहिंसा करना।

इक्तिहाल (अ० पु०) -सुरमा लगाना।

इक़्दाम (अ० पु०)–अग्रसरता।

इक़्दामे क़त्ल (अ० पु०)–मार डालने के लिए आगे बढ़ना।

इक़्दाह (अ० पु०)–निंदा करना, निंदा।

इक्राम (अ० पु०)–सम्मान, प्रतिष्ठा, श्रेष्ठता।

इक्फार (अ० पु०)–किसी आस्तिक को नास्तिक बताना, काफ़िर कहना।

इक़्बाल (अ० पु०)–प्रताप, तेज, सौभाग्य।

इक़्बालमंद (अ० फा० वि०)–प्रतापवान, तेजस्वी।

इक़्बाली (अ० वि०)--इक़रारी, जो अपराधी अपने अपराध को स्वीकार करे।

इक़्बालेजुर्म (अ० पु०)–स्वीकारोक्ति।

इक्माल (अ० पु०)–पूरा करना, समाप्त करना।

इक़्राज़ (अ० पु०)–उधार लेना, ऋण लेना।

इक़्रारनामः (अ० फा० पु०)–प्रतिज्ञा-पत्र, संविदा।

इक़्राश (अ० पु०) – निंदा करना, निंदा।

इक्राह (अ० पु०)–घृणा।

इक़्लीदिस (दस) (अ० स्त्री)–ज्यामिति, रेखागणित।

इक़्लीम (अ० स्त्री०)–महाद्वीप।

इक्लील (अ० पु०)–मुकुट, टोपी।

इक़्सास (अ० पु०)–प्रतिहिंसा।

इक्सीर (अ० स्त्री०)–रसायन, कीमिया (वि०) अमोघ।

इक्सीरी (अ० वि०)–कीमियागर, रसायन बनाने वाला।

इख़्तिताम (अ० पु०)–समाप्त होना, अंत, समाप्ति।

इख़्तिताय (अ० पु०)–समाप्त होना, अंत।

इख़्तिनाक़ (अ० पु०)–गला घुटना।

इख़्तिफ़ार (अ० पु०)–प्रतिज्ञा भंग करना।

इख़्तिबार, (अ० पु०)–परीक्षा करना, परीक्षा।

इख़्तियार (अ० पु०)–अधिकार, स्वामित्व।

इख़्तियारी (अ० वि०)–जो अनिवार्य न हो।

इख़्तिराअ (अ० पु०)–आविष्कार।

इख़्तिराआत (अ० पु०)–नये-नये आविष्कार।

इख़्तिराई (अ० वि०)–कल्पित।

इख़्तिलागे कल्ब (अ० पु०)–दिल की तेज धड़कन।

इख़्तिलात (अ० पु०)–मित्रता, प्रेम-व्यवहार।

इख़्तिलाफ़ (अ० पु०)–मतभेद, वैमनस्य।

इख़्तिसार (अ० पु०)–संक्षिप्त करना।

इख़्तिसास (अ० पु०)–विशेषता, मुख्यता।

इख़्दाम (अ० पु०)–सेवा करना।

इख़्फ़ाए जुर्म (अ० पु०)–अपराध करके उसे छिपाना।

इख़्फ़ाफ़ (अ० पु०)–दूसरों की दृष्टि में हलका होना।

इख़्बार (अ० पु०)–सूचना देना, जासूसी करना।

इख़्राज (अ० पु०)–बहिष्कार, व्यय, खारिज करना।

इख़्राजात (अ० पु०)–व्यय।

इख़्राब (अ० पु०)–वीरान करना, नष्ट करना।

इख़्लाक़ (अ० पु०)–पुराना करना, पुराना होना। पुरानापन।

इख़्लास (अ० पु०)–निष्कपटता।

इग़्लात (अ० पु०)–ग़लती करना, त्रुटि।

इग़्वा (अ० पु०)–बहकाना, बहकाकर भगा ले जाना।

इजाज़त (अ० स्त्री०)–अनुमति, निर्देश।

इजाज़तनाम: (अ० फा० पु०)–अनुमति-पत्र, आज्ञापत्र।

इज़ाफ़: (अ० पु०)–वृद्धि, उन्नति।

इज़ाफ़त (अ० स्त्री०)–संबंध, फार्सी में छठे कारक का चिह्न।

इजाबत (अ० स्त्री०)–स्वीकृति, शौच।

इजाबते दुआ (अ० स्त्री०)–ईश्वर से जो प्रार्थना की जाय, उसका स्वीकृत होना।

इज़ाम (अ० स्त्री०)–'अज़्म' का बहु०, हड्डियाँ (पु०)–प्रतिष्ठित जन।

इजार: (अ० पु०)–एकाधिकार ठेका।

इजार:दार (अ० फा० वि०)–ठेकेदार, एकाधिकारी।

इजार:दारी (अ० फा० स्त्री०)–ठेकेदारी।

इज़ार (फा० स्त्री०)–पाजामा।

इज़ार (अ० पु०)–गाल, कपोल।

इज़ारबंद (फा० पु०)–कमरबंद, नारा।

इज़ाल: (अ० पु०)–निवारण, क्षतिपूर्ति।

इज्ज़ (अ० पु०)–नम्रता, असमर्थता।

इज़्ज़त (अ० स्त्री०)–सम्मान, आदर, सतीत्व, प्रतिष्ठा, पद।

इज़्ज़तदार (अ० फा० वि०)–प्रतिष्ठित, कुलीन, सती।

इज्तिनाब (अ० पु०)–दूर करना, घृणा करना, उपेक्षा।

इज्तिमाअ (अ० पु०)–सम्मेलन।

इज्तिमाई (अ० वि०)–सामूहिक।

इज़्तिराब (अ० पु०)–व्याकुलता, जल्दी।

इज्तिहाद (अ० पु०)–प्रयत्न करना।

इज़्दिवाज (अ० पु०)–विवाह।

इज़्दिहाम (अ० पु०)–भीड़, जन-समूह।

इज्माअ (अ० पु०)–किसी एक बात पर बहुमत होना।

इज्माल (अ० पु०)–संक्षेप, सार।

इज्रा (अ० पु०)–संचालन, प्रचलित करना।

इज़्राईल (अ० पु०)–प्राण लेने वाले फ़रिश्ते का नाम, यमराज, मलकुल-

मौत।

इज्लत (अ० स्त्री०)–शीघ्रता, आतुरता।

इज्लास (अ० पु०)–बिठाना, अदालत में हाकिम के बैठने का स्थान।

इज़्हाम (अ० पु०)–रोकना, मृतप्राय होना।

इज़्हार (अ० पु०)–प्रकट होना या करना, न्यायालय में वादी-प्रतिवादी या साक्षी आदि का बयान।

इताअत (अ० स्त्री०)–आज्ञा-पालन, सेवा।

इताअत गुज़ार (अ० फा० वि०)–आज्ञाकारी।

इताब (अ० पु०)–प्रकोप, डाँट-फटकार।

इतालत (अ० स्त्री०)–निठल्लापन, बेकारी।

इत्तिआद (अ० पु०)–वचन देना।

इत्तिआब (अ० पु०)–दुःख में डालना।

इत्तिक़ा (अ० पु०)–संयम, इन्द्रिय-निग्रह।

इत्तिका (अ० पु०)–भरोसा करना, सहारा ढूँढ़ना, भरोसा।

इत्तिकाल (अ० पु०)–भरोसा करना, सहारा पकड़ना।

इत्तिफ़ाक़ (अ० पु०)–संयोग, मैत्री, एकता, सहमति।

इत्तिफ़ाक़न (अ० वि०)–सहसा, अचानक।

इत्तिफ़ाक़ात (अ० पु०)–आकस्मिक होने वाली घटनाएँ।

इत्तिफ़ाक़िय: (अ० वि०)–दे० 'इत्तिफ़ाक़न'।

इत्तिफ़ाक़ी (अ० वि०)–आकस्मिक, संयुक्त।

इत्तिबाअ (अ० पु०)–अनुसरण, मतानुगमन।

इत्तिलाअ (अ० स्त्री०)–सूचना, खबर।

इत्तिलाअन (अ० वि०)–सूचनार्थ।

इत्तिसाल (अ० पु०)–मिलाना, मेल-मिलाप।

इत्तिहाद (अ० पु०)–एकत्व, एकता, मैत्री।

इत्तिहादी (अ० वि)–परस्पर एकता और मैत्री रखने वाले, वे राज्य, जो परस्पर मित्र हों।

इत्तिहाफ़ (अ० पु०)–भेंट देना, उपहार।

इत्तिहाम (अ० पु०)–आरोप लगाना, आरोप, दोष।

इत्माम (अ० पु०)–समाप्त करना, समाप्ति, पूर्ति।

इत्मीनान (अ० पु०)–तुष्टि, संतुष्टि, विश्वास, सांत्वना।

इत्र (अ० पु०)–सुगंध, पुष्पसार।

इत्रदान (अ० फा० पु०) इत्र रखने की पिटारी।

इत्लाक़ (अ० पु०)–बंधन-मुक्त करना, चरितार्थ होना।

इदार: (अ० पु०)–संस्था, सभा, विभाग।

इदारत (अ० स्त्री०)–संपादन।

इदारिय: (अ० पु०)–संपादकीय लेख।

इद्दत (अ० स्त्री०)–गणना, गिनती, मुसलमानों में विधवाओं और परित्यक्ता स्त्रियों के लिए सौ दिन का वह निश्चित काल जिसके पहले वह दूसरा विवाह न कर सके।

इद्राक (अ० पु०)–ज्ञान, समझ बूझ।

इनान (अ० स्त्री०)–घोड़े की लगाम,

बागडोर।

इनाग्रत (ग्र० स्त्री०)–विलंब, देर, सुस्ती।

इनायत (ग्र० स्त्री०)–कृपा, दया, इरादा करना।

इनायतनामः (ग्र० फा० पु०)–कृपा-पत्र।

इनग्राम (ग्र० पु०)–पुरस्कार।

इनइक़ाद (ग्र० पु०)–ग्रायोजन, सभा, ग्रादि की व्यवस्था।

इन्कार (ग्र० पु०)–ग्रस्वीकृति, न मानना।

इन्क़ास (ग्र० पु०)–क़म करना, घटाना।

इन्क़िज़ा (ग्र० पु०)–समय पूरा हो जाना।

इन्क़िलाब (ग्र० पु०)–परिवर्तन, क्रांति, शासन-परिवर्तन।

इन्क़िलाबी (ग्र० वि०)–इन्क़िलाब लाने वाला, क्रांतिकारी।

इन्किशाफ़ (ग्र० पु०)–प्रकट होना, रहस्योद्‌घाटन, गवेषणा।

इन्क़िसाफ़ (ग्र० पु०)–सूर्य-ग्रहण होना।

इन्क़िसाम (ग्र० पु०)–विभक्त होना, विभाजन, टूटकर टुकड़े-टुकड़े होना।

इन्किसार (ग्र० पु०)–विनम्रता।

इन्फ़िग्राल (ग्र० पु०)–लज्जित होना, संकोच।

इन्फिरादी (ग्र० वि०)-व्यक्तिगत।

इन्हितात (ग्र० पु०)–ह्रास।

इन्हिराफ़ (ग्र० पु०)–फिर जाना, मुकरना, ग्रवहेलना।

इफाक़ः (ग्र० पु०)–ग्रारोग्य-लाभ।

इफ़ादीयत (ग्र० स्त्री०)–उपादेयता।

इफ़्क (ग्र० पु०)–मिथ्या, ग्रसत्य।

इफ़्कार (ग्र० पु०)–निर्जल व्रत रहना।

इफ़्ता (ग्र० पु०)–'फ़त्वा' देना, यह बताना कि धर्म के ग्रनुसार ग्रमुक काम कैसा है।

इफ़्तार (ग्र० पु०)–रोज़े के निश्चित समय के बाद रोज़ा खोलने के लिए कुछ खाना।

इफ़्तारी (ग्र० स्त्री०)–रोज़ा खोलने की खाद्य-सामग्री।

इफ़्तिख़ार (ग्र० पु०)–गर्व, गौरव।

इफ़्तिताह (ग्र० पु०)–शुरू या जारी करना, उद्‌घाटन।

इफ़्तिराक़ (ग्र० पु०)–फूट डालना, वैमनस्य।

इफ़्फ़त (ग्र० स्त्री०)–सतीत्व।

इफ़्रात (ग्र० स्त्री०)--बाहुल्य, विपुलता।

इफ़्लाम (ग्र० पु०)–दरिद्रता, कंगाली।

इबा (ग्र० स्त्री०)–ग्रस्वीकृति, घृणा।

इबादत (ग्र० स्त्री०)–उपासना, तप।

इबादतख़ानः (ग्र० फा० पु०)–उपासना-गृह, मंदिर, मस्जिद, गिर्जा ग्रादि।

इबादतगाह (ग्र० फा० स्त्री०)–दे० 'इबादतख़ानः'।

इबादतगुज़ार (ग्र० फा० वि०)–तपस्वी।

इबारत (ग्र० स्त्री०)–ग्रक्षर-विन्यास, पदावली, लेख।

इबारत ग्राराई (ग्र० फा० स्त्री०)–शब्दाडम्बर, लेख लिखना।

इबाहत (ग्र० स्त्री०)–किसी खान-पान या कार्य का धर्म के ग्रनुसार विहित होना।

इब्तिदा (ग्र० स्त्री०)–प्रारंभ, ग्रारभ, ग्रादिकाल।

इब्तिदाई (अ० वि०)–प्रारंभिक, प्राथमिक, पहला।

इब्तिला (अ० पु०)–परीक्षा, दुःख, कष्ट।

इब्तिसाम (अ० पु०)–खिलना, प्रफुल्ल होना।

इब्तिहाज (अ० पु०)–आनंद, प्रसन्नता।

इब्तिहाल (अ० पु०)–रोना-धोना, गिड़गिड़ाना।

इब्न (अ० पु०)–पुत्र।

इब्नुल वक़्त (अ० पु०)–अवसरवादी।

इब्रत (अ० फा० वि०)--वह मानसिक खेद या बुरे काम से मिलने वाली शिक्षा।

इब्रानी (अ० स्त्री०)–सीरिया की एक प्राचीन भाषा।

इब्राहीम (अ० पु०)–एक पैगम्बर का नाम जिन्हें नम्रूद ने आग में जलाने को डाला मगर वह आग हरी-भरी वाटिका बन गयी।

इब्लीस (अ० पु०)–शैतान, दैत्य।

इमाम (अ० पु०)–नेता, नमाज पढ़ाने वाला।

इमामत (अ० स्त्री०)–नेतृत्व, नमाज पढ़ाना।

इमामत पेशः (अ० फा० वि०)–वह व्यक्ति जो किसी मसजिद में नमाज़ पढ़ाकर जीविका चलाता हो।

इमारत (अ० स्त्री०)–मकान, भवन, धनाड्यता।

इम्स्रान (अ० पु०)–गहरी दृष्टि डालना, गहरा सोचना।

इम्कान (अ० पु०)–संभावना।

इम्तार (अ० पु०)–वर्षा होना।

इम्तिज़ाज (अ० पु०)–मिलाना, मिश्रित करना,

इम्तिदादे ज़मान :(अ० पु०)–अधिक समय बीत जाना, दीर्घकालीनता।

इम्तिनाअ (अ० पु०)–निषेध, प्रतिबंध।

इम्तिनाए शराब (अ० पु०)–मद्य निषेध।

इम्तियाज़ (अ० पु०)–विवेक, विशेष योग्यता।

इम्तियाज़ी (अ० वि०)–मुख्य, विशेष।

इम्तिसाल (अ० पु०)–आज्ञा-पालन।

इम्तिहान (अ० पु०)-परीक्षा, जाँच।

इम्दाद (अ० स्त्री०)-सहयोग, सहायता।

इम्रोज़ः(फा० वि०)–आज का।

इम्ला (अ० स्त्री०)–अक्षर-विन्यास, अनुलेख।

इम्लाक़ (अ० पु०)–दरिद्रता, साधुता।

इम्लाक (अ० पु०)–किसी को किसी वस्तु का स्वामी बनाना।

इम्शब (फा० स्त्री०)–आज की रात, आज रात।

इम्साल (फा० पु०)-इस साल, मौजूदा साल।

इयाज़ (अ० स्त्री०)–त्राण, रक्षा।

इराअत (अ० स्त्री०)–दिखाना, नुमाइश करना।

इरादः (अ० पु०)–संकल्प, निश्चय, इच्छा।

इरादत (अ० स्त्री०)–श्रद्धा, आस्था।

इरादत कश (अ० फा० वि०)–श्रद्धालु, भक्त।

इरादतन (अ० वि०)–जानबूझकर।

इरादतमंद (अ० फा० वि०)–द०·

'इग़ादतकेश'।

इर्तिकाब (अ० पु०)–पाप करना, बुरे काम का प्रारंभ।

इर्तिबात (अ० पु०)–एक मेलमिलाप, मैत्री।

इर्दगिर्द (फ़ा० वि०)–चारों ओर, आसपास।

इर्फ़ान (अ० पु०)–विवेक, ज्ञान, ब्रह्म-ज्ञान।

इर्शाद (अ० पु०)–सीधा रास्ता दिखाना, आज्ञा देना, आज्ञा, दीक्षा देना, हिदायत करना, धर्मगुरु का उपदेश।

इर्साद (अ० पु०)–निरीक्षण।

इर्साल (अ० पु०)–प्रेषण, भेंट।

इलाक़ः (अ० पु०)–क्षेत्र, देश, प्रदेश।

इलाज (अ० पु०)–उपचार, चिकित्सा, उपाय।

इलाह (अ० पु०)–ईश्वर, अल्लाह, ख़ुदा।

इलाही (अ० अव्य०)–मेरा ईश्वर, ख़ुदा, ईश्वर।

इलाहीयात (अ० स्त्री०)–ब्रह्मज्ञान सम्बन्धी शास्त्र।

इल्जा (अ० पु०)–बुराई और पाप से बचना।

इल्ज़ाम (अ० पु०)–दोष, अपराध।

इल्ज़ामात (अ० पु०)–'इल्ज़ाम' का बहु०, बहुत-से अपराध।

इल्तिजा (अ० स्त्री०)–प्रार्थना करना, प्रार्थना।

इल्तिफ़ात (अ० पु०)–कृपा, कृपा-कोर।

इल्म (अ० पु०)–विद्या, विज्ञान, ज्ञान, शिल्प, दस्तकारी, कला, बुद्धि, विवेक, शिक्षा, जानकारी।

इल्मदाँ (अ० फ़ा० वि०)–विद्वान्, पंडित।

इल्मदोस्त (अ० फ़ा० वि०)–गुण-ग्राही।

इल्मीयत (अ० स्त्री०) विद्वता, योग्यता।

इल्मुत्तवारीख़ (अ० पु०)–इतिहास-विज्ञान।

इल्मुन्निसा (अ० पु०)–कामशास्त्र।

इल्मुल अख़्लाक़ (अ० पु०)–नीति-शास्त्र।

इल्मुल अग़्ज़ियः (अ० पु०)–आहार-विज्ञान।

इल्मुल अज्साम (अ० पु०)–शरीर-विज्ञान।

इल्मुल अद्वियः (अ० पु०)–औषधि-विज्ञान, वनस्पतिशास्त्र।

इल्मुल अफ़्लाक (अ० पु०)–अंतरिक्ष-विज्ञान।

इल्मुल अब्दान (अ० पु०)–दे० 'इल्मुल अज्साम'।

इल्मुल अम्राज़ (अ० पु०)–रोग-निदान-शास्त्र।

इल्मुल अल्सिनः (अ० पु०)–भाषा-विज्ञान।

इल्मुल अश्जार (अ० पु०)–वनस्पति-शास्त्र।

इल्मुल आ'ज़ा (अ० पु०)–शरीर-रचना-शास्त्र।

इल्मुल इक़्तिसाद (अ० पु०)–अर्थ-शास्त्र।

इल्मुल इर्तिक़ा (अ० पु०)–विकास-विज्ञान।

इल्मुल इलाज (अ० पु०)–चिकित्सा-शास्त्र।

इल्मुल क़ाबिलः (अ० पु०)–धात्री-

विद्या, दाय:गरी।

इलमुल जराहत: (अ० पु०)—शल्य-शास्त्र।

इलमुल मिसाहत (अ० पु०)—ज्यामिति, रेखागणित।

इलमुल हयात (अ० पु०)—जीव-विज्ञान।

इलमुल हैवान (अ० पु०)—प्राणिशास्त्र।

इल्मे अदब (अ० पु०)—साहित्य-शास्त्र।

इल्मे अरूज़ (अ० पु०)—पिंगल, छंद:-शास्त्र।

इल्मे इंशा (अ० पु०)—गद्य-रचना-शास्त्र।

इल्मे इंसाफ़ (अ० पु०)—व्यवहार-शास्त्र।

इल्मे इलाज (अ० पु०)—दे० 'इलमुल इलाज'।

इल्मे इलाहीयात (अ० पु०)—दर्शन-शास्त्र।

इल्मे कलाम (अ० पु०)—मीमांसा, तर्कशास्त्र।

इल्मे-काफ़िय: (अ० पु०)—अनुप्रास-शास्त्र।

इल्मे क़ियाफ़: (अ० पु०)—सामुद्रिक-शास्त्र।

इल्मे कीमिया (अ० पु०)—रसायन-शास्त्र।

इल्मे ग़ैब (अ० पु०)—भविष्य-ज्ञान, परोक्ष-विद्या।

इल्मे जरासीम (अ० पु०)—कीटाणु-विज्ञान।

इल्मे जिमादात (अ० पु०)—खनिज-विज्ञान, धातु-विद्या।

इल्मे तख़्लीक़ (अ० पु०)—सृष्टि-विज्ञान।

इल्मे तबक़ातुल अर्ज़ (अ० पु०)—भूगर्भ-शास्त्र, भौमिकी।

इल्मे तब्ईयात (अ० पु०)—प्रकृति-विज्ञान, विज्ञान-शास्त्र।

इल्मे तमद्दुन (अ० पु०)—नागरिक-शास्त्र।

इल्मे तसव्वुफ़ (अ० पु०)—अध्यात्म, ब्रह्मविद्या।

इल्मे तस्ख़ीर (अ० पु०)—वशीकरण-शास्त्र।

इल्मे तारीख़ (अ० पु०)—दे० 'इलमुत्त-वारीख़'।

इल्मे तिजारत (अ० पु०)—वाणिज्य-शास्त्र।

इल्मे तिलिस्म (अ० पु०)—इंद्रजाल।

इल्मे दस्तबीनी (अ० फा० पु०)—हस्त-सामुद्रिक विद्या।

इल्मे दीन (अ० पु०)—धर्मशास्त्र।

इल्मे नफ़्सीयात (अ० पु०)—मनो-विज्ञानशास्त्र।

इल्मे नबातात (अ० पु०)—वनस्पति-शास्त्र।

इल्मे नुजूम (अ० पु०)—फलित ज्योतिष।

इल्मे फ़ल्सफ़: (अ० पु०)—विज्ञान, पदार्थ-विज्ञान, दर्शनशास्त्र, वेदान्त।

इल्मे बयान (अ० पु०)—वर्णन-पटुता, भाषण-कौशल।

इल्मे मंतिक़ (अ० पु०)—न्यायशास्त्र, तर्कविद्या।

इल्मे मा'क़ूल (अ० पु०)—दर्शनशास्त्र, तर्कशास्त्र।

इल्मे मा'दनीयात (अ० पु०)—खनिज-विज्ञान।

इल्मे मा'रिफ़त (अ० पु०)—अध्यात्म-ज्ञान।

इल्मे मुआशरत (अ० पु०)–समाजशास्त्र।

इल्मे मुनाज़र: (अ० पु०)–शास्त्रार्थविज्ञान।

इल्मे मूसीक़ी (अ० पु०)–संगीतशास्त्र।

इल्मे मौजूदात (अ० पु०)–सृष्टिविज्ञान।

इल्मे रियाज़त (अ० पु०)–योगशास्त्र।

इल्मे रियाज़ी (अ० पु०)–गणितशास्त्र।

इल्मे रीमिया (अ० पु०)–इंद्रजाल, जादूगरी।

इल्मे लदुन्नी (अ० पु०)–ईश्वरदत्त ज्ञान।

इल्मे लिसानीयात (अ० पु०)–'इल्मुल अलिसन:', भाषाविज्ञान।

इल्मे शे'र (अ० पु०)–काव्यशास्त्र।

इल्मे सनाअत (अ० पु०)–शिल्पशास्त्र।

इल्मे सनाए (अ० पु०)–अलंकारादिशास्त्र।

इल्मे सिफ़्ली (अ० पु०)–पिशाच विद्या, भूतविद्या।

इल्मे सियासत (अ० पु०)–राजनीतिशास्त्र।

इल्मे सीमिया (अ० पु०)–परकायप्रवेश-विद्या।

इल्मे सेहत (अ० पु०)–स्वास्थ्यविज्ञान।

इल्मे हिंदिस: (अ० पु०)–गणितशास्त्र।

इल्मे हैअत (अ० पु०)–खगोलविज्ञान।

इल्यास (अ० पु०)–समुद्रों के संरक्षक एक पैग़ंबर जो सदा जीवित रहेंगे।

इल्ल (अ० पु०)–वचन, प्रतिज्ञा, शपथ।

इल्लत (अ० स्त्री०)–कारण, हेतु. दुर्व्यसन, झंझट।

इल्हाक़ (अ० पु०)–जोड़ना, क्षेपक।

इल्हाद (अ० पु०)–नास्तिकता।

इल्हान (अ० पु०)–स्वर-माधुर्य।

इल्हाब (अ० पु०)–आग भड़कना, शोले उठना।

इल्हाम (अ० पु०)–ईश्वर की ओर से हृदय में आई हुई बात, देववाणी।

इशा (अ० स्त्री०)–रात्रि, रात की नमाज़।

इशाअत (अ० स्त्री०)–प्रचार, संस्करण।

इशार: (अ० पु०)–संकेत, तात्पर्य।

इशार:बाज़ी (अ० फा० स्त्री०)–आपस में इशारे करना, संकेत करना।

इश्क़ (अ० पु०)–प्रेम, अनुराग, दुर्व्यसन।

इश्क़बाज़ (अ० फा० वि०)–इश्क़ करने वाला, प्रेमी।

इश्क़बाज़ी (अ० फा० स्त्री०)–प्रेमव्यवहार, इश्क़ करना।

इश्क़े मजाज़ी (अ० पु०)–मानव-प्रेम, भौतिक-प्रेम।

इश्क़े हक़ीक़ी (अ० पु०)–ईश्वरभक्ति।

इश्तिआल (अ० पु०)–उत्तेजना, भड़कना।

इश्तिमालीयत (अ० स्त्री०)–मिलाकर एक करने का सिद्धान्त।

इश्तिमाले आराज़ी (अ० पु०)–विभिन्न खेतों की भूमि को मिलाकर एक कर देना, चकबदी।

इश्तियाक़ (अ० पु०)–उत्कंठा,

लालसा ।

इश्तिरा (अ० पु०)—मोल लेना, खरीदना ।

इश्तिराक (अ० पु०)—भागीदारी, साम्यवाद ।

इश्तिराकी (अ० वि०)—साम्यवादी ।

इश्तिहा (अ० स्त्री०)—क्षुधा, भूख ।

इश्तिहार (अ० पु०)—विज्ञापन, प्रचार ।

इश्बाल (अ० पु०)—कृपा करना ।

इश्बाह् (अ० पु०)—तुल्य होना, एक-सा होना ।

इश्रत (अ० स्त्री०)—सुख, आनन्द, भोग-विलास का सुख ।

इश्रतकद: (अ० फा० पु०)—रंगभवन, रंगशाला ।

इस्आफ़ (अ० पु०)—इच्छा पूरी करना ।

इस्कंदर (अ० पु०)—सिकंदर, यूनान का प्राचीन शासक ।

इस्कंदरीय: (अ० स्त्री०)—मिस्र देश का प्रसिद्ध बन्दरगाह, जिसे सिकंदर ने बनवाया था ।

इस्कदार (फा० पु०)—डाकिया ।

इस्क़ात (अ० पु०)—गिरना ।

इस्ताद: (फा० वि०)—सीधा खड़ा हुआ ।

इस्तिआर: (अ० पु०)—उधार लेना, काव्य में अमूर्त का मानवीकरण, रूपक ।

इस्तिक़्बाल (अ० पु०)—स्वागत करना, भविष्य ।

इस्तिक़्रा (अ० पु०)—गवेषणा करना, तलाश करना, अनुसरण करना, पैरवी करना ।

इस्तिक़लाल (अ० पु०)—अपने सहारे खड़ा होना, दृढ़ता ।

इस्तिक़्सा (अ० पु०)—किसी चीज़ के अन्त को पहुँचना । कृपणता, प्रयत्न, बहुत अधिक इच्छा करना ।

इस्तिख़ार :(अ० पु०)—किसी कार्य में ईश्वर से मंगल-कामना करना, शकुन विचार ।

इस्तिख़राज (अ० पु०)—निष्कासन ।

इस्तिग़राक़ (अ० पु०)—तल्लीनता ।

इस्तिग़ास (अ० पु०)—फरियाद करना, फ़ौजदारी का दावा ।

इस्तिजा (अ० पु०)—प्रकाशित होना ।

इस्तिजाज: (अ० पु०)—आज्ञा माँगना ।

इस्तितलाक़ (अ० पु०)—क़ैद से छोड़ना ।

इस्तिद्आ (अ० पु०)—प्रार्थना, निवेदन ।

इस्तिब्दाद (अ० पु०)—अत्याचार ।

इस्तिलाहाल (अ० स्त्री०)—पारिभाषिक शब्दावली ।

इस्तिलाही (अ० वि०)—पारिभाषिक ।

इस्तिस्ना (अ० पु०)—अपवाद ।

इस्तीफा (अ० पु०)—सब ले लेना, अपना पूरा हक लेना ।

इस्ते'दाद (अ० पु०)—योग्यता, पात्रता, विद्वत्ता ।

इस्ते'फ़ा (अ० पु०)—त्यागपत्र, क्षमा चाहना ।

इस्ते'गाल (अ० पु०)—प्रयोग करना, बरतना । सेवन करना ।

इस्ते लाज (अ० पु०)—चिकित्सा कराना, इलाज कराना ।

इस्ते'लाम (अ० पु०)—जानने की इच्छा, सूचना चाहना ।

इस्तेह्क़ाक़ (अ० पु०)—अपना हक़ माँगना, स्वत्व, हक़ ।

इस्तेहकाम (ग्र० पु०)–दृढ़ता, स्थिरता।

इस्तेहक़ार (ग्र० पु०)–अपमान करना, अपमान, निंदा।

इस्तेहज़ा (ग्र० पु०)–हँसी उड़ाना, हँसी, मज़ाक।

इस्तेहफ़ाज़ (ग्र० पु०)–निरीक्षण करना, निरीक्षण।

इस्तेहलाफ़ (ग्र० पु०)–शपथ लेना, कमम खिलाना।

इस्तेहसाल (ग्र० पु०)–प्राप्त करना, लेना।

इस्तेहसाल बिलजब्र (ग्र० पु०)–बलात् ग्रपहरण, जबरदस्ती छीनना।

इस्दाक़ (ग्र० पु०)–किसी की बात की तस्दीक़ करना।

इस्पंज (फा० पु०)–एक मरा हुग्रा समुद्री कीड़ा, जो पानी सोखने के काम ग्राता है।

इस्फ़ंज (ग्र० पु०)–दे० 'इसपंज'।

इस्फ़ंदयार (ग्र० पु०)–ईरान का एक बहुत वीर सम्राट जिसे रुस्तम ने ग्रंधा करके मारा था।

इस्फ़हान (फा० पु०)–ईरान का एक प्राचीन प्रसिद्ध नगर।

इस्बात (ग्र० पु०)–प्रमाणित करना।

इस्म (ग्र० पु०)–पाप, बुराई, नाम, संज्ञा।

इस्मत (ग्र० स्त्री०)–सतीत्व, पातिव्रत्य।

इस्मतदर (ग्र० फा० वि०)–सतीत्व हरण करने वाला। बलात्कारी।

इस्मत फ़रोशी (ग्र० फा० स्त्री०)–वेश्या-कर्म।

इस्मत मग्राब (ग्र० वि०)–सती, साध्वी।

इस्मार (ग्र० पु०)–फल लाना।

इस्मे ग्राज़म (ग्र० पु०)–महामंत्र।

इस्मे नकिर: (ग्र० पु०)–जातिवाचक संज्ञा।

इस्मे मा'रिफ़: (ग्र० पु०)–व्यक्तिवाचक संज्ञा।

इस्राईल (ग्र० पु०)–हजरत यूसुफ़ के पिता, हजरत याक़ूब का नाम।

इस्राईली (ग्र० वि०)–हजरत याक़ूब के मतानुयायी, यहूदी।

इस्राफ़ (ग्र० पु०)–ग्रपव्यय।

इस्राफ़ील (ग्र० पु०)–वह फ़रिश्ता, जो क़यामत में सूर फूँकेगा।

इस्रार (ग्र० पु०)–हठ करना, भेद।

इस्लाम (ग्र० पु०)–इसलाम धर्म, शांति चाहना।

इस्लामी (ग्र० वि०)–इसलाम धर्म संबंधी।

इस्लामीयात (ग्र० स्त्री०)–इसलामी साहित्य।

इस्लाल (ग्र० पु०)–घूस देना, चोरी करना।

इस्लाह (ग्र० स्त्री०)–शुद्धि, संशोधन, सुधार।

इस्हाक़ (ग्र० पु०)–हजरत इब्राहीम के पुत्र, एक पैगम्बर।

ई

ईं (फा० सर्व०)–यह, यह वस्तु।

ईज़द (फा० पु०)–ईश्वर।

ईज़ा (अ० स्त्री०)–कष्ट देना, कष्ट, पीड़ा।

ईजाद (अ० स्त्री०)–आविष्कार।

ईज़ाद (अ० पु०)–अधिकता।

ईजादेबंदः (अ० फा० स्त्री०)–मनगढ़ंत, कपोल-कल्पित।

ईजाब (अ० पु०)–अनिवार्य करना।

ईद (अ० स्त्री०)–हर्ष, आनंद, मुसलमानों का एक त्यौहार।

ईदगाह (अ० फा० स्त्री०)–ईद की नमाज पढ़ने का स्थान।

ईदी (अ० स्त्री०)–ईद का इन्आम।

ईदुल फ़ित्र (अ० स्त्री०)–वह ईद जो रोजे पूरे होने की खुशी में मनाई जाती है और जिसमें सिवैयाँ पकाई जाती हैं। यह तारीख पहली शव्वाल को होती है।

ईदे क़ुर्बां (अ० स्त्री०)–वह ईद, जो हज की खुशी में मनाई जाती है और जिसमें क़ुर्बानी होती है, बक़रीद, ईदुल अज़्हा।

ईमाँ (अ० पु०)–ईमान का लघु०।

ईमाँ फ़रोश (अ० फा० वि०)–बेईमानी करने वाला, ईमान बेचने वाला।

ईमान (अ० पु०)–धर्म पर दृढ़ विश्वास, धर्म, विश्वास, पथ।

ईमानदार (अ० फा० वि०)–धर्मनिष्ठ, जो लेन-देन में सच्चा हो।

ईमान फ़रोश (अ० फा० वि०)–जो अपना ईमान बेच दे, बेईमान।

ईमान बिलग़ैब (अ० पु०)–बिना देखे किसी बात पर विश्वास, अनदेखे ईश्वर पर निष्ठा।

ईरान (फा० पु०)–एशिया का एक प्रसिद्ध देश, फ़ारस।

ईवान (फा० पु०)–प्रासाद, भवन।

ईसवी (अ० वि०)–हजरत ईसा से संबंधित वस्तु, जैसे—ईसवी सन्।

ईसा (अ० पु०)–हजरत ईसा, ईसाई धर्म के संस्थापक।

ईसाई (अ० वि०)–हजरत ईसा के धर्म का अनुयायी, क्रिश्चियन।

ईसार (अ० पु०)–त्याग-तपस्या, बड़प्पन।

उ

उंस (अ० पु०)–स्नेह, प्रेम।

उंसुर (अ० पु०)–आग, मिट्टी, पानी, हवा, मानव शरीर के तत्त्व, भूत।

उक़ाब (अ० पु०)–गरुड़, एक शिकारी चिड़िया।

उक़ार (अ० स्त्री०)–मदिरा, शराब।

उक़ूक़ (अ० पु०)–माता-पिता की अवहेलना और अवज्ञा।

उक़्दः कुशाई (अ० पु० स्त्री०)–समस्या का समाधान करना।

उक़्बा (अ० पु०)–परलोक।

उक़्लीदिस (अ० स्त्री०)–रेखागणित।

उजाक़ (तु० पु०)–चूल्हा, अँगीठी।

उजूबः (अ० वि०)–अद्भुत, विलक्षण।

उज्र (अ० पु०)–आपत्ति, एतराज़, विवशता।

उज्रत (अ० स्त्री०)–मजदूरी, पारिश्रमिक।

उज्रदारी (अ० फा० स्त्री०)–आपत्ति करना, उज्र लगाना।

उज्रा (अ० पु०)–वृत्ति, वज़ीफ़ा।

उज़्लत (अ० स्त्री०)–एकांतवास करना, एकांत।

उज्लत (अ० स्त्री०)–शीघ्रता।

उज़्व (अ० पु०)–अवयव, अंग।

उदबा (अ० पु०)–'अदीब' का बहु०, साहित्यकार।

उतारिद (अ० पु०)–बुधग्रह।

उदूल हुक्मी (अ० स्त्री०)–आज्ञा न मानना।

उन्नाबी (अ० वि०)–हलका बैंगनी, उन्नाब जैसे रंग वाला।

उन्फ़ुवाने शबाब (अ० फा० पु०)–यौवन का आरंभ।

उन्वान (अ० पु०)–शीर्षक, शैली, प्रशस्ति, प्रस्तावना।

उफ़ (अ० अव्य०)–हाय, ओह, आह हा।

उफ़ुक़ (अ० पु०)–क्षितिज।

उफ़ूल (अ० पु०)–अस्त होना, डूबना।

उफ़्तादगी (फा० स्त्री०)–आपत्ति।

उबूर (अ० स्त्री०)–नदी पार करना, उतरना।

उमर (अ० पु०)–मुसलमानों के दूसरे खलीफ़ा।

उमरा (अ० पु०)–'अमीर' का बहु०, धनवान् लोग।

उमीदवार (फा० वि०)–दे० 'उम्मीदवार'।

उमूम (अ० पु०)–साधारण, आम।

उमूमन (अ० वि०)–प्रायः, बहुधा।

उमूर (अ० पु०)–'अम्र' का बहु०, कार्य-समूह, समस्याएँ।

उमूरेआम्म: (अ० पु०)–जनसाधारण के हित संबंधी कार्य।

उम्द: (अ० वि०)–उत्तम, श्रेष्ठ, बढ़िया, सुंदर।

उम्दगी (अ० फा० स्त्री०)–उत्तमता, सुंदरता, श्रेष्ठता।

उम्मत (अ० स्त्री०)–किसी विशेष पैग़म्बर या अवतार के मानने वाले।

उम्मी (अ० वि०)–वह व्यक्ति जिसने अक्षर ज्ञान प्राप्त न किया हो। मुहम्मद साहब का लक़ब, जिन्होंने किसी से पढ़ा-लिखा न था।

उम्मीद (फा० स्त्री०)–आशा, इच्छा, भरोसा, सहारा, आसरा।

उम्मीदवार (फा० वि०)–आशान्वित, आस लगाये हुए।

उम्मुल उलूम (अ० स्त्री०)–व्याकरण।

उम्र (अ० स्त्री०)–आयु, अवस्था।

उयूल (अ० स्त्री०)–संन्यास, फ़क़ीरी।

उरफ़ा (अ० पु०)–'आरिफ़' का बहु०, ब्रह्मज्ञानी लोग, महात्मा लोग।

उरुज (अ० पु०)–उन्नति, उत्थान।

उर्दू (तु० पु०)–सेनावास, छावनी (स्त्री०) उर्दू भाषा।

उर्दूए मुअल्ला (तु० अ० स्त्री०)–उच्चकोटि की उर्दू भाषा।

उर्दू बाज़ार (तु० फा० पु०)–सेनावास, छावनी।

उर्फ़ (अ० पु०)–मुख्य नाम के अतिरिक्त दूसरा छोटा नाम, जो प्रायः बचपन में पड़ जाता है।

उर्यां (अ० वि०)–अश्लीन, नग्न।

उर्स (अ० पु०)–किसी मुसलमान संत

का वार्षिक उत्सव।

उलंग (तु० पु०)–चरागाह, गोचर।

उलमा (अ० पु०)–'आलिम' का बहु०, विद्वान् जन, आलिम लोग।

उलुस (तु० पु०)–राष्ट्र, कौम; जाति, बिरादरी।

उलूफ़ः (अ० पु०)–खुराक, भोजन।

उल्कः (तु० पु०)–देश, राष्ट्र।

उल्फ़त (अ० स्त्री०)–प्रेम, स्नेह, मुहब्बत।

उवैस (अ० पु०)–एक मुसलमान सूफ़ी जो यमन देश के थे।

उश (इश) (अ० पु०)–नीड़, घोंसला।

उश्तुर (फा० पु०)–उष्ट्र, ऊँट।

उश्बः (अ० पु०)–एक वनौषधि जो रक्त शुद्धि के लिए है।

उश्ब (अ० पु०)–हरी घास।

उसूलन (अ० वि०)–उसूल से, नियमानुसार।

उसूली (अ० वि०)–मौलिक, आधारभूत, बुनियादी।

उस्ताद (फा० पु०)–शिक्षक, अध्यापक, चालाक।

उस्तादी (फा० वि०)–उस्ताद से संबंधित (स्त्री०) चालाकी।

उस्तुरः (फा० पु०)–हजामत बनाने का नाई का छुरा-सा।

उस्तूरः (अ० पु०)–कहानी, आख्यायिका।

उस्तूल (अ० पु०)–युद्धपोत, जंगी जहाज।

उस्बूअः (अ० पु०)–सप्ताह।

उस्मान (अ० पु०)–मुसलमानों के तीसरे खलीफ़ा।

उस्रत (अ० स्त्री०)–कठिनता, दरिद्रता।

उस्रतज़दः (अ० फा० वि०)–दरिद्र, कंगाल।

उस्लूब (अ० पु०)–पद्धति, शैली, ढंग, आचरण, व्यवहार।

ऊ

ऊ (फा० अव्य०)–वह।

ऊक़ियानूस (अ० पु०)–अतलांतिक महासागर।

ऊद (अ० पु०)–अगर, चंदन नामक सुगंधित लकड़ी, एक वाद्य यंत्र।

ऊदा (फा० वि०)–ऊद या अगर संबंधी, बैंजनी रंग।

ऊर (फा० वि०)–नग्न, नंगा।

ए

एआनत (अ० स्त्री०)–सहायता।

एज़द (फा० पु०)–ईश्वर, खुदा।

एज़द परस्त (फा० वि०)–आस्तिक, ईश्वरवादी।

एज़दी (फा० वि०)–ईश्वरीय, ईश्वर का; ईश्वर संबंधी।

एजाज़ (अ० पु०)– चमत्कार, करामात।

एज़ाज़ (अ० पु०)–सम्मान, प्रतिष्ठा।

एज़ाज़ी (अ० वि०)–कोई काम जो सम्मान के लिए हो अवैतनिक कार्य।

ए'तिक़ाद (अ० पु०)–श्रद्धा, आस्था, पक्का विश्वास।

ए'तिकाफ़ (अ० पु०)–एकांत में मस्जिद के कोने में तपस्या।

ए'तिदाल (अ० पु०)–संतुलन, मध्यम मार्ग।

ए'तियाज़ (अ० पु०)– बदला लेना, बदला देना।

ए'तिराज़ (अ० पु०)–आपत्ति, उज्र, हस्तक्षेप।

ए'तिराफ़ (अ० पु०)–स्वीकृति, अपने अपराध को स्वीकृति।

एबक (तु० पु०)–दास, गुलाम।

ए'राब (अ० पु०)–'जबर', 'ज़ेर', 'पेश'।

एलची (तु० पु०)–पत्र-वाहक, राज-दूत।

एलान (अ० पु०) -घोषणा।

एहक़ाक़ (अ० पु०)–हक़ साबित करना, ठीक जानना।

एहक़ाक़े हक़ (अ० पु०) अपना हक़ साबित करना, सच्ची बात साबित करना।

एहतिजाज (अ० पु०)–अपने किसी अहित कर्ता से रोष प्रकट करना।

एहतिज़ार (अ० पु०)–सामने आना, हाजिर होना।

एहतिदा (अ० पु०)–सन्मार्ग पाना, सीधा रास्ता प्राप्त होना।

एहतिमाम (अ० पु०)–प्रयोजन, देख-रेख, निरीक्षण, प्रबंध।

एहतिमाल (अ० पु०)–शंका करना, शंका, संदेह।

एहतियाज (अ० स्त्री०)–आवश्यकता, दरिद्रता।

एहतिशाज़ (अ० पु०)–एकत्र होना, जमा होना।

एहतियात (अ० स्त्री०)–सावधानी, चौकसी।

एहतियातन (अ० वि०)–सावधानी के रूप में।

एहतिराज़ (अ० पु०)–परहेज़ करना, बचना, घृणा करना।

एहतिराम (अ० पु०)–सम्मान करना, आदर।

एतिशाम (अ० पु०)–वैभव, लज्जा करना।

एहदा (अ० पु०)–किसी को उपहार भेजना।

एहराम (अ० पु०)–हाजियों का वस्त्र, दो चादरें, जो बिना सिली हुई एक बाँधी और एक ओढ़ी जाती है।

एहराम (अ० पु०) -बहुत बूढ़ा होना, बहुत अधिक बुढ़ापा।

एहलाक (अ० पु०)–प्राण ले लेना, वध करना।

एहसान (अ० पु०)–उपकार, आभार।

एहसान फ़रामोश (अ० फा० वि०)–कृतघ्न।

एहसानमंद (अ० फा० वि०)–कृतज्ञ, आभारी।

एहसास (अ० पु०)–अनुभव, संवेदन, ध्यान, पाना, देखना।

ऐ

ऐज़न (अ० अव्य०)–जैसा पहले या ऊपर था वैसा ही, वही।

ऐनक (अ० फा० स्त्री०)–आँखों में लगाने का चश्मा, उपनेत्र।

ऐनुलयक़ीन (अ० पु०)–आँखों से देखकर विश्वास प्राप्त होना।

ऐब (अ० पु०)–दोष, बुराई, पाप, अशुद्धि, त्रुटि।

ऐमन (अ० वि०)–बहुत कल्याणकारी।

ऐयार (अ० वि०)–वंचक, छली, चालाक।

ऐयारी (अ० स्त्री०)–वंचकता, छल, चालाकी।

ऐयाश (अ० वि०)–व्यभिचारी, विषय-लंपट।

ऐयाशी (अ० स्त्री०)–व्यभिचार, अच्छा खाना-पहनना और आराम से रहना।

ऐवान (फा० पु०)–प्रसाद, भवन, परिषद्।

ऐश (अ० पु०)–भोग-विलास, विषय-वासना।

ऐशतलब (अ० फा० वि०)–भोग-विलास का आनन्द चाहने वाला।

ऐशपरस्ती (अ० फा० स्त्री०)–दे० 'ऐयाशी'।

ऐशपसंदी (अ० फा० स्त्री०)–दे० 'ऐशतलबी'।

ऐशमंज़िल (अ० स्त्री०)–रंगभवन, ऐश करने की जगह।

ऐशमहफ़िल (अ० स्त्री०)–दे० ऐश-मंज़िल'।

ऐशेरफ़्त: (अ० फा० पु०)–बीता हुआ सुख का समय।

ऐशोनशात (अ० पु०)–भोग-विलास।

ओ

ओ (फा० अव्य०)–वह।

ओहद: (अ० पु०)–पद, पदाधिकार।

ओहद:दार (अ० फा० वि०)–पदाधिकारी।

ओहद:बरा (अ० फा० वि०)–ज़िम्मेदारी पूरी करने वाला।

औ

औक़ात (अ० पु०)–'वक़्त' का बहु०, समयावली, (स्त्री०) प्रतिष्ठा।

औक़ाफ़ (अ० पु०)–'वक़्फ़' का बहु०, देवोत्तर सम्पत्तियाँ।

औज़ार (अ० पु०)–'विज्र' का बहु०, उपकरण-समूह।

औफ़ (अ० पु०)–आपत्ति, कष्ट।

औरंग (फा० पु०)–राजसिंहासन, बुद्धिमत्ता।

औरंगज़ेब (फा० पु०)–वह जिससे

राजसिंहासन की शोभा हो, एक प्रसिद्ध मुग़ल सम्राट।

औरंगनशीं (फा० वि०)–सिंहासनारूढ़।

औरत (अ० स्त्री०)–स्त्री, नारी, पत्नी, महिला।

औलाद (अ० पु०)–'वलद' का बहु०, संतान, बाल-बच्चे।

औलिया (अ० पु०)–'वली' का बहु०, उत्तराधिकारीगण, ऋषिगण।

औसत (अ० वि०)–मध्य, माध्यम, अनुपात।

औसान (अ० पु०)–होश, संज्ञा, बुद्धि।

औसाफ़ (अ० पु०)–'वस्फ़' का बहु०, अच्छाइयाँ।

औसाफ़े हमीदः (अ० पु०)–प्रशंसनीय शालीनता।

औहाम (अ० पु०)–'व्रह्म' का बहु०, भ्रांतियाँ।

क

कंगूरः (फा० पु०)–शिखर, चोटी, किले की दीवार में थोड़ी-थोड़ी दूर पर बने हुए ऊँचे स्थान।

कंजे मख़्फी (अ० पु०)–भूमि की भीतर दबी हुई निधि।

कंदः (फा० वि०)–अंकित, पत्थर आदि पर खुदा हुआ।

क़ंद (अ० स्त्री०)–शर्करा, दानेदार शक्कर।

कंद (तु० पु०)–गाँव, ग्राम।

क़ंदील (फा० स्त्री०)–दीपक।

क़ंस (अ० पु०)–शिकार खेलना।

क़ईद (अ० वि०)–सभासद।

क़ऊर (अ० पु०)–गहरा, अथाह, गंभीर।

कचकोल (फा० पु०)–नारियल का भिक्षापात्र, कजकोल, कश्कोल।

कज (फा० वि०)–टेढ़ा, वक्र।

कज अक़्ल (अ० फा० वि०)–विपरीत बुद्धि, वक्रमति।

कजकुलाह (फा० वि०)–मा'शूक़, बाँका।

कज निगाह (फा० वि०)–भेंगा, कुद्धात्मा।

कज फ़हमी (फा० अ० स्त्री०)–उलटी समझ, मूर्खता।

कज बहस (फा० अ० वि०)–कुतर्की, मूर्खतापूर्ण वाद-विवाद।

कजबाज़ (फा० वि०)–लेन-देन में व्यवहार-कुशलता न करने वाला।

कजबीं (फा० वि०)–केवल बुराइयाँ और त्रुटियाँ देखने वाला।

क़ज़म (अ० स्त्री०)–अधमता, अधम, नीच।

क़ज़ा (अ० स्त्री०)–आदेश देना, मृत्यु, न्याय। घास, फूस।

क़ज़ाए मुअल्लक़ (अ० स्त्री०)–आकस्मिक मृत्यु।

क़ज़ाए हाजत (अ० स्त्री०)–शौचकर्म, आकस्मिक आवश्यकता।

क़ज़्ज़ाक (तु० पु०)–लुटेरा, दस्यु।

कज़्ज़ाब (अ० वि०)–वाचाल, मुखर, गप्पी।

क़ज़्फ़ (अ० पु०)–पत्थर मारना,

गाली देना, किसी पर दुराचार का आरोप लगाना।

क़तार (अ० स्त्री०)–शुद्ध शब्द 'क़ितार' है, पंक्ति।

क़तार दर क़तार (अ० फा० वि०)–बहुत-सी पंक्तियों में, पंक्तियाँ बनाकर, बहुत अधिक।

कतीअ़त (अ० स्त्री०)–जुदाई, विच्छेद।

कतीब (अ० वि०)–लिखित, लिखा हुआ।

कतीर: (अ० पु०)–एक प्रसिद्ध गोंद, जो दवा के काम में आता है।

क़तील (अ० वि०)–जिसे मार डाला गया हो, हत, बधित।

क़तूर (अ० वि०)–कृपण, कंजूस।

क़त्अ: (अ० पु०)–भूमिखंड, संख्या, उर्दू या फारसी नज़्म का एक प्रकार।

क़त्अ़ (अ० स्त्री०)–काटना, पृथक् करना, विच्छेद, प्रकार, रंग।

क़तअन् (अ० वि०)–कदापि, नितांत।

क़त्ए तअ़ल्लुक़ (अ० पु०)–संबंध-विच्छेद, तलाक़।

कत्ब: (अ० पु०)–किसी भवन या क़ब्र पर लगाया जाने वाला पत्थर, शिलालेख।

क़त्र: (अ० पु०)–पानी आदि की बूँद।

क़त्ल (अ० पु०)–वध, हत्या।

क़त्लगाह (अ० फा० स्त्री०)–वध-स्थल।

क़त्ले आम (अ० पु०)–सर्वसाधारण का वध।

कद: (फा० पु०)–घर, मकान, आलय।

क़द (द्द) (अ० पु०)–डील, आकार।

क़दम (अ० पु०)–पद, डग।

क़दम ब क़दम (अ० फा० वि०)–क़दम से क़दम मिलाकर, बराबर-बराबर, साथ-साथ, अनुकरण।

क़दमबोसी (अ० फा० स्त्री०)–पद-चुम्बन, बड़ों की सेवा में उपस्थित होना।

क़दर (अ० स्त्री०)–आदेश, पराकाष्ठा, अनुमान, शक्ति, भाग्य।

क़दर अंदाज़ (अ० फा० वि०)–लक्ष्य-भेदी, शीघ्रभेदी।

क़दह (अ० पु०)–चषक, पान-पात्र।

क़दामत (अ० स्त्री०)–प्राचीनता, पुरातत्त्व।

क़दीम (अ० वि०)–पुरातन, अनादि।

क़दीर (अ० पु०)–शक्तिमान्, समर्थ।

क़दीस (अ० पु०)–मुक्ता, मोती।

कदूकश (फा० पु०)–लौकी आदि छीलने का यंत्र, कद्दूकश।

कदो काविश (फा० स्त्री०)–दौड़–धूप, परिश्रम।

क़द्दावर (अ० फा० पु०)–लम्बा-तड़ंगा।

क़द्र (अ० स्त्री०)–आदर, सत्कार, इज्ज़त, मूल्य।

क़द्रदाँ (अ० फा० वि०)–गुण-ग्राहक, पहचानने वाला।

क़द्रदानी (अ० फा० स्त्री०)–गुण की परख।

क़द्रे (फा० वि०)–थोड़ा, किंचित्।

क़नाअ़त (अ० स्त्री०)–थोड़ी-सी चीज़ पर सन्तोष।

क़नात (तु० स्त्री०)–मोटे कपड़े का पर्दा, जिसकी दीवार खड़ी की जाती है।

कनार: (फा० पु०)–तट, छोर ।

कनार: कशी (फा० स्त्री०)–एकांतवास ।

कनिश (फा० स्त्री०)–द्वेष, वैमनस्य ।

कनीज़ (फा० स्त्री०)–दासी, सेविका ।

कफ़ (फा० पु०)–फेन, झाग ।

कफ़(फ़्फ) (अ० पु०)–पंजा, हाथ का पंजा, हथेली ।

कफ़न (अ० पु०)–मुर्दे को ढकने वाला कपड़ा, मृतचैल ।

कफ़न दुज़्द (अ० फा० वि०)–ऐसा धूर्त चोर, जो मुर्दे का कफ़न भी न छोड़े, बहुत ही बेईमान ।

क़फ़स (अ० पु०)–पिंजड़ा, कारागार ।

क़फ़स आश्ना (अ० फा० वि०)–जिसे पिंजड़े में रहने का अभ्यास हो; जो कारागार में रह चुका हो ।

कफ़से उंसुरी (अ० पु०)–पंचभूत रूपी पिंजड़ा या पिंजड़ा रूपी पंचभूत, मनुष्य का शरीर ।

कफ़ाफ़ (अ० पु०)–अनुमान ।

कफ़ील (अ० वि०)–पोषक, प्रतिभूति ।

कफ़्त (फा० वि०)–फटा हुआ, विदीर्ण ।

कफ़्तार (फा० पु०)-बिज्जू, बिल्ली के बराबर एक काला जंतु, जो मृत मनुष्य का मांस खाता है ।

कफ़् (अ० पु०)–छिपाना, गोपन ।

क़बाइली (अ० वि०)–सरहदी, अफ़गानिस्तान की सरहद के निवासी ।

कबाब (अ० पु०)–क़ीमे की तली हुई टिकिया, सीख पर सेंकी हुई नियाँ ।

कबाब चीनी (फा० स्त्री०)–शीतलचीनी, एक प्रसिद्ध बीज ।

क़बाहत (अ० स्त्री०)–बुराई, अनिष्ट, कठिनता ।

कबीदगी (फा० स्त्री०)–मलिनता, अप्रसन्नता ।

कबीर (अ० वि०)–बड़ा महान्, श्रेष्ठ, उत्तम ।

कबील: (अ० पु०)- वंश, गोत्र, खानदान, एक दल के लोग ।

क़बील (अ० पु०)–दल, समुदाय, कबूल करने वाला ।

क़बीह (अ० वि०)–निकृष्ट, दूषित ।

कबूतर (फा० पु०)–कपोत, पारावत ।

कबूतरख़ान: (फा० पु०)–कबूतरों के रहने का काबुक, ऐसा स्थान, जहाँ लोग आते-जाते रहते हों ।

कबूतरबाज़ (फा० वि०)–कबूतर उड़ाने वाला या पालने वाला ।

कबूतरबाज़ी (फा० स्त्री०)–कपोतक्रीड़ा, कबूतर उड़ाने और पालने का काम ।

क़बूल (अ० वि०)–स्वीकृत, स्वीकृति ।

क़बूलसूरत (अ० वि०)–प्रिय-दर्शन, सुमुख, सुन्दर ।

क़बूलीयत (अ० स्त्री०)–स्वीकृति, मंज़ूरी ।

क़ब्ज़: (अ० पु०)–अधिकार, वश, पकड़ ।

क़ब्ज़ (अ० पु०)–कोष्ठबद्धता, बदहजमी, अजीर्ण, पकड़ ।

क़ब्ज़ए क़ुद्रत (अ० पु०)–दैव शक्ति, अधिकार, खुदाई कुव्वत ।

क़ब्ज़ुल वुसूल (अ० पु०)–प्राप्ति-पत्र, रसीद ।

कब्ज़े रूह (अ० स्त्री०)–शरीर से प्राणों का निकलना ।

क़ब्र (अ० स्त्री०)–वह गर्त, जिसमें मुसलमानों के शव गाड़े जाते हैं, समाधिभवन ।

क़ब्रपरस्त (अ० फा० वि०)–मुसलमान महात्माओं की क़ब्र पर फूल चढ़ाने, दीप जलाने, सफाई करने और चादर आदि चढ़ाने वाला।

कब्रिस्तान (अ० फा० पु०)–जहाँ बहुत-सी कब्रें हों। समाधि-क्षेत्र।

क़ब्ल (अ० वि०)–पूर्व, पहले।

क़ब्ल अज़ वक़्त (अ० फा० वि०)–समय से पूर्व, नियत समय से पहले।

कब्श (अ० पु०)–मेढ़ा, सींगोंवाली नर भेड़।

कब्स (अ० पु०)–कुएँ को मिट्टी से पाटना, गर्दन नीचे लटकाना, रात में आक्रमण करना।

कमंद (फा० स्त्री०)–फंदा, पाश, एक लम्बी रस्सी, जिसके एक सिरे पर गोह बँधी रहती थी, उसके द्वारा ऊँची-ऊँची दीवारों पर चढ़ा जा सकता था।

कमंद अंदाज़ (फा० वि०)–कमंद फेंकने वाला।

कमंदे ज़ुल्फ़ (फा० स्त्री०)–बालों की कमंद, केश-पाश।

कम (फा० वि०)–अल्प, थोड़ा, विहीन, बिना।

कम (अ० वि०)–कितने, कितना, अधिक।

कम अक़्ल (अ० वि०)–नासमझ, मूर्ख।

कम अज़ कम (फा० वि०)–कम से कम, अधिक न हो तो इतना अवश्य।

कम इल्म (फा० अ० वि०)–कम पढ़ा-लिखा, अल्पविद्या।

कमउम्र (फा० अ० वि०)–अल्पवयस्क।

कम औक़ात (फा० अ० वि०)–तिरस्कृत, अनादृत।

कमक़ीमत (फा० अ० वि०)–सस्ता, अल्प मूल्य।

कम ख़र्च (फा० वि०)–अल्पव्ययी, मितव्ययी।

कमख़ाब (फा० पु०)–एक प्रकार का बहुमूल्य कपड़ा।

कमख़ोर (फा० वि०)–स्वल्पाहारी।

कमख्वाब (फा० वि०)–कम सोने-वाला।

कमगो (फा० वि०)–मितभाषी।

क़मची (तु० स्त्री०)–कोड़ा, छड़ी।

कमज़र्फ़ (फा० अ० वि०)–तुच्छ, अनुदार।

कमज़र्फ़ी (फा० अ० स्त्री०)–ओछापन, अनुदारता।

कमज़ोर (फा० वि०)–दुर्बल, अशक्त।

कमतरीन (फा० वि०)–न्यूनतम। इस शब्द का प्रयोग बोलने वाला नम्रता दिखाने को अपने लिए भी करता है।

कमतवज्जुही (फा० अ० स्त्री०)–रूखापन, उपेक्षा।

कमनसीब (फा० अ० वि०)–मंद-भाग्य।

कमनिगाही (फा० स्त्री०)–उपेक्षा, कृपणता।

कमपायगी (फा० स्त्री०)–पदवी और मर्तबे में कम होना।

कमफ़ह्म (फा० अ० वि०)–नासमझ, मूर्ख।

कमफ़ुर्सती (फा० अ० स्त्री०)–अवकाशहीनता।

कमबख़्त (फा० वि०)–हतभाग्य, अभागा।

कमबख़्ती (फा० स्त्री०)–अभागा-

पन।

कमबीनी (फ़ा० स्त्री०)–अदूरदर्शिता, कम देखना, अनुदारता।

कममश्क़ (फा० अ० वि०)–नवाभ्यस्त, नौसिखिया।

कममायगी (फा० स्त्री०)–पूँजी की कमी, नीचता।

कमयाबी (फा० स्त्री०)–किसी वस्तु का अभाव, कम मिलना या बिलकुल न मिलना।

कमर (फा० स्त्री०)–कटि।

क़मर (अ० पु०)–चंद्रमा, शशि।

क़मर तल्अत (अ० वि०)–चंद्रमा-जैसी प्रभा वाला या वाली, चंद्रप्रभ, चंद्रप्रभा।

क़मर पैकर (अ० फा० वि०)–चंद्रमा जैसे शरीर वाला या वाली। चंद्रांग, चंद्रांगना।

कमरबंद (फा० पु०)–नाड़ा, नीवी।

कमरबंदी (फा० स्त्री०)–किसी काम के लिए तैयारी। कमरबंद डालने की वस्तु।

कमरबस्त: (फा० वि०)–कटिबद्ध, तैयार।

कमरशिकस्त: (फा० वि०)–जिसकी कमर टूट गई हो, जिसका सहारा छिन गया हो।

कमरसी (फा० स्त्री०)–कम पढ़ा-लिखा होना, विद्वत्ता का अभाव।

क़मरी (अ० वि०)–चंद्रमास।

कमरू (फा० वि०)–कुरूप।

क़मरैन (अ० पु०)–चंद्रमा और सूर्य।

कमसंज (फा० वि०)–कम तोलने वाला, डंडीमार।

कमसिनी (फा० अ० वि०)–कमउम्री, अवयस्कता।

कमसुख़न (फा० वि०)–मितभाषी।

कमहिम्मत (फा० अ० वि०)–जिसमें साहस की कमी हो, अल्पोत्साह।

कमहैसियत (फा० अ० वि०)–अप्रतिष्ठित, अकुलीन।

कमहौसल: (फा० अ० वि०)–दे० कमहिम्मत।

कमाँ (फा० स्त्री०)–दे० 'कमान'।

कमाँ अंदाज़ (फा० वि०)–धनुर्धर।

कमाँ अब्रू (फा० वि०)–जिसकी भौंहें धनुष की तरह टेढ़ी और सुंदर हों, प्रेमिका।

कमाँकश (फा० वि०)–धनुर्धर, तीरंदाज।

कमाँगर (फा० वि०)–धनुष बनाने वाला।

कमाँगीर (फा० वि०)–धनुर्धर।

कमाँगुरोह: (फा० स्त्री०)–गुलेल।

कमाँदार (फा० वि०)–धनुर्धर।

कमाँपुश्त (फा० वि०)–कुबड़ा।

कमाँबरदार (फा० वि०)–धनुर्धर, धनुष लेकर चलने वाला।

कमात (अ० पु०)–कुकुरमुत्ता।

कमान (फा० स्त्री०)–धनुष।

कमानच (फा० पु०)–छोटी कमान, धनुही।

कमानी (फा० स्त्री०)–कमान की तरह झुकी हुई वस्तु।

कमाने शैताँ (फा० स्त्री०)–इंद्रधनुष।

कमाल (अ० पु०)–गुण, कला, शिल्प, विद्वत्ता, पूर्णता, अधिक, बहुत, धूर्तता।

कमालात (अ० पु०)–'कमाल' का बहु०, अनेक गुण।

कमाले फ़न (अ० पु०)–कला-नैपुण्य।

कमींगाह (अ० फा० स्त्री०)–वह गुप्त स्थान, जहाँ किसी की ताक में छिपकर बैठा जाए, आड़।

कमी (फा० स्त्री०)–न्यूनता, दोष।

कमीनः (फा० वि०)–नीच, अधम।

कमीन (अ० पु०)–दे० 'कमींगाह'।

क़मीम (अ० वि०)–सूखी हुई तरकारी।

क़मीस (अ० स्त्री०)–एक विशेष प्रकार का कुर्ता, क़मीज़।

कमोबेश (फा० वि०)–थोड़ा-बहुत, न्यूनाधिक।

क़म्अ (अ० पु०)–तोड़ना, तिरस्कृत करना।

क़म्तरीर (अ० पु०)–विपत्ति और मुसीबत का दिन।

कम्मह (अ० वि०)–जन्मांध।

क़म्मास (अ० वि०)–ग़ोताखोर।

कम्मी (अ० वि०)–वीर।

कम्मीयत (अ० स्त्री०)–मात्रा।

कम्मून (अ० पु०)–जीरा, जीरक।

क़यामत (दे०) 'क़ियामत', महाप्रलय।

क़य्यूर (अ० वि०)–जिसके कुल का पता न हो, अज्ञात कुल।

करंब (अ० पु०)–करमकल्ला, एक शाक, बंद गोभी।

करख़्त (फा० वि०)–कठोर, कर्कश।

करख़्तगी (फा० स्त्री०)–कठोरता।

करम (अ० पु०)–दया, कृपा।

करमगुस्तर (अ० फा० वि०)–दयालु, कृपालु।

करमफ़र्माई (अ० फा० स्त्री०)–दया करना, कृपा करना।

क़राकुरम (तु० पु०)–तुर्किस्तान की एक पर्वतमाला।

करानः (फा० पु०)–किनारा, छोर, सीमा, पराकाष्ठा।

क़राबः (अ० पु०)–शराब की सुराही, बहुत बड़ी बोतल।

क़राबः कश (अ० फा० वि०)–शराबी, मद्यप।

क़राबत (अ० स्त्री०)–समीपता, स्वजनता।

क़राबतदार (अ० फा० वि०)–स्वजन, नातेदार।

क़राबादीन (अ० स्त्री०)–वह ग्रंथ, जिसमें यूनानी आयुर्वेद संबंधित दवाएँ और नुस्खे लिखे रहते हैं।

क़राबीन (तु० स्त्री०)–एक प्रकार की तोड़ेदार बंदूक़।

करामत (अ० स्त्री०)–कृपा, प्रतिष्ठा, चमत्कार।

करामात (अ० स्त्री०)–'करामत' का बहु०, चमत्कार।

करामाती (अ० वि०)–चमत्कारी, जादूगर, धूर्त।

क़रार (अ० पु०)–स्थिरता, सान्त्वना, प्रतिज्ञा, चैन।

क़रारदाद (अ० फा० स्त्री०)–प्रस्ताव, निश्चय।

क़रारेवाक़ई (अ० वि०)–यथेष्ट, पूरा-पूरा।

क़रावुल (तु० पु०)–सैनिक, शिकारी। वह सेना जो आगे चलती और शत्रु की सेना को ख़बर देती है।

करासीस (अ० पु०)–'कुरीसः' का बहु०, पुस्तक के अध्याय।

कराहत (अ० स्त्री०)–घृणा, उदासीनता।

क़रीज़ (अ० पु०)–पद्यात्मक वाक्य, छंदोबद्ध रचना।

क़रीनः (अ० पु०)–ढंग, शिष्टता, क्रम,

अनुमति।

क़रीनेकियास (अ० वि०)–ज्ञानगम्य, अटकल से ठीक होना।

क़रीब (अ० वि०)–निकट, समीप।

करीम (अ० वि०)–ईश्वर का एक नाम, कृपालु।

क़रीह (अ० वि०)–विशुद्ध, (पु०) घाव, जख्म।

करीहुलमंज़र (अ० वि०)–दुर्दर्शन, घृणित रूप।

कर्गदन (फा० पु०)–गैंडा।

कर्गन (फा० पु०)–अधपका अन्न, जिसे भूनकर खाते हैं।

कर्गस (फा० पु०)–गिद्ध।

क़र्ज़ (अ० पु०)–ऋण।

क़र्ज़ख्वाह (अ० फा० वि०)–ऋणेच्छुक।

क़र्ज़दार (अ० फा० वि०)–ऋणी।

क़र्ज़े हसन: (अ० पु०) -ऐसा ऋण, जिस पर न कोई ब्याज हो न उसका तकाज़ा किया जा सके, ऋणी यदि न अदा कर सके तो उस पर कोई भार न रहे।

कर्द: (फा० वि०)–किया हुआ, कृत।

कर्दगार (फा० वि०)–ईश्वर, सर्वशक्तिमान्।

कर्दार (फा० पु०)–आचरण, व्यवहार, 'किर्दार'।

क़र्न (अ० पु०)–शृंग, सींग, लंबा समय।

कर्नब (अ० पु०)–करमकल्ला।

क़र्ना (अ० पु०)–तुरही।

कर्पास (फा० पु०)–मोटा कपड़ा।

कर्फ़स (फा० स्त्री०) – छिपकली, कबंस।

कर्ब (अ० पु०)–व्याकुलता, पीड़ा, यातना, दुःख।

कर्बला (फा० पु०)–इराक़ का एक प्रसिद्ध स्थान, जहाँ हज़रत इमाम हुसैन शहीद हुए थे और जहाँ उनका मज़ार है।

कर्म (अ० पु०)–अंगूर का पेड़।

क़र्म (अ० पु०)–व्याघ्र, शेर, अपनी जाति का सर्वश्रेष्ठ व्यक्ति।

क़र्य: (अ० पु०)–ग्राम।

कर्रत (अ० स्त्री०)–बार।

कर्रार (अ० वि०)–शत्रु की सेना पर बारंबार आक्रमण करने वाला, हज़रत अली की उपाधि।

कलंद (फा० पु०)–खुर्पी, भूमि खोदने का एक औजार।

क़लंदर (फा० पु०)–एक प्रकार के फ़कीर, जो मस्त और आजाद रहते हैं; मस्त और आज़ाद मनुष्य, धृष्ट।

क़लंदरान: (फा० वि०)–क़लंदरों-जैसा, आज़ादों-जैसा।

क़लक़ (अ० पु०)–कष्ट, दुख, व्याकुलता।

कलफ़ (अ० पु०)–झाईं।

क़लम (अ० पु०)–लेखनी, पेड़ की डाली जो काटकर लगाई जाती है, काटा हुआ, कनपटी के बाल।

क़लमकश (अ० फा० वि०)–लिखने वाला, काट देने वाला, मिटा देने वाला।

क़लमकार (अ० फा० पु०)–क़लम से काम करने वाला, लेखक।

क़लमज़द (अ० फा० वि०)–कटा हुआ, मंसूख़।

क़लमदस्त (अ० फा० वि०)–लिखने वाला, चित्रकार।

क़लमदान (अ० फा० पु०)–क़लम-दवात रखने का पात्र, पद, पदवी।

क़लमदाने वज़ारत (अ० पु०)–मंत्री का पद।

क़लमबंद (अ० फा० वि०)–जो लिखा गया हो, लिपिबद्ध।

क़लम बरदाश्त: (अ० फा० वि०)–क़लम उठाकर बिना सोचे लिखा हुआ लेख।

क़लमरौ (अ० फा० स्त्री०)–राष्ट्र, राज्य, हुकूमत।

क़लमी (अ० वि०)–क़लम संबंधी, हस्तलिखित ग्रंथ। क़लम लगाये हुए पेड़ का फल, लंबा और पतला पदार्थ।

क़लमे फ़ौलाद (अ० फा० पु०)–फाउंटेन पेन, लौह-लेखनी।

क़लमेरसास (अ० पु०)–पेंसिल।

क़लह (अ० स्त्री०)–दाँतों का मैल और उनका पीलापन।

कलाँ (फा० वि०)–ज्येष्ठ, बड़ा, दीर्घ, लंबा।

क़ला (अ० पु०)–शत्रुता।

कलात (फा० पु०) आग, पहाड़ी पर बना हुआ दुर्ग।

कलाब: (फा० पु०)–चर्खे पर काती जाने वाली अंटी।

कलाम (अ० पु०)–शब्द, वाणी, वार्तालाप, गुफ़्तगू।

कलामुल्लाह (अ० पु०)–ईश्वर की वाणी, कुरान-शरीफ़।

कलामे मुस्तदाम (अ० पु०)–ईश्वर की ओर से पैग़म्बर पर आने वाला आदेश, वही।

कलाल (अ० पु०)–ग्लानि, थकन।

कलिम: (अ० पु०)–शब्द, वाक्य, वचन, मुसलमानों का धर्ममंत्र।

कलिम:गो (अ० फा० वि०)–कलिम: (कलमा) पढ़ने वाला अर्थात् मुसलमान।

क़लीद (अ० स्त्री०)–बटी हुई रस्सी।

कलीदान (फा० पु०)–लकड़ी का कुंदा जो अपराधियों के पैर में बाँधा जाता है।

क़लीब (अ० पु०)–पुराना कुआँ।

कलीम (अ० पु०)–बात करने वाला, घायल, हजरत मूसा की उपाधि।

कलीमुल्लाह (अ० पु०)–ईश्वर से वार्तालाप करने वाला, हज़रत मूसा की उपाधि।

क़लीय: (अ० पु०)–भुना हुआ मांस।

क़लील: (अ० पु०)–दोपहर में थोड़ी देर सोने का समय, क़ैलूल:।

कलील (अ० वि०)–शिथिल, मंद, सुस्त, गूँगा, कुंद।

क़लील (अ० वि०)–अल्प, न्यून, थोड़ा, छोटा।

क़लील तरीन (अ० फा० वि०)–बहुत ही छोटा।

क़लीलुल बिज़ाअत (अ० वि०) जिसके पास थोड़ी पूँजी हो, जो अप्रतिष्ठित हो, कम हैसियत।

क़लीस (अ० वि०)–कृपण, कंजूस।

क़ल्अ: (अ० पु०)–दुर्ग, किला।

क़ल्अ:गीर (अ० फा० वि०)–दुर्ग विजित करने वाला, महारथी।

क़ल्अ:शिकन (अ० फा० वि०)–दुर्ग-भेदी (तोप या कोई यंत्र)।

क़ल्ई (अ० स्त्री०)–वंग, राँग, मुलम्मा, चूने की पुताई।

क़ल्ईगर (अ० फा० वि०)–बरतनों पर राँग का मुलम्मा करने वाला।

कल्क (फा० स्त्री०)–कक्ष, क्रोड, गोद।

कल्ग़ी (फा० स्त्री०)–फुँदना, तुर्रा, पक्षी के सिर के केश।

कल्फ़ (अ० पु०)–मुग्ध होना, आसक्त होना।

क़ल्ब (अ० पु०)–हृदय, मन, मध्य।

कल्ब (अ० पु०)–श्वान, कुत्ता।

क़ल्बसाज़ी (अ० फा० स्त्री०)–जाली रुपया बनाना।

क़ल्बी (अ० वि०)–हार्दिक, दिली, मानसिक।

क़ल्बे'माहीयत (अ० स्त्री०)–किसी पदार्थ के धर्म और गुण का परिवर्तन, कायाकल्प।

कल्म (अ० पु०)–घायल करना।

कल्ला (अ० अव्य०)–सत्य है, ठीक है।

क़वद (अ० पु०)–प्रतिहिंसा।

कवल (फा० पु०)–कंबल।

क़वाइद (अ० पु०)–नियमावली, सेना की परेड, व्याकरण।

क़वाइदगाह (अ० फा० स्त्री०)–परेड करने का मैदान।

कवाइफ़ (अ० पु०)–'कैफियत' का बहु०, हालात, समाचार, घटनाएँ।

क़वानीन (अ० पु०)–'क़ानून' का बहु०, हर प्रकार के क़ानून।

क़वाफ़िल (अ० पु०)–'क़ाफ़िला' का बहु०, यात्रियों के क़ाफ़िले।

क़वाफ़ी (अ० पु०)–'क़ाफ़िया' का बहु०, क़ाफ़िए।

क़वाम (अ० पु०)–सच्चाई, न्याय।

क़वी (अ० वि०)–शक्तिशाली।

क़व्वाल (अ० पु०)–बहुत बातें करने वाला, क़व्वाली गाने वाला।

क़व्वाली (अ० स्त्री०)–वे इसलामी गाने, जो मज़ारों आदि पर गाये जाते हैं।

कश (फा० पु०)–कक्ष, छाती, दम, खींच, खींचने वाला।

क़श (इश) (अ० पु०)–दुबलेपन के बाद मोटा होना, भलाई पाना।

कशमकश (फा० स्त्री०)–खींचातानी, वैमनस्य, संकोच, संघर्ष, दौड़-धूप, पराक्रम।

कशाकश (फा० स्त्री०)–संघर्ष, स्पर्धा।

कशिश (फा० स्त्री०)–आकर्षण, प्रवृत्ति, मनोवृत्ति।

कशिशे इश्क़ (फा० अ० स्त्री०)–प्रेम का आकर्षण।

कशीदः (फा० वि०)–खिंचा हुआ, अप्रसन्न, (पु०) बेल-बूटे का काम।

कशीदःकारी (फा० स्त्री०)–कपड़े पर बेलबूटे बनाना।

कशीदःखातिर (फा० अ० वि०)–अप्रसन्न, रुष्ट।

क़शीब (अ० पु०)–नया वस्त्र, पहनने का नया कपड़ा।

कशीश (तु० पु०)–पादरी, ईसाइयों का धर्मगुरु।

क़श्क़ः (अ० पु०)–चंदन आदि से माथे पर बनाई जाने वाली लकीर, तिलक।

कश्ती (फा० स्त्री०)–नाव, नौका।

कश्तीबान (फा० वि०)–नाविक।

कश्मीर (फा० पु०)–भारत का एक प्रसिद्ध पर्वतीय प्रदेश।

कश्मीरी (फा० वि०)–कश्मीर से संबंधित, कश्मीर का निवासी, वहाँ की भाषा।

क़श्र (अ० पु०)–छिलका, भूसी।

कश्वर (फा० स्त्री०)–देश, प्रदेश, महाद्वीप।

कश्वरकुशा (फा० वि०)–शासक,

हाकिम।

कश्वर सिताँ (फा० वि०)–विश्व-विजयी।

कस (फा० पु०)–व्यक्ति।

क़सब: (अ० पु०)–डाली, शाखा, छोटा नगर।

क़सब (अ० पु०)–नर्कट, नर्कुल।

क़सम (अ० स्त्री०)–शपथ।

कसमपुर्सी (फा० स्त्री०)–बेबसी का जीवन।

कसलमंद (अ० फा० वि०)–क्लांत, श्रांत, म्लान।

क़सस (अ० पु०)–कहानी कहना।

क़साइद (अ० पु०)–'कसीद:' का बहु०, क़सीदे।

कसादबाज़ारी (अ० फा० स्त्री०)–बाज़ार भाव का बहुत मंदा हो जाना।

कसाफ़त (अ० स्त्री०)–मलिनता, अशुद्धता।

क़सारत (अ० स्त्री०)–कपड़े धोना, धोबी का काम।

कसावत (अ० स्त्री०)–निर्दयता, कठोरता।

कसी-उल-क़ल्ब (अ० वि०)–कठोर हृदय वाला, पाषाण-हृदय।

कसीद: (अ० वि०)–वह माल, जिसकी बिक्री न हो।

क़सीद: (अ० पु०)–पद्यात्मक प्रशंसा।

क़सीद:ख्वा (अ० फा० वि०)–क़सीदा पढ़ने वाला। खुशामदी।

क़सीद:गो (अ० फा० वि०)–क़सीदा लिखने वाला।

कसीद (अ० वि०)–वह माल, जिसका चलन न रहा हो।

क़सीद (अ० पु०)–सूखा चमड़ा, टूटा हुआ।

कसीफ़ (अ० वि०)–मलिन, मैला, अपवित्र।

कसीफ़ुत्तब्अ (अ० वि०)–जिसकी आत्मा अशुद्ध हो।

क़सीम (अ० वि०)–भागीदार, साझीदार।

क़सीर (अ० वि०)–अधिक, प्रचुर, बहुत।

कसीरुज़्ज़ौजात (अ० पु०)–जिसकी बहुत-सी पत्नियाँ हों।

कसीरुत्ता'दाद (अ० वि०)–बहुसंख्यक, विपुल।

कसीरुलअख़्लाक़ (अ० वि०)–जो बहुत सुशील और मिलनसार हो।

कसीरुलअत्फ़ाल (अ० वि०)–वह व्यक्ति जिसकी संतान बहुत हो, बहु-संतति, बहुप्रसवा।

कसीरुलअश्काल (अ० वि०)–जिसके बहुत-से रूप हों, बहुरूप।

कसीरुलइल्म (अ० वि०)–जो बहुत बड़ा विद्वान् हो, बहुविद्।

कसीरुलऔसाफ़ (अ० वि०)–जिसमें बहुत अधिक गुण और अच्छाइयाँ हों, बहुगुण।

कसीरुलकलाम (अ० वि०)–वाचाल।

कसीरुलक़ामत (अ० वि०)–बौना।

कसीरुलमा'ना (अ० वि०)–वह शब्द, वाक्य या शेर, जिसके बहुत-से अर्थ हों, अनेकार्थ।

कसीरुलमाल (अ० वि०)–धनाढ्य।

कसीरुश्शह्वत (अ० वि०)–अति कामी।

कसीस (अ० पु०)–सुखाया हुआ क़ीमा, छुआरे की मदिरा।

कसीह (अ० वि०)–विवश, लाचार।

कसे बाशद (फा० वा०)–कोई हो,

चाहे कोई हो।

कसोनाकस (फा० पु०)–अच्छा-बुरा, हर प्रकार का व्यक्ति, बड़ा-छोटा, हर आदमी।

क़स्द (अ० पु०)–संकल्प, निश्चय, इच्छा।

क़स्दन (अ० वि०)–जान-बूझकर, निश्चयपूर्वक।

क़स्ब: (अ० पु०)–शहर से छोटी और गाँव से बड़ी बस्ती।

कस्ब (अ० पु०)–वेश्यावृत्ति।

कस्बी (अ० वि०)–वेश्या, गणिका।

कस्बे इल्म (अ० पु०)–विद्योपार्जन।

कस्बे ज़र (अ० फा० पु०)–धनोपार्जन।

कस्बे हुनर (अ० फा० पु०)–कोई शिल्प या कला सीखना, शिल्पोपार्जन।

क़स्र (अ० स्त्री०)–न्यूनता, कमी, भवन, महल।

कस्रत (अ० स्त्री०)–व्यायाम।

कस्रत (अ० स्त्री०)–बाहुल्य, प्रचुरता।

कस्रतगाह (अ० फा० स्त्री०)–व्यायामशाला।

कस्रे नफ़्सी (अ० स्त्री०)–नम्रता।

कस्रे शान (अ० पु०)–अपमान।

क़स्साब (अ० पु०)–मांस-विक्रेता, क़साई।

क़स्साबख़ान: (अ० फा० पु०)–पशु-वध का स्थान।

क़स्सार (अ० वि०)–धोबी।

कहकशाँ (फा० स्त्री०)–आकाशगंगा।

कहूल (अ० वि०)–खिचड़ी डाढ़ी वाला, अधेड़ उम्र वाला।

क़ह्‌क़हा (फा० पु०)–अट्टहास।

क़ह्‌त (अ० पु०)–दुर्भिक्ष, अकाल।

क़ह्‌तज़द: (अ० फा० वि०)–दुर्भिक्ष-ग्रस्त।

क़ह्‌तसाली (अ० फा० स्त्री०)–दुर्भिक्ष, अवर्षा।

कह्‌फ़ (अ० पु०)–कंदरा, गुफ़ा।

क़ह्र (अ० पु०)–क्रोध, कोप।

क़ह्‌वःख़ान: (अ० फा० पु०)–काफ़ी-हाऊस।

क़ाइद: (अ० पु०)–नियम, सिद्धांत, विधि, पद्धति, तरीक़ा, बच्चों के पढ़ने की अलिफ़ बे की पुस्तिका।

क़ाइद (अ० वि०)–नेता, सेनाध्यक्ष।

काइनात (अ० स्त्री०)–ब्रह्मांड, संसार।

क़ाइम (अ० वि०)–दृढ़, स्थिर।

क़ाइम अंदाज़ (अ० फा० वि०)–शतरंज का बहुत बड़ा उस्ताद, बहुत बड़ा शक्तिशाली।

क़ाइम बिज़्ज़ात (अ० वि०)–जिसका अस्तित्व बिना दूसरे के सहारे के हो।

क़ाइम मक़ाम (अ० वि०)–स्थानापन्न।

क़ाइम मिज़ाज (अ० वि०)–दृढ़ निश्चय।

क़ाइल (अ० वि०)–कहने वाला, बोलने वाला, निरुत्तर।

काका (तु० पु०)–बड़ा भाई, अग्रज।

क़ाक़ुल: (अ० स्त्री०)–बड़ी इलायची।

काकुल (फा० स्त्री०)–बालों की लट, केशपाश।

काकुले परीशाँ (फा० स्त्री०)–बिखरे हुए बाल।

काकुले पेचाँ (फा० स्त्री०)–घुँघरवाले बाल।

काख़ (फा० पु०)–भवन, महल, वर्षा।

काग़ (फा० पु०)–आग, पशुओं की

जुगाली, रोना-धोना।
काग़ज़ (अ० पु०)–लिखने का काग़ज़, पत्र।
काग़ज़ात (अ० पु०)–'काग़ज़' का बहु०, वह काग़ज़ जो किसी विषय से संबंधित हो।
काग़ज़ी (अ० वि०)–काग़ज़ से संबंधित काग़ज़ बनाने वाला, काग़ज़ का बना हुआ, बारीक।
काग़ज़ेज़र (अ० फा० पु०)–प्रामेसरी नोट, पत्र-मुद्रा।
काग़ज़े हल्वा (अ० पु०)–मिठाई पर लपेटा जाने वाला काग़ज़, व्यर्थ वस्तु।
क़ाज़ (तु० पु०)–हंस की जाति का एक जल पक्षी।
काज़ (फा० पु०)–फूस का छप्पर या झोंपड़ा।
क़ाज़िए चर्ख़ (अ० फा० पु०)–बुध ग्रह।
क़ाज़िए शह्र (अ० फा० पु०)–वह क़ाज़ी जो शह्र में निकाह पढ़ाता है।
काज़िब (अ० वि०)–झूठा, मिथ्यावादी।
क़ाज़िब (अ० वि०)– लालची व्यापारी, जो माल पर अधिक से अधिक लाभ लेना चाहता हो।
काज़िम (अ० वि०)–धैर्यवान्।
क़ाज़ियुल हाजात (अ० पु०)–कामनाएँ पूर्ण करने वाला, ईश्वर।
क़ाज़ी (अ० वि०)–न्यायकर्ता, मुंसिफ़, निकाह पढ़ाने वाला, देने वाला, अदा करने वाला।
क़ाज़ूरः (अ० स्त्री०)–अपवित्रता, मलिनता।
क़ातिनीन (अ० पु०)–ठहरे हुए लोग।
कातिब (अ० वि०)–लिखने वाला, लेखक, लिपिक।
क़ातिबतन (अ० वि०)–नितांत, बिलकुल, सर्वथा।
कातिबे अज़ल (अ० पु०)–मनुष्य की उत्पत्ति के समय भाग्य रचना करने वाला, भाग्य-लेखक, ईश्वर।
कातिबे आ'माल (अ० पु०)–भले-बुरे कर्म लिखने वाला फ़िरिश्ता, कर्मलेखक।
कातिब क़िस्मत (अ० पु०)–भाग्यलेखक, कातिबेतक़्रीर।
क़ातिम (अ० वि०)–काला, कृष्ण।
क़ातिर (तु० पु०)–ख़च्चर।
क़ातिल (अ० वि०)–वधिक।
क़ाते' (अ० वि०)–विच्छेदक, पथिक।
क़ादिर (अ० वि०)–शक्तिशाली, समर्थ।
क़ादिर अंदाज़ (अ० फा० वि०)–लक्ष्यवेधी, शब्दभेदी।
क़ादिर अलल इत्लाक़ (अ० पु०)–सर्वशक्तिमान्, ईश्वर, कादिरेमुत्लक़।
क़ादिरदस्त (अ० फा० वि०)–जिसका हाथ किसी काम में मँजा हुआ हो।
क़ादिरुलकलाम (अ० वि०)–बातचीत करने या भाषण देने में निपुण, वागीश।
कान (फा० स्त्री०)–खान।
क़ान (तु० पु०)–रक्त, ख़ून।
कानकन (फा० वि०)–खान में काम करने वाला, खनिक।
क़ानित (अ० वि०)–आज्ञाकारी, नमाज़ में दुआ माँगने वाला।
क़ानितीन (अ० पु०)–'कानित' का बहु०, आज्ञाकारी लोग, नमाज़ में

दुआ माँगने वाले।

क़ानिस (अ० वि०)–शिकार करने-वाला, आखेटक।

कानी (फा० वि०)–खान से संबंध रखने वाली वस्तु, खान से निकला हुआ पदार्थ।

क़ानून (अ० पु०)–विधान, नियम, विधि, परंपरा।

क़ानूनगो (अ० फा० पु०)–माल-विभाग का एक पदाधिकारी, जो पटवारियों के काम की देख-रेख करता है।

क़ानूनदाँ (अ० फा० वि०)–वकील, अभिभापक।

क़ानूनन (अ० वि०)–विधान के अनु-सार।

क़ानूनशिकनी (अ० फा० स्त्री०)–नियम-भंग, सविनय अवज्ञा।

क़ानूनसाज़ (अ० फा० वि०)–विधा-यक, विधायिका।

क़ानूने जंग (अ० फा० पु०)–युद्ध-विधान।

क़ानूने ता'ज़ीरात (अ० पु०)–दंड-विधान।

क़ानूने फ़ित्रत (अ० पु०)–प्राकृतिक नियम।

क़ानूने विरासत (अ० पु०)–किसके बाद कौन उत्तराधिकारी होता है, इसका क़ानून।

क़ानूने हिसस (अ० पु०)–दाय और रिक्थ में किसको कितना भाग मिलना चाहिए, इसका क़ानून।

क़ाने' (अ० वि०)–जो कुछ मिल जाए, उसी पर संतुष्ट रहने वाला, आत्म-संतोषी, निस्पृह।

काने ज़र (फा० स्त्री०)–सोने की खान, स्वर्णाकर।

काने नमक (फा० स्त्री०)–नमक की खान, लवणाकर।

काने मलाहत (फा० अ० स्त्री०)–अति लावण्यमयी सुन्दरी।

क़ापी (तु० पु०)–द्वार, दरवाजा।

क़ापू (तु० पु०)–दरवाजा।

क़ापूची (तु० वि०)–द्वारपाल।

क़ाफ़ (फा० पु०)–एक उर्दू अक्षर, कोहे क़ाफ़, काकेशिया, जहाँ का सौन्दर्य प्रसिद्ध है।

क़ाफ़ ता क़ाफ़ (फा० वि०)–संपूर्ण संसार।

क़ाफ़ियः (अ० पु०)–अनुप्रास, तुक।

क़ाफ़ियःबंद (अ० फा० वि०)–वह शेर, जिनमें क़ाफ़िए की पाबंदी की गई हो।

क़ाफ़ियःबंदी (अ० फा० स्त्री०)–कविता, शाइरी, वह तुकांत काव्य जिसमें विषय न हो।

काफ़िर (अ० पु०)–सत्य को छिपाने वाला, ईश्वर की दी हुई ने'मतों पर कृतज्ञता प्रकट न करने वाला, नदी, कृषक; 'काफ़िरिस्तान' देश का निवासी; प्रेमपात्र।

काफ़िरी (अ० वि०)–नास्तिकता, काफ़िरपन, मा'शूक़ीयत।

क़ाफ़िलः (अ० पु०)–यात्री-दल।

क़ाफ़िलः सालार (अ० फा० पु०)–यात्रियों के समूह का अध्यक्ष, सार्थ-पति।

काफ़ी (अ० वि०) पर्याप्त, अत्यधिक।

काफ़ूर (फा० पु०) -कपूर, स्वर्ग का एक चश्मा।

काफ़ूरख़्वार (फा० वि०)–नपुंसक, कपूर खाने वाला।

काफ़ूरी (फा० वि०)–काफ़ूर के रंग का, बहुत सफेद। काफ़ूर पड़ी हुई वस्तु।

का'ब: (अ० पु०)–मक्के की एक इमारत, जिसे मुसलमान ईश्वर का घर समझते हैं, चौकोर वस्तु।

क़ाब (फा० पु०)–चश्मा रखने का या आईना रखने का केस; पाँसा।

क़ाबख़ान: (फा० पु०)–जुआघर, द्यूतागार।

का'बतैन (अ० पु०)–पाँसों की जोड़ी, जिससे चौसर खेलते हैं।

क़ाबिज़ (अ० वि०)–जिसका अधिकार हो; क़ब्ज़ करने वाला पदार्थ।

क़ाबिज़े अर्वाह (अ० पु०)–यमराज, प्राण निकालने वाला।

काबिर (अ० वि०)–प्रतिष्ठित, मान्य।

क़ाबिल: (अ० स्त्री०)–विद्यावती, स्त्री, योग्य स्त्री, धात्री।

क़ाबिल (अ० वि०)–विद्वान्, योग्य, पात्र, उचित, दक्ष, निपुण।

क़ाबिलान: (अ० फा० वि०)–विद्वत्तापूर्ण, दक्षतापूर्ण।

काबिलीयत (अ० स्त्री०)–विद्वत्ता, योग्यता, क्षमता, दक्षता, निपुणता।

क़ाबिले अदब (अ० वि०)–मान्य, प्रतिष्ठित।

क़ाबिले आज़माइश (अ० फा० वि०)–जिसकी परीक्षा आवश्यक हो, परीक्ष्य।

क़ाबिले इंतिक़ाल (अ० वि०)–वह सम्पत्ति और जाइदाद, जो बेची या दी जा सके।

क़ाबिले इन्तिख़ाब (अ० वि०)–उद्धरणीय, वह व्यक्ति जो किसी निर्वाचन-क्षेत्र से चुना जा सके।

क़ाबिले इन्आम (अ० वि०)–पुरस्कार दिए जाने योग्य व्यक्ति; पुरस्कार के योग्य काम।

क़ाबिले इन्क़िसाम (अ० वि०)–वितरणीय।

क़ाबिले इम्तिहान (अ० वि०)–जिस की परीक्षा की जा सके।

क़ाबिले इम्दाद (अ० वि०)–सहायता देने के योग्य, दुःखी, लाचार, असहाय।

क़ाबिले इल्तिफ़ात (अ० वि०)–जिस की ओर ध्यान देना आवश्यक हो।

क़ाबिले इल्तिवा (अ० वि०)–जो स्थगित किया जा सके।

क़ाबिले इश्तिबाह (अ० वि०)–जिस पर संदेह किया जा सके; शंकनीय।

क़ाबिले इस्ते'माल (अ० वि०)–जो प्रयोग किया जा सके, प्रयोज्य।

क़ाबिले ए'तिबार (अ० वि०)–विश्वसनीय; विश्वस्त।

क़ाबिलेए'तिमाद (अ० वि०)–विश्वासपात्र।

क़ाबिले ए'तिराज़ (अ० वि०)–आपत्तिजनक।

क़ाबिले एहतिराम (अ० वि०)–जिस की प्रतिष्ठा आवश्यक हो, पूज्य, मान्य।

क़ाबिले एहसास (अ० वि०)–जिसका अनुभव हो सके।

क़ाबिले क़बूल (अ० वि०)–स्वीकरणीय, ग्रहणीय।

क़ाबिले गुज़ारिश (अ० फा० वि०)–प्रार्थना के योग्य।

क़ाबिले ग़ौर (अ० वि०)–ध्यान देने योग्य।

क़ाबिले ज़िक्र (अ० वि०)–उल्लेखनीय, वर्णनीय, कथनीय।

क़ाबिले ज़िराअ़त (अ० वि०)-ऐसी भूमि जिसे जोता-बोया जा सके, खेती योग्य।

क़ाबिले तंबीह (अ० वि०)-ऐसा व्यक्ति, जिसे किसी भूल पर डाँटना और चेतावनी देना आवश्यक हो।

क़ाबिले तक़सीम (अ० वि०)–जो बाँटा जा सके, विभाज्य।

क़ाबिले तज़्हीक (अ० वि०)–ऐसा विषय जो उपहास के योग्य हो।

क़ाबिले तब्दील (अ० वि०)–जो बदला जा सके; परिवर्तनीय।

क़ाबिले तरद्दुद (अ० वि०)–जो चिंता के योग्य हो, चिंतनीय।

क़ाबिले तर्क (अ० वि०)–त्याज्य; छोड़ देने के योग्य।

क़ाबिले तर्जीह (अ० वि०)–ऐसा व्यक्ति या विषय जिसे दूसरे व्यक्ति या विषय पर प्रधानता दी जा सके।

क़ाबिले तर्दीद (अ० वि०)–रद्द करने योग्य।

क़ाबिले तवज्जुह (अ० वि०)–जिस पर ध्यान देना आवश्यक हो, ध्यान देने योग्य।

क़ाबिले तस्लीम (अ० वि०)–मान्य, स्वीकार्य।

क़ाबिले तह्रीर (अ० वि०)–उल्लेखनीय।

क़ाबिले तह्सीन (अ० वि०) शंसनीय, काबिलेतारीफ़।

क़ाबिले ताईद (अ० वि०)–समर्थनीय।

क़ाबिले दस्तरस (अ० फा० वि०)–जहाँ पहुँच हो सके।

क़ाबिले दार (अ० फा० वि०) प्राणदंड के योग्य।

क़ाबिले नफ़्रत (अ० वि०)–जो घृणा के योग्य हो, गर्हित।

क़ाबिले पर्वरिश (अ० फा० वि०)–जिसका पालन-पोषण आवश्यक हो।

क़ाबिले फ़त्ह (अ० वि०)–जो जीता जा सके।

क़ाबिले फ़ह्म (अ० वि०)–बोधगम्य।

काबिले बरदाश्त (अ० फा० वि०)–सहनीय।

क़ाबिले मंज़ूरी (अ० वि०)–ऐसी बात, जिसके लिए स्वीकृति लेना आवश्यक हो।

क़ाबिले मंसूख़ी (अ० वि०)–ऐसी बात जो रद्द की जा सके।

क़ाबिले मुआवज़ः (अ० वि०)–जिस वस्तु के ले लेने पर उसका मूल्य दिया जाना आवश्यक हो।

क़ाबिले रह्म (अ० वि०)–दयनीय। लाचार।

क़ाबिले वुसूल (अ० वि०)–जो प्राप्त हो सके, प्राप्य।

क़ाबिले सज़ा (अ० वि०)–दंडनीय।

क़ाबिले समाअ़त (अ० वि०)–सुनवाई होने योग्य।

क़ाबिले सुफ़ारिश (अ० फा० वि०)–जिसकी सुफ़ारिश की जा सके।

काबीनः (अ० पु०)–मन्त्रिमंडल।

काबीन (फा० पु०)–निकाह में बँधने वाला मेह्र।

काबीशः (फा० पु०)–कुसुम का फूल।

काबुक (फा० पु०)–कबूतरों का दरबा।

काबुल (फा० पु०)–अफ़ग़ानिस्तान की राजधानी।

काबुली (फा० वि०)–काबुल का

निवासी, अफ़ग़ान, काबुल से संबंधित।

क़ाबू (तु० पु०)–अवसर, फ़ुर्सत, वश, ज़ोर।

क़ाबूची (तु० वि०)–स्वार्थ-साधक, द्वारपाल।

काम (फा० पु०)–इच्छा, मनोरथ।

कामगर (फा० वि०)–दे० 'कामगार'।

कामगार (फा० वि०)–सफल मनोरथ।

क़ामत (अ० पु०)–शरीर।

क़ामते ज़ेबा (अ० फा० पु०)–सुन्दर और सुडौल शरीर।

कामदार (फा० वि०)–कारकुन।

काम ना काम (फा० वि०)–विवशतापूर्वक।

कामयाब (फा० वि०)–सफल, मनोरथ, कृतार्थ, कृतकार्य।

कामिल (अ० वि०)–पूरा, संपूर्ण, निपुण, दक्ष।

कामिलुल इयार (अ० वि०)–खरा सोना या चाँदी।

कामिले फ़न (अ० वि०)–किसी फ़न में या कला में निपुण।

क़ामूस (अ० पु०)–गहरी नदी, शब्द कोष।

कार (फा० पु०)–कार्य, उद्यम, कला, विषय।

क़ार (र्र) (अ० वि०)–स्थिर रहने वाला।

कारआमद (फा० वि०)–उपयोगी।

कारकर्दगी (फा० स्त्री०)–कार्यक्षमता, अनुभव।

कारकुन (फा० वि०)–कर्मचारी, कार्यकर्ता।

कारख़ान: (फा० पु०)–शिल्पशाला, कार्यालय।

कारख़ान:दार (फा० पु०)–कारख़ाने का मालिक।

कारगर (फा० वि०)–गुणकारी, प्रभावकर।

कारगाह (फा० स्त्री०)–कार्यालय, कपड़े बुनने का स्थान।

कारगुज़ार (फा० वि०)–कार्यपटु, कार्यक्षम।

कारगुज़ारी (फा० स्त्री०)–कार्यकौशल, कारनामा।

कारचोब (फा० पु०)–लकड़ी का चौखटा, जिसमें कपड़ा कसकर क़सीदे का काम हो, ज़रदोज़ी।

कारज़ार (फा० पु०)–युद्ध।

कारतलब (फा० अ० वि०)–शूरवीर।

कारदाँ (फा० वि०)–अनुभवी।

कारदानी (फा० स्त्री०)–कार्य-कौशल, अनुभव।

कारदार (फा० वि०)–दे० 'कारदाँ'।

कारदीद: (फा० वि०)–अनुभवी।

कारदीदगी (फा० स्त्री०)–अनुभव, परिपक्वता।

कारनाम: (फा० पु०)–बहुत बड़ा काम।

कारपर्दाज़ (फा० वि०)–व्यवस्थापक, अभिकर्ता।

कारफ़र्मा (फा० वि०)–काम करने वाला, प्रभावकारी।

कारफ़र्माई (फा० स्त्री०)–काम करना, असर डालना।

कारबंद (फा० वि०)–पाबंद, बाध्य।

कारबरारी (फा० स्त्री०)–कामनापूर्ति, स्वार्थसिद्धि।

कारमंद (फा० वि०)–दास, नौकर।

कारवाई (फा० स्त्री०)–कार्यवाही, कार्य।

कारसाज़ (फा० वि०)–बिगड़े हुए कामों को बनाने वाला, अर्थात् ईश्वर।

कारसाज़ी (फा० स्त्री०)–बिगड़े हुए कामों को बनाना, ईश्वर की माया।

कारिंदः (फा० वि०)–जमींदार का एजेन्ट, कर्मचारी।

क़ारिअ: (अ० पु०)–दुर्घटना।

क़ारिज़ (अ० वि०)–ऋणदाता।

क़ारिब (अ० स्त्री०)–छोटी नाव, जो बड़ी नाव के साथ चलती है।

क़ारी (अ० वि०)–पढ़ने वाला, क़ुरान को शुद्ध उच्चारण से पढ़ने वाला।

कारी (फा० वि०)–भरपूर, पूरा-पूरा।

कारीगर (फा० वि०)–शिल्पकार, कुशल।

क़ारून (अ० पु०)–वह व्यक्ति जो मालदार होने के साथ बहुत ही कंजूस हो, एक ऐतिहासिक व्यक्ति; हज़रत मूसा का चचेरा भाई।

क़ारूनी (अ० वि०)–कृपणता, कंजूसी।

कारे नुमायाँ (फा० पु०)–बहुत बड़ा काम, कारनामा।

कारे सवाब (फा० अ० पु०)–पुण्य का काम।

कारोबार (फा० पु०)–व्यवसाय, कामकाज, व्यापार।

कार्द (फा० पु०)–चाक़ू।

कारवाँ (फा० पु०)–यात्री-दल, सार्थ।

कारवाँसरा (फा० पु०)–पथिकाश्रय।

कारवाँसालार (फा० पु०)–सार्थवाह, सार्थपति।

क़ालिब (अ० पु०)–शरीर, देह, ढाँचा।

क़ालीच: (तु० पु०)–छोटा कालीन, बिछाने का ऊनी रोयेंदार बहुमूल्य वस्त्र।

काविंद: (फा० वि०)–खोदने वाला।

काविश (फा० स्त्री०)–टोह, खोज, तलाश।

कावीदनी (फा० वि०)–खोदने योग्य।

काश (फा० अव्य०)–ईश्वर करे, काँच।

काशान: (फा० पु०)–छोटा-सा घर, जिसे शीशा आलात से सजाया जाए।

काशिफ़ (अ० वि०)–प्रकट करने वाला, उद्घाटक।

काश्त: (फा० वि०)–जोता-बोया हुआ, कृषित।

काश्त (फा० स्त्री०)–कृषि।

काश्तकार (फा० वि०)–कृषक।

काश्तकारी (फा० स्त्री०)–कृषि-कर्म।

काश्तनी (फा० वि०)–कृषि के योग्य।

कास: (अ० पु०)–प्याला, चषक।

क़ासिद (अ० वि०)–पत्र-वाहक, दूत।

कासिब (अ० वि०)–कमाने वाला, उद्यमी।

क़ासिम (अ० वि०)–वितरक, विभाजक।

क़ासिर (अ० वि०)–कमी करने वाला, असमर्थ।

कासिर (अ० वि०)–तोड़ने वाला।

काहिन (अ० वि०)–शकुन विचारक।

क़ाहिर (अ० वि०)–प्रकोप करने वाला।

काहिल (अ० वि०)–आलसी, मंद।

काहिल (अ० स्त्री०)–आलस्य।

काही (फा० वि०)–हरा, घास के रंग का।

क़िंदील (अ० स्त्री०)–दीपक, काग़ज की मढ़ी हुई लालटेन, कंदील।

क़िज़िल (तु० वि०)–लाल, रक्त।

क़िज़िलबाश (तु० पु०)–लाल टोपी-वाला सैनिक, ईरान के शाह सफ़वी की लाल टोपी वाली तुर्की सेना।

किताब: (अ० पु०)–वह शिला या तख्ती, जो इमारतों या क़ब्रों पर लगती है।

किताब (अ० स्त्री०)–पुस्तक, ग्रंथ।

किताबख़ान (अ० फा० पु०)–पुस्त-कालय, पुस्तक भंडार।

किताबच: (अ० फा० पु०)–पुस्तिका।

किताबत (अ० स्त्री०)–कापीनवीसी का पेशा, लीथो प्रेस के लिए लिखाई का काम।

किताबिस्तान (अ० फा० पु०)–पुस्त-कालय।

किताबी (अ० वि०)–पुस्तक संबंधी।

किनायत (अ० स्त्री०)–गुप्त बात, गुप्त संकेत।

किनार: (फा० पु०)–तट, किनारा।

क़िन्नीन: (अ० स्त्री०)–मदिरा रखने का पात्र।

किफ़ायत (अ० स्त्री०)–पर्याप्त, अल्प व्यय।

किफ़ायत शिआरी (अ० स्त्री०)–मितव्यय।

किब्रिया (अ० पु०)–महत्ता, ईश्वर।

क़िब्ल: (अ० पु०)–प्रतिष्ठित और सम्मानित व्यक्तियों के लिए संबोधन का शब्द; मक्के में वह स्थान, जहाँ हजरे अस्वद (काला पत्थर) स्थापित है और जिसकी ओर मुँह करके मुसलमान नमाज़ पढ़ते हैं, का'बा।

क़िब्ल:नुमा (अ० फा० पु०)–पश्चिम की दिशा बताने वाला यंत्र, दिग्दर्शक यंत्र।

क़िमार (अ० पु०)–जुआ, द्यूत।

क़िमारख़ान: (अ० फा० पु०)–जुआ खेलने का फड़, जुआघर।

क़िमारबाज़ (अ०फा०वि०)–जुआरी।

क़िमारबाज़ी (अ० फा० स्त्री०)–जुए का खेल, द्यूत क्रीड़ा।

क़ियादत (अ० स्त्री०)–नेतृत्व।

क़ियाफ़: (अ० पु०)–सामुद्रिक विद्या, हुल्य:, चेष्टा।

क़ियाम (अ० पु०)–अस्थायी निवास, निश्चय।

क़ियामगाह (अ० फा० स्त्री०)–ठहरने का स्थान, निवास-स्थान।

क़ियामत (अ० स्त्री०)–महाप्रलय, अत्यंत।

क़ियामत आसार (अ० वि०)–जिसमें क़ियामत के लक्षण हों, बहुत अधिक उपद्रवी।

क़ियास (अ० पु०)–विचार, अनुमान।

क़ियासन (अ० वि०)–अनुमानतः।

क़ियासी (अ० वि०)–कल्पित।

किराइंद: (फा० वि०)–किराये पर लेने वाला।

किराय: (अ० पु०)–भाड़ा।

किराय:दार (अ० फा० वि०)–किराये पर घर आदि में रहने वाला।

किराय:नाम: (फा० पु०)–किराये पर कोई वस्तु लेने का इकरारनामा।

किरिश्म: (फा० पु०)–हाव-भाव, माया, जादू, चमत्कार।

किरिश्म:साज़ (फा० वि०)–मायावी,

जादूगर।

किरिश्म:साज़ी (फा० स्त्री०)–माया-कर्म।

क़िर्अत (अ० स्त्री०)–पढ़ने का भाव, पढ़ाई, क़ुरान की शुद्ध उच्चारण के साथ पढ़ाई।

किर्म (फा० पु०)–कीड़ा, कीट।

क़िर्तास (अ० पु०)–काग़ज़-पत्र।

क़िर्मिज़ी (अ० वि०)– लाल, क़िर्मिज़ के रंग का।

किर्यास (अ० पु०)–अट्टालिका, राज-भवन।

क़िर्वात (अ० स्त्री०)–नाव, नौका।

किलीद (फा० स्त्री०)–कुंजी, ताली।

क़िल्लत (अ० स्त्री०)–कमी, अभाव।

क़िल्लते आब (अ० फा० स्त्री०)–पानी की कमी, जलाभाव।

क़िवाम (अ० पु०)–मूल, तत्त्व, क्रम।

किश्त (फा० स्त्री०)–कृषि, शतरंज की 'शह'।

किश्तकार (फा० वि०)–कृषक।

किश्तकारी (फा० स्त्री०)–कृषि-कर्म, किसानी।

किश्तज़ार (फा० पु०)–वह स्थान जहाँ बोये हुए खेत ही खेत हों।

किश्ते ज़ा'फ़रान (फा० अ० स्त्री०)–ऐसा स्थान, जहाँ केसर के खेत हों, वह स्थान जहाँ चित्त में उल्लास और आनन्द उत्पन्न हो।

क़िश्फ़ (अ० वि०)–विकृत, दूषित।

किश्मिश (फा० स्त्री०)–सूखी हुई द्राक्षा।

किश्मिशी (फा० वि०)–'किश्मिश' जैसे रंग का।

किश्वर (फा० स्त्री०)–देश, राष्ट्र, महाद्वीप।

किश्वर कुशा (फा० वि०)–विश्व-विजयी। जहाँगीर।

क़िस्त (अ० स्त्री०)–न्याय, अंश, भाग, अदाइगी का एक अंश।

क़िस्तबंदी (अ० फा० स्त्री०)–अदाइगी के लिए क़िस्तों की नियति।

क़िस्म (अ० स्त्री०)–प्रकार, भाँति।

क़िस्मत (अ० स्त्री०)–बिभाजन, प्रारब्ध, भाग्य।

क़िस्मत आज़मा (अ० फा० वि०)–भाग्य की परीक्षा करने वाला।

क़िस्मत आज़माई (अ० फा० स्त्री०)–भाग्य की परीक्षा।

क़िस्मतवर (अ० फा० वि०)–भाग्यशाली।

क़िस्स: (अ० पु०)–कथा, कहानी, उपन्यास, घटना, समस्या, झगड़ा।

किस्स:क़ोताह (अ० फा० अव्य०)–सारांश यह कि, किं बहुना।

क़िस्स:गो (अ० फा० वि०)–कहानियाँ कहने वाला।

क़िस्स:मुख़्तसर (अ० अव्य०)–दे० 'किस्स: कोताह'।

क़िस्सीस (अ० पु०)–पादरी।

कीं (फा० अव्य०)–कि यह।

कीन: (फा० पु०)–द्वेष, वह शत्रुता जो दिल में रहे।

कीन:वर (फा० वि०)–किसी की ओर से हृदय में द्वेष रखने वाला।

क़ीम: (फा० पु०)–कुटा हुआ मांस, जिससे कोफ़्ते या कबाब बनते हैं।

क़ीमत (अ० स्त्री०)–मूल्य, दाम, प्रतिष्ठा, श्रेष्ठता।

क़ीमतन् (अ० वि)–मूल्य देकर, दामों से।

क़ीमती (अ० वि०)–बहुमूल्य, मूल्य-वान।

कीमिया (अ० स्त्री०)– रसायन, सोना-चाँदी बनाने की कला।

कीमियाअसर (अ० वि०)–अति गुण-कारी, मिट्टी को सोना बना देने वाली वस्तु।

कीमियागर (अ० फा० वि०)–ताँबे आदि से सोना बनाने वाला, बहुत बड़ा हुनरमंद।

कीमियागरी (अ० फा० स्त्री०)-ताँबे आदि से सोना बनाना।

कीमियादाँ (अ० फा० वि०)–पारे आदि से सोना बनाना जानने वाला।

क़ीलो क़ाल (अ० स्त्री०)–तर्क-वितर्क, वाद-विवाद।

कीसः (अ० पु०)–जेब, थैली।

कीसःतराश (अ० फा० वि०)–जेब काटने वाला, जेबकतरा।

कुग (फा० वि०)–हृष्ट-पुष्ट, शक्ति-शाली।

कुंज (फा० पु०)–एकांत।

कुंजकावी (फा० स्त्री०)–खोज, तलाश, जिज्ञासा, परिश्रम।

क़ुंजे क़फ़स (फा० अ० पु०)–पिंजड़े का कोना, कारागार।

कुंजे दहन (फा० पु०)–मुँह का दहाना, मुँह का कोना।

कुंजे लहद (फा० अ० पु०)–क़ब्र का कोना, क़ब्र का एकांतस्थान।

कुंदः (फा० पु०)–लकड़ी का मोटा और छोटा टुकड़ा; बंदूक का कुंदा।

कुंद (फा० वि०)–मंद, भोथरा, सुस्त।

कुंदए नातराश (फा० पु०)–उजड्ड, असभ्य।

कुंदज़ेह्‌न (फा० अ० वि०)–जिसका ज़ेह्‌न तेज न हो, मंद प्रतिभ।

कुंदावर (फा० पु०)–मेधावी, वैज्ञा-निक, पहलवान।

कुंदूएआब (फा० पु०)–पानी की टंकी या हौज़।

कुतल (तु० पु०)–खास सवारी का घोड़ा।

कुतुब (अ० स्त्री०)–'किताब' का बहु०, पुस्तकें।

कुतुबफ़रोश (अ० फा० वि०)–पुस्तकें बेचने वाला।

क़ुत्ब (अ० पु०)–पृथ्वी का धुरा, ध्रुव, ध्रुवतारा।

क़ुत्बनुमा (अ० फा० पु०)–दिशा बताने वाला यंत्र, दिग्दर्शक यंत्र।

क़ुत्बे जुनूबी (अ० पु०)–दक्षिणी ध्रुव।

क़ुत्बे शिमाली (अ० पु०)–उत्तरी ध्रुव।

क़ुत्बैन (अ० पु०)–उत्तरी और दक्षिणी दोनों ध्रुव।

क़ुत्र (अ० पु०)–वह रेखा जो किसी परिधि से गुजरती हुई उसे दो बरा-बर के भागों में बाँट दे, व्यास।

क़ुदमा (अ० पु०)–'क़दीम' का बहु०, प्राचीन विद्वान् लोग, प्राचीन वैज्ञा-निक लोग।

क़ुदुस (अ० वि०)–पवित्र, पवित्रता।

क़ुदूर (अ० स्त्री०)–'क़िद्र' का बहु०, हाँड़ियाँ, डेगचियाँ।

कुदूरत (अ० स्त्री)–मैल, मलिनता, मनोमालिन्य।

क़ुद्दूस (अ० स्त्री०)–अत्यंत पवित्र, ईश्वर का एक नाम।

क़ुद्रत (अ० स्त्री०)–प्रकृति, शक्ति।

समृद्धि।

क़ुद्रतन (अ० वि०)–क़ुदरती तौर पर।

क़ुद्रती (अ० वि०)–प्राकृतिक, ईश्वरीय, दैवी।

क़ुद्रते हक़ (अ० स्त्री०)–ईश्वर की माया।

क़ुद्स (अ० पु०)–पवित्रता।

क़ुद्सियाँ (अ० पु०)–'क़ुद्सी' का बहु०, फ़िरिश्ते; ऋषिगण।

क़ुद्सी (अ० वि०)–फ़िरिश्ता, देवता।

क़ुद्सी सिफ़ात (अ० वि०)–फ़िरिश्तों जैसे गुण वाला, देवोपम।

कुन (फ़ा० प्रत्य०)–करने वाला, जैसे 'कारकुन'–काम करने वाला।

क़ुनूती (अ० वि०)–निराश, निराशावादी।

क़ुफ़ुल (अ० पु०)–ताला, तालिका।

क़ुफ़ूर (अ० पु०)–कृतघ्नता।

कुफ़्फ़ार (अ० पु०)–'काफ़िर' का बहु०, नास्तिक लोग।

कुफ़्र (अ० पु०)-अस्वीकृति, कृतघ्नता, क़बूल न करना।

कुफ़्र आश्ना (अ० फ़ा० वि०)–जिसे कुफ़्र से प्रेम हो, जो काफ़िरों से प्रेम करता हो।

कुफ़्राने ने'मत (अ० पु०)–ईश्वर की दी हुई ने'मतों (नियामतों) की अकृतज्ञता।

कुफ़्रिस्तान (अ० फ़ा० पु०)–काफ़िरों के रहने का स्थान।

कुफ़्रोइल्हाद (अ० पु०)–नास्तिकता, बेदीनी।

कुफ़्ल (अ० पु०)–ताला, द्वार-यंत्र।

क़ुफ़्ल शिकनी (अ० फ़ा० स्त्री०)–घर या दुकान आदि का ताला टूटना, चोरी होना।

कुमुक (तु० स्त्री०)–सहायता, काम में अथवा युद्ध में।

कुरंग (फ़ा० पु०)–लाल रंग का घोड़ा।

कुरः (अ० पु०)–परिधि, घेरा मंडल।

क़ुर (रं) (अ० पु०)–शीतकाल।

कुरए अर्ज़ (अ० पु०)–भूगोल, भूमंडल।

कुरए आतश (अ० फ़ा० पु०)–अग्निमंडल।

कुरए आफ़्ताब (अ० फ़ा० पु०)–रविमंडल।

कुरए आब (अ० फ़ा० अव्य०)–सारी पृथ्वी पर फैला हुआ जल।

कुरए ज़म्हरीर (अ० फ़ा० पु०)–वह वायुमंडल जो बहुत ही ठंडा है।

कुरए नार (अ० पु०)–अग्निमंडल।

कुरए फ़लक (अ० पु०)–दे० 'कुरए आस्मान'।

कुरए बाद (अ० फ़ा० पु०)–वायुमंडल।

कुरए माह (अ० फ़ा० पु०)–चंद्रमंडल।

क़ुरान (अ० पु०)–दे० 'क़ुर्आन'।

कुरासः (अ० पु०)–ग्रंथ, पुस्तक, क़ुरान।

क़ुरुत (तु० पु०)–दही, दधि।

क़ुरून (अ० पु०)–'क़र्न' का बहु०, बहुत से युग।

क़ुरूने ऊला (अ० पु०)–इस्लाम का प्रारंभिक काल।

क़ुरैश (अ० पु०)–अरब का एक प्रतिष्ठित वंश, जिसमें हज़रत मुहम्मद साहिब उत्पन्न हुए थे।

क़ुरैशी (अ० वि०)–दे० 'क़ुरशी'।

क़ुर्अः (अ० पु०)–पाँसा।

क़ुर्अः अंदाज़ः (अ० फा० वि०)–पाँसा फेंकने वाला।

क़ुर्अःअंदाज़ी (अ० फा० स्त्री०)–पाँसा फेंकना, किसी विषय में निर्णय के लिए पाँसा फेंककर समझौता करना।

क़ुर्अए फ़ाल (अ० पु०)–शकुन विचारने के लिए पाँसा फेंकना।

क़ुर्आन (अ० पु०)–मुसलमानों का धर्म-ग्रंथ।

क़ुर्क़ (तु० पु०)–निषिद्ध, रोका हुआ, वर्जित, निगरानी, रोकना।

क़ुर्क़ अमीन (तु० अ० वि०)–दीवानी या माल का वह कर्मचारी जो डिग्री या मुतालबे में क़ुर्क़ी करता है।

क़ुर्क़ी (तु० स्त्री०)–किसी डिग्री आदि में सरकारी कर्मचारी द्वारा जायदाद, माल या रुपये की ज़ब्ती।

कुर्तः (तु० पु०)–एक पहनावा जो सिर डालकर पहना जाता है, कमीज़।

कुर्द (तु० पु०)–तुर्कों की एक संचारजीवी अर्थात् खानाबदोश जाति, जो प्रायः जंगलों में रहती और बड़ी बहादुर होती है।

कुर्दिस्तान (तु० फा० पु०)–कुर्द जाति के तुर्कों के रहने का प्रदेश।

कुर्नुश (तु० स्त्री०)–झुककर प्रणाम करना।

क़ुर्ब (अ० पु०)–समीपता, निकटता।

क़ुर्बत (अ० स्त्री०)–सामीप्य, सहवास।

कुर्बत (अ० स्त्री०)–कष्ट, क्लेश, दुःख।

क़ुर्बां (अ० पु०)–दे० 'क़ुर्बान'।

क़ुर्बांगाह (अ० फा० स्त्री०)–वधस्थल।

क़ुर्बान (अ० पु०)–बलि, न्योछावर।

क़ुर्बानी (अ० स्त्री०)–किसी पशु का किसी देवता आदि के लिए वध; त्याग।

कुर्सी (अ० स्त्री०)–बैठने का विशेष प्रकार का आसन।

कुर्सीनशीं (अ० फा० वि०)–पदासीन, प्रतिष्ठित।

कुर्सीनुमा (अ० फा० वि०)–कुर्सी के आकार-प्रकार का, कुर्सी जैसा।

कुलंग (फा० पु०)–एक प्रसिद्ध पक्षी, क्रौंच।

कुलाह (फा० पु०)–टोपी, मुकुट।

क़ुली (तु० पु०)–सेवक, दास, सामान ढोने वाला।

क़ुल्ज़ुम (अ० पु०)–नदी, समुद्र।

क़ुल्लः (अ० पु०)–पहाड़ की चोटी, तलवार की मूठ।

कुल्लियः (अ० पु०)–व्यापक नियम।

कुल्लियात (अ० पु०)–'कुल्लियः' का बहु०, बहुत से व्यापक नियम, किसी शायर की समस्त रचनाओं का संग्रह।

कुल्ली (अ० वि०)–कुल से संबंध रखने वाली वस्तु, समस्त, सब।

क़ुव्वत (अ० स्त्री०)–शक्ति, सामर्थ्य।

क़ुव्वते आज़मा (अ० फा० वि०)–बल दिखाने वाला।

क़ुव्वतबख़्श (अ० फा० वि०)–बलदायक।

क़ुव्वते आख़िज़ः (अ० स्त्री०)–ग्रहणशक्ति।

क़ुव्वते इरादी (अ० स्त्री०)–संकल्पशक्ति।

क़ुव्वते ईजाद (अ० स्त्री०)–आवि-

ष्कार-शक्ति ।

क़ुव्वते कशिश (अ० फा० स्त्री०)–आकर्षण-शक्ति ।

क़ुव्वते जाज़िब: (अ० स्त्री०)–आकर्षण-शक्ति ।

क़ुव्वते दाफ़िअ: (अ० स्त्री०)–निवारण-शक्ति ।

क़ुव्वते नातिक़: (अ० स्त्री०)–वाक्-शक्ति ।

क़ुव्वते नामिय: (अ० स्त्री०)–विकास-शक्ति ।

क़ुव्वते फ़िक्र (अ० स्त्री०) विचार-शक्ति ।

क़ुव्वते फ़ैसल: (अ० स्त्री०)–निर्णय-शक्ति ।

क़ुव्वते बरदाश्त (अ० फा० स्त्री०)–सहनशीलता ।

क़ुव्वते बर्क़ी (अ० स्त्री०)–विद्युत्-शक्ति ।

क़ुव्वते बाज़ू (अ० फा० स्त्री०)–बाहु-बल, निजी परिश्रम ।

क़ुव्वते बासिर: (अ० स्त्री०)–दृष्टि-शक्ति ।

क़ुव्वते बाह (अ० स्त्री०)–काम-शक्ति ।

क़ुव्वते मर्दानगी (अ० फा० स्त्री०)–दे० क़ुव्वते बाह ।

क़ुव्वते मासिक: (अ० स्त्री०)–सुरक्षा करने वाली शक्ति ।

क़ुव्वते मुतख़ैयिल: (अ० स्त्री०)–विचार-शक्ति ।

क़ुव्वते मुमैयिज़: (अ० स्त्री०)–विवेचन-शक्ति ।

क़ुव्वते मुतसर्रिफ़ (अ० स्त्री०) -मितव्यय की शक्ति ।

क़ुव्वते मुशाहद: (अ० स्त्री०)–दे० 'क़ुव्वते बासिर:' ।

क़ुव्वते रूहानी (अ० स्त्री०)–आत्मबल, मनोशक्ति ।

क़ुव्वते लामिस: (अ० स्त्री०)–स्पर्श-शक्ति ।

क़ुव्वते वाहिम: (अ० स्त्री०)–भ्रम में डालने वाली शक्ति ।

क़ुव्वते शाम्म: (अ० स्त्री०)–घ्राण-शक्ति ।

क़ुव्वते सामिअ: (अ० स्त्री०)–श्रवण-शक्ति ।

क़ुव्वते हाज़िम: (अ० स्त्री०)–पाचन-शक्ति ।

क़ुव्वते हाफ़िज़: (अ० स्त्री०)–स्मरण-शक्ति ।

कुश (फा० प्रत्य०)–मार डालने वाला ।

क़ुश (तु० पु०)–बाज़, श्येन पक्षी ।

कुशा (फा० प्रत्य०)–खोलने वाला ।

कुशाद: (फा० वि०)–चौड़ा, विस्तृत ।

कुशाद: दिल (फा० वि०)–उदार-चित्त, मुक्त हृदय ।

कुशाद: नफ़स (फा० अ० वि०)–वाचाल, बातूनी ।

कुशाद: पेशानी (फा० वि०)-दे० 'कुशाद: जबीं' ।

कुशाद:रू (फा० वि०)–प्रफुल्ल-वदन ।

कुशाद (फा० स्त्री०)–हर्ष, प्राप्ति, लाभ, उद्घाटन ।

कुशादगी (फा० स्त्री०)–विस्तार, प्रसन्नता, उदारता ।

कुशावनी (फा० वि०)–खुलने योग्य ।

कुश्त: (फा० वि०)–मारा हुआ, भस्म, फूंकी हुई धातु, प्रेमी ।

कुश्तए इश्क़ (फा० अ० वि०)–

प्रेमाग्नि में भस्म किया हुआ, अर्थात् प्रेमी।

कुश्तए ग़म (फा० अ० वि०)—दे० 'कुश्तए इश्क़'।

कुश्तए नाज़ (फा० वि०)—प्रेमिका की अदाओं का मारा हुआ, प्रेमी।

कुश्तए हिज्र (फा० अ० वि०)—प्रेयसी की विरहाग्नि में जला हुआ, विरह-विदग्ध।

कुश्ती (फा० स्त्री०)—मल्ल-युद्ध।

कुश्तीगीर (फा० वि०)—पहलवान।

कुश्तीबाज़ (फा० वि०)—दे० 'कुश्ती-गीर'।

कुश्तोख़ून (फा० पु०)—रक्तपात, मारकाट।

कुसूफ़ (अ० पु०)—सूर्य ग्रहण।

क़ुसूर (अ० स्त्री०)—अपराध, न्यूनता।

कुसूर (अ० स्त्री०)—'कस्र' का बहु०, भिन्न, संख्याएँ।

कुसूरे आ'शारियः (अ० स्त्री०)—दशमलव भिन्न, आशारिया।

क़ुस्तनतीनियः (अ० पु०)—तुर्की की राजधानी, इस्तंबोल।

कुस्ता (फा० पु०)—पारसियों का एक धार्मिक ग्रन्थ।

कुहन (फा० वि०)—पुरातन।

कुहनसाल (फा० वि०)—वयोवृद्ध।

कुहूलत (अ० स्त्री०)—अधेड़ आयु का होना।

कुह्‌नः (फा० वि०)—पुरातन, सदा का।

कुह्‌नः मश्क़ (फा० अ० वि०)—चिराभ्यस्त, पारंगत।

कुहनःमश्क़ी (फा० अ० स्त्री०)—पुराना अभ्यास।

कुह्‌नःसाल (फा० वि०)—बूढ़ा, वयोवृद्ध।

कुह्‌नःसाली (फा० स्त्री०)—बुढ़ापा, वृद्धावस्था।

क़ुहबः (अ० स्त्री०)—वेश्या, परपुरुष-गामिनी।

क़ुह्‌बःख़ानः (अ० फा० पु०)—वेश्यालय।

कुहाम (अ० पु०)—हाहाकार, शोरगुल।

कुहल (अ० पु०)—सुरमा।

कुहली (अ० वि०)—सुरमई, सुरमे का रंग का।

कुहसार (फा० पु०)—पर्वत-श्रेणियाँ, उपत्यका।

कू (फा० अव्य०)—कि वह।

कू (फा० पु०)—कूचः का लघु०, गली।

कूक (फा० स्त्री०)—ज़ोरदार आवाज़।

कूचः (फा० पु०)—दो घरों के बीच वाली तंग गली, वीथी, गली।

कूचःगर्दी (फा० स्त्री०)—आवारा-गर्दी।

कूचःबंदी (फा० स्त्री०)—गली में सुरक्षा के लिए फाटक आदि लगाना, जिससे समय पर गली की रक्षा हो सके।

कूचः बकूचः (फा० वि०)—गली-गली, घर-घर।

कूच (फा० पु०)—प्रस्थान, सेना का प्रस्थान।

कूचए इश्क़ (फा० अ० पु०)—प्रेम की गली।

कूचए ख़मोशाँ (फा० पु०)—क़ब्रिस्तान, श्मशान।

कूचए नौ (फा० पु०)—चकला, वेश्या-लय।

कूज़ः (फा० पु०)–मिट्टी का सकोरा, कुबड़ा।

कूज़ःक़िमार (फा० अ० वि०)–जुआरियों को उधार देकर जुआ खिलाने वाला।

कूज़ःगर (फा० वि०)–मिट्टी के सकोरे बनाने वाला कुंभकार।

कूज़ःगरी (फा० स्त्री०)–मिट्टी के सकोरे बनाने का काम, कंसकर्म।

कूज़ःपुश्त (फा० वि०)–कुबड़ा।

कूज़ःफरोश (फा० वि०)–मिट्टी के सकोरे बेचने वाला।

कूज़ (अ० पु०)–सकोरा।

क़ूत (अ० स्त्री०)–भोजन, खाना।

क़ूतबसरी (अ० फा० स्त्री०)–गुज़र भर आमदनी।

क़ूते ला यमूत (अ० स्त्री०)–इतना भोजन जिससे जीवन बना रहे, बहुत थोड़ा भोजन।

कूद (फा० पु०)–अन्न की राशि।

कूनस्तः (फा० पु०)–नितंब।

केहाँ (फा० पु०)–संसार, समय, काल।

क़ेह्‌फ़ (अ० स्त्री०)–कपाल।

क़ै (अ० स्त्री०)–वमन, उलटी।

क़ैंची (तु० स्त्री०)–कतरनी।

क़ैद (अ० स्त्री०)–गिरफ़्तारी, कारावास, जेल की सज़ा।

क़ैदखानः (अ० फा० पु०)–कारागृह, जेल।

क़ैदी (अ० वि०)–कारावासी, गिरिफ़्तार।

क़ैदे तन्‌हाई (अ० फा० स्त्री०)–ऐसी क़ैद जिसमें क़ैदी को अलग कोठरी मे बंद कर दिया जाता है, 'सेल'।

क़ैदे बामशक़्क़त (अ० फा० स्त्री०)–कठोर कारावास।

क़ैदे बिला मशक़्क़त (अ० स्त्री०)–साधारण कारावास।

क़ैदे महज़ (अ० स्त्री०)–साधारण कारावास।

क़ैन (अ० पु०)–लोहार।

कैफ़ (अ० पु०)–मद, नशा।

कैफ़ी (अ० वि०)-मदोन्मत्त।

कैफ़ीयत (अ० स्त्री०)–दशा, समाचार, हर्ष, मस्ती, रिमार्क।

क़ैयूम (अ० वि०)–अनश्वर, नित्य।

क़ैयूर (अ० वि०)–जिसके कुल का पता न हो, अज्ञात वंश।

क़ैस (अ० पु०)–अरब का एक प्रेमी जो लैला पर आशिक़ था।

क़ैसर (अ० पु०)–बादशाह, राजा।

को (फा० अव्य०)–कि वह।

कोचक (फा० वि०)–छोटा, लघु।

कोचकदिल (फा० वि०)–अनुदार, तंग नज़र, नर्म दिल।

कोचकी (फा० स्त्री०)–लघुता, छुटाई।

कोज़ (अ० वि०)–वक्रता, टेढ़ापन, कुबड़ा।

कोतल (तु० पु०)–दे० शुद्ध उच्चारण 'कुतल'। ख़ास सवारी का घोड़ा।

कोतह (फा० वि०)–कोताह' का लघु०, दे० 'कोताह'।

कोतह अंदेश (फा० वि०)–अदूरदर्शी, मूर्ख।

कोतह अंदेशी (फा० स्त्री०)–अदूरदर्शिता, मूर्खता।

कोतहनज़र (फा० अ० वि०)–अदूरदर्शी।

कोतहनज़री (फा० अ० स्त्री०)–अदूरदर्शिता।

कोतही (फा० स्त्री०)–दे०–'कोताही'।

कोताह (फा० वि०)–ह्रस्व, छोटा, अल्प, थोड़ा।

कोताहक़द (फा० अ० वि०)–छोटे डील-डौल का, अल्पकाया।

कोताहक़ामत (फा० अ० वि०)–दे०–'कोताहक़द, छोटे डील-डौल वाला मनुष्य।

कोताहक़ामती (फा० अ० स्त्री०)–डील-डौल का छोटा होना।

कोताहगर्दन (फा० वि०)–छोटी गर्दन का व्यक्ति, चालाक, धूर्त।

कोताहदस्त (फा० वि०)–जिसकी पहुँच किसी विशेष स्थान या कार्य तक न हो सके, जिसके हाथ छोटे हों।

कोताहदस्ती (फा० स्त्री०)–पहुँच न होना, हाथ की छोटाई।

कोताहदामन (फा० वि०)–कम हौसला।

कोताहदामनी (फा० स्त्री०)–उमंग की कमी।

कोताहनज़र (फा० वि०)–अनुदार, तंगदिल।

कोताहनज़री (फा० स्त्री०)–अनुदारता, तंगदिली।

कोताहफ़ह्‌म (फा० अ० वि०)–मंद बुद्धि।

कोताहफ़हमी (फा० स्त्री०)–कम समझी।

कोताहहिम्मत (फा० अ० वि०)–अल्पोत्साह, मंद साहस।

कोताही (फा० वि०)–लघुता, कमी, त्रुटि, भूल।

कोफ़्तः (फा० वि०)–कूटा हुआ, (पु०) कीमे की गोली।

कोफ़्त (फा० स्त्री०)–दु:ख, कष्ट, परिश्रम।

कोर (फा० वि०)–नेत्रहीन,

कोरनिश (तु० स्त्री०)–झुककर प्रणाम करना।

कोशक (फा० पु०)–भवन, महल।

कोशिश (फा० स्त्री०)–प्रयत्न, उद्यम, उपाय, परिश्रम।

कोह (फा० पु०)–पहाड़, पर्वत।

कोहकन (फा० वि०)–पहाड़ काटने वाला। (पु०) 'शीरी' के प्रेमी 'फ़र्हाद' की उपाधि।

कोहकनी (फा० स्त्री०)–पहाड़ काटना, कोई बहुत कठिन काम करना।

कोहजिगर (फा० वि०)–पहाड़-जैसा अचल साहस रखने वाला। वज्र-साहसी।

कोहपायः (फा० वि०)–पहाड़-जैसी महत्ता रखने वाला। (पु०) पहाड़ की तराई की भूमि।

कोहपैकर (फा० वि०)–पर्वताकार, महाकाय।

कोहपैमा (फा० वि०)–पर्वतारोही।

कोहवक़ार (फा० अ० वि०)–पर्वत जैसा धैर्य रखने वाला। महा-प्रतिष्ठित।

कोहसार (फा० पु०)–पर्वतमाला, उपत्यका।

कोहान (फा० पु०)–ऊँट या बैल की पीठ का कूबड़।

कोहिस्तान (फा० पु०)–पहाड़ी क्षेत्र, पर्वत माला।

कोहिस्तानी (फा० वि०)–पहाड़ी प्रदेश

का निवासी ।

कोही (फा० वि०)–पहाड़ से संबंधित ।

कोहे आतशफ़िशाँ (फा० पु०)–ज्वालामुखी ।

कोहे आदम (फा० अ० पु०)–लंका के एक पहाड़ की चोटी ।

कोहे क़ाफ़ (फा० अ० पु०)–काकेशिया का पहाड़, जहाँ का सौंदर्य प्रसिद्ध है ।

कोहेतूर (फा० अ० पु०)–वह पहाड़ जिस पर हज़रत मूसा ने ईश्वर का प्रकाश देखा था ।

कोहेनूर (फा० अ० पु०)–प्रकाश का पहाड़, बहुत अधिक प्रकाश, विश्व का सर्वश्रेष्ठ हीरा ।

कौंसल (अ० पु०)–राजदूत ।

क़ौंसलख़ान: (अ० फा० पु०)–राजदूतावास ।

कौकब (अ० पु०)–बड़ा और चमकता हुआ तारा ।

कौदन (अ० वि०)–मूर्ख ।

कौनोमकाँ (अ० पु०)–संसार

क़ौम (अ० पु०)–जाति, वंश, राष्ट्र, वर्ण, ब्राह्मण ।

क़ौमी (अ० वि०)–राष्ट्रीय, जातीय ।

क़ौमीयत (अ० स्त्री०)–राष्ट्रीयता, जातीयता, वर्ण ।

कौर: (अ० पु०)–निर्जन और वीरान स्थान ।

कौर (अ० पु०)–वृद्धि, समृद्धि ।

क़ौल (अ० पु०)–कथन, वचन, प्रतिज्ञा ।

क़ौले सालेह (अ० पु०)–सच्ची बात, सही राय ।

क़ौलोक़रार (अ० पु०)–पारस्परिक प्रतिज्ञा और वचन ।

क़ौलोक़सम (अ० पु०)–परस्पर शपथ और प्रतिज्ञा ।

क़ौलोफ़े'ल (अ० पु०)–कहना और करना, कथन और कर्म ।

क़ौस (अ० स्त्री०)–धनुष, कमान ।

क़ौसनुमा (अ० फा० वि०)–धनुषाकार ।

कौसर (अ० पु०)–स्वर्ग का एक कुंड या होज़ ।

क़ौसुन्नहार (अ० स्त्री०)–सूरज की पूर्व से पश्चिम तक की यात्रा, जो १२ घंटे में समाप्त होती है और पूरा धनुष बनाती है ।

क़ौसुस्समा (अ० स्त्री०)–आकाशमंडल जो धनुष की तरह दिखाई देता है ।

क़ौसे क़ुज़ह (अ० स्त्री०)–इंद्र धनुष ।

ख़

ख़ंजर (अ० पु०)–छुरी, भुजाली, बड़ा चाकू ।

ख़ंजरज़नी (अ० फा० स्त्री०)–छुरा भोंकना, ख़ंजर से घायल करना ।

ख़ंजरी (अ० स्त्री०)–एक प्रकार की छोटी डफली ।

ख़ंद: (फा० पु०)–मुस्कान, हँसी, अट्टहास ।

ख़ंद ज़न (फा० वि०)–हँसने वाला, हँसी उड़ाने वाला ।

ख़ंद:दहन (फा० वि०)–हँसमुख ।

ख़ंद पेशानी (फा० वि०)–सुशील,

स्मितमुख।

ख़ंद:रूई (फा० स्त्री०)–चेहरे की मुस्कुराहट, सुशीलता।

ख़ंद:लब (फा० वि०)–जिसके होंठों पर मुस्कान रहती हो, अधर-स्मिति।

ख़ंद·लबी (फा० स्त्री०)–होंठों पर मुस्कुराहट रहना।

ख़ंदए ज़ख़्म (फा० पु०)–घाव का खुलापन।

ख़ंदए ज़मीं (फा० पु०)–फलों और हरियालियों का भूमि से निकलना।

ख़ंदए जाम(फा० पु०)–शराब उँडेलने का स्वर, शराब के प्याले की लहर।

ख़ंदए ज़ेरेलब (फा० पु०)–मंदहास्य, मुस्कान, ऐसी हँसी जो होंठों में ही रह जाए।

ख़ंदक़(अ० स्त्री०)–दुर्ग आदि के चारों ओर की गहरी खाई।

ख़च्चर (तु० पु०)–घोड़े और गधे के मेल से उत्पन्न एक प्रसिद्ध पशु।

ख़जलत (अ० स्त्री०)–लज्जा।

ख़ज़ाँ(फा० स्त्री०)–पतझड़ की ऋतु, जाड़े का मौसम।

ख़ज़ान: (अ० पु०)–निधि, कोष, भंडार।

ख़ज़ानए आमिर: (अ० पु०)–ऐसा खज़ाना जो भरपूर हो।

ख़ज़ानची (अ० फा० वि०)–कोषाध्यक्ष।

ख़जालत (अ० स्त्री०)–लज्जा, क्रोध।

ख़ज्रा (अ० पु०)–हरियाली, हरी घास।

ख़त (त्त) (अ० पु०)–रेखा, पत्र, मूँछ, दाढ़ी, लेख, चिह्न।

ख़तकशीद: (अ० फा० वि०)–लकीर खिंचा हुआ।

ख़ततराश (अ० फा० वि०)–हजामत बनाने वाला, नाई।

ख़तन (अ० पु०)–दामाद, जामाता, ससुर, साला। हर वह पुरुष जो स्त्री का नातेदार हो।

ख़तम (अ० वि०)–मुद्रांकित।

ख़तरनाक(अ० फा० वि०)–भयानक, अनिष्टकर।

ख़तरनाकी (अ० फा० स्त्री०)–भयानकता।

ख़ता (अ० स्त्री०)–दोष, अपराध, पाप, भूल।

ख़ताकार (अ० फा० वि०)–दोषी, अपराधी, पापी।

ख़ताकारी (अ० फा० स्त्री०)–दोषी होना, दोष करना, पाप-कर्म।

ख़तापोशी (अ० फा० स्त्री०)–पाप और अपराध देखते हुए उन पर पर्दा डालना।

ख़ताब: (अ० पु०)–भाषण देने का काम करना।

ख़ताबख़्श (अ० फा० वि०)–अपराध या पाप क्षमा करने वाला, मोक्ष देने वाला।

ख़ताबख़्शी (अ० फा० स्त्री०)–अपराध क्षमा करना, पाप क्षमा करना।

ख़तावार (अ० फा० वि०)–अपराधी, पापी।

ख़तीब:(अ० स्त्री०)–भाषण देने वाली स्त्री।

ख़तीब(अ० वि०)–भाषण देने वाला, धर्मोपदेशक।

ख़तीबी (अ० स्त्री०)–पढ़ने का काम या पेशा, भाषण देने का काम।

ख़ते अमान (अ० पु०)–संरक्षण पत्र।

ख़ते आज़ादी (अ० फा० पु०)–मुक्ति-पत्र।

ख़ते इस्तिवा (अ० पु०)–भूमध्य रेखा, विषुवत् रेखा।

ख़ते गुलामी (अ० पु०)–दासता-पत्र।

ख़ते जवाज़ (अ० पु०)–परिपात्र पत्र।

ख़ते तक़्दीर (अ० पु०)–भाग्यलेख।

ख़ते तहरीर (अ० वि०)–खत की लिखावट।

ख़ते तक़्सीम (अ० पु०)–विभाग-रेखा।

ख़ते तर्सा (अ० फा० पु०)–पार्सियों का लेख जो बहुत टेढ़ा-मेढ़ा होता है।

खते तस्दीक़ (अ० पु०)–प्रमाण-पत्र।

खते तस्लीम (अ० पु०)–सरल रेखा, सीधी लकीर।

खते दीवनी (अ० फा० पु०)–दफ़्तर के मुंशियों का लेख, जो बहुत घसीट होता है।

खते नस्तालीक़ (अ० पु०)–वह लिपि, जिसमें आधुनिक उर्दू की लीथो पुस्तकें छपती हैं।

खते निस्फ़ुन्नहार (अ० पु०)–वह कल्पित रेखा, जिस पर आकर, सूरज दिन को दो बराबर भागों में बाँट देता है।

ख़ते पेशानी (अ० फा० पु०)–भाग्य-रेखा।

खते मंदल (अ० पु०)–वह घेरा जो मंत्र द्वारा खींचा जाता है और जिसमें रहने से एक विशेष समय तक कोई अनिष्ट नहीं होता अथवा भूत-प्रेत अपना प्रभाव नहीं डाल सकते।

ख़ते मुख़्तसर (अ० पु०)–संक्षिप्त लिपि, संकेत-लिपि, आशु लिपि।

खते मुतवाज़ी (अ० पु०)–समानांतर रेखा।

ख़ते मुस्तक़ीम (अ० पु०)–सीधी लकीर।

ख़ते शिकस्त: (अ० फा० पु०)–वह लिखावट जो बहुत टेढ़ी-मेढ़ी लिखी जाए।

ख़ते सर्तान (अ० पु०)–कर्क रेखा।

ख़ते हिलाली (अ० पु०)–अर्धवृत्ताकार रेखा।

ख़तो किताबत (अ० स्त्री०)–पत्र-व्यवहार।

ख़त्म (अ० वि०)–समाप्त, पूरा, मृत, संपूर्ण (पु०) समाप्ति।

ख़त्म (अ० पु०)–नाक में नकेल डालना।

ख़दम (अ० पु०)–'खादिम' का बहु०, सेवक लोग, नौकर-चाकर।

ख़दीज: (अ० स्त्री०)–मुहम्मद साहब की पहली पत्नी।

खफ़क़ान (अ० पु०)–दिल की धड़कन का रोग। हृत्कंप।

ख़फ़ीफ़: (अ० स्त्री०)–एक दीवानी न्यायालय, जिसमें छोटे केस सरसरी सुने जाते हैं, जिनकी अपील नहीं होती।

ख़फ़ीफ़ (अ० वि०)–हलका, थोड़ा, कम, लज्जित।

ख़फ़ीर (अ० वि०)–मार्ग-प्रदर्शक।

ख़बर (अ० स्त्री०)–सूचना, समाचार।

ख़बरगीर (अ० फा० वि०)–रक्षक, पालन-पोषण करने वाला।

ख़बरगीरी (अ० फा० स्त्री०)–पालन-पोषण, रक्षा।

ख़बरदार (अ० फा० वि०)–सचेत, सतर्क, सावधान।

ख़बरदारी (अ० फा० स्त्री०)–सतर्कता,

होशयारी।

ख़बरदिहंद: (अ० फा० वि०)–सूचना देने वाला।

ख़बररसाँ (अ० फा० वि०)–सूचना-वाहक, पत्र-वाहक।

ख़ब्ती (अ० वि०)–विकृत बुद्धि, पागल।

ख़ब्तुल हवास (अ० वि०)–दे० 'ख़ब्ती'।

ख़म (फा० पु०)–वक्रता, टेढ़ापन (वि०) टेढ़ा, वक्र।

ख़मज़द: (फा० वि०)–भागा हुआ।

ख़मदार (फा० वि०)–झुका हुआ, टेढ़ा, वक्र।

ख़मदीद: (फा० वि०)–दे० 'ख़मदार'।

ख़मी (फा० स्त्री०)–वक्रता, झुकाव।

ख़मीद: (फा० वि०)–झुका हुआ, वक्र।

ख़मीद: क़द (फा० अ० वि०)–जिसका शरीर झुक गया हो, वक्रकाय, बहुत बूढा।

ख़मीद: कमर (फा० वि०)–जिसकी कमर झुक गई हो, बहुत बूढ़ा।

ख़मीद:सर (फा० वि०)–नतमस्तक, लज्जित।

ख़मीर: (फा० पु०)–चाटने वाली मीठी और स्वादिष्ट दवा, पीने का सुगंधित तंबाकू।

ख़मीर (अ० पु०)–आटे में सोडा और नमक डालकर बनाया हुआ खट्टा आटा, जिससे ख़मीरी रोटी बनती है।

ख़मीरी (अ० वि०)–ख़मीर से बनी रोटी, ख़मीर से संबंधित।

ख़म्स: (अ० पु०)–उर्दू कविता का एक प्रकार।

ख़म्सए मुतहैयिर: (अ० पु०)–सूर्य और चंद्रमा को छोड़कर शेष पाँच ग्रह, जिनकी चाल उलटी-सीधी होती है।

ख़याल (अ० पु०)–विचार, ध्यान, कल्पना, प्रवृत्ति, भावना, राय, स्मृति, संज्ञा, भ्रम, अनुमान।

ख़याल आराई (अ० फा० स्त्री०)–कल्पनाएँ।

ख़यालबंदी (अ० फा० स्त्री०)–अनेक कल्पनाएँ करना, एक विशेष कविता (ख़याल) की रचना करना।

ख़यालात (अ० पु०)–विचारधारा।

ख़याली (अ० वि०)–काल्पनिक, मनगढ़ंत।

ख़याले ख़ाम (अ० फा० पु०)–असंगत और मिथ्या विचार, भ्रम, ख़्याले फ़ासिद, ख़्याले बातिल।

ख़य्यात (अ० वि०)–दर्ज़ी, सूचिक।

ख़य्याते अज़ल (अ० वि०)–परलोक में आत्मा को शरीररूपी वस्त्र पहनाने वाला, अर्थात् ईश्वर।

ख़य्याम (अ० वि०)–चारपाई बनाने वाला, ख़ेमे सीने वाला, फारसी का एक प्रसिद्ध कवि।

ख़र (फा० पु०)–गधा।

ख़रगोश (फा० पु०)–शश, शशक।

ख़रचोब (फा० पु०)–वह छोटी लकड़ी, जो सितार या रबाब की तुंबी पर होती है और जिसमें तार जड़ते हैं।

ख़रदिल (फा० वि०)–डरपोक, भीरु।

ख़रबुज़: (फा० पु०)–एक प्रसिद्ध फल, 'खरबूजा'।

ख़राज (अ० पु०)–लगान, भूमिकर, चौथ।

ख़राजगुज़ार (अ० फा० वि०)–खराज देने वाला, अधीन राज अथवा राजा।

ख़राद (फा० पु०)–लकड़ी खरादने

की क्रिया, लकड़ी खरादने का यंत्र।

ख़राब (अ० वि०)–विकृत, दूषित, धूर्त, निर्जन, विध्वस्त, उन्मत्त, बदचलन।

ख़राबहाल (अ० वि०)–जिसकी आर्थिक दशा ख़राब हो, दुर्दशाग्रस्त।

ख़राबात (फा० पु०)–मधुशाला, मदिरालय, जुआघर।

ख़राबाती (फा० वि०)–हर समय नशे में मस्त रहने वाला।

ख़राबी (अ० स्त्री०)–विकार, दोष, अनिष्ट।

ख़राश (फा० स्त्री०)–रगड़, उचटता हुआ घाव।

ख़राशीद: (फा० वि०)–खरोंच लगा हुआ।

ख़रीत: (अ० पु०)–थैला, झोला, सरकारी आदेशपत्र का लिफ़ाफ़ा, लिफ़ाफ़ा।

ख़रीद: (फा० वि०)–मोल लिया हुआ, क्रीत।

ख़रीद (फा० स्त्री०)–मोल लेने का भाव, ख़रीदारी।

ख़रीदार (फा० वि०)–ग्राहक।

ख़रीदारी (फा० स्त्री०)–मोल लेने का काम, खरीद।

ख़रीदो फ़रोख़्त (फा० स्त्री०)–मोल लेना और बेचना, क्रय-विक्रय।

ख़रीफ़ (अ० स्त्री०)–कार्तिक की फ़सल।

ख़र्च (फा० पु०)–व्यय, उपभोग।

ख़र्रात (अ० वि०)–ख़राद का काम करने वाला, बढ़ई।

ख़र्राती (अ० स्त्री०)–ख़राद का काम।

ख़र्राद (फा० वि०)–ख़राद का काम करने वाला।

ख़र्रादी (फा० स्त्री०)–ख़राद का काम, रंदे का काम।

ख़र्रास (अ० वि०)–कुम्हार।

ख़लफ़ (अ० पु०)–सुपुत्र।

ख़लल (अ० पु०)–विघ्न, बाधा, हस्तक्षेप।

ख़लल अन्दाज़ (अ० फा० वि०)–हस्तक्षेप करने वाला।

ख़लल अन्दाज़ी (अ० फा० स्त्री)–बाधा डालना, हस्तक्षेप करना।

ख़लले दिमाग़ (अ० पु०)–दिमाग़ की खराबी, पागलपन।

ख़ला (अ० पु०)–अंतरिक्ष, एकाकी होना, रिक्त होना, एकांत में किसी के साथ आना।

ख़लास (अ० पु०)–मुक्ति, रिहाई (वि०) रिक्त, मुक्त।

ख़लासी (तु० स्त्री०)–मुक्ति, छुटकारा।

ख़लीक़ (अ० वि०)–सुशील।

ख़लीज (अ० स्त्री०)–खाड़ी।

ख़लीत (अ० वि०)–किसी संपत्ति के भागीदार, पति।

ख़लीफ़: (अ० पु०)–प्रतिनिधि, हज़रत मुहम्मद साहिब के बाद उनका जानशीन।

ख़लीफ़तुल मुस्लिमीन (अ० पु०)–खलीफाओं की उपाधि, मुसलमान शासकों की उपाधि।

ख़लीय: (अ० वि०)–वह स्त्री जिसे तलाक़ दे दी गई हो।

ख़लील (अ० वि०)–मित्र।

ख़लीलुल्लाह (अ० पु०)–ईश्वर का मित्र, हज़रत इब्राहीम' की उपाधि।

ख़लूक़ (अ० पु०)–सुगंध, ख़ुशबू।

ख़लएरूह (अ० पु०)–अपने प्राणों को किसी दूसरे के शरीर में डालना,

प्राण का शरीर से निकाल देना।

ख़ल्क़ (अ० पु०)–सृष्टि करना, उत्पत्ति करना, उत्पत्ति, उत्पन्न, जनता, अवाम।

ख़ल्क़ुल्लाह (अ० स्त्री०)–प्राणीवर्ग, मानवजाति, जन-साधारण।

ख़ल्वत (अ० स्त्री०)–जहाँ कोई दूसरा न हो, एकांत।

ख़ल्वतगुज़ीं (अ० फा० वि०)–एकांतवासी।

ख़बर (अ० पु०)–समाचार, आलस्य।

ख़वास (अ० पु०)–'ख़ास' का बहु०, ख़ास लोग, मुख्य लोग, गुण, धर्म।

ख़वातीन (अ० स्त्री०)–'ख़ातून' का बहु०, महिलाएँ।

ख़वासी (अ० स्त्री०)–ख़िदमतगारी, उच्च सेवाकार्य।

ख़शीयत (अ० स्त्री०)–डर, भय, त्रास।

ख़शख़ाश (अ०स्त्री०)–पोस्त का दाना।

ख़श्मगीं (अ० फा० वि०)–क्रोधातुर, प्रकुपित।

ख़स (फा० स्त्री०)–एक सुगंधित जड़, उशीर।

ख़सख़ान: (फा०पु०)–ख़स का मकान।

ख़सीस (अ० वि०)–कृपण, कंजूस।

ख़स्त: (फा० वि०)–घायल, दुर्दशा-ग्रस्त, श्रान्त।

ख़स्त:दिली (फा० स्त्री०)–हृदय का घायल होना, मन का दु:खी होना।

ख़स्त:हाल (फा० अ० वि०)–दु:खित हृदय, दरिद्र।

ख़स्तगी (फा० स्त्री०)–शिथिलता, थकन।

ख़स्लत (अ० स्त्री०)–स्वभाव, प्रकृति।

ख़ाक: (फा० पु०)–रेखाचित्र, रूपरेखा, कथा-वस्तु।

ख़ाक (फा० स्त्री०)–धूल, रज, मिट्टी, भूमि।

ख़ाकआलूद (फा० वि०)–मिट्टी या धूल में लिथड़ा हुआ।

ख़ाकज़ाद (फा० वि०)–मिट्टी से उत्पन्न, मनुष्य और अन्य प्राणी।

ख़ाकदान (फा० पु०)–कूड़ा डालने का स्थान, कूड़ाघर, संसार।

ख़ाकनशीं (फा० वि०)–भूमि पर बैठने वाला, विनम्र, दीन, दुखी, लाचार।

ख़ाकनाए (फा० पु०)–स्थल-डमरू मध्य।

ख़ाकबेज़ (फा० वि०)–जो मिट्टी में से सोना-चाँदी निकालता है ख़ाक छानने वाला, न्यारिया।

ख़ाकरोब (फा० स्त्री०)–झाड़ू लगाने वाला, मेहतर, भंगी।

ख़ाकसार (फा० वि०)–विनम्र, विनीत।

ख़ाकसारी (फा० स्त्री०)–विनम्रता।

ख़ाक़ान (तु० पु०)–सम्राट, महाराज, तुर्की शासकों की उपाधि, चीनी शासकों की उपाधि।

ख़ाकी (फा० वि०)–मिट्टी से संबंधित, ख़ाकी रंग।

ख़ाकी निहाद (फा० वि०)–जिसकी रचना मिट्टी से हुई हो, प्राणिवर्ग।

ख़ाके अंगेख़्त: (फा० स्त्री०)–पृथ्वी, भूगोल।

ख़ाके पा (फा० स्त्री०)–पदरज, विनम्रता सूचक।

ख़ाके फ़रामोशाँ (फा० स्त्री०)–समाधि-क्षेत्र, क़ब्रिस्तान।

ख़ाके मुरक्कब (फा० अ० स्त्री०)–प्राणिवर्ग, वनस्पतिवर्ग और पाषाण-वर्ग का समाहार।

ख़ाके मुर्दः (फा० स्त्री०)–बंजर भूमि।

ख़ाके शिफ़ा (फा० अ० स्त्री०)–रोग-मुक्त करने वाली मिट्टी।

ख़ाके सियाह (फा० स्त्री०)–भस्मसात्, भस्मीभूत।

ख़ागीनः (फा० पु०)–अंडे का आमलेट।

ख़ाज (अ० स्त्री०)–ईसाइयों का सलीब, क्रास।

ख़ाज़िन (अ० वि०)–कोषाध्यक्ष।

ख़ातम (अ० स्त्री०)–अँगूठी, मुद्रा, मोहर लगाने की अँगूठी।

ख़ातिमः (अ० पु०)–अंत, परिणाम, मृत्यु।

ख़ातिमः बिलख़ैर (अ० पु०)–सद्गति-लाभ, मोक्ष-प्राप्ति।

ख़ातिम (अ० वि०)–समाप्त करने वाला, बाद वाला।

ख़ातिर (अ० स्त्री०)–हृदय, सम्मान, सत्कार, लिए, निमित्त, वास्ते।

ख़ातिरख़्वाह (अ० फा० वि०)–मनोवांछित, मनचाहा।

ख़ातिरदार (अ० फा० वि०)–आदर-सत्कार करने वाला।

ख़ातून (तु० स्त्री०)–सभ्य और शिष्ट स्त्री, महिला।

ख़ातूने ख़ानः (तु० फा० स्त्री०)–गृहिणी, धर्मपत्नी।

ख़ातूने फ़लक (तु० अ० स्त्री०)–सूर्य, रवि।

ख़ातूने महफ़िल (तु० अ० स्त्री०)–सबके सामने आने वाली और सबसे मिलने वाली स्त्री, सोसाइटी गर्ल।

ख़ादिमः (अ० स्त्री०)–दासी, परिचारिका।

ख़ादिम (अ० वि०)–दास, सेवक।

ख़ानः (फा० पु०)–गृह, घर, संदूक आदि का ख़ाना, छेद।

ख़ान:आबाद (फा०वा०)–घर आबाद रहे, एक आशीर्वाद।

ख़ान:आबादी (फा० स्त्री०)–विवाह।

ख़ानः ख़राब (फा० वि०)–अभागा, भाग्यविहीन।

ख़ान:ख़राबी (फा० अ० स्त्री०)–घरबार और धन-दौलत का नाश, अभागापन।

ख़ान:ख़्वाह (फा० वि०)–यात्री के जान-पहचान का घर, जहाँ वह उतरे।

ख़ान:जंगी (फा० स्त्री०)–गृह-युद्ध, अंतःकलह।

ख़ान:ज़ाद (फा० वि०)–घर में उत्पन्न, दासी-पुत्र।

ख़ान:तलाशी (फा० तु० स्त्री०)–पुलिस आदि की ओर से घर की तलाशी।

ख़ान.दामाद (फा० पु०)–वह दामाद जो अपना घर छोड़कर सुसराल में रहे।

ख़ान:दार (फा० वि०)–गृहस्थ, द्वार-पाल, दरबान।

ख़ान:दारी (फा० स्त्री०)–घर-गृहस्थी का जंजाल, घरेलू जीवन।

ख़ान:नशीनी (फा० स्त्री०)–सांसारिक झगड़ों से मुक्त होकर एकान्त में जीवन व्यतीत करना।

ख़ान:पुरी (फा० स्त्री०)–किसी फार्म या रजिस्टर के खानों का भरना, बेदिली से कोई काम करना।

ख़ान:बख़ानः (फा० वि०)–घर-घर, हर घर में।

ख़ान:बदोश (फा० वि०)–इधर-उधर जीवन बिताने वाला, घुमंतूजन।

ख़ान:बदोशी (फा० स्त्री०)–इधर-उधर घूम-फिरकर जीवन बिताना।
ख़ान:बरंदाज़ (फा० वि०)–घर को विनष्ट करने वाला।
ख़ान:बाग़ (फा० पु०)–गृह-वाटिका।
ख़ान:शुमारी (फा० स्त्री०)–घरों की गणना।
ख़ान:साज़ (फा० वि०)–गृह-निर्मित।
ख़ान:सियाह (फा० वि०)–अभागा, कंजूस।
ख़ान:सोज़ (फा० वि०)–घर को नष्ट कर देने वाला।
ख़ान (तु० पु०)–खाँ, अध्यक्ष, अमीर, सरदार।
ख़ान (फा० पु०)–'ख़ान:' का लघु०, जैसे–'खानमाँ', पठान, काबुली।
ख़ानए ख़ुदा (फा० पु०)–उपासनालय।
ख़ानए ख़ुर्शीद (फा० पु०)–सिंह राशि।
ख़ानए चश्म (फा० पु०)–आँख रूपी घर, जिसमें प्रेमिका का निवास होता है।
ख़ानए तीर (फा० पु०)–मिथुन राशि।
ख़ानए दिल (फा० पु०)–हृदयरूपी घर।
ख़ानए बेतकल्लुफ़ (फा० अ० पु०)–ऐसा घर जहाँ तकल्लुफ़ न करना पड़े।
ख़ानक़ाह (फा० स्त्री०)–आश्रम।
ख़ानगी (फा० वि०)–निजी, घरेलू, घर-गृहस्थी संबंधी, रखैल, उपपत्नी।
ख़ानदान (फा० पु०)–वंश, कुल, परिवार।
ख़ानदानी (फा० वि०)–वंश संबंधी, कुलीन, स्वजन।
ख़ान बहादुर (फा० तु० पु०)–अंग्रेजी राज के जमाने की एक उपाधि।
ख़ानम (तु० स्त्री०)–ख़ान की स्त्री, महिला।
ख़ानसामाँ (फा० पु०)–रसोइया।
ख़ानी (फा० वि०)–छोटा हौज़।
ख़ानोमाँ (फा० पु०)–गृह-सामग्री।
ख़ाफ़िक़ैन (अ० पु०)–पूरब और पच्छिम।
ख़ाम: (फा० पु०)–लेखनी, क़लम।
ख़ाम:फ़र्सा (फा० वि०)–लेखक, क़लम घिसने वाला।
ख़ाम:फ़र्साई (फा० स्त्री०)–लिखना, लेखन-कार्य।
ख़ामख़याल (फा० अ०)–मूर्ख, जिसकी विचार-धारा ठीक न हो, ग़लत विचार।
ख़ामख़याली (फा० अ० स्त्री०)–मूर्खता, विचार ठीक न होना।
ख़ामदस्त (फा० वि०)–अनभ्यस्त, अपव्ययी।
ख़ामसोज़ (फा० वि०)–वह पदार्थ जो ऊपर से जल गया हो, परन्तु भीतर कच्चा हो।
ख़ामिस (अ० वि०)–पाँचवाँ, पंचम।
ख़ामी (फा० स्त्री०)–कच्चापन, अनुभवहीनता।
ख़ामोश (फा० वि०)–चुप, नीरव, मौन, शांत।
ख़ामोशी (फा० स्त्री०)–नीरवता, मौन, चुप्पी।
ख़ाय:बरदार (फा० वि०)–चाटुकार, बहुत ही तुच्छ खुशामदी।
ख़ार (फा० पु०)–काँटा।
ख़ारदार (फा० वि०)–कँटीला।
ख़ारिक़ (अ० वि०)–फाड़ने वाला, विदारक।

ख़ारिक़े आदात (अ० पु०)–चमत्कार, करामात।

ख़ारिज: (अ० पु०)–पृथक्, अलग, विदेशी, परराष्ट्रीय।

ख़ारिज (अ० वि०)–रद किया हुआ, बहिष्कृत।

ख़ारिज अज़ अक़्ल (अ० फा० वि०)–जो बात समझ से बाहर हो, मूर्ख, ज्ञानातीत।

ख़ारिज अज़ आहंग (अ० फा० वि०)–जो बात बिना इरादे के हो, जो स्वर स्थान से विचलित हो।

ख़ारिज अज़ क़ियास (अ० फा० वि०)–अनुमान से अधिक, बहुत अधिक।

ख़ारिज अज़ बहस (अ० फा० वि०)–जो बात असंगत हो, निर्विवाद बात, जो बात सर्वमान्य हो।

ख़ारिज आहंगी (अ० फा० स्त्री०)–स्वर का विचलित हो जाना।

ख़ारिज क़िस्मत (अ० पु०)–भागफल, लब्धि।

ख़ारिजन् (अ० वि०)–उड़ते-उड़ते, अविश्वस्त रूप से।

ख़ारिजी (अ० वि०)–बाहरी, मुसलमानों का एक समुदाय जो हज़रत अली को नहीं मानता।

ख़ारिजुलबलद (अ० वि०)–देश-निष्कासित।

ख़ारिफ़ (अ० वि०)–खजूरों की देख-रेख करने वाला।

ख़ारिश (फा० स्त्री०)–खुजली, खाज।

ख़ारिश्ती (फा० वि०)–जिसे खाज हो, खुजली का मरीज़।

ख़ारिस्तान (फा० पु०)–काँटों का जंगल।

ख़ारे मुग़ीलाँ (फा० पु०)–बबूल का काँटा।

ख़ाल: (अ० स्त्री०)–माँ की बहन, मामी, मौसी।

ख़ाल:ज़ाद (अ० फा० वि०)–मौसी का लड़का या लड़की।

ख़ाल (अ० पु०)–तिल, माँ का भाई, मामूँ, श्रेष्ठता, बुद्धि, अहंकार।

ख़ाल ख़ाल (अ० वि०)–कहीं-कहीं, यदा-कदा, कोई-कोई।

ख़ालिक़ (अ० वि०)–उत्पत्तिकर्ता, स्रष्टा, ईश्वर।

ख़ालिके कुल (अ० पु०)–ब्रह्माण्ड की हर वस्तु उत्पन्न करने वाला, सृष्टि-कर्ता, ईश्वर।

ख़ालिद (अ० वि०)–हमेशा रहने वाला, नित्य, अनश्वर।

ख़ालिफ़ (अ० वि०)–पीछे छूटा हुआ, यशहीन व्यक्ति।

ख़ालिय: (अ० वि०)–प्राचीन, पुरातन, गत।

ख़ालिस: (अ० पु०)–राजा की निजी भूमि और जायदाद, सिक्खों का एक सम्प्रदाय (खालसा)।

ख़ालिसुन्नस्ल (अ० वि०)–कुलीन।

ख़ाली (अ० वि०)–रिक्त, केवल।

ख़ाली अज़ अक़्ल (अ० फा० वि०)–बुद्धिहीन, मूर्ख।

ख़ाली अज़ इल्लत (अ० फा० वि०)–बिना बाधा का, निर्दोष।

ख़ाले' (अ० वि०)–वह स्त्री जिसे पति ने छोड़ दिया हो; वह पति, जिसे स्त्री ने छोड़ दिया हो।

ख़ावंद (फा० वि०)–स्वामी, पति।

ख़ाशे' (अ० वि०)–विनम्र, ख़ाकसार।

ख़ास (स्स), (अ० वि०)–विशेष,

मुख्य, प्रधान ।

ख़ासगी (अ० फा० पु०)–सेनापति । (स्त्री०) राजा की रखैल दासी; हर अच्छी और सुन्दर वस्तु ।

ख़ासदान (अ० फा० पु०)–पान रखने का पात्र-विशेष ।

ख़ासनवीस (अ० फा० वि०)–जो बादशाहों को हर बात की सूचना देता हो, निजी लेखक ।

ख़ासबरदार (अ० फा० पु०)–वह नौकर जो बन्दूक या बल्लम लेकर मालिक के आगे चलता है ।

ख़ासियत (अ० स्त्री०)–गुण, धर्म, स्वभाव ।

ख़ासोआम (अ० पु०)–छोटे-बड़े सब व्यक्ति, सर्व-साधारण, अवाम ।

ख़िज़ाँ (फा० स्त्री०)–दे०–शुद्ध उच्चारण 'ख़ज़ाँ' पतझड़ ।

ख़िज़ाब (अ० पु०)–बालों के रँगने का मसाला ।

ख़िज्र (अ० पु०)–एक अमर पैग़म्बर, जिनके अधिकार में वन हैं और जो भूले-भटकों को मार्ग बताते हैं; एक समुद्र, कैस्पियन; लम्बी आयु का फ़रिश्ता ।

ख़िज्र सूरत (अ० वि०)–जो देखने में हज़रत ख़िज्र की भाँति दयालु और सहृदय हो ।

ख़िज्रे मंज़िल (अ० पु०)–मार्ग-दर्शक ।

ख़िज़्लान (अ० पु०)–वंचकता, हीनता, अभागापन ।

ख़िताब (अ० पु०)–उपाधि, संबोधन ।

ख़िताबत (अ० स्त्री०)–संबोधन, उपाधि, भाषण देने का काम ।

ख़िताबयाफ़्त: (अ० फा० वि०)–राज्य प्रदत्त पदवी पाया हुआ व्यक्ति ।

ख़ित्ब: (अ० पु०)–स्त्री की चाह, ब्याह की इच्छा ।

ख़ित्बत (अ० स्त्री०)–मँगनी, सगाई ।

ख़िदाअ (अ० पु०)–छल करना, धोखा देना, छल, कपट ।

ख़िदाज (अ० पु०)–हानि, अपूर्ण ।

ख़िद्मत (अ० स्त्री०)–दासता, सेवा, नौकरी, शुश्रूषा ।

ख़िद्मतगार (अ० फा० वि०)–दास, नौकर ।

ख़िद्मतगारी (अ० फा० स्त्री०)–दासता, नौकरी, परिचर्या ।

ख़िद्मतगुज़ार (अ० फा० वि०)–दास, नौकर ।

ख़िद्मती (अ० वि०)–सेवक, दास ।

ख़िद्मते ख़ल्क़ (अ० स्त्री०)–जनता की सेवा, देश-सेवा ।

ख़िद्र (अ० पु०)–सिंह के रहने की माँद, आड़, पर्दा ।

ख़िफ़ा (अ० पु०)–छिपाव, दुराव ।

ख़िफ़ार: (अ० पु०)–प्रतिज्ञा-पालन का वचन देना; प्रतिज्ञा, वचन ।

ख़िफ़्फ़त (अ० स्त्री०)–लज्जा, हेठी, सकोच ।

ख़ियानत (अ० स्त्री०)–ग़बन, अपहरण ।

ख़ियानते मुज्रिमान: (अ० फा० स्त्री०)–निंद्य भावना से धन हथिया लेना ।

ख़ियाबाँ (फा० पु०)–उद्यान, कियारी ।

ख़िरदमंद (फा० वि०)–मेधावी, बुद्धिमान ।

ख़िराज (अ० वि०)–दे०–शुद्ध उच्चारण 'ख़राज', राज्यकर, राजस्व ।

ख़िरामाँ ख़िरामाँ (फ़ा० वि०)–धीरे-धीरे, मंदगति ।

ख़िर्मन (फ़ा० पु०)–कटी हुई फसल का ढेर, खलियान ।

ख़िल (ल्ल) (अ० पु०)–मित्र, दोस्त।

ख़िलाअ (अ० स्त्री०)–'ख़िल्अत' का बहु०, खिलअतें ।

ख़िलाफ़ (अ० पु०)–बेत का पेड़ (वि०) विरुद्ध, प्रतिकूल, शत्रु ।

ख़िलाफ़त (अ० स्त्री०)–प्रतिनिधित्व, मुहम्मद साहब के बाद उनकी जानशीनी ।

ख़िलाफ़ते राशिद: (अ० स्त्री०)–हज़रत मुहम्मद के बाद के चार खलीफाओं का समय ।

ख़िलाफ़बयानी (अ० स्त्री०)–झूठ कहना, मिथ्यावाद ।

ख़िलाफ़वर्ज़ी (अ० फ़ा० स्त्री०)–अवज्ञा, आज्ञोल्लंघन ।

ख़िलाफ़े क़ाइद: (अ० पु०)–नियम के विरुद्ध ।

ख़िलाफ़े क़ानून (अ० पु०)–विधान के विरुद्ध, अवैध ।

ख़िलाफ़े क़ियास (अ० पु०)–अनुमान के परे, ज्ञानातीत ।

ख़िलाफ़े तवक़्क़ो, (अ० पु०)–आशा के विरुद्ध, आशातीत ।

ख़िलाफ़े तहज़ीब (अ० पु०)–सभ्यता और शिष्टता के विरुद्ध, अश्लील ।

ख़िलाफ़े दस्तूर (अ० फ़ा० पु०)–परंपरा के विरुद्ध, नियम-विरुद्ध ।

ख़िलाफ़े मर्ज़ी (अ० पु०)–दे० 'ख़िलाफ़े मिज़ाज़', इच्छा-विरुद्ध ।

ख़िलाफ़े मिज़ाज (अ० पु०)--स्वभाव-विरुद्ध ।

ख़िलाफ़े मौज़ूअ (अ० पु०)–विषयांतर, अप्रासंगिक ।

ख़िलाफ़े वज़्अ' (अ० पु०)–परम्परा-विरुद्ध ।

ख़िलाफ़े शान (अ० पु०)–अपनी मर्यादा के विरुद्ध ।

ख़िलाल (अ० पु०)–मध्य, बीच, मैत्री, दाँत कुरेदने का तिनका (टुथपिक) ।

ख़िलाश (अ० पु०)–मार्ग की कीचड़ ।

ख़िल्अत (अ० स्त्री०)–राज्य की ओर से सम्मानार्थ दिए जाने वाले वस्त्र, जो तीन से कम नहीं होते ।

ख़िल्क़त (अ० स्त्री०)–उत्पत्ति, सृष्टि, जनता, अवाम ।

ख़िल्क़ी (अ० वि०)–जन्मसिद्ध, प्राकृतिक ।

ख़िल्त (अ० स्त्री०)–शरीर के अंदर वात, पित्त, कफ आदि रस, धातु ।

ख़िश्त (फ़ा० स्त्री०)–ईंट, छोटा नेज़ा, साँग, शक्ति ।

ख़िश्तबारी (फ़ा० स्त्री०)–ईंटें फेंकना, ईंटों की मार ।

ख़ीर:कुश (फ़ा० वि०)–बिना कारण वध करने वाला, निर्दय ।

ख़ीर:चश्म (फ़ा० वि०)–निर्लज्ज, धृष्ट ।

ख़ीर:चश्मी (फ़ा० स्त्री०)–निर्लज्जता, धृष्टता ।

ख़ीर:बातिनी (फ़ा० अ० स्त्री०)–आत्मा की अशुद्धि ।

ख़ीर:सर (फ़ा० वि०)–उद्दंड, अवज्ञाकारी, लोलुप ।

ख़ीरगी (अ० स्त्री०)–चकाचौंध, धृष्टता ।

ख़ीस (अ० स्त्री०)–मसि, थोड़ी सजावट ।

ख़ुसा (अ० पु०)–वह पुरुष, जिसमें स्त्री और पुरुष दोनों के चिह्न हों, जनाना, शिखंडी ।

ख़ुज़्रत (अ० स्त्री०)–हरियाली, सब्ज़ी ।

ख़ुज़्री (अ० स्त्री०)–शाक, सब्जी ।

ख़ुतन (फा० पु०)–चीन का एक नगर जहाँ की कस्तूरी प्रसिद्ध है।

ख़ुतूत (अ० पु०)–चिट्ठियाँ ।

ख़ुत्बः (अ० पु०)–पुस्तक की भूमिका, प्राक्कथन, उपदेश, भाषण ।

ख़ुद (फा० अव्य०)–स्वयं, आप, स्वतः, अपने आप ।

ख़ुदअंदोख़्तः (फा० वि०)–स्वोपार्जित धन ।

ख़ुदइत्मीनानी (फा० अ० स्त्री०)–अपने मन को संतोष होने का भाव ।

ख़ुदए'तिमाद (फा० अ० वि०)–आत्म-विश्वासी ।

ख़ुदए'तिमादी (फा० अ० स्त्री०)–आत्म-विश्वास ।

ख़ुदकफ़ालत (फा० अ० स्त्री०)–अपना भार स्वयं उठाना ।

ख़ुदकफ़ील (फा० अ० वि०)–स्वावलम्बी ।

ख़ुदकाम (फा० वि०)–स्वच्छंद, निरंकुश ।

ख़ुदकामी (फा० स्त्री०)–स्वच्छंदता, निरंकुशता ।

ख़ुदकुशी (फा० स्त्री०)–आत्महत्या ।

ख़ुदग़रज़ (फा० अ० वि०)–स्वार्थी ।

ख़ुदग़रज़ी (फा० अ० स्त्री०)–स्वार्थ-साधन ।

ख़ुददार (फा० वि०)–स्वाभिमानी ।

ख़ुददारी (फा० वि०)–स्वाभिमान ।

ख़ुदनविश्त (फा० वि०)–स्वयं लिखे हुए अपने हालात ।

ख़ुदनुमा (फा० वि०)–अपने सौन्दर्य या वैभव का प्रदर्शक आत्मप्रदर्शी ।

ख़ुदनुमाई (फा० स्त्री०)–आत्म-प्रदर्शन, खुद आराई ।

ख़ुदपरस्त (फा० वि०)–हर बात में अपना गौरव और महत्ता जतानेवाला, आत्म-पूजक ।

ख़ुदपरस्ती (फा० स्त्री०)–अपने ही को सब-कुछ जानने का भाव ।

ख़ुदपसंद (फा० वि०)–अपने को सबसे अच्छा और बड़ा समझने वाला ।

ख़ुदपसंदी (फा० स्त्री०)–अपने को सबसे अधिक पसंद करने का भाव ।

ख़ुदफ़रामोश (फा० वि०)–ऐसा अचेत जो अपने को भी भूल जाए ।

ख़ुदफ़रामोशी (फा० स्त्री०)–आत्म-विस्मृति ।

ख़ुदफ़रेब (फा० वि०)–आत्म-वंचक ।

ख़ुदफ़रेबी (फा० स्त्री०)–आत्म-वंचना ।

ख़ुदफ़रोशी (फा० स्त्री०)–ग़द्दारी करना, आत्म-विक्रय ।

ख़ुद ब ख़ुद (फा० वि०)–अपने-आप, स्वतः, स्वयं ।

ख़ुदमुख़्तार (फा० अ० वि०)–स्वेच्छाचारी, स्वतंत्र ।

ख़ुदमुख़्तारी (फा० अ० स्त्री०)–स्वच्छंदता, मन की मौज, स्वतंत्रता ।

ख़ुदरफ़्तः (फा० वि०)–संज्ञाहीन, बेसुध ।

ख़ुदरफ़्तगी (फा० स्त्री०)–निश्चेष्टता, अपने आप में न होना ।

ख़ुदरो (फा० वि०)–अपने आप उगा हुआ जंगली (पौधा या वृक्ष) ।

ख़ुदशनासी (फा० स्त्री०)–निज ज्ञान ।

ख़ुदशाँ (फा० पु०)–वह सब।

ख़ुदशिकनी (फा० स्त्री०)–विनम्रता, खाकसारी।

ख़ुदसर (फा० वि०)–उद्दंड, अवज्ञाकारी, विद्रोही।

ख़ुदसरी (फा० स्त्री०)–उद्दंडता, अवज्ञा।

ख़ुदसाख़्त: (फा० वि०)–आत्म-निर्मित, मनगढ़ंत।

ख़ुदसाज़ (फा० वि०)–अपने को सुसज्जित रखने वाला।

ख़ुदसिताई (फा० स्त्री०)–आत्म-प्रशंसा, आत्मश्लाघा।

ख़ुदसुपुर्दगी (फा० स्त्री०)–आत्म-समर्पण।

ख़ुदा (फा० पु०)–ईश्वर, अल्लाह।

ख़ुदाई (फा० स्त्री०)–संसार, ईश्वरत्व।

ख़ुदातर्स (फा० वि०)–ईश्वर से डरने वाला, दयावान्।

ख़ुदातर्सी (फा० स्त्री०)–ईश्वर का भय, दयाभाव।

ख़ुदादाद (फा० वि०)–ईश्वर-प्रदत्त।

ख़ुदा न ख़्वास्त: (फा० अव्य०)–ईश्वर ऐसा न करे, एक आशीर्वाद का वाक्य, जो किसी अनिष्ट की शंका के समय बोलते हैं।

ख़ुदा ना तर्सी (फा० स्त्री०)–ईश्वर का भय न होना, निर्दयता।

ख़ुदापरस्त (फा० वि०)–धर्मनिष्ठ, खुदा को पूजने वाला, आस्तिक।

ख़ुदापरस्ती (फा० स्त्री०)–धर्मनिष्ठता आस्तिकता, ईश्वर-भक्ति।

ख़ुदाया (फा० अव्य०)–हे ईश्वर, ऐ खुदा, खुदावंदा।

ख़ुदारा (फा० अव्य०)–ईश्वर के लिए, खुदा के वास्ते।

ख़ुदावंद (फा० पु०)–ईश्वर, खुदा।

ख़ुदावंदी (फा० स्त्री०)–ईश्वरत्व, खुदाई।

ख़ुदाशनास (फा० वि०)–ब्रह्मज्ञानी, दयालु, न्यायवान।

ख़ुदाहाफ़िज़ (फा० अ० वा०)–'ईश्वर आपकी रक्षा करे'। यह वाक्य किसी को विदा करते समय बोला जाता है।

ख़ुदी (फा० स्त्री०)–अहंकार, अहंवाद।

ख़ुदूक (फा० पु०)–क्रोध, लज्जा, उद्विग्नता, भ्रम, ईर्ष्या।

ख़ुद्दाम (अ० पु०)–'खादिम' का बहु०, नौकर लोग।

ख़ुनुक (फा० वि०)–शीतल, ठंडा, क्लीव।

ख़ुनुकी (फा० स्त्री०)–शीतलता।

ख़ुनूस (अ० पु०)–पीछे रह जाना, किसी चीज़ के पीछे छिपना।

ख़ुन्या (फा० पु०)–गान, राग, वाद्य, साज़।

ख़ुन्यागर (फा० वि०)–गायक।

ख़ुफ़ (**फ़्फ़**) (अ० पु०)–मोज़ा, शुतुर-मुर्ग़, पैर का तलवा।

ख़ुफ़ाफ़ (अ० वि०)–हलका, लघु।

ख़ुफ़ीय: (अ० पु०)–छिपा हुआ, गुप्त।

ख़ुफ़ूक़ (अ० पु०)–तारे का डूबना, रात में चलना, पक्षी का उड़ना।

ख़ुफ़ूफ़ (अ० पु०)–हलका होना, कम होना।

ख़ुफ़्त:नसीब (फा० अ० वि०)–जिसका भाग्य सो रहा हो, हतभाग्य, दुर्दैव।

ख़ुफ़्तगी (फा० स्त्री०)–सोने का भाव, स्वप्नता।

ख़ुफ़्य: (अ० वि०)–छिपा हुआ, गुप्त,

गुप्तचर, गुप्तचरी।

ख़ुफ़्य:नवीस (अ० फा० वि०)–छिपकर किसी काम को देखने और उसकी रिपोर्ट करने वाला।

ख़ुम (फा० पु०)–घड़ा, मटका, शराब रखने का मटका।

ख़ुम (म्म) (अ० पु०)–मुर्गियों का दरबा।

ख़ुमकद: (फा० पु०)–मदिरालय।

ख़ुमाअ' (अ० पु०)–चलते हुए झूमना, झूमते हुए चलना।

ख़ुमार (अ० पु०)–नशे के उतार की अवस्था, नशा, मद, उन्माद।

ख़ुमारआलूद: (फा० वि०)–नशे में मस्त, मदोन्मत्त।

ख़ुमाल (अ० पु०)–गठिया का दर्द, सच्चा मित्र।

ख़ुरशीद (फा० पु०)–सूर्य।

ख़ुराक (फा० स्त्री०)–भोजन, खाद्य।

ख़ुराफ़त (अ० स्त्री०)–अनर्गल प्रलाप।

ख़ुराफ़ात (अ० स्त्री०)–बेहूदा और व्यर्थ के काम।

ख़ुर्द: (फा० पु०)–खंड, टुकडा, दोष।

ख़ुर्द फ़रोश (फा० वि०)–फुटकर माल बेचने वाला।

ख़ुर्द (फा० वि०)–छोटा, क्षुद्र।

ख़ुर्दबीन (फा० स्त्री०)–एक यंत्र, जिसमें छोटी से छोटी वस्तु बहुत बड़ी दिखाई देती है।

ख़ुर्दबीनी (फा० स्त्री०)–छोटी वस्तु को देख लेना।

ख़ुर्दबुर्द (फा० वि०)–नष्ट, अपहरण।

ख़ुर्दसाली (फा० स्त्री०)–बाल्यावस्था, अल्पवयस्कता।

ख़ुर्दी (फा० स्त्री०)–छोटाई, लघुता।

ख़ुर्मा (फा० पु०)–छुहारा, सूखा खजूर।

ख़ुर्रम (फा० वि०)–प्रसन्न, आनंदित।

ख़ुलास: (अ० पु०)–सार, संक्षेप।

ख़ुलूस (अ० पु०)–निष्कपटता, सत्यता।

ख़ुल्द (अ० पु०)–स्वर्ग।

ख़ुश (फा० वि०)–प्रसन्न, सुन्दर, पवित्र, उत्तम।

ख़ुशअंजाम (फा० वि०)–शुभ परिणाम।

ख़ुशअख़्लाक़ (फा० अ० वि०)–सुशील, विनम्र।

ख़ुशअख़्लाक़ी (फा० अ० स्त्री०)–सुशीलता।

ख़ुशअत्वार (फा० अ० वि०)–सदाचारी।

ख़ुशअमल (अ० फा० वि०)–सदाचारी।

ख़ुशआमदेद (फा० वि०)–शुभागमन।

ख़ुशआयंद (फा० वि०)–जिसका भविष्य अच्छा हो, अच्छा, सुन्दर।

ख़ुशआवाज़ (फा० वि०)–जिसका स्वर अच्छा हो, सुस्वर, कलकंठ।

ख़ुशइंतिज़ामी (फा० अ० स्त्री०)–प्रबंध-कौशल।

ख़ुशइक़्बाल (फा० अ० वि०)–तेजस्वी, भाग्यशाली।

ख़ुशइयार (फा० अ० वि०)–खरा, ख़ालिस।

ख़ुशइल्हान (फा० अ० वि)–सुरीले, कंठवाला, कलख़।

ख़ुशउस्लूब (अ० फा० वि०)–जिसका तौर-तरीका बहुत अच्छा हो।

ख़ुशउस्लूबी (फा० अ० स्त्री०)–आचार-व्यवहार की अच्छाई।

ख़ुशक़दम (फा० अ० वि०)–ऐसा व्यक्ति जिसके आने से कल्याण हो।

ख़ुशक़लम फा० अ० वि०)–सुलेखक, अच्छा और चिकना काग़ज।

ख़ुशकलाम (फा० अ० वि०)–मधुरभाषी।

ख़ुशक़ामत (फा० अ० वि०)–जिसके शरीर की बनावट सुन्दर और सुडौल हो।

ख़ुशक़िस्मत (फा० अ० वि०)–सौभाग्यशाली।

ख़ुशक़िस्मती (फा० अ० वि०)–सौभाग्य।

ख़ुशख़त (फा० अ० वि०)–अच्छा लिखने वाला।

ख़ुशख़ती (फा० अ० स्त्री०)–अच्छी लिखावट।

ख़ुशख़बरी (फा० अ० स्त्री०)–शुभ समाचार।

ख़ुशख़िराम (फा० वि०)–अच्छी चाल वाला (वाली), सुगामी, सुगामिनी।

ख़ुशख़ू (फा० वि०)–अच्छे स्वभाववाला।

ख़ुशगप्पी (फा० स्त्री०)–हँसी-मजाक।

ख़ुशगुज़रान (फा० वि०)–अच्छे प्रकार से जीवन बिताने वाला।

ख़ुशगुफ़्तार (फा० वि०)–मधुरभाषी।

ख़ुशगुमानी (फा० स्त्री०)–विचार का किसी की ओर से अच्छा होना।

ख़ुशगुवार (फा० वि०)–मनोवांछित, रुचिकर, सुस्वाद।

ख़ुशगुवारी (फा० स्त्री०)–मन को पसंद आने का भाव।

ख़ुशचश्म (फा० वि०)–अच्छी आँखों वाला (वाली), सुलोचना, सुनेत्रा।

ख़ुशजमाल (फा० अ० वि०)–अच्छे सौंदर्य वाला (वाली), सुदंरी, रूपवती।

ख़ुशज़ाइक़: (फा० अ० वि०)–जिसका स्वाद अच्छा हो, स्वादिष्ट।

ख़ुशज़ौक़ (फा० अ० वि०)–जो काव्य-मर्मज्ञ हो, रसिक, रसानुभवी।

ख़ुशज़ौक़ी (फा० अ० स्त्री०)–काव्य-मर्मज्ञता, रसिकता।

ख़ुशतर (फा० वि०)–बहुत अच्छा, उत्तमतर।

ख़ुशतरक (फा० वि०)–बहुत ही उत्तम।

ख़ुशदामन (फा० स्त्री०)–सास, श्वश्रू।

ख़ुशदिल (फा० वि०)–जो हर समय प्रसन्न रहे, प्रसन्नचित्त, जो विनोदप्रिय हो।

ख़ुशदिली (फा० स्त्री०)–हर समय प्रसन्न रहने का भाव, विनोदप्रियता।

ख़ुशनवीस (फा० वि०)–जिसकी लिखावट अच्छी हो, सुलेखक।

ख़ुशनवीसी (फा० स्त्री०)–अच्छा लिखना, सुलेख।

ख़ुशनशीनी (फा० स्त्री०)–कोई स्थान पसंद आने पर वहीं का हो रहना।

ख़ुशनसीब (फा० अ० वि०)–सौभाग्यशाली, ख़ुशक़िस्मत।

ख़ुशनसीबी (फा० स्त्री०)–सौभाग्य, ख़ुशक़िस्मती।

ख़ुशनीयत (फा० अ० वि०)–व्यवहारनिष्ठ ईमानदार।

ख़ुशनुमा (फा० वि०)–मनोरम, सुंदर।

ख़ुशनुमाई (फा० स्त्री०)–नेत्रप्रियता, सुंदरता।

ख़ुशपोश (फा० वि०)–जो अच्छे वस्त्र पहनन का शौकीन हो।

ख़ुशपोशी (फा० स्त्री०)–अच्छे वस्त्र का शौक।

ख़ुशफ़ह्‌म (फा० अ० वि०)–तीव्र बुद्धि, ख़ुशगुमान।

ख़ुशफ़ह्‌मी (फा० अ० स्त्री०)–बुद्धि की तीव्रता, सुधारणा।

ख़ुशफ़ेʼली (फा० अ० स्त्री०)–मनोरंजन, मनोविनोद।

ख़ुशबख़्त (फा० वि०)–दे० 'ख़ुशक़िस्मत'।

ख़ुशबख़्ती (फा० स्त्री०)–दे० 'ख़ुशक़िस्मती'।

ख़ुशबाश (फा० वि०)–अच्छे प्रकार से रहने वाला, (वि०) एक आशीर्वाद, स्वस्तु।

ख़ुशबू (फा० वि०)–सुगंधित, (स्त्री०) सुगंध।

ख़ुशबूदार (फा० वि०)–सुगंधित।

ख़ुशमंज़र (फा० अ० वि०)–जो देखने में अच्छा लगे, प्रियदर्शन।

ख़ुशमआश (फा० अ० वि०)–नेकचलन।

ख़ुशमआशी (फा० अ० स्त्री०)–नेकचलनी।

ख़ुशमज़ाक़ (फा० अ० वि०)–विनोद-रसिक।

ख़ुशमज़ाक़ी (फा० अ० स्त्री०)–विनोदप्रियता।

ख़ुशमिज़ाज (फा० अ० वि०)–विनोद-रसिक।

ख़ुशमिज़ाजी (फा० अ० स्त्री०)–हासप्रियता।

ख़ुशमुआमलः (फा० अ० वि०)–व्यवहारनिष्ठ, दृढ़प्रतिज्ञ।

ख़ुशमुआमलगी (फा० अ० स्त्री०)–व्यवहारनिष्ठता, वचनबद्धता।

ख़ुशरंग (फा० वि०)–अच्छे रंगवाला, सुवर्ण।

ख़ुशरंगी (फा० स्त्री०)–रंग की सुंदरता, वर्ण-सौंदर्य।

ख़ुशरू (फा० वि०)–रूपवान्, रूपवती, हसीना।

ख़ुशरूई (फा० स्त्री०)–मुखमंडल की सुंदरता।

ख़ुशवक़्त (फा० अ० वि०)–जिसका समय अच्छा हो, समृद्ध, भाग्यवान्।

ख़ुशवक़्ती (फा० अ० स्त्री०)–समय की अनुकूलता, समृद्धि, भाग्यशीलता।

ख़ुशसीरत (फा० अ० वि०)–अच्छी प्रकृति वाला, अच्छे स्वभाव वाला।

ख़ुशसीरती (फा० अ० स्त्री०)–स्वभाव की शिष्टता, सुशीलता।

ख़ुशहाल (फा० अ० वि०)–संपन्न, समृद्ध।

ख़ुशहाली (फा० अ० स्त्री०)–संपन्नता, समृद्धि।

ख़ुशामद (फा० स्त्री०)–चापलूसी, चाटुकारिता।

ख़ुशामदगो (फा० वि०)–चाटुकार।

ख़ुशामदपसंद (फा० वि०)–जिसे चापलूसी अच्छी लगती हो।

ख़ुशामदी (फा० वि०)–चाटुकार।

ख़ुशी (फा० स्त्री०)–हर्ष, आनंद।

ख़ुशूअ (अ० पु०)–नम्रता, विनय।

ख़ुश्कः (फा० पु०)–उबाले हुए चावल, भात।

ख़ुश्क (फा० वि०)–शुष्क, नीरस, अनुदार, कृपण।

ख़ुश्कमिज़ाज (फा० अ० वि०)–बहुत ही रूखा-फीका व्यक्ति, नीरस प्रकृति।

ख़ुश्कसाली (फा० स्त्री०)–अवर्षा,

बरसात का अभाव, दुर्भिक्ष ।

ख़ुश्की (फा० स्त्री०)-शुष्कता, दुःशीलता ।

ख़ुसुर (फा० पु०)–पत्नी का बाप, श्वसुर ।

ख़ुसूसन (अ० वि०)–मुख्यतः, विशेष करके ।

ख़ुसूसी (अ० वि०)–मुख्य, प्रधान ।

ख़ुसूसीयत (अ० स्त्री०)–विशेषता, प्रधानता ।

ख़ुस्रान (अ० पु०)–हानि, क्षति, हीनता, दुर्भाग्य ।

ख़ुस्रो (फा० पु०)–सम्राट्, शहंशाह, चौदहवीं सदी का एक भारतीय महा कवि और विद्वान जिसने हिन्दी भाषा का सबसे पहले कविता में प्रयोग किया ।

ख़ूंआलूदः (फा० वि०)–रक्ताक्त । लोहू में लथड़ा हुआ ।

ख़ूँआशामी (फा० स्त्री०)–ख़ून चूसना, निर्दयता, ज़ुल्म ।

ख़ूँख़ुर्दः (फा० वि०)–जिसने ख़ून पिया हो, जिसका ख़ून पिया गया हो ।

ख़ूँख़्वार (फा० वि०)–रक्तपायी, ख़ून पीने वाला, अत्याचारी ।

ख़ूँख़्वारी (फा० स्त्री०)–ख़ून पीना, अत्याचार ।

ख़ूँख़्वाह (फा० वि०)–प्रतिहिंसक ।

ख़ूँगर्मी (फा० स्त्री०)–प्रेम, स्नेह, मैत्री ।

ख़ूँचिकाँ (फा० वि०)–जिससे ख़ून बह रहा हो ।

ख़ूँदारी (फा० स्त्री०)–वध, हत्या ।

ख़ूँनाबः (फा० पु०)–ख़ून के आँसू ।

ख़ूँबहा (फा० पु०)–ख़ून की कीमत, प्राणों का मूल्य, वह धन जो प्राणों के बदले में दिया जाए ।

ख़ूँरेज़ (फा० वि०)–हिंसक, हत्यारा, निर्दय ।

ख़ूँरेज़ी (फा० स्त्री०)–हत्या करना, ख़ून बहाना ।

ख़ू (फा० स्त्री०)–स्वभाव, प्रकृति ।

ख़ूएबद (फा० स्त्री०)–बुरा स्वभाव, बुरी आदत ।

ख़ूगर (फा० वि०)-अभ्यस्त, व्यसनी ।

ख़ून (फा० पु०)–रक्त, लोहू, वध, हत्या ।

ख़ूनीं (फा० वि०)–ख़ून में सना हुआ ।

ख़ूनींकफ़न (फा० वि०)–जिसका कफ़न ख़ून में सना हो अर्थात् जिसकी हत्या प्रेम ने की हो ।

ख़ूनी (फा० वि०)–हत्या करने वाला, वधिक ।

ख़ूने नाहक़ (फा० अ० पु०)–बिना अपराध के हत्या ।

ख़ूब (फा० वि०)–सुंदर, उत्तम, स्वच्छ, शुभ । (अव्य०) वाह, क्या ख़ूब ।

ख़ूबकलाँ (फा० स्त्री०)–एक औषधि, खाकशी ।

ख़ूबतरीन (फा० वि०)–उत्तमोत्तम, बहुत ही अच्छा ।

ख़ूबरू (फा० वि०)–रूपवान्, सुंदर, प्रियतमा ।

ख़ूबरूई (फा० स्त्री०)–सौंदर्य, सुंदरता ।

ख़ूबसूरत (फा० अ० वि०)–सुंदर, ख़ूबरू ।

ख़ूबाँ (फा० पु०)–'ख़ूब' का बहु०, सुंदर स्त्रियाँ, प्रियतमाएँ ।

ख़ूबानी (फा० स्त्री०)–एक मेवा ।

ख़ूबी (फा० स्त्री०)–गुण, सुंदरता,

उत्तमता, कला, सज्जनता, नवीनता।

ख़ेश (फा० पु०)–स्वयं, स्वतः, आप, स्वजन, दामाद, एक मोटा कपड़ा, खेस।

ख़ेशपर्वरी (फा० स्त्री०)–भाई भतीजावाद, अपने लोगों को अनुचित रिआयत देना।

ख़ेशी (फा० स्त्री०)–स्वजनता, दामादी।

ख़ैत (अ० पु०)–डोरा, तागा।

ख़ैफ़ (अ० पु०)–भय, डर, समुद्र के स्तर से ऊँची और पहाड़ से नीची भूमि।

ख़ैम: (अ० पु०)–कपड़े का मकान, तंबू, रावटी।

ख़ैम:दोज़ (अ० फा० वि०)–तंबू बनाने वाला।

ख़ैयात (अ० पु०)–दर्ज़ी, कपड़े सीने वाला।

ख़ैयाती (अ० स्त्री०)–कपड़ा सीने का काम या पेशा।

ख़याब (अ० वि०)–निराश, वंचित, हीन।

ख़ैयाम (अ० वि०)–तंबू बनाने वाला, नैशापुर निवासी फ़ारसी का एक प्रसिद्ध कवि, उमर ख़ैयाम।

ख़ैर (अ० स्त्री०)–कुशल, मंगल, शुभ, उपकार, प्रदान, अव्य० अस्तु।

ख़ैरअंदेश (अ० फा० वि०)–शुभचिंतक।

ख़ैरअंदेशी (अ० फा० स्त्री०)–भलाई की बात सोचना।

ख़ैरख़्वाह (अ० फा० वि०)–शुभचिंतक।

ख़ैरख़्वाही (अ० फा० स्त्री०)–शुभेच्छा।

ख़ैरबाद (अ० फा० वा०)–एक आशीर्वाद, कल्याण हो।

ख़ैरमक़्दम (अ० पु०)–स्वागत, शुभागमन।

ख़ैरसिगाली (अ० फा० स्त्री०)–भलाई, शुभकामना।

ख़ैरात (अ० स्त्री०)–'ख़ैर' का बहु०, दान।

ख़ैरातख़ान: (अ० फा० पु०)–अन्नसत्र, सदावर्त।

ख़ैराती (अ० वि०)–दान का, ख़ैरात संबंधी।

ख़ैरियत (अ० स्त्री०)–कुशल, मंगल।

ख़ैरोआफ़ियत (अ० स्त्री०)–क्षेम-कुशल।

ख़ैरोबरकत (अ० स्त्री०)–कल्याण और समृद्धि।

ख़ैल (अ० पु०)–समुदाय, जन-समूह।

ख़ैलख़ान: (अ० फा० पु०)–वंश, कुटुंब।

ख़ैलताश (अ० तु० पु०)–एक स्वामी के सेवक।

ख़ैले (फा० अव्य०)–अत्यधिक।

ख़ोद (फा० पु०)–शिरस्त्राण, लोहे की टोपी, जो सैनिक पहनते हैं।

ख़ोल (फा० पु०)–वेष्टन, ग़िलाफ़, म्यान।

ख़ोशएअंगूर (फा० पु०)–अंगूर का गुच्छा।

ख़ोशएगंदुम (फा० पु०)–गेहूँ की बाल।

ख़ोशीद: (फा० वि०)–सूखा हुआ, सुखाया हुआ।

ख़ौज़ (अ० पु०)–गहन विचार, चिंतन, गौरव ख़ौज़।

ख़ौफ़ (अ० पु०)–भय, त्रास, डर।

ख़ौफ़ज़द: (अ० फा० वि०)–भयभीत,

डरा हुआ।

ख़ौफ़नाक (अ० फा० वि०)–डरावना, भयंकर।

ख़ौफ़नाकी (अ० फा० स्त्री०)–भयानकता।

ख़ौफ़ेजाँ (अ० फा० पु०)–प्राण-भय।

ख़ौस (अ० पु०)–धोखा देना।

ख़्वाँ (फा० प्रत्य०) -पढ़ने वाला, यौगिक शब्दों के अंत में जैसे—'मीलादख्वाँ' मीलाद पढ़ने वाला।

ख़्वाँद: (फा० वि०)–पढ़ाया हुआ, शिक्षित, निमंत्रित, यौ० 'ना ख्वाँदा', अशिक्षित।

ख़्वाँदगी (फा० स्त्री०)–पढ़ाई, परिषद् में किसी क़ानून की पढ़ाई।

ख़्वाँदनी (फा० स्त्री०)–पढ़ने योग्य, पाठ्य।

ख़्वाज: (तु० पु०)–स्वामी, पति।

ख़्वाज:गर (फा० वि०)–इच्छुक, चाहने वाला।

ख़्वाज:सरा (तु० फा० पु०)--महल का रखवाला, हीजड़ा।

ख़्वान (फा० पु०)–थाल, भोजन से भरा हुआ थाल।

ख़्वानपोश (फा० पु०)–ख़्वान पर ढँकने का कपड़ा।

ख़्वानिंद: (फा० वि०)–बुलाने वाला, पुकारने वाला, शिक्षक।

ख़्वाब (फा० पु०)–स्वप्न।

ख़्वाब आवर (फा० वि०)–निद्राकारक औषधि।

ख़्वाबे ग़फ़्लत (अ० फा० पु०)–गहरी नींद।

ख़्वाबेपरीशाँ (फा० पु०)–उचटती हुई नींद, ऐसी नींद जो बार-बार उचट जाए।

ख़्वाबे सैयाद (फा० अ०)–बनावटी नींद, धोखा।

ख़्वार (फा० वि०)–अपमानित, तिरस्कृत।

ख़्वास्त: (फा० वि०)–चाहा हुआ, माँगा हुआ।

ख़्वास्तगार (फा० वि०)–माँगने वाला, इच्छुक।

ख़्वास्तगारी (फा० स्त्री०)–इच्छा, चाह, मँगनी, सगाई।

ख़्वाह (फा० प्रत्य०)–चाहने वाला, अच्छा लगने वाला, (अव्य०) अथवा, या।

ख़्वाहर (फा० स्त्री०)–बहन।

ख़्वाहाँ (फा० वि०)–चाहने वाला, इच्छुक।

ख़्वाहिश (फा० स्त्री०)–इच्छा, लालसा।

ख़्वाहिश-मन्द (फा० वि०)–अभिलाषी, इच्छुक।

ग

गंग (फा० स्त्री०)–गंगा नदी।

गंगोजमन (फा० स्त्री०)–गंगा और यमुना।

गंज (फा० पु०)–निधि, ख़ज़ाना।

गंजदान (फा० पु०)–कोषागार।

गंजबख़्श (फा० वि०)–खजाना बाँटने वाला या देने वाला।

गंजिफ़: (फा० पु०)–ताश के प्रकार का

एक खेल, ताश पत्तों का खेल।

गंजीदः (फा० वि०)–समाया हुआ।

गंजीनः (फा० पु०)–निधि, कोष।

गंजीनएज़र (फा० पु०)–स्वर्ण-निधि।

गंजेइलाही (फा० पु०)–क़ुरान।

गंजे क़ारून (फा० पु०)–'क़ारून' का खजाना, जिसमें से वह एक पैसा भी ईश्वर के नाम पर खर्च नहीं करता था, अंत में हजरत मूसा के शाप से वह अपनी निधि समेत पृथ्वी में धँस गया।

गंजे शहीदाँ (फा० पु०)–शहीदों का क़ब्रिस्तान, समाधि-क्षेत्र।

गंदः (फा० वि०)–मैला, अपवित्र, दूषित, अशुद्ध।

गंदःदहन (फा० वि०)–गालियाँ बकने वाला, दुर्भाषी।

गंदःमग़ज़ (फा० वि०)–अहंकारी।

गंदःमग़ज़ी (फा० स्त्री०)–अहंकार।

गंद (फा० स्त्री०)–बदबू, दुर्गंध।

गंदगी (फा० स्त्री०)–दुर्गंध, अपवित्रता, मलिनता।

गंदुम (फा० अ० पु०)–गेहूँ।

गंदुमनुमाँ जौफ़रोश (फा० वि०)–गेहूँ दिखाकर जौ तौलने वाला, धोखेबाज।

गंदुमी (फा० वि०)–गेहूँ का, गेहुएँ रंग का, गेहूँ से सम्बन्धित।

गच (फा० स्त्री०)–चूने की टीप।

गज़ः (फा० पु०)–नगाड़ा बजाने की लकड़ी।

गज़ (फा० पु०)–नापने की लकड़ी, जो ३६ इंच की होती है।

गज़क (फा० पु०)–एक मिठाई, जो गुड़-शक्कर और तिल से बनती है।

ग़ज़न्फ़र (अ० पु०)–शेर।

ग़ज़ब (अ० पु०)–क्रोध, प्रकोप, दैवी प्रकोप।

ग़ज़बनाक (फा० वि०)–कुपित।

गज़र (फा० स्त्री०)–गाजर, एक प्रसिद्ध शाक।

ग़ज़ल (अ० स्त्री०)–प्रेमिका से वार्तालाप; उर्दू, फारसी कविता का एक प्रकार विशेष।

ग़ज़लगो (अ० फा० वि०)–वह शाइर (कवि) जो ग़ज़ल अच्छी कहता हो।

ग़ज़लसरा (अ० फा० वि०)–ग़ज़ल सुनाने वाला।

गज़वात (अ० पु०)–इस्लाम धर्म की परिभाषा में वे लड़ाइयाँ, जिनमें पैग़म्बर साहिब साथ थे।

ग़ज़ा (अ० पु०)–धर्मयुद्ध, मजहबी लड़ाई।

ग़ज़ालः (अ० पु०)–मृगशावक।

ग़ज़ालचश्म (अ० फा० वि०)–मृगनैनी।

ग़ज़नवी (फा० वि०)–'ग़ज़नीं' का निवासी, महमूद ग़ज़नवी।

ग़ज़्वः (अ० पु०)–धर्मयुद्ध।

ग़तीम (अ० पु०)–महासागर।

गदा (फा० वि०)–भिक्षुक।

ग़द्दार (अ० वि०)–कृतघ्न, देशद्रोही।

ग़द्दारी (अ० स्त्री०)–कृतघ्नता, देशद्रोह।

ग़नी (अ० वि०)–धनवान।

ग़नीम (अ० वि०)–प्रतिद्वंद्वी राजा।

ग़नीमत (अ० स्त्री०)–युद्ध में शत्रु से छीना माल; (वि०) उत्तम, अच्छा।

गप (फा० स्त्री०)–बकवास, मिथ्यावाद, अपवाद।

गपबाज़ (फा० स्त्री०)–गप्पी, बकवादी।

गपबाज़ी (फा० स्त्री०)–गप हाँकना, डींग मारना।

ग़फ़ल (अ० पु०)–निश्चेष्टता, संज्ञा-हीनता, विस्मृति।

ग़फ़ूर (अ० वि०)–बहुत अधिक क्षमा-वान्, मोक्षदाता, ईश्वर का एक नाम।

ग़फ़ूल (अ० वि०)–बहुत अधिक, निश्चेष्ट।

गफ़्फ़ार (अ० वि०)–बहुत अधिक क्षमा करने वाला।

ग़फ़्लत (अ० स्त्री०)–असावधानी, बेहोशी, उपेक्षा, त्रुटि, भूल।

ग़फ़्लतकद: (अ० फा० पु०)–ग़फ़्लत और असावधानी का स्थान अर्थात् संसार।

ग़बन (अ० पु०)–भूल जाना, विस्मृति, निश्चेष्ट करना।

ग़बर: (अ० पु०)–धूल-मिट्टी।

ग़बी (अ० वि०)–मंद बुद्धि।

ग़म (**म्म**) (अ० पु०)–खेद, शोक, कष्ट, दु:ख, चिंता, ईर्ष्या, क्षोभ।

ग़मअंगेज़ (अ० फा० वि०)–शोकप्रद।

ग़मआगीं (अ० फा० वि०)–दु:खपूर्ण।

ग़मकद: (अ० फा० पु०)–जहाँ शोक-ग्रस्त लोग रहते हों, जहाँ कोई मृत्यु हो गई हो।

ग़मख़ोर (अ० फा० बि०)–सहनशील।

ग़मख़्वार (अ० फा० वि०)–सहानुभूति करने वाला।

ग़मख़्वारी (अ० फा० स्त्री०)–सहानुभूति।

ग़मगीन (अ० फा० वि०)–दुखी, संतप्त।

ग़मजद: (अ० फा० वि०)–संतप्त, शोकग्रस्त।

ग़मनाक (अ० फा० वि०)–दु:खपूर्ण, दु:खित।

ग़मनाकी (अ० फा० स्त्री०)–दु:ख-पूर्णता।

ग़मरसीद: (अ० फा० वि०)–दु:खित।

ग़मरात (अ० पु०)–मुसीबतें, कष्ट, मनुष्यों के समूह।

ग़मी (अ० स्त्री०)–मृत्यु, ग़म से संबंधित।

ग़मेगेती (अ० फा० पु०)–सांसारिक दु:ख।

ग़मेदिल (अ० फा०)–मनस्ताप।

ग़मे पिन्हाँ (अ० फा० पु०)–मानसिक दु:ख, प्रेम की व्यथा।

ग़मोरंज (अ० फा० पु०)–रंज और ग़म, कष्ट-समूह।

ग़म्ज़: (अ० पु०)–आँख का संकेत, सन।

ग़म्ज़ (अ० पु०)–नीची भूमि, बात का समझ से परे होना।

ग़म्रुरिंदा (अ० वि०)–बहुत ही उदार और दानशील।

ग़म्श (अ० पु०)–भूख-प्यास की तीव्रता से आँखों में अँधेरा छा जाना।

ग़य्यूर (अ० वि०)–स्वाभिमानी।

ग़र (फा० स्त्री०)–व्यभिचारिणी, कुलटा।

ग़रक़ (अ० पु०)–पानी में डूब जाना।

ग़रज़ (अ० स्त्री०)–इच्छा, स्वार्थ, आशय, संबंध, प्रयोजन।

ग़रज़मंद (अ० फा० वि०)–इच्छुक।

ग़रज़मंदी (अ० फा० स्त्री०)–इच्छा, मतलब अटका होना।

ग़रज़ेकि (अ० फा० अव्य०)–सारांश यह कि।

ग़राइब (अ० पु०)–'ग़रीब' का बहु०, आश्चर्यजनक वस्तुएँ।

ग़राबत (अ० स्त्री०)–अनोखापन, अद्‌भुतता।

ग़राम (अ० पु०)–दुष्टता, लोभ, पीड़ा, मोह।

ग़रार: (फा० पु०)–मुँह में पानी भर-कर चलाना, आचमन।

ग़रीब (अ० वि०)–विदेशी, दरिद्र, असहाय, दुखी, लाचार।

ग़रीबख़ान: (अ० फा० पु०)–ऐसा घर, जिसमें सुख का कोई साधन न हो।

ग़रीबज़ाद: (अ० फा० पु०)–वेश्या-पुत्र।

ग़रीबनवाज़ (अ० फा० वि०)–दीन-वत्सल।

ग़रीबनवाज़ी (अ० फा० स्त्री०)–दीनों और असहायों पर कृपा-दृष्टि।

ग़रीबपर्वर (अ० फा० स्त्री०)–दे० 'ग़रीबनवाज़'।

ग़रीबपर्वरी (अ० फा० स्त्री०)–दे०–'ग़रीबनवाज़ी'।

ग़रीबी (अ० स्त्री०)–दरिद्रता, दीनता, लाचारी।

ग़रूर (अ० वि०)–छली, धोखेबाज़। (पु०)–वह दवाओं का पानी, जिससे ग़रारा करें।

ग़र्क़ (अ० पु०)–पानी में डूबना, (वि०)–डूबा हुआ।

ग़र्क़एख़ूँ (अ० फा० वि०)–ख़ून में डूबा हुआ।

ग़र्चग (फा० पु०)–स्त्री की कमाई खाने वाला, भँड़ुवा।

गर्द (फा० स्त्री०)–रज, धूलि, नगर, सूर्य, खेद, लाभ।

गर्दन (फा० स्त्री०)–ग्रीवा, गला, कंठ।

गर्दनकश (फा० वि०)–अवज्ञाकारी, विद्रोही, उद्दंड।

गर्दनकशी (फा० स्त्री०)–अवज्ञा, विद्रोह, उद्दंडता।

गर्दनज़न (फा० वि०)–वधिक, गर्दन काटने वाला।

गर्दनज़नी (फा० स्त्री०)–गर्दन काटने का काम, जल्लादी, हत्यापन।

गर्दनफ़राज़ (फा० वि०)–बड़े पद-वाला, गौरवशाली।

गर्दनी (फा० पु०)–चाँटा, थप्पड़।

गर्दिश (फा० स्त्री०)–चक्कर, दुर्भाग्य, विपत्ति का समय।

गर्दिशज़द: (फा० वि०)–कालचक्र-ग्रस्त, मुसीबत का मारा।

गर्दिशज़दगी (फा० स्त्री०)–कालचक्र-ग्रस्तता, मुसीबत का मारा होना।

गर्दिशे दौराँ (फा० स्त्री०)–कालचक्र, समय का उलट-फेर।

गर्दिशे पैमान: (फा० स्त्री०)–शराब का दौर।

गर्दिशे रोज़गार (फा० स्त्री०)–दे०–'गर्दिशे दौराँ'।

गर्दूं (फा० पु०)–आकाश।

गर्दूं असास (फा० अ० वि०)–जिसकी नींव आकाश में हो, बहुत बड़े पद वाला।

गर्दे मलाल (फा० अ० स्त्री०)–मनो मालिन्य, रंजिश।

गर्दे सफ़र (फा० अ० स्त्री०)–यात्रा की थकान।

ग़र्ब (अ० पु०)–पश्चिम दिशा।

ग़र्बाल (अ० स्त्री०)–आटा आदि छानने की छलनी।

ग़र्बी (अ० वि०)–पश्चिम दिशा का।

ग़र्बीब (अ० वि०)–बहुत अधिक

काला।

गर्म (फा० वि०)–उष्ण, तीव्र, शीघ्र, क्रुद्ध, तप्त, तेज।

गर्मख़ेज़ (फा० वि०)–फुर्तीला और चालाक।

गर्म गर्म (फा० वि०)–गर्मागर्म, ताज़ी भूनी हुई चीज़।

गर्म जोशी (फा० स्त्री०)–गाढ़े प्रेम का प्रदर्शन, तपाक।

गर्मतर (फा० वि०)–अधिक गर्म, उष्णतर।

गर्मतरीन (फा० वि०)–बहुत अधिक गर्म, उष्णतम।

गर्म दिमाग़ (फा० अ० वि०)–अहंकारी, घमंडी।

गर्म दिमाग़ी (फा० अ० स्त्री०)–अहंकार, घमंड।

गर्मबाज़ारी (फा० स्त्री०)–भाव की तेज़ी।

गर्म मिज़ाज (फा० अ० वि०)–चिड़चिड़े स्वभाव वाला जिसकी प्रकृति गर्म हो।

गर्म मिज़ाजी (फा० अ० स्त्री०)–चिड़चिड़ापन, जल्दी क्रोध आना।

गर्म रफ़्तार (फा० वि०)–शीघ्रगामी, गतिशील।

गर्म रफ़्तारी (फा० स्त्री०)–तेज़ चलना, शीघ्र गति।

गर्मागर्मी (फा० स्त्री०)–धूमधाम, ज़ोर-शोर, मौखिक युद्ध।

गर्मिए बाज़ार (फा० स्त्री०)–बाजार में भाव की तेज़ी।

गर्मी (फा० स्त्री०)–उष्णता, उपदंश रोग, क्रोध, ज्वर।

गर्म सुख़न (फा० वि०)–बातें करता हुआ।

गर्मो सर्द (फा० पु०)–ठंडा और गर्म, शीतोष्ण।

गर्मो सर्द चशीदः (फा० वि०)–संसार के दुःख-सुख उठाये हुए, अनुभवी, बहुदर्शी।

ग़लत (अ० पु०)–अशुद्ध, असत्य, भूल, अनुचित, अशुद्धि, जो ठीक न हो।

ग़लत अंदाज़ (अ० फा० वि०)–भ्रम में डालने वाला (वाली), भूल-भूलैया।

ग़लतगो (अ० फा० वि०)–झूठा।

ग़लतगोई (अ० फा० स्त्री०)–झूठ बोलना।

ग़लतनामः (अ० फा० पु०)–शुद्धिपत्र।

ग़लतफ़ह्मी (अ० स्त्री०)–कुछ का कुछ समझना, बोधभ्रम।

ग़लतबयानी (अ० स्त्री०)–दे०–'ग़लतगोई'।

ग़लतबर्दार (अ० फा० वि०)–वह रबर आदि जिससे काग़ज़ से अशुद्ध अक्षर सुगमता से मिटाया जाता है।

ग़लतबीनी (अ० फा० स्त्री०)–किसी के गुणों को छोड़कर केवल उसकी बुराइयाँ ही देखने का भाव।

ग़लीज़ (अ० वि०)–गाढा, निविड़, मल, सघन।

ग़ल्लः (अ० पु०)–अन्न, अनाज।

गल्लः (फा० पु०)–भेड़ों, बकरियों या गायों, भैंसों का झुंड, रेवड़।

ग़ल्लःफरोश (अ० फा० वि०)–अन्न-विक्रेता।

गल्लःबानी (फा० स्त्री०)–रेवड़ की रखवाली का काम या पेशा, चरवाहापन।

गवारा (फा० वि०)–रुचिकर, सह्य, क़ाबिले बरदाश्त।

गवाह़ (फा० पु०)–साक्षी ।

गवाह़ी (फा० स्त्री०)–साक्ष्य ।

गवाहे ऐनी (फा० अ० पु०)–प्रत्यक्ष-दर्शी साक्षी । वह गवाह, जिसके सामने कोई घटना घटी हो ।

गवाहे हाशियः (फा० अ० पु०)–वह गवाह, जिसके हस्ताक्षर किसी दस्तावेज के हाशिये पर हों ।

ग़वी (अ० वि०)–गुमराह, मार्गभ्रष्ट ।

ग़व्वास (अ० वि०)–गोतःख़ोर, गोता लगाकर समुद्र से मुक्ता आदि निकालने वाला ।

ग़व्वासी (अ० स्त्री०)–ग़ोताखोरी, समुद्र में पैठकर मोती निकालने का काम ।

ग़श (ग़श) (अ० पु०)–शोषण, मूर्च्छित होना, शुभचिंतक न होना ।

ग़शयान (अ० पु०)–मूर्च्छित होना ।

ग़शी (अ० स्त्री०)–बेहोशी ।

गश्त (फा० पु०)–चक्कर, दौरा, पर्यटन ।

गश्ती (फा० स्त्री०)–परिपत्र, सर्कुलर ।

ग़स्ब (अ० पु०)–बलपूर्वक किसी का माल छीन लेना ।

ग़ाइबानः (अ० फा० वि०)–अनुपस्थिति में ।

ग़ाज़ः (फा० पु०)–चेहरे पर लगाने वाला पाउडर ।

गाज़ (फा० पु०)–स्थान, जगह, हरी घास ।

गाज़एरुख़ (फा० पु०)–मुख-चूर्ण, मुँह पर मलने का सुगंधित और लाल चूर्ण ।

गाज़ी (अ० वि०)–धर्मयोद्धा धर्मवीर ।

ग़ाज़ी (फा० वि०)–नट ।

गानः (फा० प्रत्य०)–किसी संख्या के अंत में आकर 'वाला' का अर्थ देता है, जैसे—'चहार गानः' अर्थात् चार वाला; अपना अर्थात् स्वजन; बेगानः जो अपना न हो; अस्वजन ।

गान (फा० प्रत्य०)–कर्ता या कर्मवाचक फारसी शब्द जिनके अंत में विसर्ग हों । उनके अंत में आकर बहुवचन बनाता है, जैसे—कुश्तः से कुश्तगान ।

ग़ानियः (अ० स्त्री०)–वह सुंदर सदाचारिणी और युवा स्त्री, जिसे पुरुष की इच्छा न हो ।

ग़नी (अ० वि०)–जिसे कोई इच्छा न हो, समृद्ध ।

ग़ाफ़िर (अ० वि०)–छिपाने वाला, पाप-नाशक ।

ग़ाफ़िल (अ० वि०)–संज्ञाहीन, बेहोश, आलसी ।

ग़ाम (फा० पु०)–डग, पग ।

ग़ामज़न (फा० वि०)–चलने वाला ।

ग़ामिर (अ० स्त्री०)–बंजर ज़मीन (वि०) वह व्यक्ति जो अपने को विपत्ति में डाले, बंजर जमीन ।

ग़ामी (अ० वि०)–निर्बल, असमर्थ ।

ग़ायत (अ० स्त्री०)–उद्देश्य, कारण ।

ग़ायतुल अम्र (अ० स्त्री०)–अंततः, आख़िरकार ।

ग़ार (अ० पु०)–गहरा गढ़ा, गुफा ।

ग़ारत (अ० स्त्री०)–नष्ट करना, (वि०) नष्ट ।

ग़ारतगर (अ० फा० वि०)–लूटने वाला, लुटेरा, डाकू, विनाशक ।

ग़ारतगरी (अ० फा० स्त्री०)–लटमार, विनाश ।

ग़ारिक़ (अ० वि०)–डूबने वाला, डूबा हुआ।

ग़ारिब (अ० वि०)–ऊँट के दोनों कंधों के बीच का स्थान।

ग़ारिम (अ० वि०)–वह ऋणी, जो अपना ऋण अदा न कर सके।

ग़ालिब (अ० वि०)–शक्तिशाली, विजेता, उर्दू के एक कवि का उपनाम।

ग़ालिबन् (अ० वि०)–संभवतः, कदाचित।

ग़ालीचः (तु० पु०)–छोटा कालीन।

गाव (फा० पु०)–बैल, गाय।

गावकुशी (फा० स्त्री०)–गोवध।

गावज़बाँ (फा० स्त्री०)–एक प्रसिद्ध औषधि।

गावतक्यः (फा० पु०)–बड़ा गोल तकिया।

गावदी (फा० वि०)–मूर्ख, बुद्धू।

ग़ाशियःबर्दार (फा० वि०)–साईस, नौकर, अनुयायी।

ग़ासिबानः (अ० वि०)–लुटेरों की तरह।

गाह (फा० अव्य०)–कभी, किसी समय, समय, स्थान, सिंहासन, तंबू।

गाहे ब गाहे (फा० वि०)–कभी-कभी, यदा-कदा।

ग़िज़ा (अ० स्त्री०)–भोजन, ख़ुराक, खाद्य।

ग़िज़ाए रूहानी (अ० स्त्री०)–आत्मा का भोजन, गाना।

ग़िना (अ० पु०)–गाना।

ग़ियास (अ० पु०)–दुःख और विपत्ति में सहायता करना, (वि०) दुःख और विपत्ति में सहायता करने-वाला।

गिराँ (फा० वि०)–भारी, बहुमूल्य, महँगा।

गिराँफ़रोश (फा० वि०)–महँगा बेचने वाला।

गिरामी (फा० वि०)–पूज्य, बुज़ुर्ग, महान्, प्रिय।

गिरामीक़द्र (फा० अ० पु०)–महोदय, महत्त्वपूर्ण।

गिरामीनामः (फा० पु०)–कृपापात्र।

गिरिफ़्तः (फा० वि०)–पकड़ा हुआ, गृहीत, संकुचित।

गिरिफ़्तःज़बाँ (फा० वि०)–हकला, तोतला।

गिरिफ़्तःदिल (फा० वि०)–अप्रसन्न, उदास, दुःखित।

गिरिफ़्तःलब (फा० वि०)–मौन, अवाक्, चुप।

गिरिफ़्त (फा० स्त्री०)–पकड़, ग्रहण, अपराध की पकड़, आपत्ति, अधिकार।

गिरिफ़्तनी (फा० वि०)–पकड़ने के योग्य, ग्राह्य।

गिरिफ़्तार (फा० वि०)–ग्रस्त, बंदी, आसक्त, फँसा हुआ, बँधा हुआ।

गिरिफ़्तारी (फा० स्त्री०)–बंदी होना, ग्रस्त होना, बँधना।

गिरिह (फा० स्त्री०)–गाँठ, समस्या, उलझन, परेशानी।

गिरीबाँ (फा० पु०)–'गिरीबान' का लघु०, दामन, सिरा, गिरेबाँ।

गिरीबाँगीर (फा० वि०)–गला पकड़ने वाला, तकाज़ा करने वाला।

गिरीबान (फा० पु०)–गला, कुर्ते, कमीज़ आदि का गला।

ग़िरेव (फा० पु०)–कोलाहल।

गिरोह (फा० पु०)–दे० शुद्ध उच्चारण 'गुरोह', समुदाय, दल।

गिर्द (फा० पु०)–घेरा, आसपास, आसपास का स्थान ।

गिर्दबालिश (फा० पु०)–गोल छोटा तकिया जो गालों के नीचे रखा जाता है ।

गिर्दावर (फा० वि०)–हर ओर गश्त लगाने वाला, दौरा करने वाला ।

ग़िरबाल (अ० स्त्री०)–आटा आदि छानने की चलनी ।

गिर्यः (फा० पु०)–रुदन, आँसू बहाना ।

गिर्य ओज़ारी (फा० स्त्री०)–रोना-धोना, हाय-हाय करना ।

गिर्वीदः (फा० पु०)–मुग्ध, मोहित, प्रेमी ।

गिलः (फा० पु०)–उपालंभ, उलाहना ।

गिलःगुज़ार (फा० वि०)–उलाहना देने वाला ।

गिल (फा० स्त्री०)–मिट्टी ।

ग़िलाफ़ (अ० पु०)–तकिए आदि का खोल ।

गिल्मः (अ० पु०)– ग़ुलाम' का बहु०, लड़के, दास, नौकर ।

गी (फा० प्रत्य०)--जिस फारसी शब्द के अंत में विसर्ग हो, उसके साथ लगाने से भाववाचक संज्ञा बनती है; जैसे 'खस्तः' से 'ख़स्तगी ।

गीन (फा० प्रत्य०)–शब्द के अंत में आकर 'युक्त' का अर्थ देता है, जैसे—'ग़मगीन', शोकयुक्त, यह शब्द आगीन का लघु० है ।

ग़ीब्रत (अ० स्त्री०)–चुग़ली ।

गीर (फा० प्रत्य०)–पकड़ने वाला, जैसे—'माहीगीर' मछली पकड़ने वाला ।

गीरख़ (फा० स्त्री०)–पुस्तक रखने की रेहल ।

गीराई (फा० स्त्री०)–गिरिफ़्त, पकड़ ।

गुंचः (फा० पु०)–कली, कलिका ।

गुंचःदहन (फा० वि०)–कली जैसे सुन्दर और छोटे मुँह वाला (वाली) ।

गुंचःलब (फा० वि०)–कली जैसे कोमल, कली जैसे गुलाबी होठों वाला (वाली) ।

गुंजः (अ० पु०)–गुंचः, कली ।

गुंजाइश (फा० स्त्री०)–विस्तार, सामर्थ्य, समाई, जगह ।

गुंजान (फा० वि०)–घना, गहन ।

गुंबद (फा० पु०)–इमारतों के ऊपर का बड़ा गोल मंडप ।

गुंबदेगर्दू (फा० पु०)–आकाश का गुंबद ।

गुज़र (फा० स्त्री०)–निर्वाह, जीविका (पु०) प्रवेश, पहुँच, आगमन ।

गुज़रगाह (फा० स्त्री०)–निकलने-पैठने का स्थान, मार्ग ।

गुज़रनामः (फा० पु०)–पारपत्र, पासपोर्ट ।

गुज़श्तः (फा० वि०)–गुज़रा हुआ, व्यतीत, भूतकाल ।

गुज़ारः (फा० पु०)–निर्वाह, गुज़र-बसर ।

गुज़ारिश (फा० स्त्री०) – प्रार्थना, निवेदन, आवेदन ।

गुज़ारिशनामः (फा० पु०)–आवेदन-पत्र ।

गुज़ाश्तः (फा० वि०)--छोड़ा हुआ, त्यक्त ।

गुज़ाश्त (फा० स्त्री०)–छूट, त्याग ।

गुदाख़्तगी (फा० स्त्री०)–पिघलाव ।

गुदाज़ (फा० पु०)–शरीर का मांसल होना, (प्रत्य०) पिघलाने वाला।

गुदूद (अ० पु०)–शरीर के भीतर की गिल्टियाँ।

गुनाह (फा० पु०)–गुनह, अपराध, पाप, दोष।

गुनाहगार (फा० वि०)–गुनहगार, अपराधी, पापी, दोषी।

गुनाहगारी (फा० स्त्री०)–गुनहगारी, पापकर्म, दोष करना।

गुनूदगी (फा० स्त्री०)–ऊँघ, तंद्रा।

गुफ़्त: (फा० वि०)–कहा हुआ, उक्त।

गुफ़्त (फा० स्त्री०)–कथन, बात।

गुफ़्तगू (फा० स्त्री०)– बातचीत, वार्तालाप।

गुफ़्तनी (फा० वि०)–कहने योग्य।

गुफ़्तार (फा० स्त्री०)–बोली, वाणी, शब्द, आवाज़।

गुफ़ान (अ० पु०)–मोक्ष, क्षमा।

गुब्बार: (फा० पु०)–गुब्बारा, वायुयान, बैलून।

गुबार (अ० पु०)–धूल, रज, मनोमालिन्य।

गुबारआलूद: (अ० फा० वि०)–धूल में भरा हुआ, धूलिधूसर।

गुम (फा० वि०)–खोया हुआ, भटका हुआ, अचेत।

गुमकर्द: (फा० वि०)–खोया हुआ, भूला हुआ।

गुमनाम (फा० वि०)–अज्ञात, अज्ञात नाम।

गुमनामी (फा० स्त्री०)–अख्याति, शोहरत न होना।

गुमराह (फा० वि०)–जो मार्ग भूल गया हो, नास्तिक, बदचलन।

गुमराहकुन (फा० वि०)–भ्रमात्मक, गुनाह की ओर प्रवृत्ति करने वाला।

गुमराही (फा० स्त्री०)–मार्ग भूलना, नास्तिकता।

गुमशुद: (फा० वि०)–खोया हुआ, खोई हुई वस्तु।

गुमशुदगी (फा० स्त्री०)–खो जाना, मार्ग भूल जाना।

गुमान (फा० पु०)–शंका, भ्रम।

गुमाश्त: (फा० वि०)–नियुक्त किया हुआ, प्रतिनिधि, एजेंट।

गुमाश्तगी (फा० स्त्री०)–नियुक्ति, एजेंटी, कारिंदागीरी।

गुराज़ (फा० पु०)–शूकर, सुअर (वि०) अत्याचारी।

गुरूब (अ० पु०)–डूबना।

गुरूर (अ० पु०)–अभिमान, गर्व।

गुरेज़ (फा० पु०)–बचाव, उपेक्षा, घृणा।

गुरेज़ाँ (फा० वि०)–भागता हुआ, पास न आने वाला।

गुरेज़ी (फा० स्त्री०)– बुद्धिमत्ता, धूर्त्तता।

गुरोहबंद (फा० वि०)–गुटबंद, दलबंद।

गुरोहबंदी (फा० स्त्री०)–दलबंदी, गुटबंदी।

गुर्ग (फा० पु०)–भेड़िया।

गुर्ज़ (फा० पु०)–एक प्राचीन अस्त्र, गदा।

गुर्बचश्म (फा० वि०)–बेमुरव्वत।

गुर्बत (अ० स्त्री०)–परदेशी होना, बेवतनी, दरिद्रता।

गुर्बतजद: (अ० फा० वि०)–प्रवासी, निर्धन।

गुल (फा० पु०)–कोलाहल, शोर।

गुल (फा० पु०)–फूल, पुष्प, चिराग़

का गुल।

गुलग्रंदाम (फा० वि०)–फूल जैसे कोमल, पुष्पांगना।

गुलग्रफ़्शानी (फा० स्त्री०)–फूल बरसाना, फूल बरसना।

गुलक़ंद (फा० पु०)–गुलाब के फूल ग्रौर चीनी से बनी एक ग्रौषध।

गुलकद: (फा० पु०)–पुष्पागार, वह घर जहाँ फूल ही फूल हों।

गुलकार (फा० वि०)–बेल-बूटे बनाने वाला।

गुलकारी (फा० स्त्री०)–बेल-बूटे बनाने का काम, बेल-बूटे।

गुलख़न (फा० पु०)–भट्ठी, चूल्हा।

गुलचीं (फा० वि०)–फूल चुनने वाला, माली।

गुलचीनी (फा० स्त्री०)–फूल बीनना, माली का काम।

गुलज़ार (फा० पु०)–उद्यान्, वाटिका, बाग़।

गुलदस्त: (फा० पु०)–फूलों का गुच्छा, पुष्पस्तवक।

गुलदान (फा० पु०)–गुलदस्ता सजाने का पात्र।

गुलनार (फा० पु०)–ग्रनार का फूल।

गुलपाशी (फा० स्त्री०)–फूलों की वर्षा।

गुलपैरहन (फा० वि०)–गुलाबी कपड़े पहनने वाला (वाली)।

गुलपैरहनी (फा० स्त्री०)–फूलों-जैसे रंगीन ग्रौर सुगंधित कपड़े पहनने का भाव।

गुलपोश (फा० वि०)–फूलों से ढँका हुग्रा।

गुलपोशी (फा० स्त्री०)–फूलों से ढँका होना।

गुलफ़ाम (फा० वि०)–दे० गुलग्रंदाम, कोमल, मृदुल, सुकुमार।

गुलफ़िशाँ (फा० वि०)–फूल बरसाने वाला, (स्त्री०) फुलभड़ी, एक प्रसिद्ध ग्रातशबाज़ी।

गुलफ़िशानी (फा० स्त्री०)–फूल बरसाना।

गुलबदन (फा० वि०)–फूल जैसे कोमल ग्रंगों वाला (वाली)।

गुलबर्ग (फा० पु०)–फूल का पत्ता, पुष्पदल।

गुलबाज़ी (फा० स्त्री०)–एक-दूसरे की ग्रोर फूल फेंकने का खेल, पुष्प-क्रीड़ा।

गुलरुख़ (फा० वि०)–फूल-जैसे सुंदर, पुष्पमुखी।

गुलरुख़सार (फा० वि०)–गुलाब के फूल–जैसे सुंदर कपोलों वाली नायिका।

गुलरेज़ (फा० वि०)–जिससे फूल झड़ते हों। (स्त्री०) एक ग्रातशबाज़ी, फुलझड़ी।

गुलशन (फा० पु०)–उद्यान, बगीचा,

गुलशन ग्रारा (फा० वि०)–माली।

गुलाज़ (ग्र० वि०)–मोटा, दलदार, कड़ा, कठोर।

गुलाब (फा० पु०)–एक प्रसिद्ध फूल, गुलाब जल, पाटल।

गुलाबी (फा० बि०)–गुलाब जैसी रंग-वाली वस्तु, हलका लाल, (स्त्री०) शराब की रंगीन काँच की सुराही।

गुलाम (ग्र० पु०)–लड़का, दास, पराधीन।

गुलामचापार (ग्र० फा० पु०)–डाकिया, पोस्टमैन।

गुलामज़ाद: (ग्र० फा० पु०)–दासी-पुत्र।

ग़ुलामी (अ० स्त्री०)–दासता, पराधीनता।

गुलिस्तांजाद: (फा० पु०)–पुष्प, फूल, बगीचे की घास, दासी-पुत्र।

गुलिस्तान (फा० पु०)–उद्यान वाटिका, गुलिस्ताँ।

गुलू (फा० पु०)–कंठ, गला।

गुलू (अ० पु०)–पूरा हाथ उठाना, जन-समूह भीड़, अति करना, अत्युक्ति।

गुलूख़लासी (फा० स्त्री०) बंधन-मुक्ति, छुटकारा।

गुलूबंद (फा० पु०)–मफ़्लर (गले और कानों में लपेटने का)।

ग़ुलूल (अ० पु०)–वृक्षों के बीच में बहता हुआ पानी।

गुलूसोज़ (फा० वि०)–अति सुंदर, बहुत मीठा, बहुत अच्छा।

गुले अब्बास (फा० अ० पु०)–एक प्रसिद्ध फूल और उसका पेड़, गुलाबाँस।

गुले आतशीं (फा० पु०)–सदागुलाब, गुलाब की एक जाति जो सदा फूलती है।

गुले आफ़्ताबपरस्त (फा० पु०)–सूरजमुखी का फूल।

गुले काग़ज़ी (फा० अ० पु०)–काग़ज़ के फूल जो सजावट के काम आते हैं; दिखावे की वस्तु।

गुले ख़ंदाँ (फा० पु०)–खिला हुआ फूल।

गुले जा'फ़री (फा० अ० पु०)–एक पीले रंग का फूल।

गुले दाऊदी (फा० अ० पु०)–एक प्रसिद्ध फूल।

गुले नाशिगुफ़्त: (फा० पु०)–बिना खिला फूल, मुकुल, कुँवारी स्त्री०, कुमारी।

गुले पलास (फा० पु०)–टेसू का फूल।

गुले यासमन (फा० पु०)–चमेली का फूल, मालती, नवमल्लिका।

गुले राना (फा० पु०)–एक दोरंगा फूल जो अंदर लाल और बाहर पीला होता है।

गुले लाल: (फा० पु०)–पोस्ते का फूल।

गुले वर्द (फा० अ० पु०)–गुलाब का फूल।

गुले शबअफ़ोज़ (फा० पु०)–रजनीगंधा, रात की रानी, एक प्रसिद्ध फूल।

गुले शम्अ (फा० अ० पु०)–चिराग या मोमबत्ती का गुल।

गुले सद बर्ग (फा० पु०)–सौ पंखुड़ियों वाला फूल; गुलाब, गुलबार, गेंदा।

गुले सुर्ख़ (फा० पु०)–गुलाब का फूल।

गुले सौसन (फा० पु०)–एक प्रसिद्ध आस्मानी रंग का फूल।

गुले हज़ार: (फा० पु०)–हज़ारे का फूल।

गुलैम (अ० पु०)–बहुत प्यारा और छोटा-सा बालक।

ग़ुल्म: (अ० पु०)–कामातुरता।

ग़ुल्ल: (अ० पु०)–प्यास, हृदय की जलन।

गुवारिंद: (फा० वि०)–अच्छा लगने वाला।

गुवास (अ० पु०)–फर्याद, न्याय-याचना।

गुवाह (फा० पु०)–साक्षी, गवाह।

ग़ुसुल (अ० पु०)–स्नान करना।

गुस्ताख़ (फा० वि०)–धृष्ट, अशिष्ट।

गुस्ताख़ी (फा० स्त्री०)–धृष्टता, अशिष्टता।

ग़ुस्ल (अ० पु०)—स्नान, धोना माँजना।

ग़ुस्लख़ान: (अ० फ़ा० पु०)—नहाने का स्थान, स्नानागार।

ग़ुस्लेसेहत (अ० पु०)—वह स्नान जो रोग-मुक्ति पर किया जाता है।

ग़ुस्स: (अ० पु०)—क्रोध, द्वेष।

ग़ुस्स:वर (अ० फ़ा० वि०)—जिसके स्वभाव में क्रोध अधिक हो, क्रोधी।

गुहर (फ़ा० पु०)—मोती, मुक्ता।

गूँ (फ़ा० प्रत्य०)—रंग वाला, जैसे 'नीलगूँ', नीले रंग वाला।

गूद: (तु० पु०)—शरीर, देह।

गूनागून (फ़ा० वि०)—रंग-बिरंगी।

ग़ूलं बियाबाँ (अ० फ़ा० पु०)—जंगल में फिरने वाले भूत-प्रेत, मसान, वैताल आदि।

गेती (फ़ा० स्त्री०)—जगत्, संसार।

गेसू (फ़ा पु०)—अलक, ज़ुल्फ़, लम्बे बाल जो पीठ पर रहते हैं; बाल, केश।

गेसूदराज़ (फ़ा० वि०)—जिसके बाल बहुत लम्बे हों।

गेसूदार (फ़ा० वि०)—दासी-पुत्र।

ग़ैज़ (अ० पु०)—बहुत अधिक, प्रकोप।

ग़ैब (अ० पु०)—परोक्ष, परलोक।

ग़ैबत (अ० स्त्री०)—परोक्ष, अंतर्धान होना, लोप होना, अनुपस्थिति।

ग़ैबी (अ० वि०)—आकाशीय, परोक्ष की।

ग़ैर (अ० पु०)—अन्य, दूसरा, विरुद्ध।

ग़ैरअहम (अ० वि०)—महत्त्वहीन, साधारण।

ग़ैर आईनी (अ० फ़ा० वि०)—जो कानून के विरुद्ध हो, अवैध।

ग़ैर आबाद (अ० फ़ा० वि०)—निर्जन, वीरान।

ग़ैरइंसानी (अ० वि०)—जो मनुष्यों-जैसा न हो, अमानुषिक।

ग़ैरक़ानूनी (अ० वि०)—दे०—'ग़ैर आईनी'।

ग़ैरजानिबदार (अ० फ़ा० वि०)—जो किसी का पक्षपात न करे, तटस्थ।

ग़ैरजानिबदारी (अ० फ़ा० स्त्री०)—निष्पक्षता।

ग़ैरज़िम्म:दार (अ० फ़ा० वि०)—दायित्वहीन।

ग़ैरज़िम्म:दारी (अ० फ़ा० स्त्री०)—ज़िम्म:दारी का एहसास न होना।

ग़ैरज़रूरी (अ० वि०)—अनावश्यक।

ग़ैरत (अ० स्त्री०)—लज्जा, स्वाभिमान।

ग़ैरतदार (अ० फ़ा० वि०)—स्वाभिमानी, ख़ुददार।

ग़ैरतनख़्वाहदार (अ० फ़ा० वि०)—अवैतनिक।

ग़ैरतहज़ीबयाफ़्त: (अ० फ़ा० वि०)—अशिष्ट, असभ्य।

ग़ैरता'लीमयाफ़्त: (अ० फ़ा० वि०)—निरक्षर, अशिष्ट।

ग़ैरपसंदीद: (अ० फ़ा० वि०)—अप्रिय, अनुचित।

ग़ैरपाएदार (अ० फ़ा० वि०)—जो टिकाऊ न हो, अदृढ़।

ग़ैरपुख़्त: (अ० फ़ा० वि०)—जो कच्चा हो (फल आदि), अपक्व, जो निश्चित न हो (वचन आदि)।

ग़ैरफ़सीह (अ० वि०)—साहित्य में अप्रचलित या अप्रयुक्त शब्द।

ग़ैरफ़ानी (अ० वि०)—अनश्वर, शाश्वत।

ग़ैरफ़ित्री (अ० वि०)—अप्राकृतिक।

ग़ैरमक़्तूअ (अ० वि०)–अविच्छिन्न, अखंडित ।

ग़ैरमक़्फूल (अ० वि०)–वह संपत्ति जो किसी ऋण आदि में रेहन न हो, बंधकहीन ।

ग़ैरमक़्बूल (अ० वि०)–अप्रिय, अमान्य, अस्वीकृत ।

ग़ैरमख़्सूस (अ० वि०)–साधारण, सामान्य ।

ग़ैरमत्लूब (अ० वि०)–अवांछित, अनिच्छित ।

ग़ैरमन्क़ूल: (अ० वि०)–वह संपत्ति, जो एक स्थान से दूसरे स्थान पर न जा सके, जैसे भूमि आदि ।

ग़ैरमन्कूह: (अ० स्त्री०)–अविवाहिता स्त्री ।

ग़ैरमर्बूत (अ० वि०)–जो शीतल न हो ।

ग़ैरमश्कूक (अ० वि०)–असंदिग्ध ।

ग़ैरमश्हूर (अ० वि०)–अप्रसिद्ध ।

ग़ैरमा'मूली (अ० वि०)–असाधारण, महत्त्वपूर्ण ।

ग़ैरमायूस (अ० वि०)–निराशाहीन, आशान्वित ।

ग़ैरमा'सूम (अ० वि०)–जो पाप रहित न हो, पापयुक्त ।

ग़ैरमाहिर (अ० वि०)–अविज्ञ ।

ग़ैरमुक़म्मल (अ० वि०)–अपूर्ण ।

ग़ैरमुक़र्रर: (अ० वि०)–अनिश्चित ।

ग़ैरमुक़र्रर (अ० वि०)–अपरिचित, अनजान ।

ग़ैरमुजस्सम (अ० वि०)–निराकार, जिसका कोई रूप निश्चित न हो ।

ग़ैरमुतअल्लिक़ (अ० वि०)–असंगत, असंबद्ध ।

ग़ैरमुतअस्सिब (अ० वि०)–उदाराशय, संकीर्णता रहित ।

ग़ैरमुतअस्सिर (अ० वि०)–अप्रभावित ।

ग़ैरमुतग़ैयिर (अ० वि०)–अविकृत, जो बिगड़ा न हो, अरूपांतरित ।

ग़ैरमुतशद्दिद (अ० वि०)–अहिंसक ।

ग़ैरमुतहक़्क़िक़ (अ० वि०)–अनिश्चित, संदिग्ध ।

ग़ैरमुतहम्मिल (अ० वि०)–असहिष्णु ।

ग़ैरमुतहर्रिक (अ० वि०)–गतिहीन ।

ग़ैरमुदल्लल (अ० वि०)–अयुक्तिसंगत ।

ग़ैरमुनज़्ज़म (अ० वि०)–असंगठित, असंबद्ध ।

ग़ैरमुनासिब (अ० वि०)–अनुचित, अश्लीलतापूर्ण, उद्दंडतापूर्ण ।

ग़ैरमुम्किन (अ० वि०)–असंभव ।

ग़ैरमुरव्वज (अ० वि०)–अव्यवहृत, अप्रचलित ।

ग़ैरमुश्तबह (अ० वि०)–असंदिग्ध, अविकल्प ।

ग़ैरमुसद्दक़: (अ० वि०)–अविश्वस्त, जिसकी तसदीक न हुई हो, अप्रमाणित ।

ग़ैरमुसल्लम (अ० वि०)–अमान्य, अप्रमाणित ।

ग़ैरमुसल्लह (अ० वि०)–निरस्त्र, शस्त्रहीन ।

ग़ैरमुस्तक़िल (अ० वि०)–अस्थायी ।

ग़ैरमुस्तहक़ (अ० वि०)–अपात्र, अयोग्य, अनाधिकारी ।

ग़ैरमुस्ता'मल (अ० वि०)–अप्रयुक्त, अव्यवहृत ।

ग़ैरमौजूद (अ० वि०)–अनुपस्थित ।

ग़ैरमौजूदगी (अ० फा० स्त्री०)–अनुपस्थिति ।

ग़ैरमौरूसी (ग्र० वि०)–वह जमीन या जायदाद, जो मौरूसी न हो, अपैतृक।

ग़ैरवाक़िई (ग्र० वि०)–असत्य, अनुचित, झूठ, अयथार्थ।

ग़ैरवाजिब (ग्र० वि०)–अनुचित, जिसका अदा करना आवश्यक न हो।

ग़ैरवाजेह (ग्र० वि०)–अस्पष्ट, धुँधला, अस्फुट।

ग़ैरशरीफ़ (ग्र० वि०)–असज्जन, अधम, अकुलीन।

ग़ैरशरीफ़ानः (ग्र० फा० वि०)–अशिष्टतापूर्ण।

ग़ैरसहीह (ग्र० वि०)–असत्य, झूठ, अशुद्ध, अस्वस्थ।

ग़ैरसालह (ग्र० वि०)–दूषित, अशुद्ध, असज्जन।

ग़ैरहमदर्द (ग्र० फा० वि०)–जिसमें सहानुभूति न हो, जो दुःख आदि में सहायता न करे।

ग़ैरहाज़िर (ग्र० वि०)–अनुपस्थित, अविद्यमान।

ग़ैरहाज़िरी (ग्र० स्त्री०)–अनुपस्थिति, अविद्यमानता।

गो (फा० अव्य०)–यद्यपि, यौ० गो कि–यद्यपि; बद-गो;–बुराई करने वाला।

गोइंदः (फा० वि०)–कहने वाला, वक्ता, गुप्तचर।

गोज (फा० पु०)–अधोवायु, अपान-वायु।

गोतः (ग्र० पु०) -डुबकी, पानी में पैठना।

ग़ोतखोर (ग्र० फा०)–डुबकी लगाने वाला, गोतःजन।

गोमगो (फा० वि०)–दुविधा, असमंजस।

गोया (फा० अव्य०)–मानो, जैसे (वि०) वक्ता।

गोयाई (फा० स्त्री०)–वाक्शक्ति।

गोर (फा० स्त्री०)–क़ब्र, समाधि-भवन, जंगल।

गोरकन (फा० वि०)–क़ब्र खोदने-वाला, बिज्जू, एक प्रसिद्ध जंतु जो कब्र खोदकर मुर्दे खाता है।

गोरकनी (फा० स्त्री०)–क़ब्रें खोदने का काम या पेशा।

गोरखानः (फा० पु०)–क़ब्र, समाधि-भवन।

गोरपरस्त (फा० वि०)-क़ब्र पूजने-वाला।

गोरपरस्ती (फा० स्त्री०)–क़ब्र पर फूल आदि चढ़ाना।

गोलः (फा० पु०)–गोल पिंड; गोल चीज़, तोप आदि का गोला।

गोलःअंदाज़ (फा० वि०)–तोपची।

गोलःबारी (फा० स्त्री०)–तोप से गोलों की वर्षा।

गोशः (फा० पु०)–घर का कोना, एकांत, कोण।

गोशःनशीं (फा० वि०)–एकांतवासी।

गोशःनशीनी (फा० स्त्री०)–एकांत में रहना, अकेला रहना।

गोशएतनहाई (फा० पु०)–एकांत।

गोशगिराँ (फा० वि०)–बहरा, बधिर।

गोशगुज़ार (फा० वि०)–कथित, श्रुत।

गोशवारः (फा० पु०)–किसी हिसाब आदि के अलग-अलग ब्योरे का काग़ज़, कान का लटकन, बुंदा।

गोशेहोश (फा० पु०)–होश्यारी और

सतर्कता से बात सुनना।

गोश्त (फा० पु०)–मांस।

गोश्तख़ोर (फा० वि०)–मांसाहारी।

गोश्तख़ोरी (फा० स्त्री०)–मांसाहार, मांस-भक्षण।

ग़ौग़ा (फा० पु०)–शोर-गुल, कोलाहल, हाहाकार।

ग़ौर (अ० पु०)–चिंतन, विचार, तन्मयता।

ग़ौरतलब (अ० वि०)–विचारणीय।

ग़ौरोख़ौज (अ० पु०)–सोच-विचार।

ग़ौस (अ० पु०)–वह मुसलमान महात्मा जो वली से बड़ा पद रखता है। (वि०) न्यायकर्ता।

ग़ौहर (फा० पु०)–मुक्ता, मोती।

गौहरअफ़्शाँ (फा० वि०)–मोती बिखेरने वाला; ऐसी मीठी बातें करने वाला मानो मोती बिखर रहे हों।

गौहर अफ़्शानी (फा० स्त्री०)–मोती बिखेरना, मीठी-मीठी बातें करना।

गौहरफ़रोश (फा० वि०)–मोती बेचने वाला, जौहरी, गुण-ग्राहकों के सामने अपने गुणों का प्रदर्शन करने वाला।

गौहरफ़रोशी (फा० स्त्री०)–मोती बेचना, गुण-ग्राहकों के सामने गुणों का प्रदर्शन।

गौहरबार (फा० वि०)–मोती बरसानेवाला, रोने वाला (विशेषतः आँख)।

गौहरबारी (फा० स्त्री०)–मोती लुटाना, रोना, आँसू बहाना।

गौहरशनास (फा० वि०)–जौहरी, गुण की परख रखने वाला।

गौहरशनासी (फा० स्त्री०)–मोती की परख, गुणों की परख।

च

चंग (फा० पु०)–डफ़ के आकार का बाजा, मुट्ठी, पंजा।

चंगनवाज़ (फा० वि०)–चंग बजानेवाला।

चंगी (फा० वि०)–चंग बजाने वाला।

चंगुल (फा० पु०)–मनुष्य का पंजा, पक्षी का पंजा।

चंदः (फा० पु०)–वह धन जो अनेक लोगों से लेकर किसी कार्य-विशेष में व्यय किया जाता है।

चंद (फा० वि०)–थोड़े, कतिपय, कितने।

चंद दर चंद (फा० वि०)–बहुत, अधिक।

चंदन (फा० पु०)–संदल, एक प्रसिद्ध सुगंधित लकड़ी।

चंदरोज़ः (फा० वि०)–थोड़े दिनों का, अस्थायी, नश्वर।

चंदसालः (फा० वि०)–जो थोड़े वर्षों के लिए हों।

चंदाँ (फा० अव्य०)–इतना, इस कदर, कितना, किस क़दर, ज़रा भी, कुछ भी।

चंदाल (फा० पु०)–अधम, नीच, चंडाल।

चंदे (फा० वि०)–थोड़े दिन, थोड़ी देर।

चंबर (फा० वि०)–परिधि, डफ़, घेरा, कारावास।

चंबरीं (फा० वि०)–गोल, मण्डला-

कार ।

चक (फा० पु०)–दस्तावेज, बैनामा, विक्रय-लेख, सीमा, हद, क्षेत्र, उद्यान, आदेश-पत्र, वृत्ति ।

चकावक (फा० पु०)–चंडूल, एक मधुर-स्वर पक्षी ।

चक़्माक़ (तु० पु०)–आग देने वाला एक पत्थर, व्यंग्य ।

चक्लः (तु० पु०)–वेश्यालय ।

चक्श (फा० पु०)–बुलबल या बाज़ आदि के बिठाने की लकड़ी ।

चख़ (फा० स्त्री०)–कलह, झगड़ा, कहा-सुनी ।

चग़ूक (फा० पु०)–गौरैया पक्षी ।

चत्र (फा० पु०)–छाता, छत्री ।

चत्रपोश (फा० वि०)–जो छाते से ढँका हो ।

चत्रे आबगूँ (फा० पु०)–आकाश ।

चत्रे ज़रनिगार (फा० पु०)–सोने के काम से सुसज्जित छाता, तारों से जड़ा आकाश ।

चत्रे नूर (फा० अ० पु०)–सूर्य ।

चत्रे शाही (फा० पु०)–बादशाहों के सिर पर लगाया जाने वाला बड़ा छाता ।

चनार (फा० पु०)–एक प्रसिद्ध वृक्ष जिसकी पत्तियों की उपमा मेंहदी लगे हाथों से दी जाती है ।

चपक़ुलश (तु० स्त्री०)–झगड़ा, खींचातानी ।

चपत (फा० स्त्री०)–चपात, थप्पड़ ।

चपरास (फा० स्त्री०)–कमर में बाँधने की पेटी, जो चौकीदार या चपरासी लगाते हैं ।

चपरासी (फा० पु०)–चपरास बाँधने वाला, माल विभाग का सम्मन आदि तामील करने वाला व्यक्ति ।

चपाती (फा० स्त्री०)–पतली रोटी ।

चबूतरः (फा० पु०)–दे०–'चौतरा' ।

चमर्गादिश (फा० स्त्री०)–इठलाकर चलना ।

चमन (फा० पु०)–उद्यान, वाटिका ।

चमन आरा (फा० वि०)–माली ।

चमन आराई (फा० स्त्री०)–बाग़ के सजाने का काम ।

चमनिस्तान (फा० पु०)–बाग़ ।

चम्चः (तु० पु०)–खाने अथवा परोसने का पात्र-विशेष ।

चर (फा० प्रत्य०)–चरने वाला; जैसे–'काहचर' घास चरने वाला ।

चरस (फा० पु०)–शिकंजः, चरागाह, भीख का माल ।

चरा (फा० अव्य०)–क्यों, किसलिए (पु०) चरागाह, चरना ।

चराग़ (फा० पु०)–दीपक ।

चराग़दान (फा० पु०)–दीवट, चराग़ रखने का पात्र ।

चराग़पा (फा० पु०)–बहुत क्रोधित ।

चराग़ाँ (फा० पु०)–जलते हुए चरागों की कतारें, दीपावली ।

चरागाह (फा० स्त्री०)–पशुओं के चरने का स्थान ।

चराग़े आस्मानी (फा० पु०)–विद्युत्, बिजली ।

चराग़े तहेदामन (फा० पु०)–हवा के वेग से बचाने के लिए दामन के नीचे किया हुआ दीपक ।

चराग़े मज़ार (फा० अ० पु०)–क़ब्र पर जलने वाला दीपक ।

चरिंदः (फा० वि०)–पशु, चौपाया ।

चर्ख़ः (फा० पु०)–सूत या ऊन कातने का यन्त्र, चर्खा ।

चर्ख़ (फा० पु०)–चक्कर, चक्र, आकाश, पहिया, रहट, कुएँ से पानी निकालने का गर्रा, चारों ओर फिरना।

चर्ख़ अंदाज़ (फा० वि०)–अच्छा तीर चलाने वाला, धनुर्धर।

चर्ख़जन (फा० वि०)–नाचने वाला (वाली), नर्तक, नर्तकी।

चर्ख़जनी (फा० स्त्री०)–नाचना, पर्यटन करना।

चर्ख़जी (फा० स्त्री०)–सेना का आगे चलने वाला दस्ता।

चर्ख़ाब (फा० पु०)–जलावर्त, भँवर।

चर्ख़ी (फा० स्त्री०)–कपास ओटने का यंत्र, एक आतशबाज़ी। पंतग की डोर लपेटने का हुचका।

चर्ख़ुश्त (फा० पु०)–कोल्हू।

चर्ख़ूक (फा० पु०)–लट्टू।

चर्ख़े फ़लक (फा० अ० पु०)–सबसे ऊँचा आकाश, जिस पर ईश्वर का सिंहासन है, अर्श।

चर्ख़े बरीं (फा० पु०)–ऊँचा आकाश; सबसे ऊपर वाला आकाश।

चर्ग़ (फा० पु०)–श्येन, शिक्रा बाज़, लकड़बग्घा।

चर्ग़द (फा० पु०)–झींगुर।

चर्ब: (फा० पु०)–अवसी काग़ज़, प्रतिलिपि।

चर्ब (फा० वि०)–चिकना, स्निग्ध।

चर्ब ज़बाँ (फा० वि०)–चाटुकार, वाचाल।

चर्म (फा० पु०)–चमड़ा।

चर्मदोज़ (फा० वि०)–मोची, चर्मकार।

चर्मदोज़ी (फा० स्त्री०)–चमड़ा सीने का काम।

चश्म: (फा० पु०)–सोता, स्रोत, सरिता, ऐनक।

चश्म:ज़ार (फा० पु०)–जहाँ चश्मे ही चश्मे हों।

चश्म (फा० पु०)–नेत्र, आँख, आशा।

चश्मए आफ़्ताब (फा० पु०)–सूर्य।

चश्मए ख़िज्र (फा० अ० पु०)–आबेहयात का चश्मा, अमृत कुंड।

चश्मए गर्म (फा० पु०)–वह सोता जहाँ से गर्म पानी निकलता हो।

चश्मज़द (फा० पु०)–नज़र लगाना, आँख का संकेत करना, डरना, पलक झपकना, पल, लमहा।

चश्मदीद (फा० वि०)–आँख से देखा हुआ, जो आँखों के सामने घटित हुआ हो।

चश्मपोशी (फा० स्त्री०)–किसी का दोष देखते हुए भी निगाह बचा जाना, दर गुज़र।

चश्मे पुरआब (फा० स्त्री०)–जिस आँख में आँसू भरे हुए हों, रोनेवाली आँख, चश्मे पुरनम।

चश्मेबद (फा० स्त्री०)–कुदृष्टि।

चश्मे बददूर (फा० वा०)–एक आशीर्वाद, तुम्हें बुरी नजर न लगे।

चश्मे बातिन (फा० अ० स्त्री०)–अन्तर्दृष्टि।

चश्मे बेआब (फा० स्त्री०)–जिस आँख में पानी न हो अर्थात् निर्लज्ज।

चश्मे बेदार (फा० स्त्री०)–जागती हुई आँख, खुली हुई आँख, सजग, सचेष्ट।

चश्मे शब (फा० स्त्री०)–चन्द्रमा।

चश्मे सियाह (फा० स्त्री०)–इस शब्द का प्रयोग जब प्रेमिका के लिए हो तो सुन्दर आँख और जब अपने लिए हो तो अंधी आँख।

चस्पाँ (फा० वि०)–चिपका हुआ, चरितार्थ, मुताबिक़।

चहचहः (फा० पु०)–चिड़ियों की चहचहाहट।

चहार (फा० वि०)–चार, चार की संख्या।

चहारगानः (फा० वि०)–चार से संबंध रखने वाला, चार सूत्रवाला, चार प्रकार वाला।

चहारचंद (फा० वि०)–चौगुना।

चहार जानिब (फा० अ० वि०)–चारों ओर।

चहारदह (फा० वि०)–चौदह, चतुर्दश।

चहारदहुम (फा० वि०)–चौदहवाँ, चतुर्दशी।

चहारपहलू (फा० वि०)–चार कोने वाला, चतुष्कोण।

चहारमेख़े हयात (फा० अ० स्त्री०)–आग, पानी, वायु, पृथ्वी, चारों तत्त्व।

चहार शंबः (फा० पु०)–बुधवार।

चहारुम (फा० वि०)–चौथा, चतुर्थ।

चाक़ (तु० वि०)–स्वस्थ, सतर्क, तत्पर।

चाक (फा० पु०)–दरार, विदीर्ण, फटा हुआ।

चाक चाक (फा० वि०)–टुकड़े-टुकड़े।

चाकर (फा० पु०)–सेवक, नौकर।

चाकरी (फा० स्त्री०)–सेवा कर्म, दासता, नौकरी।

चाक़ू (फा० पु०)–एक विशेष प्रकार की दस्तेदार छोटी छुरी।

चाके गिरीबाँ (फा० पु०)–कुर्ते आदि के गले की फटन।

चाके जिगर (फा० पु०)–हृदय का घाव, प्रेम का जख़्म।

चाके दामन (फा० पु०)–दामन की फटन, जो प्रेम के आवेग में फाड़ा जाता है।

चादर (फा० स्त्री०)–ओढ़ने का वस्त्र, प्रच्छादन, ख़ेमा।

चादरे आब (फा० स्त्री०)–पानी की सतह, जल-स्तर।

चादरे महताब (फा० स्त्री०)–चाँदनी का फर्श।

चापाती (फा० स्त्री०)–चपाती, पतली और बड़ी रोटी।

चाप्लूस (फा० वि०)–चाटुकार, ख़ुशामदी।

चाबुक (फा० पु०)–कोड़ा, तीव्र, निपुण।

चाबुक ख़िरामी (फा० स्त्री०)–तेज़ चलना, शीघ्र गति।

चाबुकज़न (फा० वि०)–कोड़ा मारने वाला।

चाबुकज़नी (फा० स्त्री०)–कोड़ा मारना।

चाबुकदस्त (फा० वि०)–कारीगरी में कुशल।

चाबुकदस्ती (फा० स्त्री०)–कारीगरी में कुशलता, काम की तेज़ी।

चाबुकसवार (फा० पु०)–अच्छा घुड़सवार, वह व्यक्ति जो घोड़ों को सधाता और सिखाता है।

चाबुकी (फा० स्त्री०)–निपुणता, (पु०) तेज घोड़ा।

चामः (फा० पु०)–कविता, काव्य, शे'र, गज़ल।

चामःगो (फा० वि०)–कविता करने वाला, कवि शाइर।

चारः (फा० पु०)–उपाय, प्रयत्न, उपचार, आश्रय।

चार:गर (फा० वि०)–चिकित्सक, वैद्य।

चार:गरी (फा० स्त्री०)–चिकित्सा, उपचार।

चार:जोई (फा० स्त्री०)–प्रयत्न, दौड़ भाग, कोशिश।

चार:पिज़ीर (फा० वि०)–जिसकी चिकित्सा हो सके, साध्य, जिसका उपाय हो सके।

चार (फा० वि०)–चार की संख्या, चिकित्सा।

चारख़ान: (फा० पु०)–चौकोर खानों वाला कपड़ा जिसमें चार खाने हों।

चारगाह (फा० पु०)–एक रागिनी, आदमी का शरीर जो आग, पानी, वायु और मिट्टी—इन चार तत्त्वों से बना है।

चारज़ानू (फा० पु०)–पलथी मारकर बैठने की मुद्रा।

चारदह (फा० वि०)–चौदह, चतुर्दश।

चारदीवारी (फा० स्त्री०)–प्राचीर। इहाता।

चारसू (फा० पु०)–चारों ओर, चौक बाजार।

चाय (फा० स्त्री०)–पीने की एक प्रसिद्ध पत्ती।

चाल (फा० पु०)–गर्त, गढ़ा।

चालाक (फा० वि०)–निपुण, दक्ष, धूर्त, छली, बेईमान, तीव्र।

चालाकी (फा० स्त्री०)–धूर्तता, ठगी, बेईमानी, दक्षता।

चाश्नी (फा० स्त्री०)–शकर आदि का गर्म किया हुआ रस, चखने का भाव।

चाश्नीगीर (फा० वि०)–रसोइया।

चाह (फा० पु०)–कुआँ

चाहे ज़क़न (फा० अ० पु०)–वह गढ़ा जो ठोड़ी के बीच में होता है, चिबुक कूपिका।

चि (फा० अव्य०)–क्या, कि।

चिक़ (तु० वि०)–चिलमन, चिक, चिग़।

चिकार: (फा० वि०)–निकम्मा, नाकार:।

चिकिन (फा० स्त्री०)–एक प्रकार का कशीदा, जो रेशम या सूत से कपड़े पर काढ़ा जाता है; इस कशीदे का कपड़ा।

चिग़ताई (तु० वि०)–चिग़ता क़ौम का व्यक्ति, चुग़ताई।

चिराग़ (फा० पु०)–चराग़, दीपक।

चिलग़ोज़: (फा० पु०)–चीड़ का फल, मश्हूर मेवा।

चिलिम (फा० स्त्री०)–तम्बाकू पीने का पात्र, चिलम।

चिलिमपोश (फा० पु०)–चिलिम पर ढाँकने का ढक्कन, जिससे आग न उड़े।

चिल्ल: (फा० पु०)–कोना, चालीस दिन में होने वाला काम।

चिश्त (फा० पु०)–अफ़ग़ानिस्तान का एक गाँव।

चिश्ती (फा० वि०)–चिश्ती खानदान का मुरीद।

चिहिलक़दमी (फा० अ० स्त्री०)–धीरे-धीरे टहलना।

चिहिलरोज़: (फा० वि०)–चालीस दिन के प्रोग्राम का काम।

चिहिलुम (फा० वि०)–चालीसवाँ, कर्बला के शहीदों का चालीसवाँ।

चीं बजबीं (फा० वि०)–जिसके मस्तक पर अप्रसन्नता से वल पड़ गए हों, रुष्ट।

ची (तु० प्रत्य०)–वाला, शब्द के अन्त

में आकर अर्थ देता है, जैसे तोपची ।

चीज़ (फा० स्त्री०)–वस्तु, पदार्थ ।

चीदः (फा० वि०)–चुना हुआ, बढ़िया ।

चीनः (फा० पु०)–वे अन्न के दाने, जो पक्षी खाते हैं, दीवार का रद्दा ।

चीन (फा० प्रत्य०)–चुनने वाला, जैसे–'गुलचीन' फूल चुनने वाला, (पु०) एक प्रसिद्ध देश ।

चीनी (फा० वि०) -चीन का निवासी चीन की भाषा, चीन की सफेद मिट्टी, सफेद दानेदार मिठास ।

चीने अब्रू (फा० स्त्री०)–भौंहों का तनाव, जो क्रोध का चिह्न है ।

चीने जबीं (फा० स्त्री०)–माथे का बल, जो अप्रसन्नता का चिह्न है ।

चीरः (फा० वि०)–शक्तिशाली, विजेता (पु०) पगड़ी ।

चीरःदस्ती (फा० स्त्री०)–अत्याचार ।

चीस्ताँ (फा० स्त्री०)–पहेली, बुझौवल ।

चुंग (फा० स्त्री०)–चोंच ।

चुक़ंदर (फा० पु०)–शलजम के आकार का एक लाल रंग का कंद, तरकारी ।

चुग़ा (तु० पु०)–पैरों तक लटकता हुआ एक प्रकार का ढीला पहनावा, लबादा, अँगरखा, चोग़ा ।

चुग़ुल (तु० वि०)–चुग़ली खाने वाला ।

चुग़ुलख़ोर (अ० वि०)–चुग़ली खाने वाला ।

चुग़लखोरी (अ० स्त्री०)–चुग़ली खाना ।

चुग़ुली (तु० स्त्री०)–चुग़ली खाना, पिशुनता ।

चुग़द (फा० पु०)–उलूक, उल्लू (वि०) मूर्ख ।

चुनाँ (फा० अव्य०)–वैसा, उतना, इतना, ऐसा ।

चुनाँचे (फा० अव्य०)–अतः, इसलिए, फलस्वरूप ।

चुनीदः (फा० वि०)–चुना हुआ ।

चुस्त (फा० वि०)–दक्ष, फुर्तीला, दृढ़, मजबूत ।

चुस्ती (फा० स्त्री०)–दक्षता, फुर्तीलापन, दृढ़ता ।

चूँ (फा० अव्य०)–कैसे, किस प्रकार, जब, जिस समय, तुल्य, समान ।

चूँकि (फा० अव्य०)–क्योंकि ।

चूज़ः (फा० पु०)–मुर्गी का बच्चा ।

चूनोचरा (फा० स्त्री०)–क्यों, किस लिए, अगर, मगर ।

चेचक (तु० स्त्री०)–फूल, गुल, शीतला रोग, विस्फोटक ।

चेहरः (फा० पु०)–शक्ल, मुखाकृति, मुखमण्डल ।

चेहरःकुशाई (फा० स्त्री०)–मुँह खोलना, चित्रोद्घाटन ।

चेहरःनवीसी (फा० स्त्री०)–हुल्या लिखने का काम ।

चेहरःपर्दाज़ (फा० वि०)–चित्रकार ।

चो (फा० अव्य०)–जो, अगर, यदि, जब, जिस समय ।

चोब (फा० स्त्री०)–काष्ठ, लकड़ी, लाठी ।

चोबकज़न (फा० वि०)–नक्क़ारची, नक्क़ारा बजाने वाला ।

चोबकी (फा० वि०)–चोबदार, दंडधारी ।

चोबदस्ती (फा० स्त्री०)–हाथ में पकड़ने की छड़ी ।

चोबदार (फा० पु०)–लकड़ी लेकर आगे चलने वाला व्यक्ति, प्रतिहारी, द्वारपाल ।

चोबी (फा० वि०)–लकड़ी या काठ का।

चोबे ता'लीम (फा० अ० स्त्री०)–पढ़ाने वाले का डंडा, जिससे वह मारता है।

चोशीदः (फा० वि०)–चूसा हुआ।

चौगाँबाज़ (फा० वि०)–चौगान (पोलो) खेलने वाला।

चौगाँबाज़ी (फा० स्त्री०)–पोलो का खेल।

चौगान (फा० पु०)–एक खेल, जिसमें घोड़ों पर चढ़कर गेंद खेला जाता है, पोलो।

चौगानी (फा० पु०)–वह घोड़ा जो पोलो पर सधा हो।

चौतरः (फा० पु०)–चबूतरा, मकान के आगे का फर्श।

चौसीदः (फा० वि०)–चिपका हुआ।

ज

जंग (फा० स्त्री०)–युद्ध, लड़ाई, कलह, झगड़ा, उपद्रव, शत्रुता, प्रतिद्वंद्विता।

जंग (फा० पु०)–ठंड और तरी से धातुओं में लगने वाला मैल, मोरचा, पाप गुनाह, घंटा।

जंग आज़मा (फा० वि०)–युद्ध-कुशल, लड़ाई का अनुभवी।

जंग आज़मा (फा० स्त्री०)–लड़ाई का अनुभव।

जंग आज़मूदः (फा० वि०)–अनुभवी योद्धा।

जंग आलूदः (फा० वि०)–मोरचा खाया हुआ, जंग लगा हुआ।

जंगख्वाह (फा० वि०)–लड़ाई चाहने वाला।

जंगगाह (फा० स्त्री०)–युद्ध-क्षेत्र।

जंगजू (फा० वि०)–प्रकृति से लड़ाई-झगडा पसंद करने वाला, सैनिक।

जंगजूई (फा० स्त्री०)–लड़ाकापन, युद्ध, लड़ाई।

जंग ना आज़मूदः (फा० वि०)–जिसे युद्ध का अनुभव न हो।

जंगपसंदी (फा० स्त्री०)–युद्ध को पसंद करना।

जंगबाज़ी (फा० स्त्री०)–हर समस्या को लड़ाई द्वारा ही हल करने की कोशिश करना।

जंगल (फा० पु०)–वन, कानन।

जंगली (फा० वि०)–जंगल का निवासी, असभ्य।

जंगी (फा० वि०)–लड़ाई से संबंध रखने वाला।

जंगे आज़ादी (फा० स्त्री०)–देश को पराधीनता से मुक्त कराने की लड़ाई।

जंगे बरी (फा० अ० स्त्री०)–स्थल युद्ध।

जंगे बह्री (फा० अ० स्त्री०)–समुद्र में जहाजों की लड़ाई।

जंगे हवाई (फा० अ० स्त्री०)–आकाश में वायुयानों द्वारा लड़ाई।

जंगोजदल (फा० अ० स्त्री०)–मार-काट, रक्तपात।

जंजबार (अ० पु०)–पूर्वी अफ्रीका का एक टापू, जहाँ से लौंग आता है।

जंजीरः (फा० पु०)–तरंग, मौज,

लहर

जंज़ीर:बंदी (फा० स्त्री०)–एक वस्तु का दूसरी वस्तु से अनिवार्य सम्बन्ध।

जंजीर (फा० स्त्री०)–शृंखला, साँकल।

जंजीरखानः (फा० पु०)–कारावास, जेलखाना।

जंजीरगर (फा० वि०)–जंजीर बनानेवाला।

जंजीरबान (फा० वि०)–कारागार का अध्यक्ष, जेलर।

जंजीरमू (फा० वि०)–घुँघराले बालोंवाला (वाली)।

जंजीरी (फा० वि०)–बंदी, पागल।

जंजीरे आहन (फा० स्त्री०)–लोहे की जंजीर।

जंद (फा० पु०)–जरदुश्त का ग्रंथ, जो पारसियों का मूल धार्मिक ग्रंथ है।

जंबील (अ० स्त्री०)–थैला, पिटारा।

जंबूरः (फा० पु०)–छोटी तोप, बर्र।

जंबूरे असल (फा० अ० पु०)–शहद की मक्खी।

जईफ़ः (अ० स्त्री०)–वृद्धा स्त्री, निर्बला स्त्री।

जईफ़ (अ० वि०)–वृद्ध, निर्बल।

जईफ़ी (अ० स्त्री०)–वृद्धावस्था, कमज़ोरी।

जक़ंद (फा० स्त्री०)–उछाल, छलाँग।

जक (फा० स्त्री०)–हानि, अनिष्ट।

जकरीया (अ० पु०)–एक पैग़म्बर जिन्हें आरे से चीर दिया गया था।

जका (अ० स्त्री०)–बुद्धि, विवेक, बढ़ना, विकास।

जकात (अ० स्त्री०)–इस्लाम धर्म के अनुसार ढाई प्रतिशत का दान, जो उन लोगों को देना पड़ता है जो मालदार हों और उन लोगों को दिया जाता है जो अपाहिज या असहाय और साधनहीन हों।

ज़मी (अ० वि०)–बुद्धिमान, पवित्र।

जख़ीम (अ० वि०)–स्थूल, दलदार, बड़ा।

जखीर:अंदोज (अ० फा० वि०)–अनाज आदि का संचय करने वाला।

ज़खीर:अंदोज़ी (अ० फा० स्त्री०)–अनाज आदि अथवा दूसरी बिकनेवाली वस्तुओं को इस आशय से जमा करना कि जब महँगी होगी, तब बेचेंगे।

जखीरएआख़िरत (अ० पु०)–परलोक में काम आने वाले कर्म अर्थात् जप-तप आदि का संचय।

ज़ख्म (फा० पु०)–आघात, घाव।

ज़ख्मी (फा० वि०)–घायल, आहत।

ज़ख्मी दिल (फा० वि०)–जिसका हृदय प्रेम से घायल हो।

ज़ख्मेजिगर (फा० पु०)–जिगर का घाव, प्रेम का ज़ख्म।

ज़ख्मेदिल (फा० पु०)–हृदय का घाव, प्रेम का घाव।

ज़ख्मेपिन्हाँ (फा० पु०)–भीतरी घाव, दिल का जख्म।

जग़न (फा० स्त्री०)–चील, एक प्रसिद्ध पक्षी।

जच्चः (फा० स्त्री०)–प्रसूता।

ज़च्चःख़ानः (फा० पु०)–प्रसव-गृह।

ज़च्चःगरी (फा० स्त्री०)–धात्री-कर्म।

जज़ा (अ० स्त्री०)–प्रत्युपकार, प्रतिकार, अधीरता।

जज़ीरः (अ० पु०)–द्वीप।

जज़ीर:नुमा (अ० फा० पु०)–प्राय-द्वीप।

जज्ब: (अ० पु०)–भावना, मनो-वृत्ति।

जज्ब (अ० पु०)–आकर्षण ब्रह्मलीनता (वि०) आत्मसात्, एक में समाया हुआ।

जज्बएइश्क़ (अ० पु०)–प्रेमाकर्षण।

जज्बएकामिल (अ० पु०)–पूर्णाकर्षण, प्रेमाकर्षण।

जज्बएदिल (अ० फा० पु०)–हृदया-कर्षण।

जज्बात (अ० पु०)–भावनाएँ, विचार।

जज्बाती (अ० वि०)–भावुक।

जज्बातीयत (अ० स्त्री०)–भावुकता, भावनाओं का वेग।

जज्बे दिल (अ० फा० पु०)–प्रेम का आकर्षण।

जज्रोमद (अ० पु०)–ज्वारभाटा।

ज़द: (फा० वि०)–मारा हुआ, आहत, (प्रत्य०) मारा हुआ, जैसे 'गमज़द:' गम का मारा हुआ।

ज़द (फा० स्त्री०)–चोट, मार, निशाना, सामना।

जदल (अ० स्त्री०)-युद्ध, समर, कलह, वाद-विवाद।

जदीद (अ० वि०)–नवीन, आधुनिक, हाल का, प्रतीच्य।

जदीदान (अ० पु०)–दिन-रात।

ज़दोकोब (फा० स्त्री०)–मारपीट।

ज़न (फा० स्त्री०)–स्त्री, नारी, पत्नी, (प्रत्य०) मारने वाला।

ज़नपरस्त (फा० वि०)–पत्नी-भक्त।

ज़नमुरीद (फा० अ० वि०)–अपनी पत्नी को ही सब कुछ समझने वाला, पत्नी-भक्त।

जनाज: (अ० पु०)–कफ़न में लपेटा हुआ शव।

जनाज:बरदार (अ० फा० वि०)–जनाज़ा उठाने वाला।

जनाज:बरदोश (अ० फा० वि०)–कंधे पर जनाज़ा उठाये हुए।

ज़नान: (फा० पु०)–स्त्रियों-जैसे स्वभाव वाला पुरुष। क्लीब, स्त्रियों का. स्त्रियों के योग्य।

ज़नानख़ान: (अ० पु०)–अन्तःपुर, स्त्रियों का घर।

जनाब (अ० स्त्री०)–सम्मुख, श्रीमान, महोदय।

जनाबे आली (अ० वि०)–मान्यवर।

जनाबे मोहतरम (अ० वि०)–दे० 'जनाबे आली'।

जनूब (अ० पु०)–दक्षिण।

जनूबी (अ० वि०)–दक्षिणी।

जन्नत (अ० स्त्री०)–स्वर्ग, सुरलोक, उद्यान।

जन्नत आरामगाह (अ० फा० वि०)–दिवंगत, स्वर्गीय।

जन्नतनशीं (अ० फा० वि०)–जो स्वर्ग में रह रहा हो, अर्थात् जो मर गया हो, स्वर्गवासी।

जन्नती (अ० वि०)–जिसको मरने के पश्चात् स्वर्ग प्राप्त हुआ हो, स्वर्गीय, पुण्यातमा, सदाचारी।

जन्नतुलमावा (अ० स्त्री०)–सबसे ऊपर का स्वर्ग।

जन्नते नज़र (अ० स्त्री०)–ऐसी सुंदर और अद्भुत चीज़ जो दृष्टि के लिए स्वर्ग के समान हो, जो दृष्टि को स्वर्ग का आनंद दे।

ज़फर (अ० स्त्री०)–विजय, सफलता।

ज़फ़रनसीब (अ० वि०)–जिसके भाग्य

में विजय हो, विजयशील।

जफ़रनिशाँ (अ० फा० वि०)–विजेता, ज़फरयाब।

जफ़ा (फा० स्त्री०)–अत्याचार, अन्याय, ज़ुल्म।

जफ़ाएचर्ख़ (फा० स्त्री०)–दैवी कोप, भाग्यचक्र।

जफ़ाकश (फा० वि०)–मेहनती, पराक्रमी।

जफ़ाकार (फा० वि०)–अत्याचारी।

जफ़ापर्वर (फा० वि०)–अत्याचारों को प्रोत्साहन देने वाला।

जबर (फा० पु०)–शक्तिशाली, भारी।

जबरदस्त (फा० वि०)–शक्तिशाली, प्रचंड, अति तीव्र।

जबरदस्ती (फा० स्त्री०)–अत्याचार, हठात्, बलात्, बलपूर्वक।

जबल (अ० पु०)–पर्वत, पहाड़।

जबाँ (फा० स्त्री०)–जीभ, किसी देश की बोली, भाषा, क़रार, वचन।

जबाँआवरी (फा० स्त्री०)–भाषा का अच्छा ज्ञान, कविता।

जबाँगीर (फा० वि०)–गुप्तचर, जासूस।

जबाँजाद (फा० वि०)–जनता में प्रसिद्ध बात।

जबाँदाँ (फा० वि०)–किसी भाषा का विद्वान्, भाषाविज्ञ।

जबाँबंदी (फा० स्त्री०)–बोलने की मनाही।

जबान (फा० स्त्री०)–दे० 'जबाँ', जिह्वा।

जबानी (फा० वि०)–मौखिक, मुँह से।

जबाने क़लम (फा० अ० स्त्री०)–कलम की नोक, होल्डर का निब, क़लमरूपी मनुष्य की ज़बान।

जबाने शीरीं (फा० स्त्री०)–मीठी ज़बान, जिस ज़बान से मीठी-मीठी बातें निकलती हों।

जबाने हाल (फा० अ० स्त्री०)–दशा, दशारूपी मनुष्य की जिह्वा।

जबीं (फा० स्त्री०)–माथा, ललाट, मस्तक।

जबीं फ़र्सा (फा० वि०)–जमीन पर माथा टेककर सलाम करने वाला; बहुत ही दीनता प्रकट करने वाला।

जबीह (अ० वि०)–ज़बह किया हुआ, हलाल किया हुआ।

जबूँ (फा० वि०)–निकृष्ट, दूषित।

जबूँहाल (फा० अ० वि०)–दुर्दशा-ग्रस्त।

जबूँहाली (फा० अ० स्त्री०)–दुर्दशा।

जबूर (अ० स्त्री०)–वह आसमानी किताब जो पैग़म्बर दाऊद पर अवतरित हुई थी।

जब्त (अ० पु०)–सहन, सहनशीलता, प्रबंध, क्रम।

जब्ती (अ० स्त्री०)–किसी चीज़ पर ज़बरदस्ती कब्ज़ा।

जब्ते अश्क (अ० फा० पु०)–आँसू रोकना।

जब्ते आह (अ० फा० पु०)–आह रोकना, मुँह से आह न निकलने देना।

जब्ते ग़म (अ० फा० पु०)–कष्ट और दुःख प्रकट न होने देना।

जब्र (अ० पु०)–अत्याचार, अन्याय, यह सिद्धांत कि मनुष्य नितांत बेवश है, जो कुछ करता है, ईश्वर करता है।

जब्रन (अ० वि०)–ज़बरदस्ती, हठात्।

जब्रीय: (अ० वि०)–ज़बरदस्ती का, यह सिद्धांत मानने वाला कि मनुष्य स्वयं कुछ नहीं करता, सब कुछ ईश्वर कराता है।

जब्रोक़द्र (अ० पु०)–यह सिद्धांत कि ईश्वर सब कुछ करता है और मनुष्य कुछ नहीं कर सकता।

जब्रोमुक़ाबल: (अ० पु०)–'अलजब्रा' बीजगणित।

ज़ब्ह (अ० पु०)–वध, हत्या।

ज़म (अ० पु०)–निंदा, बुराई, अश्लीलता, शीत, मिलना।

ज़मज़म (अ० पु०)–मक्के का एक कुआँ, जिसका पानी बहुत ही पवित्र समझा जाता है।

जमन (फ़ा० स्त्री०)–यमुना नदी।

ज़मन (अ० पु०)–ज़माना; संसार, काल, विश्व, विपत्ति।

जमशेद (फ़ा० पु०)–ईरान का एक प्राचीन शासक, जिसके पास एक प्याला था, जिससे उसे संसार भर का हाल ज्ञात हो जाता था।

ज़माँ (अ० पु०)–काल, समय, युग, विलंब, दशा।

जमाअत (अ० स्त्री०)–पंक्ति, वर्ग, कक्षा।

ज़मान: (अ० पु०)–समय, काल, विलंब, दशा।

ज़मान:शनास (अ० फ़ा० वि०)–समय को पहचानने वाला; समय के अनुकूल काम करने वाला।

ज़मान:साज (अ० फ़ा० वि०)–धूर्त, छली अवसरवादी।

ज़मानए क़दीम (अ० पु०)–प्राचीन-काल।

ज़मानए जदीद (अ० पु०)–आधुनिक-काल।

ज़मानए जाहिलीयत (अ० पु०)–मूर्खता-काल, इस्लामी परिभाषा के अनुसार अरब में इस्लाम के पूर्व का समय।

ज़मानए दराज़ (अ० फ़ा० पु०)–लंबा समय, दीर्घकाल।

ज़मानए माक़ब्ले तारीख (अ० पु०)–वह समय, जब इतिहास नहीं लिखा जाता था, इतिहास-पूर्वकाल।

ज़मानए माज़ी (अ० पु०)–भूतकाल।

ज़मानत (अ० स्त्री०)–प्रतिभूति।

ज़मानतदार (अ० फ़ा० पु०)–प्रतिभू, ज़ामिन।

ज़मानतनाम: (अ० फ़ा० पु०)–प्रतिभूति-पत्र।

ज़मानती (अ० पु०)–दे० 'ज़मानतदार' ज़मानत का।

जमाल (अ० पु०)–सौन्दर्य, रूप, शोभा, छवि।

जमालिस्तान (अ० फ़ा० पु०)–वह जगह जहाँ सुंदरियाँ ही सुंदरियाँ हों।

जमाली (अ० वि०)–रूप से संबंध रखने वाला, वह जप (अमल) जिसके जप में प्राणभय न हो।

जमालीयात (अ० पु०)–सौंदर्य संबंधी बातें।

ज़मीं (फ़ा० पु०)–पृथ्वी, भूमि, देश।

ज़मींदार (फ़ा० पु०)–भू-स्वामी, भूमिपति।

ज़मींदारी (फ़ा० स्त्री०)–राज्य की ओर से गाँव के ठेके की पद्धति।

जमीअ (अ० वि०)–समस्त, कुल, सब, संपूर्ण।

ज़मीन (फ़ा० स्त्री०)–भूमि, दे० 'ज़मीं'।

ज़मीम: (अ० पु०)–परिशिष्ट, किसी

समाचारपत्र या पुस्तक का विशेष भाग।

ज़मीर (अ० पु०)–अंतरात्मा, सर्वनाम, मन।

ज़मीर आगाह (अ० फा० वि०)–अंतर्यामी, दिल की बात जानने वाला।

ज़मीरफ़रोश (अ० फा० वि०)–अवसरवादी।

ज़मीरफ़रोशी (अ० फा० स्त्री०)–गद्दारी, आत्म-विक्रय।

जमील (अ० वि०)–सुंदर, रूपवान्।

जम्अ (अ० स्त्री०)–आय, संचित।

जम्अदार (अ० फा० पु०)–सिपाहियों का नायक।

जम्ईयत (अ० स्त्री०)–दल, समूह, समुदाय, सभा।

जम्ईयतुलउलमा (अ० स्त्री०)–विद्वानों की मंडली।

जम्ईयते ख़ातिर (अ० स्त्री०)–आत्मसंतोष।

ज़म्ज़म (अ० पु०)–मक्के का एक पवित्र कुआँ, उस कुएँ का पानी।

जम्मेग़फ़ीर (अ० पु०)–बहुत बड़ी भीड़।

ज़म्हरीर (फा० पु०)–बहुत ही कड़ा जाड़ा, वायुमंडल का वह भाग जो बहुत ही ठंडा है।

ज़र (फा० पु०)–स्वर्ण, सोना, धन, बहुत बूढ़ा या बूढ़ी।

ज़रकश (फा० वि०)–सोने-चाँदी के तारों से कलाबत्तू बनानेवाला; सोने-चाँदी के तारों से बना हुआ कपड़ा।

ज़रकशी (फा० स्त्री०)–सोने चाँदी के तारों का काम, कलाबत्तू का काम।

ज़रकार (फा० वि०)–सुनहले काम की चीज़।

ज़रकोब (फा० वि०)–सोने-चाँदी के वरक़ बनाने वाला।

ज़रकोबी (फा० स्त्री०)–सोने-चाँदी के वरक़ बनाना।

ज़रख़रीद (फा० वि०)–अपने दामों से मोल लिया हुआ, मोल लिया हुआ दास।

ज़रख़ेज़ (फा० वि०)–अच्छी उपजाऊ भूमि, उर्वरा।

ज़रख़ेज़ी (फा० स्त्री०)–ज़मीन का उपजाऊ होना।

ज़रगर (फा० पु०)–स्वर्णकार।

ज़रगरी (फा० स्त्री०)–सोने-चाँदी का काम बनाना, सोने-चाँदी के जेवर बनाना।

ज़रदुश्त (फा० पु०) ज़रतुश्त, एक ईरानी महात्मा। इसने सम्राट् गुश्ताश्प के समय में एक धर्म चलाया, जिसका मुख्य उद्देश्य अग्नि-पूजा था। इसका धर्म-ग्रन्थ 'ज़ेंद' है।

ज़रदोज़ (फा० वि०)–ज़रदोज़ी का काम करने वाला, कारचोब।

ज़रदोज़ी (फा० स्त्री०)–सल्मेसितारा और जरी का काम, कारचोबी।

ज़रदोस्ती (फा० स्त्री०)–धन का लोभ, कृपणता।

ज़रपरस्त (फा० वि०)–रुपये की पूजा करने वाला, महाकंजूस।

ज़रबफ़्त (फा० पु०)–सोने चाँदी के तारों से बना हुआ क़ीमती कपड़ा।

ज़रर (अ० पु०)–हानि, अनिष्ट।

ज़रररसाँ (अ० फा० वि०)–हानिकारक।

ज़रररसानी (अ० फा० स्त्री०)–हानिकारिता।

जरररसी (अ० फा० स्त्री०)–हानि पहुँचना।

जरररसीद: (अ० फा० वि०)–हानि-पीड़ित।

जरस (फा० पु०)–घंटा, घड़ियाल।

ज़रा (तु० वि०)–किंचित्, अल्प, थोड़ा।

जराइद (अ० पु०)–'जरीद:' का बहु०, समाचार-पत्र।

जराइम (अ० पु०)–अनेक प्रकार के अपराध।

जराइमपेश: (अ० फा० वि०)–जिसे अपराध करने की आदत हो।

ज़राफ़ (अ० पु०)–एक धारीदार जंगली पशु, जो ऊँट के बराबर होता है, ज़िराफ़।

ज़राफ़त (अ० स्त्री०)–हँसी, मनोरंजन, व्यंग्य, हास्यविनोद।

ज़राफ़त अंगेज़ (अ० फा० वि०)–ज़राफत पैदा करने वाला।

ज़राफ़त आमेज़ (अ० फा० वि०)–परिहासपूर्ण।

ज़राफ़त निगार (अ० फा० वि०)–हास्य-लेखक।

ज़राफ़त निगारी (अ० फा० स्त्री०)–हास्य-लेख लिखना।

ज़राफ़तपसंदी (अ० फा० स्त्री०)–मनोरंजन की बातों का अच्छा लगना।

जरासीम (अ० पु०)–कीटाणुगण।

जराहत (अ० स्त्री०)–शल्य क्रिया।

ज़रीं (फा० वि०)–सोने का बना हुआ, स्वर्णिम।

ज़री (फा० स्त्री०)–सोने-चाँदी के तार, जिन पर सुनहरा मुलम्मा हो।

जरीदः निगार (अ० फा० वि०)–पत्रकार।

जरीदः निगारी (अ० फा० स्त्री०)–पत्रकारिता।

जरीदिल (अ० फा० वि०)–साहसी।

ज़रीन: (फा० स्त्री०)–सुनहरी।

ज़रीफ़ (अ० वि०)–विनोदप्रिय।

ज़रीफ़तब्अ (अ० वि०)–मनोविनोदी।

ज़रीफ़ मिज़ाज (अ० वि०)–विनोदप्रिय।

ज़रीफ़ान: (अ० फा० वि०)–हास्यपूर्ण।

जरीब (फा० स्त्री०)–खेत नापने की जंजीर।

जरीबकश (फा० वि०)–जरीब से खेत नापने वाला।

ज़रीह (अ० वि०)–घायल, आहत।

ज़रीह (अ० स्त्री०)–समाधि, क़ब्र।

ज़रूर (अ० वि०)–अवश्य, निश्चित रूप से।

ज़रूरत (अ० स्त्री०)–आवश्यकता, आकांक्षा, कारण।

ज़रूरतमंद (अ० फा० वि०)–इच्छुक, दरिद्र, भिक्षुक।

ज़रूरी (अ० वि०)–आवश्यक, अनिवार्य।

ज़रूरीयात (अ० स्त्री०)–आवश्यकताएँ।

ज़रे ख़ालिस (फा० अ० पु०)–खरा सिक्का, खरा सोना-चाँदी।

ज़रे गुल (फा० पु०)–पराग, पुष्परज।

ज़रे नक़्द (फा० अ० पु०)–नक़्द रुपया, कैश।

ज़रे पेशगी (फा० पु०)–अग्रिम धन।

ज़रे बैआन: (फा० अ० पु०)–अग्रिम धन।

ज़रे मुआवज़: (फा० अ० पु०)–किसी

वस्तु के बदले का रुपया ।

ज़रे मुतालबः (फा० ग्र० पु०)–डिग्री ग्रादि का वाजिब रुपया ।

ज़रे मुनाफ़ग्रः (फा० ग्र० पु०)–कारोबार में लाभ का रुपया ।

ज़रोजवाहिर (फा० ग्र० पु०)–सोना ग्रौर रत्न ।

ज़र्क़बर्क (ग्र० वि०)–भड़कदार, चमकीला ।

ज़र्दः (फा० पु०)–एक प्रकार के मीठे चावल, सुगंधित तंबाकू ।

ज़र्द (फा० वि०)–पीले रंग वाला, पीला, पीला रंग ।

ज़र्दक (फा० स्त्री०)–गाजर ।

ज़र्दचोब (फा० स्त्री०)–हल्दी ।

ज़र्दालू (फा० पु०)–ताज़ी ख़ूबानी ।

ज़र्दी (फा० स्त्री०)–पीलापन, ग्रंडे की ज़र्दी ।

ज़र्फ़े ग्राब (ग्र० फा० पु०)–जलपात्र ।

ज़र्फ़े ज़माँ (ग्र० पु०)–वह संज्ञा जो समय की सूचक हो, जैसे–प्रातः ग्रौर संध्या ।

ज़र्फ़े मकाँ (ग्र० पु०)–वह संज्ञा, जो स्थान की सूचक हो, जैसे–घर ग्रौर पाठशाला ।

ज़र्फ़े मय (ग्र० फा० पु०)–सुरा-पात्र; शराब का बरतन ।

ज़र्फ़े शीर (ग्र० फा०)–दूध रखने का बरतन ।

ज़र्ब (ग्र० स्त्री०)–ग्राघात, चोट, (पु०) गुणा ।

ज़र्बख़ानः (ग्र० फा० पु०)–टकसाल, जहाँ रुपया ढलता है ।

ज़र्बुलमसल (ग्र० पु०)–कहावत, लोकोक्ति ।

ज़र्बेदस्त (ग्र० फा० स्त्री०)–हाथ की चोट, थप्पड़ ।

ज़र्बे फ़त्ह (ग्र० स्त्री०)–लड़ाई जीतने की ख़ुशी में बजनेवाला बाजा ।

ज़र्बे शदीद (ग्र० स्त्री०)–कोई ऐसा घाव या चोट जिससे प्राणभय हो ।

ज़र्बे शम्शीर (ग्र० फा० स्त्री०)–तलवार का घाव ।

ज़र्रः (ग्र० पु०)–कण, ग्रणु, रेणु ।

ज़र्रः नवाज़ (ग्र० फा० वि०)–छोटों पर दया करने वाला, दीनबन्धु ।

ज़र्रए नाचीज़ (ग्र० फा० पु०)–बहुत ही छोटा ग्रौर सूक्ष्म कण ग्रर्थात् ग्रत्यंत तुच्छ व्यक्ति ।

जर्रार (ग्र० वि०)–बहुत बड़ी सेना ।

जर्राह (ग्र० पु०)–शल्य-चिकित्सक ।

जर्राही (ग्र० स्त्री०)–शल्य-क्रिया ।

ज़र्री (फा० वि०)–सुनहला ।

जला (ग्र० वि०)–किसी को देश निकाला देना, स्वयं देश त्याग करके परदेश जाना ।

ज़लाज़िल (ग्र० पु०)–भूकंप ।

ज़लाल (ग्र० पु०)–पाप, गुनाह, गुमराही; बादल की छाया ।

जलाल (ग्र० पु०)–प्रताप, तेज ।

जलालत (ग्र० स्त्री०)–श्रेष्ठता, महत्ता ।

जलाली (ग्र० वि०)–तेजस्वी, वह मंत्र, जप जिसमें जान जाने का भय हो ।

जलावत (ग्र० स्त्री०)–उज्ज्वलता, प्रकाश ।

जलावतन (ग्र० वि०)–निर्वासित, शरणार्थी ।

जलावतनी (ग्र० स्त्री०)–स्वदेश-त्याग, ग्रज्ञातवास ।

जली (ग्र० वि०)–व्यक्त, मोटे ग्रक्षरों में लिखा हुग्रा ।

ज़लील (ग्र० वि०)–भ्रष्ट, ग्रधम,

तिरस्कृत, अपमानित ।

जलील (अ० वि०)–प्रतिष्ठित, पूज्य, महान ।

ज़लूम (अ० वि०)–बहुत बड़ा अत्याचारी ।

ज़ल्ज़ल: (अ० पु०)–भूकंप ।

जल्द (फा० वि०)–शीघ्र, तुरंत ।

जलद अज़ जल्द (फा० वि०)–शीघ्रातिशीघ्र ।

जल्दतर (फा० वि०)–अति शीघ्र, तुरंत ही ।

जल्दबाज़ (फा० वि०)–आतुर, उतावला ।

जल्दबाज़ी (फा० स्त्री०)–तुरंत करने की उत्कंठा ।

ज़ल्लत (अ० स्त्री०)–फिसलन, भूल, त्रुटि ।

जल्लाद (अ० पु०)–वह व्यक्ति जो फाँसी पर चढ़ाता है ।

जल्लादी (अ० स्त्री०)–जल्लाद का काम या पेशा ।

जल्व: (अ० पु०)–दर्शन, प्रदर्शन, बनाव-सिंगार करके दिखाना ।

जल्व:आराई (अ० फा० स्त्री०)–बनाव-सिंगार के साथ उपस्थिति; किसी श्रेष्ठ व्यक्ति की उपस्थिति ।

जल्व:गाह (अ० फा० स्त्री०)–जल्व: दिखाने का स्थान; प्रेमिका का घर ।

जल्स: (अ० पु०)–सभा, बैठक ।

जल्स:गाह (अ० फा० स्त्री०)–जलसे की जगह, सभास्थल ।

जल्सए ताʼज़ियत (अ० पु०)–शोक सभा ।

जवाँ (फा० पु०)–युवा, तरुण, वयस्क ।

जवाँबख़्त (फा० वि०)–महाभाग्यशाली ।

जवाँमर्द (फा० वि०)–वीर, शूर, साहसी ।

जवाँमर्दी (फा० स्त्री०)–शूरता, वीरता ।

जवाँहिम्मत (फा० अ० वि०)–बड़े हौसले वाला, पूर्णोत्साही ।

जवाज़ (अ० पु०)–औचित्य ।

जवान (फा० पु०)–तरुण, युवा, वयस्क, रूपवान ।

जवानान: (फा० वि०)–जवानों की तरह ।

जवानी (फा० स्त्री०)–युवावस्था, तारुण्य ।

जवाब (अ० पु०)–उत्तर, अस्वीकृति, जोड़ ।

जवाबतलब (अ० वि०)–वह पत्र आदि जिसका उत्तर जाना आवश्यक हो ।

जवाबतलबी (अ० स्त्री०)–किसी त्रुटि या अपराध पर पूछताछ ।

जवाबदावा (अ० पु०)–नालिश के दावे का उत्तर ।

जवाबदेही (अ० फा० स्त्री०)–उत्तरदायित्व ।

जवाबी (अ० वि०)–जवाब में, बदले में ।

जवालपिज़ीर (अ० फा० वि०)–अवनतिशील, पतनशील ।

जवासीस (अ० पु०)–'जासूस' का बहु०, गुप्तचरों का समूह ।

जवाहिर (अ० पु०)–'जौहर' का बहु०, रत्नसमूह ।

जवाहिरखान: (अ० फा० पु०)–रत्नागार ।

जवाहिरनिगार (अ० फा० वि०)–रत्नजटित, रत्न जड़ा हुआ ।

ज़विलफ़राइज़ (अ० पु०)–कर्त्तव्य-वान्, कर्मनिष्ठ ।

जव्व (अ० पु०)–अंतरिक्ष, पृथ्वी और आकाश के बीच का वायुमंडल ।

जव्वार (अ० वि०)–तीर्थयात्री ।

जश्न (फा० पु०)–उत्सव, समारोह ।

जश्ने अज़ीम (अ० फा० पु०)–महोत्सव ।

जश्ने अरूस (फा० अ० पु०)–विवाहोत्सव ।

जश्ने आज़ादी (फा० पु०)–किसी देश के पराधीनता से मुक्त होने का समारोह ।

जश्ने ईद (फा० अ० पु०)–ईद की खुशी, ईद का उत्सव ।

जश्ने चराग़ाँ (फा० पु०)–दीपोत्सव दीपावली ।

जश्ने जुमहूरियत (फा० अ० पु०)–गणतंत्र-महोत्सव ।

जश्ने ताजपोशी (फा० पु०)–अभिषेकोत्सव ।

जश्ने नौरोज (फा० पु०)–नव वर्षोत्सव ।

जश्ने फ़त्ह (फा० अ० पु०)–विजयोत्सव ।

जश्ने विलादत (फा० अ० पु०)–जन्मोत्सव ।

जश्ने सालगिरिह (फा० पु०)–किसी महान् व्यक्ति की वर्षगाँठ की खुशी, जयंती ।

जश्ने सीमीं (फा० पु०)–पचास वर्ष की आयु पूरी होने पर मनाया जाने-वाला उत्सव, रजतोत्सव । आजकल इसे 'स्वर्ण जयंती' कहते हैं ।

जश्ने सुल्ह (फा० अ० पु०) –दो राष्ट्रों में संधि होने का जश्न, संधि-उत्सव ।

जसामत (अ० स्त्री०) –लम्बाई-चौड़ाई, स्थूलता ।

जसारत (अ० स्त्री०)–शूरवीरता ।

जस्तः जस्तः (फा० वि०)–कहीं-कहीं से, विशेषतः पुस्तक पढ़ने के लिए आता है ।

जस्र (अ० पु०)–पुल, सेतु ।

जहन्नम (फा० पु०)–नरक, रौरव ।

जहन्नमज़ार (फा० पु०)–ऐसा स्थान जहाँ चारों ओर नरक-जैसा भीषण और भयानक वातावरण हो ।

जहब (अ० पु०)–सोना, स्वर्ण ।

जहलः (अ० पु)–'जाहिल' का बहु०, मूर्खगण, घामड़ लोग ।

जहाँ (फा० पु०)–संसार, विश्व ।

जहाँआरा (फा० वि०)–संसार को सुशोभित करने वाला ।

जहाँआफ़रीं (फा० वि०)–संसार की उत्पत्ति करने वाला, सृष्टिकर्त्ता ।

जहाँगर्द (फा० वि०)–विश्वभ्रमी ।

जहाँगीर (फा० वि०)–संसार को अपने वश में करने वाला, विश्व-विजयी, एक प्रसिद्ध मुग़ल बादशाह ।

जहाँदीदः (फा० वि०)–बहुदर्शी, बहुत अनुभवी ।

जहाँपनाह (फा० वि०)–राजाओं और बादशाहों के लिए संबोधन का शब्द, संसार को अपनी शरण में लेने वाला ।

जहाँबानी (फा० स्त्री०)–शासन-कर्म, राज्य ।

जहाज़ (अ० पु०)–पोत, समुद्र में चलने वाली बहुत बड़ी नाव ।

जहाज़राँ (अ० फा० वि०)–पोतचालक, जहाज चलाने वाला ।

जहाज़रानी (अ० फा० स्त्री०)–जहाज चलाने का काम या पेशा ।

जहाज़ी (अ० वि०)–जहाज़ से संबंध रखने वाला, जहाज़ का।

जहाजे आबी (अ० फा० पु०)–जल-यान, पोत।

जहाजे बह्री (अ० पु०)–पोत, जल-यान।

जहाजे हवाई (अ० पु०)–वायुयान, विमान।

जहादत (अ० स्त्री०)–संयम, इंद्रिय-निग्रह, मनोनिग्रह।

जहान (फा० पु०)–संसार, विश्व।

जहानत (अ० स्त्री०)–प्रतिभा, दक्षता, विवेक, सूझ-बूझ।

जहाने फ़ानी (फा० अ० पु०)–नश्वर संसार, मृत्युलोक।

जहाने बाक़ी (फा० अ० पु०)–पर-लोक, शाश्वत संसार।

जहालत (अ० स्त्री०)–मूर्खता, अज्ञान, असभ्यता, उद्दंडता।

जहीन (अ० वि०)–प्रतिभावान।

जहीर (अ० वि०)–जोर से बोलने वाला।

जहीर (अ० वि०)–सहायक, पृष्ठ-पोषक।

जह्द (अ० पु०)–शक्ति, प्रयत्न, कष्ट।

जह्मत (अ० स्त्री०)–कष्ट, क्लेश।

जह्र (फा० पु०)–विष, गरल।

जह्रआगीं (फा० वि०)–विषाक्त, जहरीला।

जह्रआमेज (फा० वि०)–विष मिश्रित।

जह्रखुर्द: (फा० वि०)–जिसने विष खाया हो।

जह्रनवा (फा० वि०)–कटुभाषी।

जह्रमोहर: (फा० पु०)–एक क़ीमती पत्थर जो दवा के काम आता है; एक मनका जिससे विष उतारा जाता है।

जह्रआब (फा० पु०)–विष मिला हुआ पानी।

जाँ (फा० स्त्री०)–'जान' का लघु रूप, जो यौगिक शब्दों में प्रयोग होता है, यथा, जाँकनी–प्राणसंकट।

जाँआज़ारी (फा० स्त्री०)–जानदारों को सताना, अत्याचार।

जाँकनी (फा० वि०)–बहुत कष्ट देने वाली, प्राण घातक।

जाँनवाज़ (फा० वि०)–मनोरम।

जाँनिसारी (फा० स्त्री०)–समय पड़ने पर दूसरों के लिए प्राण तक दे देना।

जाँपनाह (फा० वि०)–प्राणरक्षक।

जाँबख़्शी (फा० स्त्री०)–प्राणदान।

जाँबलब (फा० वि०)–मरणासन्न।

जाँबाज़ (फा० वि०)–किसी काम के लिए जान तक की बाजी लगा देने वाला, वीर।

जाँबा'द (फा० अ० अव्य०)–इसके पश्चात्, इसके बाद।

जाँसोज़ (फा० वि०)–संताप सहने वाला, सहानुभूति करने वाला।

जा (फा० स्त्री०)–स्थान, जगह।

ज़ाइक़: (अ० पु०)–स्वाद, रस, प्रति-कार।

ज़ाइक़:दार (अ० फा० वि०)–स्वा-दिष्ट।

ज़ाइक़:पसंद (अ० फा० वि०)–चटोरा, जिह्वालोलुप।

ज़ाइच: (फा० पु०)–जन्मकुंडली।

ज़ाइज़: (अ० पु०)–जाँच-पड़ताल, निरीक्षण।

ज़ाइद अज़ उम्मीद (अ० फा० वि०)–

आशातीत।

ज़ाइद अज़ ज़ुरूरत (अ० फा० वि०)–जितनी आवश्यकता हो, उससे अधिक।

जाइर (अ० वि०)–अत्याचार करने-वाला, अनीतिकर्ता।

ज़ाइरीन (अ० पु०)–'ज़ाइर' का बहु०, जियारत करने वाले पुरुष।

ज़ाइरे हरम (अ० पु०)–मक्का (अरब) जाकर का'बे की ज़ियारत करने वाला।

ज़ाइल (अ० वि०)–स्रष्टा।

ज़ाइल (अ० वि०)–नष्ट, समाप्त।

जाएदाद (फा० स्त्री०)–भूसंपत्ति।

जाएदादे ग़ैरमन्क़ूल (फा० अ० स्त्री०)–स्थावर संपत्ति, जो संपत्ति जगह से हट न सके, जैसे—जमींदारी आदि।

जाएदादे ग़ैरमर्हून: (फा० अ० स्त्री०)–वह संपत्ति, जो कहीं गिरवी न हो, अबंधक संपत्ति।

जाएदादे मक्फूल: (फा० अ० स्त्री०)–बंधक संपत्ति।

जाएदादे मन्क़ूल: (फा० अ० स्त्री०)–जंगम संपत्ति, जो संपत्ति इधर-उधर हटाई जा सके, जैसे मवेशी आदि।

जाएदादे मौक़ूफ: (फा० अ० स्त्री०)–वह संपत्ति जो किसी कार्य-विशेष के लिए उत्सर्गित हो।

जाएनमाज़ (फा० अ० स्त्री०)–नमाज़ पढ़ने का स्थान, नमाज़ पढ़ने का वस्त्रादि।

जाएपनाह (फा० स्त्री०)–बचाव का स्थान, सुरक्षा स्थान।

ज़ाकिर (अ० वि०)–वर्णन करने वाला, इमाम हुसैन की शहादत का हाल बयान करने वाला व्यक्ति।

ज़ाग़ (फा० पु०)–काक, कौआ।

जागीर (फा० स्त्री०)–वह जाइदाद या जमींदारी, जो सरकार से किसी बड़े काम के बदले में मिले।

जागीरदार (फा० पु०)–जागीर का मालिक।

जागीरदारी (फा० स्त्री०)–जागीर का शासन।

जाज़िब: (अ० स्त्री०)–आकर्षण-शक्ति।

जाज़िब (अ० वि०)–आत्मसात् करने वाला, मसिचूस।

जाज़िबे तवज्जोह (अ० वि०)–चित्ता-कर्षक।

जाज़िबे नज़र (अ० वि०)–दृष्टि को अपनी ओर खींचने वाला (वाली) दृष्ट्याकर्षक।

जाजिम (तु० स्त्री०)–छपा हुआ दो-सूती मोटा बिछावन।

ज़ात (अ० स्त्री०)–कुल, वंश, जाति, स्वयं, व्यक्तित्व, अस्तित्व।

ज़ाती (अ० वि०)–निजी, व्यक्तिगत।

ज़ातुलबैन (अ० पु०)–दो व्यक्तियों का मामला पटाने वाला, बिचौलिया, दल्लाल।

ज़ाद: (फा० वि०)–उत्पन्न, जन्मा हुआ, पुत्र।

ज़ाद (फा० पु०)–खाद्य-सामग्री, पीढ़ी, वंश, उत्पन्न, जैसे—'खान:ज़ाद' घर में उत्पन्न होने वाला।

जादिल (अ० वि०)–योद्धा, वाद-विवाद करने वाला।

जादू (फा० पु०)–इंद्रजाल, माया, तिलिस्म, हाथ की सफाई।

जादूगर (फा० वि०)–ऐंद्रजालिक, जादू करने वाला, मायावी।

जादूगरी (फा० स्त्री०)–माया-कर्म,

जादू का काम।

जादूफ़न (फा० वि०)–जादूगर।

जादू ब्याँ (फा० अ० वि०)–अपने वक्तव्य और भाषण से सबको मोहित करने वाला।

जान (फा० स्त्री०)–प्राणवायु, रूह, जीवन, शक्ति, साहस।

जानदार (फा० पु०)–प्राणी, जीवधारी, मनुष्य, जीवित।

जानमाज़ (फा० अ० स्त्री०)–नमाज़ पढ़ने की दरी, चटाई आदि।

जानशीन (फा० पु०)–स्थानापन्न, उत्तराधिकारी।

जानवर (फा० पु०)–पशु और पक्षी आदि प्राणी, मनुष्य के अतिरिक्त और सब प्राणी।

जानाँ (फा० पु०)–प्रेमपात्र, प्रेमिका, प्रेयसी।

जानानः (फा० वि०)–प्रेमिका से संबंध रखने वाली वस्तु. प्रेमिका का (की)।

जानिब (अ० स्त्री०)–पक्ष, ओर, पार्श्व।

जानिबदार (अ० फा० वि०)–पक्षपाती।

ज़ानियः (अ० स्त्री०)–व्यभिचारिणी, भ्रष्टा, फ़ाहिशा।

ज़ानी (अ० पु०)–व्यभिचारी, परस्त्रीगामी।

जानी (फा० वि०)–प्राणों का, जान का, घनिष्ठ।

जाने जाँ (फा० पु०)–प्राणाधार, प्राणों का प्राण अर्थात् प्रेमिका, ईश्वर।

जा'फ़र (अ० पु०)–नहर, नदी, खरबूजा, चौदह इमामों में से एक।

ज़ा'फ़रान (अ० पु०)–कुंकुम, केसर।

ज़ा'फ़रानी (अ० वि०)–केसर के रंग का, केसरी।

जाबिर (अ० वि०)–अत्याचारी।

ज़ाबह (अ० वि०)–वधिक।

जामः (फा० पु०)–वस्त्र, पहनने का कपड़ा, कुर्ता।

जामःतलाशी (फा० स्त्री०)–सरकारी तौर पर किसी शक में शरीर पर पहने हुए कपड़ों की तलाशी।

जाम (फा० पु०)–पियाला, शराब पीने का पियाला, चषक।

जामए एह्राम (अ० फा० पु०)–वह चादर, जो हाजी लोग हज के समय बाँधते हैं।

जामबकफ़ (फा० वि०)–हाथ में शराब का प्याला लिये हुए।

जामिअः (अ० स्त्री०)–विश्वविद्यालय।

जामिईयत (अ० स्त्री०)–योग्यता, विद्वत्ता, व्यापकता।

जामि उल उलूम (अ० पु०)–सारसंग्रह, विद्याओं का भंडार, विश्वकोश।

जामि उल लुग़ात (अ० पु०)–ऐसा शब्दकोश, जिसमें किसी भाषा के शब्दों का पूर्ण संग्रह हो।

जामिद (अ० वि०)–ठोस, जड़, चेतनारहित (पु०) वह शब्द जो किसी दूसरे शब्द से न बना हो।

जामिदुल अक़्ल (अ० वि०)–जिसकी बुद्धि ठस हो, मंदमति।

ज़ामिन (अ० वि०)–जमानत करने वाला, प्रतिभू, दूध जमाने का पदार्थ।

जामी (फा० वि०)–'जाम' (नगर) से संबंध रखने वाला; मद्यप।

ज़ामी (अ० वि०)–तृषित, प्यासा।

जामे' (अ० वि०)–संग्रह करने वाला, संग्रहीता, संपादक, व्यापक, बहुत ही विस्तृत ।

जामे जम (फा० पु०)–ईरान के शासक 'जमशेद' का एक कल्पित प्याला, जिससे संसार का हाल पता हो जाता था । जामेजमशेद, जामे जहाँनुमा, जाये जहाँ भी ।

जामे मय (फा० पु०)–शराब पीने का पियाला ।

जार (अ० पु०)–पड़ोसी, भागीदार, शरणागत ।

ज़ार (फा० वि०)–क्षीण, अशक्त ।

ज़ारज़ार (फा० वि०)–बहुत अधिक, फूट-फूटकर (रोना) ।

जारी (अ० वि०)–संचालित, प्रवाहित, लागू, चालू (क़ानून) ।

ज़ारी (फा० स्त्री०)–रोना, विलाप ।

जाल (अ० पु०)–कूटता, जालसाज़ी, छल ।

जाल (ल्ल), (अ० वि०)–मार्गभ्रष्ट, गुमराह ।

जा'ल साज़ (अ० फा० वि०)–जाली काम करने वाला, कूटकार ।

जा'लसाज़ी (अ० फा० स्त्री०)–कूटकर्म, नकली रुपया या दस्तावेज बनाना ।

ज़ालिम (अ० वि०)–अन्यायी, अत्याचारी, निर्दय ।

ज़ालिमान: (अ० फा० वि०)–अत्याचारियों-जैसा ।

जाविदाँ (फा० वि०)–नित्य, शाश्वत, अनश्वर ।

ज़ाविय: (अ० पु०)–कोना, रेखागणित का कोण ।

जावेद (फा० वि०)–नित्य, शाश्वत ।

जासूस (अ० पु०)–गुप्तचर, मुख़बिर ।

जासूसी (अ० पु०)–गुप्तचर का काम, मुखबिरी ।

ज़ाहिद: (अ० स्त्री०)–तपस्विनी, साध्वी ।

ज़ाहिद (अ० पु०)–संयमी, विरक्त, विषय-विरक्त ।

ज़ाहिर (अ० वि०)–व्यक्त, प्रकट, स्पष्ट ।

ज़ाहिरदारी (अ० फा० स्त्री०)–बनावट, दिखावा ।

ज़ाहिरन (अ० वि०)–देखने में, ज़ाहिर में ।

ज़ाहिरपरस्त (अ० फा० वि०)–केवल बाह्य रूप देखने वाला ।

ज़ाहिरपरस्ती (अ० फा० स्त्री०)–केवल बाह्य रूप पर मुग्धता ।

ज़ाहिरा (अ० वि०)–दे० 'ज़ाहिरन' ।

ज़ाहिरी (अ० वि०)–बाहरी, ऊपरी ।

जाहिल (अ० वि०)–अज्ञानी, मूर्ख, अशिष्ट, उद्दंड ।

जाहिलीयत (अ० स्त्री०)–दे० 'जहालत' ।

ज़िंद: (फा० वि०)–जीवित, जीता हुआ, नवीन, ताज़ा ।

ज़िंद:दिल (फा० वि०)–हर समय प्रसन्न रहने और मज़ेदार बातें करने वाला, विनोद रसिक ।

ज़िंद:दिली (फा० स्त्री०)–प्रसन्न रहने और मनोविनोद करने का भाव ।

ज़िंद:बाद (फा० वि०)–चिरजीव हो, जीवित रहो, साधुवाद, शाबाश ।

ज़िंद:बाश (फा० वा०)–आयुष्मान् हो, शाबाश, धन्यवाद ।

ज़िंदए जावेद (फा० पु०)–जो सदा

जीवित रहे ।

ज़िंदगानी (फा० स्त्री०)–दे० 'ज़िंदगी।

ज़िंदगी (फा० स्त्री०)–जीवन, प्राण, हयात ।

ज़िंदगीबख़्श (फा० वि०)–जीवन देने वाला, जीवन बढ़ाने वाला ।

ज़िंदाँ (फा० पु०)–कारागार ।

जिंस (अ० स्त्री०)–वस्तु, पदार्थ, अन्न, गल्ला ।

जिंसख़ानः (अ० फा० पु०)–अनाज आदि रखने का कोठा ।

जिंसवार (अ० फा० स्त्री०)–पटवारी का काग़ज़, जिसमें बोई हुई जिंस का ब्योरा होता है ।

जिंसी (अ० वि०)–जिंस से संबंध रखने वाला ।

ज़िक्र (अ० पु०)–चर्चा, एक प्रकार का जप ।

जिगर (फा० वि०)–यकृत, साहस ।

जिगरख़राश (फा० वि०)–हृदय-विदारक ।

जिगरख़्वारी (फा० स्त्री०)–दुःख, शोक ।

जिगरसोज़ (फा० वि०)–दुःखदायी ।

जिगरसोज़ी (फा० स्त्री०)–हृदय जलाना, सहानुभूति करना ।

जिगरी (फा० वि०)–हार्दिक, दिली ।

जिज़यः (अ० पु०)–एक कर, जो भारत में कुछ मुस्लिम शासकों ने हिंदुओं से लिया था इसकी दर तीन से बारह रुपये प्रति वर्ष तक थी । धर्म-कर ।

ज़िद (द्द) (अ० स्त्री०)–हठ, विरुद्ध, विपरीत, उलटा, वैमनस्य, रंजिश ।

जिद्दत (अ० स्त्री०)–अनोखापन, नवीनता, आविष्कार ।

ज़िद्दी (अ० वि०)–हठी, आग्रही ।

ज़िद्दैन (अ० पु०)–दो परस्पर विरोधी वस्तुएँ, जैसे आग और पानी ।

जिद्दोजहद (अ० स्त्री०)–पराक्रम और प्रयास ।

जिन (न्न) (अ० पु०)–एक प्राणी, जिसकी उत्पत्ति अग्नि से मानी जाती है और वह दिखाई नहीं पड़ता ।

ज़िनाँ (अ० पु०)–व्यभिचार ।

ज़िन्नत (अ० स्त्री०)–आरोप, लांछन ।

जिन्नात (अ० पु०)–'जिन' का बहु०, बहुत से जिन ।

जिल्दः (अ० स्त्री०)–एक पुस्तक; एक पत्र ।

जिब्र (अ० स्त्री०)–पुस्तक ।

जिब्रील (अ० पु०)–एक फ़िरिश्ता, जो पैग़ंबरों के पास ईश्वर का आदेश पहुँचाया करता था ।

जिमाअ (अ० पु०)–स्त्री प्रसंग ।

ज़िम्मः (अ० पु०)–उत्तरदायित्व, जमानत ।

ज़िम्मःदार (अ० फा० वि०)–उत्तरदायी, प्रतिभू ।

ज़िम्मःदारी (अ० फा० स्त्री०)–उत्तरदायित्व, प्रतिभूति ।

ज़िम्मी (अ० पु०)–इस्लामी राज्य में ग़ैर मुस्लिम नागरिक ।

ज़िया (अ० स्त्री०)–प्रकाश, ज्योति, आभा ।

ज़ियादः (अ० वि०)–अधिक, प्रचुर, अतिरिक्त ।

ज़ियादःख़ोर (अ० फा० वि०)–बहुभक्षी, बहुत खाने वाला ।

ज़ियादःगो (अ० फा० वि०)–वाचाल,

बहुत बातें बनाने वाला।

ज़ियाद:तर (अ० फा० वि०)–अधिकतर, बहुधा।

ज़ियादती (अ० स्त्री०)–अधिकता, अत्याचार, अनीति।

ज़ियापाश (अ० फा० वि०)–प्रकाश फैलाने वाला।

ज़ियापाशी (अ० फा० स्त्री०)–प्रकाश फैलाना।

ज़ियाफ़त (अ० स्त्री०)–अतिथि-सत्कार, प्रीतिभोज।

ज़ियाफ़तखान: (अ० फा० पु०)–अतिथियों की भोजनशाला।

ज़ियारत (अ० स्त्री०)–दर्शन, तीर्थाटन।

ज़िराअत (अ० स्त्री०)–कृषि, खेती।

ज़िराअतपेश: (अ० फा० वि०)–कृषक, किसान।

ज़िराअती (अ० वि०)–कृषि-संबंधी।

ज़िराहत (अ० स्त्री०)–घाव, आघात, शल्यक्रिया।

ज़िरिह (फा० स्त्री०)–लोहे की जंजीरों का एक पहनावा, जो लड़ाई में पहना जाता है, कवच।

ज़िरीहपोश (फा० वि०)–जो ज़िरिह पहने हो, कवचधारी।

ज़िला (अ० स्त्री०)–आभा, चमक।

ज़िला (अ० पु०)–जनपद, मंडल, डिस्ट्रिक्ट।

ज़िल्द (अ० स्त्री०)–त्वचा, पुस्तक की एक प्रति, पुस्तक पर चढ़ा हुआ कपड़ा आदि, जुज़बंदी, ग्रंथ खंड।

ज़िल्दसाज़ (अ० फा० पु०)–पुस्तक की जिल्दें बाँधने वाला।

ज़िल्लत (अ० स्त्री०)–तिरस्कार, अपमान, मार्गभ्रंश, पाप, अपराध।

ज़िल्लत आमेज़ (अ० फा० वि०)–अपमानजनक, तिरस्कारयुक्त।

ज़िल्ल (अ० पु०)–छाया।

ज़िल्लुल्लाह (अ० पु०)–ईश्वर की छाया।

ज़िश्त (फा० वि०)–निकृष्ट, बुरा।

जिस्म (अ० पु०)–शरीर, काया, घनत्व, स्थूलता।

जिस्मानी (अ० वि०)–शारीरिक, शरीर-संबंधी।

जिस्मानीयत (अ० स्त्री०)–लंबाई, चौड़ाई और मोटाई या गहराई और ऊँचाई, स्थूलता, घनत्व।

जिस्मी (अ० वि०)–शारीरिक।

जिस्मेख़ाकी (अ० फा० पु०)–नश्वर शरीर, मिट्टी की देह।

जिस्मे ता'लीमी (अ० पु०)–लंबाई, चौड़ाई और मोटाई, घनत्व, स्थूलता।

जिहाद (अ० पु०)–धर्म के लिए विधर्मियों से युद्ध।

ज़िह्न (अ० पु०)–प्रतिभा, धारणा-शक्ति, स्मरण-शक्ति, दक्षता, कुशलता।

ज़िह्ननशीं (अ० फा० वि०)–बोधगम्य, हृदयंगम।

ज़िहनीयत (अ० स्त्री०)–प्रकृति, स्वभाव, धारणा।

ज़ीअक़्ल (अ० वि०)–मेधावी।

ज़ीज (फ़ा० स्त्री०)–ज्योतिष की पुस्तक, जिसमें ग्रहों की गति का विवरण और दूसरी तफ़्सीलें होती हैं।

ज़ीन (फा० पु०)–घोड़े की पीठ पर कसी जाने वाली काठी।

ज़ीनत (अ० स्त्री०)–श्रृंगार, सज्जा, शोभा, श्री।

जीनतकद: (अ० फा० पु०)–सुसज्जित और शृंगारित मकान, कोठी आदि, प्रेयसी का निवास स्थान।

ज़ीनते बज़्म (अ० फा० स्त्री०)–सभा में बैठकर सभा की शोभा को चार चाँद लगाने वाला।

जीनते महफ़िल (अ० स्त्री०)–दे० 'ज़ीनते बज़्म'।

जीनपोश (फा० पु०)–जीन के ऊपर डालने वाला कपड़ा।

जीनसाज़ (फा० पु०)–ज़ीन बनाने वाला।

ज़ीफ़ह्म (अ० वि०)–बुद्धिमान, प्रतिभाशाली।

ज़ीर: (फा० पु०)–जीरक, गरम मसाले की एक प्रसिद्ध वस्तु।

ज़ीस्त (फा० स्त्री०)–जीवन, जिंदगी।

ज़ीस्तनी (फा० वि०)–जीवनीय।

ज़ीहैसियत (अ० वि०)–धनवान्, प्रतिष्ठित, अच्छी हैसियत वाला।

जुंबिश (फा० स्त्री०)–कंप, हरकत, गति, चाल।

जुग्राफ़िय: (अ० पु०)–भूगोल, भूगोल-शास्त्र।

जुग्राफ़ियःदाँ (अ० फा० वि०)–भूगोल जानने वाला।

जुग्राफ़िय:नवीस (अ० फा० वि०)–भूगोल लिखने वाला।

जुज़ (अ० पु०)–खंड, भाग, ग्रंथ खंड, जिल्द।

जुज़बंदी (अ० फा० स्त्री०)–जिल्द-बंदी।

जुज़रस (अ० फा० वि०)–मितव्ययी, कृपण, कंजूस।

जुदा (फा० वि०)–पृथक्, अलग, भिन्न, अन्य।

जुज़ाम (अ० पु०)–कुष्ट रोग।

जुदाई (फा० स्त्री०)–पृथकता, अलगाव, वियोग, वैमनस्य।

जुदै (अ० पु०)–उत्तरी ध्रुवतारा।

जुनूँअंगेज़ (अ० फा० वि०)–जुनून बढ़ाने वाला, उन्मादवर्द्धक।

जुनूँख़ेज़ (अ० फा० वि०)–जुनून पैदा करने वाला, उन्मादोत्पादक।

जुनून (अ० पु०)–उन्माद, विक्षिप्तता।

जुनूने इश्क (अ० पु०)–प्रेमोन्माद।

जुनैद (अ० पु०)–बग़दाद के एक महान संत सूफी।

ज़ुन्नार (अ० पु०)–यज्ञोपवीत, जनेऊ।

ज़ुन्नारगुसिस्त: (अ० फा० वि०)–जिसने जनेऊ तोड़ डाला हो, जो हिन्दू धर्मभ्रष्ट हो गया हो।

ज़ुन्नारदार (अ० फा० वि०)–जनेऊ धारण करने वाला, हिन्दू।

ज़ुन्नून (अ० पु०)–पैग़ंबर यूनुस की उपाधि, आपको एक मछली निगल गई थी।

जुफ़्त (फा० पु०)–जोड़ा, युगल, वह संख्या, जो दो से बँट जाए, सम-संख्या, जूता, पादुका।

जुफ़्तफ़रोश (फा० वि०)–जूते बेचने-वाला।

जुमूद (अ० पु०)–जमना, खिन्नता, ठहराव।

जुमूर (अ० पु०)–क्षीणता, दुर्बलता।

जुमुअ: (अ० पु०)–शुक्रवार।

जुम्ल: (अ० पु०)–समस्त, समग्र, वाक्य, सब।

जुम्लगी (अ० फा० वि०)–पूर्णता, सारापन।

जुम्हूर (अ० पु०)–सर्वसाधारण,

जनता, अवाम।

जुम्हूरियत (अ० स्त्री०)–गणतंत्र, प्रजातंत्र।

जुम्हूरी (अ० वि०)–सार्वजनिक।

जुराफ़ (अ० पु०)–ऊँट के बराबर एक जंगली जानवर, जिसकी पीठ चित्तीदार होती है, दे० 'ज़राफ़', दोनों शुद्ध हैं।

जुर्अःकश (अ० फा० वि०)–घूंट-घूंट करके पीने वाला, मदिरा पीने वाला।

जुर्अत (अ० स्त्री०)–साहस, उत्साह, उमंग, धृष्टता।

जुर्अतअफ़ज़ा (अ० फा० वि०)–साहसवर्द्धक।

जुर्अतआज़मा (अ० फा० वि०)–हिम्मत की परीक्षा करने वाला।

जुर्अतमंद (अ० फा० वि०)–साहसी, उत्साही।

जुर्अतमंदी (अ० फा० स्त्री०)–उत्साहशीलता, साहसपरता।

जुर्म (अ० पु०)–अपराध, दोष, आरोप, लांछन।

जुर्म ना कर्दः (अ० फा० वि०)–जिसने अपराध न किया हो।

जुर्मानः (अ० फा० पु०)–अर्थदंड।

जुर्राब (अ० पु०)–मोजा।

जुलूस (अ० पु०)–शोभा-यात्रा, उत्सव-यात्रा, चल-समारोह।

जुलैखा (अ० स्त्री०)–मिस्र के नरेश 'अज़ीज़' की स्त्री जो हज़्रत यूसुफ पर आशिक़ हो गई थी।

ज़ुल्कर्नैन (अ० पु०)–सम्राट सिकंदर की उपाधि।

ज़ुल्फ़ (फा० स्त्री०)–केशपाश, बालों की लट, अलक।

ज़ुल्फ़िक़ार (अ० स्त्री०)–हज़्रत अली की दुधारी तलवार जो बद्र की जंग में मुहम्मद साहब ने उन्हें प्रदान की थी।

जुल्फ़ुनून (अ० वि०)–बहुत से गुणों का ज्ञाता।

जुल्फ़ेदराज़ (अ० स्त्री०)–लंबी जुल्फ़, बालों की लंबी लट।

जुल्फ़ेपरीशाँ (फा० स्त्री०)–बिखरे हुए बाल।

जुल्फ़ेपुरखम (फा० स्त्री०)–घुंघराले बाल।

जुल्फ़ेबरहम (फा० स्त्री०)–बिखरे हुए बाल।

जुलबहरैन (अ० वि०)–ऐसा शेर जो कई छंदो में पढ़ा जा सके।

जुल्म (अ० पु०)–अत्याचार, अन्याय, जबरदस्ती।

जुल्मत (अ० स्त्री०)–अंधकार।

जुल्मदोस्त (अ० फा० वि०)–जो अत्याचार करना पसंद करता हो, अन्यायप्रिय।

जुल्मपर्वर (अ० फा० वि०)–अत्याचारी, अन्यायी।

जुल्लाब (अ० पु०)–विरेचक, दस्तावर दवा।

जुशांदः (फा० पु०)–औटाई हुई दवा का पानी।

जुस्तजू (फा० स्त्री०)–तलाश, गवेषणा।

जुस्सः (अ० पु०)–देह, शरीर।

ज़ुहल (अ० पु०)–एक ग्रह शनि।

ज़ुहूकः (अ० पु०)–हास्यास्पद।

जुह्कः (अ० वि०)–जिस पर सब लोग हँसें, हास्यास्पद।

ज़ुहूर (अ० पु०)–प्रकट, उत्पत्ति, आविर्भाव।

ज़ुह्ल: (अ० स्त्री०)–एक ग्रह, शुक्र।

ज़ुह्द (अ० स्त्री०)–इंद्रिय-निग्रह, संयम।

ज़ुह्ल:जबीं (अ० फा० वि०)–शुभ्र भाल, सुंदरी।

ज़ुह्ल:नवा (अ० फा० वि०)–बहुत सुंदर और मधुर स्वरवाली स्त्री।

जू (फा० स्त्री०)–छोटी नदी, जलाशय।

ज़ू (अ० उप०)–वाला के अर्थ में आता है, जैसे—'ज़ू-माना' कई अर्थ वाला।

जूउलअर्ज़ (अ० स्त्री०)–जमीन की भूख।

ज़ूक़ (तु० स्त्री०)–समूह, झुंड।

ज़ूक़ दर ज़ूक़ (तु० फा० वि०)–झुंड के झुंड, बहुत अधिक भीड़।

ज़ूदअसर (फा० अ० वि०)–जल्दी असर करने वाली दवा।

ज़ूदगोई (फा० स्त्री०)–आशु कविता करना।

ज़ूदरंजी (फा० स्त्री०)–जल्द बुरा मान जाने वाला।

ज़ूदहज़्म (फा० अ० वि०)–शीघ्र पचने वाला खाद्य पदार्थ।

ज़ेब (फा वि०)–उपयुक्त, शोभा बढ़ाने वाला।

जेब (अ० स्त्री०)–पहनने के कपड़ों में सामने या बगल में लगी छोटी थैली, पाकेट, खीसा।

जेबख़र्च (अ० फा० पु०)–वह खर्च जो खाने-पीने के अतिरिक्त दूसरे निजी कामों के लिए हो।

जेबतराश (अ० फा० वि०)–जेब काटने वाला, गिरहकट, पाकेटमार।

ज़ेबा (फा० वि०)–सुंदर, शोभनीय, श्रीमान्, ललित।

ज़ेबाइश (फा० स्त्री०)–सज्जा, शृंगार, सजावट।

ज़ेबाक़ामती (फा० अ० स्त्री०)–अंग-सौष्ठव।

ज़ेबोज़ीनत (फा० अ० स्त्री०)–बनाव-सिंगार, वेशभूषा, शृंगार और सजावट।

ज़ेर (फा० वि०)–उर्दू में 'इ' की मात्रा, निम्न, नीचे, निर्बल, पराजित, निराश्रय, अधीन।

ज़ेरदस्त (फा० वि०)–अधीन, वशीभूत, दीन, दुःखी।

ज़ेरबंद (फा० पु०)–घोड़े के पेट पर कसा जाने वाला तस्मा।

ज़ेरबार (फा० वि०)–ऋणी, आभारी, एहसानमंद।

ज़ेरबारी (फा० स्त्री०)–ऋण-भार, कृतज्ञता।

ज़ेरा (फा० अव्य०)–क्योंकि, किसलिए, इसलिए।

ज़ेरेअसर (फा० अ० वि०)–जो किसी के प्रभाव में हो, जो किसी के अधीन हो।

ज़ेरेआस्माँ (फा० वि०)–आकाश के नीचे, अर्थात् सारे संसार में।

ज़ेरेइस्तेमाल (फा० अ० वि०)–प्रयोग आ रही हुई वस्तु।

ज़ेरेक़दम (फा० अ० वि०)–पाँव के तले, सुगम, सहल।

ज़ेरेग़ौर (फा अ० वि०)–विचाराधीन।

ज़ेरेतन्क़ीद (फा० अ० वि०)–जिस पर आलोचना लिखी जा रही हो।

ज़ेरेतस्नीफ़ (फा० अ० वि०)–जिसकी रचना की जा रही हो।

ज़ेरेता'मीर (फा० अ० वि०)–जो बंनाया जा रहा हो।

ज़ेरेलब (फा० वि०)–ओठों में, वह बात, जो ओठों-ओठों में हो।

ज़ेरेसाय: (फा० वि०)–किसी का आश्रित।

ज़ेरेहुकूमत (फा० अ० वि०)–दे० 'ज़ेरेनगीं'।

ज़ेरोज़बर (फा० वि०)–उथल-पुथल, अस्त-व्यस्त।

ज़ेवर (फा० पु०)–आभूषण, गहना।

ज़ेवरात (फा० पु०)–'ज़ेवर' का बहु०, बहुत-से आभूषण।

ज़ेह्नीयत (अ० स्त्री०)--धारणा, विचार, प्रकृति।

ज़ैतून (अ० पु०)–एक प्रसिद्ध बीज का तेल जो दवा में काम आता है।

ज़ैदी (अ० वि०)-शीओं का एक वंश।

ज़ैल (अ० पु०)–दामन, कुर्ते आदि का नीचे लटकने वाला भाग; निम्न, नीचे।

ज़ैलदार (अ० फा० पु०)–एक निम्न-कोटि का राजकर्मचारी।

जोइंद: (फा० वि०)–खोजी, जिज्ञासु।

जोईदनी (फा० वि०) खोजने योग्य।

ज़ो'फ़ (अ० पु०)–निर्बलता, दीनता

ज़ो'फ़ेदिमाग (अ० पु०)–स्मरण-शक्ति की कमी, समझ-बूझ की कमी।

ज़ो'फ़ेनज़र (अ० पु०)–दृष्टि की कमज़ोरी, नेत्र-दुर्बलता।

ज़ो'फ़े हाफ़िज़: (अ० पु०)–स्मरण-शक्ति की कमी।

ज़ो'म (अ० पु०)–धारणा, अहंकार।

ज़ो'मेबातिल (अ० पु०)–कुधारणा, झूठा घमंड।

ज़ोर (फा० पु०)–बल, शक्ति, वश, प्रयत्न, अनीति, अत्याचार, आश्रय, प्रबलता, धाक, रोब।

ज़ोर आज़मा (फा० वि०)–ज़ोर दिखाने वाला, मुकाबला करने वाला, युद्ध करने वाला।

ज़ोर आज़माई (फा० स्त्री०)–मुकाबला करना, लड़ना।

ज़ोर आवर (फा० वि०)–शक्तिशाली, ताक़तवर।

ज़ोरदार (फा० वि०)–शक्तिशाली।

ज़ोरमंदी (फा० स्त्री०)–शक्तिशालिता।

ज़ोरशिकनी (फा० स्त्री०)–दमन करना, ज़ोर तोड़ना।

जोल: (फा० पु०)–कपड़ा बिनने-वाला, मकड़ी।

ज़ोलीद: (फा० वि०)–उलझा हुआ, अस्त-व्यस्त।

ज़ोलीद:बयानी (फा० अ० स्त्री०)–व्यर्थ की बातें करना, बेतुकी बातें।

जोश (फा० पु०)–आवेग, उमंग, उत्तेजना, तीव्रता, क्रोध।

जोशज़नी (फा० स्त्री०)–जोश मारना, उबाल आना।

जोशांद: (फा० पु०)–काढ़ा, क्वाथ।

जोशीद: (फा० वि०)–औटा हुआ।

जोशेअश्क (फा० पु०)–आँसुओं का ज़ोर, रोने का वेग।

जोशेइश्क़ (फा० अ० पु०)–प्रेमावेग।

जोशेग़ज़ब (फा० अ० पु०)–क्रोधावेग।

जोशेजुनूँ (फा० अ० पु०)–उन्माद और पागलपन का जोश।

जोशोख़रोश (फा० पु०)– ज़ोर-शोर, धूमधाम, उत्साह, उमंग, आवेग।

जौ (फा० पु०)–यव, एक प्रसिद्ध

अन्न।

जौक़ (अ० पु०)–स्वाद, मज़ा, रसानुभव, रसिकता।

जौक़ेशे'र (अ० पु०)–काव्य-रसिकता, सहृदयता, कविता करने या समझने का शौक़।

जौक़ेसलीम (अ० पु०)–शुद्ध रसिकता, काव्य-मर्मज्ञता की शुद्धता।

जौक़ेसुख़न (अ० फा० पु०)–दे० 'ज़ौक़ेशे'र।

जौक़ोशौक़ (अ० पु०)–पूरी रुचि और रसिकता।

जौज: (अ० स्त्री०)–पत्नी, भार्या।

जौज (अ० पु०)–पति, स्वामी, युगल, वह संख्या जो दो से बँट जाए।

जौपाश (अ० फा० वि०)–रौशनी फैलाने वाला, ज्योतिर्मय।

जौर (अ० पु०)–अत्याचार।

जौलानी (अ० स्त्री०)–तेज़, फुर्ती, घोड़ा।

जौहर (अ० पु०)–गुण, दक्षता, सार, रत्न, धर्म, कला, विशेषता। वे बारीक धारियाँ जो अच्छी तलवार पर होती हैं।

जौहरदार (अ० फा० वि०)–गुणी, हुनरमंद।

जौहरशनास (अ० फा० वि०)–गुणग्राहक, पारखी।

जौहरी (अ० वि०)–रत्न बेचने वाला।

जौहरेलतीफ़ (अ० पु०)–किसी पदार्थ का असली सत।

जौहरेशम्शीर (अ० फा० पु०)–तलवार पर पड़ी हुई बारीक लहरें, जो अच्छे लोहे की अलामत है।

त

तंग (फा० वि०)–संकीर्ण, संकुचित, अल्प, न्यून, कम, दरिद्र, बेबस, दुष्कर, परेशान।

तंगख़याल (फा० अ० वि०)–अनुदार, संकीर्ण चित्त।

तंगख़याली (अ० फा० स्त्री०)–अनुदारता, तंगनज़री, धर्मांधता।

तंगज़र्फ़ी (फा० अ० स्त्री०)–संकीर्णता, नीचता।

तंगदस्त (फा० वि०)–जिसका हाथ खाली हो, निर्धन, कंगाल।

तंगदस्ती (फा० स्त्री०)–हाथ खाली होना, निर्धनता।

तंगदहनी (फा० स्त्री०)–मुँह का कली की भाँति छोटा होना।

तंगदिल (फा० वि०)–कृपण, अनुदार, तुच्छ, संकीर्ण हृदय का। ओछा।

तंगदिली (फा० स्त्री०)–अनौदार्य, ओछापन, धर्मांधता।

तंगनज़र (फा० अ० वि०)–संकुचित दृष्टि, अनुदार, धर्मांध।

तंगनज़री (फा० अ० स्त्री०)–अनुदारता, दृष्टि-संकोच, धर्मांधता।

तंगपोशी (फा० स्त्री०)–चुस्त कपड़े पहनने का शौक़।

तंगबख़्त (फा० वि०)–मंदभाग्य, हतभाग्य।

तंगबख़्ती (फा० स्त्री०)–भाग्य की मंदता, बदक़िस्मती।

तंगमआश (फा० अ० वि०)–निर्धन,

मंदजीविका।

तंगहाल (फा० अ० वि०)–निर्धन, दुर्दशाग्रस्त।

तंगहाली (फा० अ० स्त्री०)–दुर्दशा, निर्धनता।

तंगहौसलः (फा० अ०)–मंदोत्साह।

तंगिएमआश (फा० अ० स्त्री०)–जीविका की कमी, धन की कमी।

तंगिएरिज़्क (फा० अ० स्त्री०)–अन्न-कष्ट, रोटी की कमी।

तंगिएरोज़गार (फा० स्त्री०)–काल-चक्र, दिनों का फेर।

तंगी (फा० स्त्री०)–न्यूनता, कमी, संकीर्णता, कोताही, क्लेश, दरिद्रता, कृपणता, कठिनता।

तंज़ (अ० स्त्री०)–व्यंग्य, कटाक्ष।

तंज़ आमेज़ (अ० फा० वि०)–व्यंग्य-पूर्ण।

तंज़न (अ० वि०)–व्यंग्य के रूप में।

तंज़निगार (अ० फा० वि०)–व्यंग्य-पूर्ण लेख लिखने वाला।

तंज़निगारी (अ० फा० स्त्री०)–व्यंग्य-पूर्ण लेख लिखना।

तंज़ामेज़ (अ० फा० वि०)–व्यंग्य-पूर्ण।

तंज़ियः (अ० वि०)–व्यंग्यपूर्ण।

तंज़ीम (अ० स्त्री०)–प्रबंध, किसी दल, समुदाय अथवा संस्था को किसी विशेष कार्य के लिए निर्मित करना, संघटन, निर्माण।

तंजीम (अ० स्त्री०)–ग्रहों आदि की दशा ज्ञात करना, ज्योतिष।

तंज़ीयात (अ० स्त्री०)–व्यंग्यपूर्ण रच-नाओं का संग्रह, व्यंग्यपूर्ण बातें।

तंज़ीर (अ० स्त्री०)–डराना, भीत करना।

तंज़ील (अ० स्त्री०)–नीचे उतारना, आकाशवाणी, इल्हाम, कुरान।

तंजीस (अ० स्त्री०)–अपवित्र करना।

तंज़ीह (अ० स्त्री०)–शुद्ध करना, पवित्र करना।

तंबाकू (फा० पु०)–एक प्रसिद्ध पत्ती, जिसका धुआँ पिया जाता है; तमाखू।

तंबाकूनोश (फा० वि०)–तमाखू पीने-वाला।

तंबाकूफ़रोश (फा० वि०)–तमाखू बेचने वाला।

तंबीक़ (अ० स्त्री०)–लिखना, लेखन।

तंबीह (अ० स्त्री०)–चेतावनी, भर्त्सना।

तंबीहन (अ० वि०)–चेतावनी, डाँट।

तंबूरः (फा० पु०)–एक तार वाला बाजा, जिसमें नीचे की ओर तुंबी होती है।

तंबूरची (फा० तु० वि०)–तंबूरा बजाने वाला।

तंसीक़ (अ० स्त्री०)–प्रबंध करना, क्रमबद्ध करना।

तंसीख़ (अ० स्त्री०)–रद्द करना, निरसन।

तअक़्क़ुब (अ० पु०)–पीछा करना।

तअज्जुब (अ० पु०)–आश्चर्य, विस्मय।

तअज्जुब अंगेज़ (अ० फा० वि०)–आश्चर्यजनक।

तअज्जुम (अ० पु०)–पूज्य होना, बुज़ुर्ग होना।

तअत्तुर (अ० पु०)–सुगंधित होना, महकना।

तअत्तुल (अ० पु०)–बेकारी, गत्य-वरोध।

तग्रद्दी (ग्र० स्त्री०)–ग्रत्याचार, ग्रनीति ।

तग्रद्दुद (ग्र० पु०)–गिनना, नियम या हिसाब से ग्रधिक होना ।

तग्रन्नुत (ग्र० पु०)–निंदा ।

तग्रन्नुद (ग्र० पु०)–शत्रुता करना, कलह, लड़ाई ।

तग्रन्नुस (ग्र० पु०)–प्रेम होना, ग्रादत होना ।

तग्रब्बुद (ग्र० पु०)–उपासना करना, उपासना, पूजा ।

तग्रम्मुल (ग्र० पु०)–विचार, सोच, विलंब, शंका, भ्रम, संदेह, संकोच, ग्रसमंजस ।

तग्रय्युन (ग्र० पु०)–निश्चय करना, नियुक्ति ।

तग्ररुफ़ (ग्र० पु०)–जान-पहचान, परिचय ।

तग्रल्लुक़: (ग्र० पु०)–भू-संपत्ति, क्षेत्र, रियासत, सरकार की ग्रोर से किसी पुरस्कार में मिली हुई रियासत ।

तग्रल्लुक़:दार (ग्र० फा० वि०)–जो बहुत बड़ी जमींदारी का स्वामी हो, जिसे पुरस्कार में भू-संपत्ति मिली हो ।

तअल्लुक़:दारी (ग्र० फा० स्त्री०)–तग्रल्लुक़ा का स्वामी होना, बहुत बड़ा जमींदार होना ।

तग्रल्लुक़ (ग्र० पु०)–संबंध, संपर्क, लगाव, प्रेम-व्यवहार, सेवा, नौकरी, पक्षपात ।

तग्रल्लुक़ात (ग्र० पु०)–'तग्रल्लुक़' का बहु०, संबंध-समूह ।

तग्रल्लुक़ेख़ातिर (ग्र० पु०)–प्रेम, स्नेह ।

तग्रश्शुक़ (ग्र० पु०)–ग्रासक्त होना, मुग्ध होना, प्रेम, स्नेह ।

तग्रस्सुफ़ (ग्र० पु०)–पश्चात्ताप, संताप, पथ-भ्रष्ट होना ।

तग्रस्सुब (ग्र० पु०)–धार्मिक पक्षपात, ग्रनुचित पक्षपात ।

तग्रस्सुर (ग्र० पु०)–प्रभावित होना, प्रभाव ।

तग्राक़ुब (ग्र० पु०)–एक-दूसरे के पीछे भागना, पीछा करना ।

तग्रानुक़ (ग्र० पु०)–ग्रालिंगन करना, ग्रालिंगन ।

तग्रानुद (ग्र० पु०)–परस्पर शत्रुता रखना, शत्रुता, बैर ।

तग्रामुल (ग्र० पु०)–ग्रापस में मिलकर काम करना ।

तग्रारुफ़ (ग्र० पु०)–एक-दूसरे को पहचानना, परिचय, जान-पहचान ।

तग्रावुन (ग्र० पु०)–एक-दूसरे की सहायता करना, सहयोग ।

तक़द्दुस (ग्र० पु०)–पवित्रता, महत्ता, श्रेष्ठता ।

तक़द्दुसमग्राब (ग्र० वि०)–ग्रति श्रेष्ठ, धर्मात्मा ।

तकफ़्फ़ुल (ग्र० पु०)–किसी बात की जिम्मेदारी, ज़मानत, प्रतिभूति ।

तकब्बुर (ग्र० पु०)–ग्रहंकार, दर्प ।

तक़ब्बुल (ग्र० पु०)–स्वीकार करना, स्वीकृति ।

तक़र्रुब (ग्र० पु०)–समीपता, निकटता ।

तक़र्रुर (ग्र० पु०)–नियुक्ति, निश्चय ।

तकल्लुफ़ (ग्र० पु०)–कष्ट सहन करना, दिखावा, सजावट, बनावट, शील-संकोच, परायापन ।

तकल्लुफ़ात (ग्र० पु०)–'तकल्लुफ़' का बहु०, बहुत से तकल्लुफ़ ।

तकल्लुम (ग्र० पु०)–बातचीत करना ।

तक़ाज़ा (अ० पु०)–दिये हुए रुपये या वस्तु की माँग, आवश्यकता, किसी काम के लिए किसी से बराबर कहना।

तक़ाज़ाए उम्र (अ० पु०)–उम्र की माँग।

तक़ाज़ाए वक़्त (अ० पु०)–समय की माँग, समय की आवश्यकता।

तक़ावी (अ० स्त्री०)–वह सरकारी क़र्ज़ा जो किसानों को ज़मीन की दशा सुधारने और अच्छे बैल तथा बीज आदि के लिए दिया जाता है, शक्ति देना।

तक़ाबुल (अ० पु०)–परस्पर वचन देना, परस्पर वार्तालाप करना।

तक़ी (अ० वि०)–संयमी, इंद्रिय-निग्रही।

तक़ीय: (अ० पु०)–कोई बात जो भय से की या कही जाए यद्यपि उसके कहने या करने को जी न चाहता हो। (स्त्री०) साध्वी, तपस्विनी।

तक़ईद (अ० स्त्री०)–कैद करना, बंदी बनाना, रोक लगाना।

तक़्दीर (अ० स्त्री०)–भाग्य, प्रारब्ध, अदृश्य, दैव।

तक़्दीर आज़्माई (अ० फा० स्त्री०)–भाग्य-परीक्षा।

तक्फ़ीन (अ० स्त्री०)–मुर्दे को कफ़न पहनाना, तज्हीज़ोतक्फ़ीन।

तक्बीर (अ० स्त्री०)–नमाज़ में झुकते, खड़े होते अथवा बैठते समय पढ़ा जाने वाला वाक्य अल्लाहो अक्बर (ईश्वर महान् है)।

तक़्बील (अ० स्त्री०)–चुम्बन (किसी पदार्थ का, मनुष्य का नहीं)।

तक्मील (अ० स्त्री०)–पूर्ति, समाप्ति।

तक्य: (अ० पु०)–सिर के नीचे रखने का नर्म और गुदगुदा वस्त्र, उपधान; मस्नद, क़ब्रिस्तान।

तक्य: कलाम (अ० पु०)–वह बात जो कोई व्यक्ति बातों के बीच में बे-ज़रूरत बार-बार बोलता है।

तक्रार (अ० स्त्री०)–वाद-विवाद, बहस; कहा-सुनी, पुनरावृत्ति।

तक़्रीज़निगार (अ० फा० वि०)–आलोचना लिखने वाला, आलोचक।

तक़्रीब (अ० स्त्री०)–समीप आना, कारण, हेतु, उत्सव, शादी, अवसर, साधन।

तक़्रीबन (अ० वि०)–प्रायः, बहुधा, अक्सर, अनुमानतः।

तक्रीम (अ० स्त्री०)–आदर, सत्कार, आवभगत।

तक़्रीर (अ० स्त्री०)–वार्तालाप, भाषण।

तक्रीर (अ० स्त्री०)–बार-बार करना, दुहराना।

तक्रीह (अ० स्त्री०)–घृणा करना, शत्रु बनाना, अप्रसन्न रखना।

तक़्लीद (अ० स्त्री०)–देखा-देखी काम करना, अनुसरण।

तक्लीफ़ (अ० स्त्री०)–दुःख, कष्ट, व्यथा, दर्द, शोक, रोग, मनोव्यथा, आपत्ति, निर्धनता।

तक्लीफ़देह (अ० फा० स्त्री०)–दुःख-दायी, रंज पहुँचाने वाला।

तक्लीफ़ फ़र्माई (अ० फा० स्त्री०)–किसी के काम के लिए कष्ट उठाना, पधारना, आना।

तक्लीफ़े नज़्अ (अ० स्त्री०)–मरते समय का कष्ट, यम-यातना।

तक़्वा (अ० पु०)–इंद्रियनिग्रह।

तक़्वाशिआर (अ० वि०)–संयमी,

जितेंद्रिय।

तक़्वाशिकन (अ० फा० वि०)–जो संयम को भंग कर दे (रूप आदि)।

तक़्वियत (अ० स्त्री०)–बल, शक्ति, सांत्वना, सहायता, आश्रय।

तक्वीन (अ० स्त्री०)–सृजन, उत्पत्ति।

तक़्वीमुलबुल्दान (अ० स्त्री०)–भूगोल।

तक़्सीम (अ० स्त्री०)–बँटवारा, विभाजन, भाग, बड़ी संख्या में छोटी संख्या से विभाजन।

तक़्सीमेकार (अ० फा० स्त्री०)–हर-एक को अलग-अलग काम या ड्यूटी का बँटवारा।

तक़्सीमेमुल्क (अ० स्त्री०)–देश का बँटवारा, देश का विभाजन।

तक़्सीमेवतन (अ० स्त्री०)–देश या राष्ट्र का बँटवारा, राष्ट्र-विभाजन।

तक़्सीमेहिसस (अ० स्त्री०)–अंशीकरण, नफ़े के हिस्सों का बँटवारा।

तक़्सीर (अ० स्त्री०)–दोष, अपराध, न्यूनता, कमी, त्रुटि, भूल।

तक्सीर (अ० स्त्री०)–बढ़ाना, अधिक करना, प्रचुरता, अधिकता, बढ़ोत्तरी, बहुतायत।

तक़्सीवार (अ० फा० वि०)–दोषी, अपराधी, पापी।

तख़य्युल (अ० पु०)–सोचना, कल्पना करना।

तख़य्युलात (अ० पु०)–कल्पनाएँ, भ्रमजाल।

तख़ल्लुक़ (अ० पु०)–स्वभाव बनाना, आदत डालना, सुशील होना।

तख़ल्लुफ़ (अ० पु०)–प्रतिज्ञा भंग करना, पीछे रहना।

तख़ल्लुस (अ० पु०)–शाइर या कवि का वह नाम जो वह अपनी कविता में लिखता है, उपनाम।

तख़श्शो (अ० पु०)–नम्रता, विनीत।

तख़्तः (फा० पु०)–लकड़ी का लम्बा, चौड़ा और थोड़ा मोटा टुकड़ा; खेत आदि की कियारी।

तख़्त (फा० पु०)–बड़ी चौकी; राज्य, राष्ट्र, हुकूमत, पलँग (वि०) बड़ा, ज्येष्ठ।

तख़्तःबंदी (फा० स्त्री०)–दीवारों को अन्दर से तख़्ते जड़वाकर सुरक्षित करना।

तख़्तए काग़ज़ (फा० अ० पु०)–काग़ज़ का ताव, शीट।

तख़्तए ताबूत (फा० अ० पु०)–वह सन्दूक या पलंग, जिसमें मुर्दे को ले जाते हैं।

तख़्तए तालीम (फा० अ० पु०)–वह काला पटरा, जिस पर बच्चों को अक्षर और गिनती सिखाते हैं, शिक्षा-पटल, ब्लैक बोर्ड।

तख़्तए नर्द (फा० पु०)–चौसर खेलने का तख़्ता।

तख़्तए मश्क़ (फा० अ० पु०)–बच्चों की तख़्ती, वह चीज़, जो बहुत प्रयुक्त हो।

तख़्तनशीं (फा० वि०)–तख़्त पर बैठने वाला, बादशाह, राजा, शासक।

तख़्तनशीनी (फा० स्त्री०)–तख़्त पर बैठना, बादशाह बनना, राज्याभिषेक, अपने शासक होने की घोषणा।

तख़्ती (फा० स्त्री०)–बच्चों के लिखने का लकड़ी का छोटा तख़्ता, पट्टी।

तख़्तेआबनूसी (फा० पु०)–रात्रि, रात।

तख़्तेख़्वाब (फा० पु०)–पलंग, चार-

पाई ।

तख़्तेताऊस (फा० पु०)–मयूरसिंहासन, जिसे शाहजहाँ ने बनवाया था और नादिरशाह इस तख़्त को ईरान ले गया था ।

तख़्तेशाही (फा० पु०)–राजसिंहासन।

तख़्तोताज (फा० पु०)–शासनसूत्र, राज्यभार ।

तख़्फ़ीफ़ (अ० स्त्री०)–न्यूनीकरण, छटनी ।

तख़्मीनः (अ० पु०)–अनुमान, विचार ।

तख़्मीनन (अ० वि०)–अनुमानतः, कम-से-कम या अधिक-से-अधिक ।

तख़्रीब (अ० स्त्री०)–विनष्ट करना, तोड़-फोड़ ।

तख़्लीयः (अ० पु०)–एकांत ।

तख़्लीक़ (अ० स्त्री०)–उत्पत्ति करना, सृजन, उत्पन्न करना ।

तख़्वीफ़े मुजिरमानः (अ० स्त्री०)–अवैध त्रास, नाजाइज़ धमकी देकर कुछ प्राप्त करने की कोशिश ।

तख़्सीस (अ० स्त्री०)–विशेषता, मुख्यता ।

तग (फा० स्त्री०)–दौड़, कोशिश, तगोदौ ।

तग़ज़्ज़ुल (अ० पु०)–ग़ज़ल का रंग, काव्यात्मकता ।

तग़य्युर (अ० पु०)–परिवर्तन होना ।

तग़ाफ़ुल (अ० पु०)–उपेक्षा, असावधानी, विलंब, देर ।

तग़ाफ़ुलदोस्ती (अ० फा० स्त्री०)–जानबूझकर बेपरवाही बरतना, देर लगाना ।

तजब्ज़ुब (अ० पु०)–असमंजस, दुविधा, संदेह ।

तजम्मुल (अ० पु०)–सौंदर्य, वैभव, धन-संपत्ति, शृंगार और आभूषणादि से शरीर की सजावट ।

तज़य्युन (अ० पु०)–सुसज्जित होना, शोभित होना, शृंगार, शोभा ।

तजर्रुद (अ० पु०)–अकेलापन, स्त्री के बिना जीवन व्यतीत करना, संन्यास, वैराग्य, संसार से विरक्ति, निस्पृहता, नग्नता ।

तजर्रुर (अ० पु०)–हानि उठाना, दुःखित होना ।

तज़ल्ज़ुल (अ० पु०)–कंपन, भूकंप, हलचल, खलबली, सनसनी, क्रांति, अस्थिरता ।

तजल्ली (अ० स्त्री०)–प्रकाश, आभा, तेज, प्रताप ।

तजल्लीगाह (अ० फा० स्त्री०)–प्रकाश का स्थान, सुंदरियों का स्थान ।

तजल्लीरेज़ (अ० फा० वि०)–प्रकाश फैलाने वाला ।

तज़व्वुज (अ० पु०)–ब्याह करना ।

तजस्सुस (अ० पु०)–जिज्ञासा, गवेषणा ।

तजह्हुद (अ० पु०)–संसार से विरक्त होना ।

तजाहुले आरिफ़ानः (अ० पु०)–जानबूझकर अनजान बनना ।

तज़मीन (अ० पु०)–किसी को अपनी शरण में लेना ।

तज़्किय: (अ० पु०)–शुद्धि, पवित्र करना ।

तज़्किरः (अ० पु०)–चर्चा, बातचीत ।

तज़्ज़ियः (अ० पु०)–अलग-अलग करना, जाँच करना ।

तज्रिबः (अ० पु०)–परीक्षा, जाँच, अनुभव, जानकारी ।

तज्रिब:कार (अ० फा० वि०)--अनुभवी।

तज्वीज़ (अ० स्त्री०)–विचार, सलाह, राय, प्रबन्ध, योजना, प्रयत्न, निर्णय, प्रस्ताव।

तज्वीर (अ० स्त्री०)–धोखा, छल, मिथ्या।

तज्हीक (अ० स्त्री०)–हँसी उड़ाना, तिरस्कार करना।

तज्हीज़ोतक्फ़ीन (अ० स्त्री०)–मुर्दे का यथानियम नहला-धुलाकर कफ़न में लपेटना।

तदब्बुर (अ० पु०)–दूरदर्शिता।

तद्बीर (अ० स्त्री०)–उपाय, प्रयत्न, उपचार, चालाकी, चतुराई, प्रबन्ध।

तन (फा० पु०)–देह, शरीर, काया, व्यक्ति।

तनख़्वाह (फा० स्त्री०)–वेतन।

तनज़्ज़ुल (अ० पु०)–नीचे उतरना, अवनति, पद-ह्रास, वेतन में कमी होना, पतन, कमी, अपदस्थता।

तनदिही (फा० स्त्री०)–तन्मयता, पराक्रम, परिश्रम।

तनदुरुस्त (फा० वि०)–नीरोग, स्वस्थ।

तनदुरुस्ती (फा० स्त्री०)–स्वास्थ्य, नीरोगिता।

तनपरस्ती (फा० स्त्री०)–निकम्मापन सुस्ती, आलस।

तनफ़्फ़ुर (अ० पु०)–घृणा, नफ़रत।

तनहा (फा० वि०)–एकाकी, अकेला, एकमात्र, केवल।

तनहाई (फा० स्त्री०)--एकांत, अकेलापन।

तनाक़ुस (अ० पु०)–दोष, त्रुटि, अशुद्धि।

तनाबे उम्र (अ० स्त्री०)–आयुकाल, आयुसूत्र।

तनावर (फा० वि०)–स्थूल, दृढ़ांग।

तनाबुल (अ० पु०)–भोजन आदि खाना।

तनासानी (फा० वि०)–काहिली, सुस्ती।

तनासुख़ (अ० पु०)–आवागमन का दर्शन।

तनासुब (अ० पु०)–किन्हीं दो वस्तुओं में परस्पर औचित्य।

तने तन्हा (फा० वि०)–बिलकुल अकेला, एकाकी।

तने बेजाँ (फा० वि०)–शव, प्राणहीन शरीर।

तनोमंद (फा० वि०)–स्वस्थ, नीरोग, हृष्ट-पुष्ट।

तन्क़ीद (अ० स्त्री०)–परख, समीक्षा।

तन्क़ीस (अ० स्त्री०)–काम करना, घटाना, तिरस्कार।

तन्क़ीह (अ० स्त्री०)–किसी चीज़ में से मिलावट निकालकर उसे शुद्ध और निर्मल करना; न्यायालय की परिभाषा में वाद या अभियोग के आधारभूत विषयों की समीक्षा।

तन्क़ीहतलब (अ० वि०)–जिस विषय की तन्क़ीह होना आवश्यक हो।

तन्वीर (अ० स्त्री०)–प्रकाशित करना, प्रकाश, ज्योति, नूर।

तपाक (फा० पु०)–गर्मजोशी, संभ्रांति, प्रेम, सोत्साह।

तपिश (फा० स्त्री०)–पतन, गरिमा, जलन, गर्मी, आतप, धूप।

तपेदिक़ (फा० स्त्री०)–क्षयरोग।

तफ़क्कुरात (अ० पु०)–चिंताएँ, 'तफ़क्कुर' का बहु०, भय, शंका।

तफ़ज़्ज़ुल (अ० पु०)–श्रेष्ठता, कृपा, दान।

तफ़न्नुन (अ० पु०)–मनोरंजन, मनोविनोद, विचित्रता।

तफ़न्नुने तब्अ (अ० पु०)–आमोद-प्रमोद, मनोविनोद।

तफ़र्रुक़ (अ० पु०)–अलग-अलग होना।

तफ़र्रुद (अ० पु०)–अद्वितीय होना, अनुपम होना, एकांतवासी होना।

तफ़ल्सुफ़ (अ० पु०)–विज्ञान।

तफ़व्वुक़ (अ० पु०)–श्रेष्ठता, प्रधानता।

तफ़ाउल (अ० पु०)–शगुन विचारना।

तफ़ारुक़ (अ० पु०)–एक-दूसरे से जुदा होना, पृथक्ता।

तफ़ासील (अ० स्त्री०)–'तफ़सील' का बहु०, विवरण।

तफ़ूलियत (अ० स्त्री०)–बाल्यावस्था।

तफ़्खीम (अ० स्त्री०)–श्रेष्ठ मानना, श्रेष्ठ बनाना।

तफ़्तीश (अ० स्त्री०)–खोज, तलाश, गवेषणा, पुलिस अफ़सर द्वारा किसी केस की जाँच-पड़ताल।

तफ़्रिक़:अंगेज़ (अ० फा० वि०)–दो व्यक्तियों या दलों में परस्पर फूट डलवाने वाला।

तफ़्रिक़: सामानी (अ० फा० स्त्री०)–फूट के सामान एकत्र करके फूट फैलाना।

तफ़्रीक़ (अ० स्त्री०)–पृथक् करना, फूट डालना, पृथक्ता, जुदाई, बड़ी संख्या में से छोटी संख्या घटाना, बाक़ी।

तफ़्रीह (अ० स्त्री०)–मनोविनोद, मनोरंजन, विहार, क्रीड़ा, कौतुक, सैर-सपाटा।

तफ़्रीहगाह (अ० फा० स्त्री०)–तफ़्रीह की जगह, क्रीड़ा-क्षेत्र।

तफ़्रीहन (अ० वि०)–मज़ाक के तौर पर, दिल्लगी में।

तफ़्रीही (अ० वि०)–मनबहलाव से संबंध रखने वाला, मनबहलाव का।

तफ़्सील (अ० स्त्री०)–विस्तार, विवरण, स्पष्टता।

तबन्नी (अ० स्त्री०)–किसी बालक को गोद लेना।

तबर (फा० पु०)–कुल्हाड़ा, फरसा।

तबर्रा (अ० पु०)–उपेक्षा, घृणा, अपशब्द।

तबर्रुक (अ० पु०)–प्रसाद।

तबस्सुम (अ० पु०)–हलकी हँसी, मुस्कुराहट।

तबाअत (अ० स्त्री०)–मुद्रण, छपाई।

तबाह (फा० वि०)–नष्ट, ध्वस्त, निर्जन, वीरान, निकृष्ट।

तबाहकार (फा० वि०)–विनाशकारी, अत्याचारी।

तबाहहाल (फा० अ० वि०)–मुसीबत का मारा, दरिद्र।

तबाही (फा० स्त्री०)–विनाश, विध्वंस, अत्याचार, दरिद्रता, विपत्ति।

तबीअत (अ० स्त्री०)–धर्म, स्वभाव, प्रकृति, आदत, रुचि, मन, स्वास्थ्य या रोग के दृष्टिकोण से शरीर की दशा, मिज़ाज।

तबीई (अ० वि०)–एक वैज्ञानिक शाखा, जिसमें शारीरिक परिवर्तनों और गुणों का विवरण होता है, शरीर-धर्म-शास्त्र।

तबीब (अ० पु०)–उपचारक, चिकि-

त्सक, वैद्य।

तब्अ आज़माई (अ० फा० स्त्री०)–काव्य-रचना शक्ति की जाँच, किसी समस्या की पूर्ति या किसी विषय पर कविता लिखना।

तब्क: (अ० पु०)–वर्ग, श्रेणी, लोक, परत, तह, दर्जा।

तब्क:वारान: (अ० फा० वि०)–वर्ग और श्रेणी वाला; धार्मिक।

तब्दील (अ० स्त्री०)–बदलना, एक स्थान से दूसरे स्थान पर ले जाना, एक वस्तु देकर दूसरी वस्तु लेना।

तब्दीली (अ० स्त्री०)–परिवर्तन, स्थानांतरण, क्रांति।

तब्दीले आबोहवा (अ० फा० स्त्री०)–जलवायु का बदलना।

तब्दीले मज़हब (अ० स्त्री०)–धर्म-परिवर्तन।

तब्लक़ (तु० स्त्री०)–दोनों ओर से खुला हुआ लिफाफा।

तब्लीग़ (अ० स्त्री०)–प्रचार, किसी बात को दूर तक फैलाना, प्रसार।

तब्लीग़े मज़्हब (अ० स्त्री०)–धर्म-प्रचार।

तब्लेजंग (फा० पु०)–रण-भेरी।

तब्वीब (अ० स्त्री०)–पुस्तक का परिच्छेदों और अध्यायों में विभाजन।

तब्शीर (अ० स्त्री०)–शुभ सूचना देना, आशीर्वाद देना।

तब्सिर: (अ० पु०)–समीक्षा, आलोचना, आँखों में रौशनी पहुँचाना।

तब्सिर:निगार (अ० फा० वि०)–समीक्षक, आलोचक।

तमए ख़ाम (अ० फा० स्त्री०)–झूठी अभिलाषा, मृगतृष्णा।

तमक्कुन (अ० पु०)–स्थिर होना, ठहरना।

तमद्दुन (अ० पु०)–नागरिकता, कल्चर, सभ्यता।

तमन्ना (अ० स्त्री०)–कामना, लालसा, अभिलाषा, स्पृहा।

तमन्नाई (अ० वि०)–इच्छुक, आकांक्षी, लिप्सु।

तमर्रुद (अ० पु०)–द्रोह, अवज्ञा, गर्व, धृष्टता।

तमस्सुक (अ० पु०)–ग्रहण करना, लेना, पकड़ना, ऋण-पत्र, दस्तावेज।

तमा' (अ० स्त्री०)–लोभ, लोलुपता।

तमाज़त (अ० स्त्री०)–धूप की गर्मी।

तमाज़ते आफ़्ताब (अ० फा० स्त्री०)–सूर्य की गर्मी।

तमानियत (अ० स्त्री०)–संतोष, सांत्वना, विश्वास, तसल्ली।

तमाम (अ० वि०)–समस्त, सब, संपूर्ण, समाप्त, निर्मल, अत्यधिक।

तमामतर (अ० फा० वि०)–सर्व, सारे का सारा।

तमाशबीन (फा० वि०)–ऐयाश, वेश्यागामी।

तमाशबीनी (फा० स्त्री०)–ऐयाशी, वेश्यागमन।

तमाशा (अ० पु०)–सैर, विहार, दर्शन, आनन्द, क्रीड़ा, खेल, बाजीगरों या मदारियों का खेल, नाटक आदि का खेल।

तमाशाई (अ० फा० वि०)–तमाशा देखने वाला, कौतुकदर्शी।

तमाशागाह (अ० ५ स्त्री०)–क्रीड़ास्थल।

तमीज़ (अ० स्त्री०)–विवेक, दो वस्तुओं में अन्तर समझ सकने की बुद्धि, पहचान, परख, शिष्टता, बुद्धियोग्यता।

तमीज़दार (अ० फा० वि०)–शिष्ट, कुशल, योग्य।

तम्कनत (अ० स्त्री०)–अभिमान, तड़क-भड़क।

तम्ग़ा (तु० पु०)–पदक, राजचिह्न।

तम्सील (अ० स्त्री०)–उपमा, तुलना, उदाहरण।

तय (अ० पु०)–निश्चित, निर्णीत, समाप्त, परिपक्व।

तय्यार: (अ० पु०)–वायुयान, विमान।

तय्यार (अ० वि०)–तत्पर, समाप्त, परिपूर्ण, सुसज्जित, वस्त्राभूषण आदि से सुसज्जित, उपस्थित, विद्यमान।

तर (फा० वि०)–आर्द्र, गीला, नवीन, तत्कालीन, ताज़ा, हाल का, धनवान, सब्ज।

तरकश (फा० पु०)–तूणीर।

तरक़्क़ी (अ० स्त्री०)–उत्थान, उन्नति, अधिकता, पद या ओहदे में वृद्धि।

तरक़्क़ीपसंद (अ० फा० वि०)–उन्नति और तरक्की चाहने वाला।

तरक़्क़ीयाफ़्त: (अ० फा० वि०)–समुन्नत, सुसभ्य।

तरजुमान (अ० पु०)–भाषान्तरकार, द्विभाषी।

तरजुमानी (अ० फा० स्त्री०)–दो भाषाओं का उल्था, दो भाषाभाषियों में मध्यस्थता।

तरदामन (फा० वि०)–लिप्त, पापी।

तरद्दुद (अ० पु०)–चिन्ता, सोच, असमंजस, घबराहट, आतुरता, कृषि-कर्म।

तरन्नुम (अ० पु०)–स्वर-माधुर्य, गाना।

तरफ़ (अ० स्त्री०)–दशा, ओर, आदर, पास, पक्ष।

तरफ़दार (अ० फा० वि०)–पक्षपाती, सहायक।

तरफ़दारी (अ० फा० स्त्री०)–पक्षपात, सहायता।

तरफ़ैन (अ० स्त्री०)–दोनों पक्ष, उभयपक्ष।

तरफ़्फ़ो' (अ० पु०)–अपने को सबसे ऊँचा समझना, अहंकार, गर्व।

तरबअंगेज (अ० फा० वि०)–आनंद-वर्धक हर्षजनक।

तरह (अ० स्त्री०)–न्यास, नींव, पद्धति, शैली, वेशभूषा, समान, भाँति, प्रकार, ढंग, टालना, झगड़े को बढ़ने न देना, युक्ति, तरकीब।

तरहदार (अ० फा० वि०)–बाँका, छबीला।

तराज़िए तरफ़ैन (अ० स्त्री०)–उभयपक्ष की स्वीकृति।

तराज़ी (अ० स्त्री०)–एक-दूसरे से आशा रखना।

तराज़ू (फा० स्त्री०)–तौलने का यंत्र, तुला।

तराज़ूए अद्ल (फा० अ० स्त्री०)–न्याय-तुला।

तरान: (फा० पु०)–एक विशेष प्रकार का गीत, गाना।

तराश: (फा० पु०)–छीलन, टाँकी, फाँक।

तराश (फा० स्त्री०)–कटाव, काट-छाँट, काटने का ढंग, आविष्कार, धार (प्रत्य०) काटने वाला।

तराश ख़राश (फा० स्त्री०)–वेश-भूषा, काट-छाँट।

तरिक: (अ० पु०)–दाय, वह धन-

सम्पत्ति जो उत्तराधिकार में मिले।

तरी (फा० स्त्री०)–आर्द्रता, गीलापन, सील, नमी, समृद्धि।

तरीक: (अ० पु०)–प्रणाली, शैली, युक्ति, तरकीब, नियम, रिवाज, परंपरा, चाल-ढाल, वेश-भूषा।

तरीक़ (अ० पु०)–मार्ग, रास्ता।

तरीक़ए ता'लीम (अ० पु०)–शिक्षा-प्रणाली।

तरीक़त (अ० स्त्री०)–आत्मशुद्धि, ब्रह्मज्ञान, तसव्वुफ की दूसरी मंजिल।

तरीक़े अमल (अ० पु०)–कार्य-प्रणाली।

तरोताज: (फा० वि०)–हरा-भरा, सरसब्ज़।

तर्क (अ० पु०)–त्याग, परित्याग, छोड़ना, भूल।

तर्कीब (अ० स्त्री०)–मिश्रण, मिलाना, युक्ति, ढंग, प्रणाली।

तर्कीबे इस्ते'माल (अ० स्त्री०)–सेवन-विधि।

तर्के अलाइक़ (अ० पु०)–सांसारिक विषय-वासना का त्याग, निवृत्ति।

तर्के दुन्या (अ० पु०)–संसार के झगड़ों का त्याग, मोह-त्याग, विषय-त्याग।

तर्के वतन (अ० पु०)–स्वदेश-त्याग, प्रवास, निर्वासन।

तर्ग़ीब (अ० स्त्री०)–प्रलोभन, उत्तेजना।

तर्ज़ (अ० पु०)–शैली, पद्धति, ढंग, स्वभाव।

तर्जम: (अ० पु०)–अनुवाद, भाषांतर।

तर्जीअ (अ० स्त्री०)–जाकर वापस आना, प्रत्यागमन।

तर्जीअबंद (अ० फा० पु०)–नज़्म की एक क़िस्म, जिसमें कई बन्द होते हैं।

तर्जीह (अ० स्त्री०)–प्रधानता, श्रेष्ठता।

तर्ज़े अदा (अ० फा० उभ०)–काव्य-प्रणाली, शाइरी का तर्ज़, हाव-भाव का तर्ज़।

तर्ज़े कलाम (अ० उभ०)–बात करने का ढंग।

तर्ज़े गुफ़्तुगू (अ० फा० उभ०)–वार्ता-शैली, बातचीत करने का तरीका।

तर्ज़े तक़्रीर (अ० उभ०)–भाषण-शैली, वाक्-प्रणाली।

तर्ज़े तहरीर (अ० उभ०)–लेखन-शैली, लिखने का ढंग।

तर्ज़े रफ़्तार (अ० फा० उभ०)–चलने का ढंग, गमन-प्रकार।

तर्ज़ो अंदाज़ (अ० फा० पु०)–रंग-ढंग, चाल-ढाल।

तर्तीब (अ० स्त्री०)–क्रम, सिलसिला, प्रबंध, सज्जा, दुरुस्ती।

तर्तीबवार (अ० फा० वि०)–तर्तीब से एक के बाद एक।

तर्दीद (अ० स्त्री०)–रद्द करना, लौटाना, खंडन करना, किसी बात को झूठ साबित करना।

तर्बियत (अ० स्त्री०)–पालन-पोषण, परवरिश, शिक्षा, सभ्यता और शिष्टाचार की शिक्षा, प्रशिक्षण, सुधार।

तर्बियतयाफ़्त: (अ० फा० वि०)–जो शिष्टता और सभ्यता की शिक्षा पा चुका हो, सभ्य, शिष्ट; प्रशिक्षित।

तर्मीम (अ० स्त्री०)–मरम्मत करना, सँवारना, संशोधन, परिवर्तन।

तर्रार (अ० वि०)–तेज़ बोलने वाला, वाचाल, चालाक, दक्ष, कुशल, छली, वंचक।

तर्रारी (अ० स्त्री०)–छल, कपट, वाचालता, मुखरता।

तर्स (फा० पु०)–भय, डर।

तर्सनाक (फा० वि०)–भयभीत, भयाक्रांत।

तर्ह (अ० स्त्री०)–दे० 'तरह', दोनों शुद्ध हैं, नींव, बुनियाद।

तर्हअंदाज (अ० फा० वि०)–नींव डालने वाला, बुनियाद रखने वाला।

तर्ही (अ० वि०)–तर्ह वाला, वह मिस्रा जो किसी मुशायरे की तर्ह हो।

तल (अ० स्त्री०)–ओस, शबनम।

तलज्जुज़ (अ० पु०)–स्वाद पाना, स्वाद, आनन्द।

तलत्तुफ़ (अ० पु०)–कृपा, दया।

तलफ़्फ़ुज़ (अ० पु०)–उच्चारण।

तलब (अ० स्त्री०)–माँगना, याचना, अभियाचना, तकाज़ा, वेतन, इच्छा, तलबी, किसी नशीली वस्तु—जिसके खाने या पीने का अभ्यास हो—की चाह।

तलबगार (अ० फा० वि०)–इच्छुक, अभिलाषी।

तलबा (अ० पु०)–'तालिब' का बहु०, विद्यार्थीगण।

तलबान: (अ० फा० पु०)–अदालत में गवाहों आदि के बुलाने को जमा होने वाला सफ़र ख़र्च आदि।

तलबी (अ० स्त्री०)–आवाहन, बुलावा, न्यायालय में सम्मन द्वारा बुलावा।

तलाक़ (अ० स्त्री०)–विवाह-विच्छेद।

तलातुम (अ० पु०)–पानी का मौजें मारना।

तलाफ़ी (अ० स्त्री०)–क्षतिपूर्ति, हानि की पूर्ति।

तलाश (तु० स्त्री०)–खोज, टोह।

तलाशी (तु० स्त्री०)–खोज, सरकारी आज्ञा से किसी के मकान आदि की छानबीन।

तल्क़ीन (अ० स्त्री०)–दीक्षा देना, सदुपदेश।

तल्ख़ (फा० वि०)–कड़वा, कटु, अरुचिकर।

तल्ख़ी (फा० स्त्री०)–कटुता, सच्चाई।

तवक्कुल (अ० पु०)–सांसारिक साधनों का भरोसा हटाकर सारे काम ईश्वर की मर्ज़ी पर छोड़ देना।

तवक़्क़ो' (अ० पु०)–आशा, भरोसा।

तवज्जोह (अ० पु०)–किसी की ओर मुँह करना, ध्यान देना; ध्यान, गौर, अधिक ध्यान, कृपा, दया।

तवह्हुम (अ० पु०)–भ्रम में डालना, वह्म।

तवाइफ़ (अ० स्त्री०)–गणिका, वेश्या।

तवाइफ़ज़ाद: (अ० फा० पु०)–वेश्या-पुत्र।

तवाइफ़ुल मुलूकी (अ० स्त्री०)–देश की उथल-पुथल, राज्य का कुप्रबंध, राजगद्दी का बार-बार परिवर्तन।

तवाज़ुन (अ० पु०)–संतुलन।

तवाज़ुनेक़ुव्वत (अ० पु०)–दोनों ओर शक्ति की समानता।

तवाज़ो' (अ० पु०)–आदर-सत्कार।

तवातुर (अ० पु०)–निरंतरता, लगातारपन।

तवाफ़ (अ० पु०)–परिक्रमा,

प्रदक्षिणा।

तवाफ़ुक़ (अ० पु०)–परस्पर एक जगह रहना, एक दूसरे के अनुकूल होना, एक-दूसरे की सहायता करना, एक जैसा होना, सदृशता।

तवाफ़ुके लिसानैन (अ० पु०)–दो विभिन्न भाषाओं के किसी शब्द का एक जैसा होना, बनावट में भी और अर्थ में भी।

तवाबे' (अ० पु०)–'ताबे' का बहु०, अधीन लोग, अनुयायी लोग।

तवारीख़ (अ० स्त्री०)–'तारीख' का बहु०, तारीखें, तिथियाँ, इतिहास, किसी देश की तारीख।

तवालत (अ० स्त्री०)–लम्बाई, दीर्घता, विलम्ब, ढील, देर झंझट, बखेड़ा।

तशख़्ख़ुस (अ० पु०)–निश्चित होना, मुअय्यन होना।

तशत्तुत (अ० पु०)–तितर-बितर होना, अस्त-व्यस्त होना।

तशद्दुद (अ० पु०)–सख्ती करना, अत्याचार करना।

तशब्बुह (अ० पु०)–सदृश होना, एक जैसा होना, एकरूपता।

तशख़ीस (अ० स्त्री०)–नियुक्ति करना, निश्चय करना, जाँचना, जानकारी के लिए परखना।

तशख़ीसे मरज़ (अ० स्त्री०)–रोग-निदान, बीमारी की जाँच।

तश्त (फा० पु०)–थाली, परात।

तश्त अज़ बाम (फा० अव्य०)–भेद खुलना, बात सबमें फैल जाना।

तश्तरी (फा० स्त्री०)–रिकाबी, प्लेट।

तश्नः (फा० वि०)–प्यासा, तृषित, पिपासित, अतृप्त।

तश्नःजिगर (फा० वि०)–असफल काम, अभिलाषी। नाकामयाब।

तश्नःलब (फा० वि०)–जिसके ओंठ प्यास के मारे सूख गए हों, बहुत प्यासा।

तश्नए दीदार (फा० वि०)–देखने का भूखा, बहुत अधिक अभिलाषी।

तश्नगी (फा० स्त्री०)–प्यास, तृष्णा, पिपासा, लालसा, अभिलाषा।

तश्बीह (अ० स्त्री०)–एक अर्थालंकार, जिसमें एक वस्तु की तुलना दूसरी वस्तु से करके उसे घटाया या बढाया या बराबर किया जाता है, उपमा।

तश्बीहे ताम (अ० स्त्री०)–ऐसी उपमा, जो पूरी-पूरी घटित हो। पूर्णोपमा।

तश्रीफ़ (अ० स्त्री०)–प्रतिष्ठा, सम्मान, पदार्पण, शुभागम।

तश्रीफ़फ़र्माई (अ० फा० स्त्री०)–ठहरना, बैठना, तशरीफ़ रखना।

तश्रीह (अ० स्त्री०)–स्पष्टीकरण, व्याख्या, टीका, भाष्य, भाषान्तर, शरीर के अंगों का विवरण।

तश्वीश (अ० स्त्री०)–चिन्ता, सोच, भय, त्रास, व्याकुलता।

तश्वीशअंगेज़ (अ० फा० वि०)–चिन्ताजनक।

तसद्दुक़ (अ० पु०)–न्योछावर होना, कृपा, दया।

तसर्रुफ़ (अ० पु०)–प्रयोग, व्यवहार, अधिकार, परिवर्तन, चमत्कार, करामात।

तसल्ली (अ० स्त्री०)–सांत्वना, सन्तोष।

तसल्लुत (अ० पु०)–अधिकार, प्रभुत्व ।

तसव्वुफ़ (अ० पु०)–ब्रह्मवाद, अध्यात्मवाद, वेदान्त, सूफीवाद ।

तसव्वुर (अ० पु०)–ध्यान, विचार ।

तस्कीन (अ० स्त्री०)–सांत्वना, संतोष, दिलासा ।

तस्दीक़ (अ० स्त्री०)–सत्यापन, प्रमाण ।

तस्नीफ़ (अ० स्त्री०)–पुस्तक लिखना, रचना, लिखी हुई पुस्तक, बनाई हुई कविता, कपोल-कल्पित ।

तस्फ़िय: (अ० पु०)–समझौता, निर्णय, शुद्ध करना, शुद्ध ।

तस्फ़िय:तलब (अ० फा० वि०)–वे बातें जिनकी सफ़ाई होनी आवश्यक है ।

तस्फ़िय:नाम: (अ० फा० वि०)–वह काग़ज़, जिसमें आपस के तस्फ़िए की लिखा-पढ़ी हो ।

तस्बीह (अ० स्त्री०)–माला, जयमाला ।

तस्म: (फा० पु०)–चमड़े की कम चौड़ी और लम्बी पट्टी ।

तस्मिय: (अ० पु०)–नामकरण, नाम रखना ।

तस्मीन (अ० स्त्री०)–मोटा करना, स्थूल बनाना ।

तस्लीब (अ० स्त्री०)–फाँसी देना ।

तस्लीम (अ० स्त्री०)–सौंपना, प्रणाम करना, स्वीकार करना ।

तस्लीमात (अ० स्त्री०)–'तस्लीम' का बहु०, प्रणाम ।

तस्विय: (अ० पु०)–समान करना, सीधा करना ।

तस्वीर (अ० स्त्री०)–मूर्ति बनाना, चित्र खींचना, चित्र, प्रतिकृति, छायाचित्र, प्रतिमा, मूर्ति, फोटो ।

तस्वीरकशी (अ० फा० स्त्री०)–चित्रण, तस्वीर बनाना ।

तस्वीरखान: (अ० फा० पु०)–वह स्थान, जहाँ बहुत-से चित्र हों, जहाँ बहुत-सी सुन्दर स्त्रियाँ एकत्र हों ।

तस्वीरे अक्सी (अ० स्त्री०)–फोटो, छायाचित्र ।

तस्वीरे ख़याली (अ० स्त्री०)–काल्पनिक चित्र ।

तस्वीरे गिली (अ० फा०)–मिट्टी की मूर्ति ।

तस्हील (अ० स्त्री०)–सुगम बनाना, सुगमता, सरलता, सरल करना ।

तह (फा० स्त्री०)–निचला हिस्सा, तली, थाह, परत, भेद, रहस्य ।

तहक्कुम (अ० पु०)–हुक्म जताना, जोर दिखाना ।

तहख़ान: (फा० पु०)–तलगृह, भूगर्भगृह ।

तहनशीं (फा० वि०)–तलछट, नीचे बैठी हुई चीज़ ।

तहबंद (फा० पु०)–अधोवस्त्र, लुंगी, तहमद ।

तहमैदानी (फा० पु०)–खानाबदोश, संचारजीवी ।

तहम्मुल (अ० पु०)–सहिष्णुता, गंभीरता, धैर्य, नम्रता ।

तहरत (अ० स्त्री०)–शुद्धता, शौच, स्नान ।

तहेख़ाक (फा० अव्य०)–जमीन के नीचे, अर्थात् क़ब्र में ।

तहक़ीक़ (अ० स्त्री०)–जाँच-पड़ताल, अनुसंधान, तलाश ।

तहक़ीक़ात (अ० स्त्री०)–'तहक़ी

का बहु०, किसी मामले की जांच-पड़ताल।

तहक़ीके हक़् (अ० स्त्री०)–सत्य की खोज।

तहक़ीर (अ० स्त्री०)–अपमान, अनादर, निंदा, घृणा, उपेक्षा।

तहज़ीबे अख़्लाक (अ० स्त्री०)–आचार-व्यवहार और नागरिकता के नियमों का पालन।

तहज़ीबे जदीद (अ० स्त्री०)–नवीन सभ्यता, पाश्चात्य संस्कृति।

तह् त (अ० वि०)–निम्न, नीचे, अधीन, अधिकार।

तह् लुल्लफ़्ज़ (अ० वि०)–नज़्म या गज़ल को तरन्नुम से न पढ़कर साधारण ढंग से पढ़ना, गाकर न पढ़ना।

तहदीद (अ० स्त्री०)–डराना, धमकाना, भर्त्सना।

तह्रीक (अ० स्त्री०)–हिलाना, प्रवृत्त करना, आन्दोलन।

तह्रीर (अ० स्त्री०)–लिखना, लिखने का अमल, हस्तलिपि, दस्तावेज, प्रमाण, प्रमाणपत्र।

तह्रीरी (अ० वि०)–लिखित, लिखा हुआ।

तहवील (अ० स्त्री०)–फिरना, फिराना, हस्तांतरित करना, प्रवेश करना।

तह् शियः (अ० पु०)–किसी पुस्तक आदि पर फुटनोट लिखना।

तहसीन (अ० स्त्री०)–प्रशंसा, श्लाघा।

तहसील (अ० स्त्री०)–हासिल करना, मालगुजारी, राजस्व, जिले का एक भाग, तहसीलदार की कचहरी।

तहसीलदार (अ० फा० पु०)–तहसील का अफ़सर, जिसका काम मालगुजारी एकत्र करना होता है।

तहसीलदारी (अ० फा० स्त्री०)–तहसीलदार का पद, तहसीलदार का काम।

तहसीले इल्म (अ० स्त्री०)–विद्योपार्जन।

ता (फा० अव्य०)–तक, तलक।

ताइफ़ः (अ० पु०)–दल, समुदाय।

ताइफ़ (अ० वि०)–परिक्रमा करने वाला, सोते में आने वाला ख़याल।

ताइब (अ० वि०)–पाप या किसी बुरी आदत पर लज्जित होकर उससे अलग रहने की प्रतिज्ञा करने वाला।

ताइर (अ० पु०) - पक्षी।

ताईद (अ० स्त्री०)–सहायता, पक्षपात, पुष्टि, दावे के प्रमाण में कोई दस्तावेज आदि।

ता'ऊन (अ० पु०)–एक महामारी, प्लेग।

ताऊस (अ० पु०)–मोर, मयूर।

ताक़ (अ० पु०)–दीवार में बना हुआ छोटा मेहराबदार खोल, वह अंक जो दो से न बँटे, जैसे ३, ५, ७, ९; दक्ष, निपुण, समाप्त।

ताक़त (अ० स्त्री०)–शक्ति, सामर्थ्य, साहस, उत्साह, हौसला, सत्ता, राज्य, पात्र, हुकूमत।

ताक़त आज़माई (अ० फा० स्त्री०)–ज़ोर लगाना, प्रयत्न करना।

ताक़तवर (अ० फा० वि०)–शक्तिशाली।

ताक़ीद (अ० स्त्री०)–कोई बात ज़ोर देकर कहना, हठ, किसी बात का हुक्म देना।

ताकीदी (अ० वि०)–जिस बात की

तक़ाद की गई हो, ज़रूरी, सख़्त ।

ताक़ीदे मा'नवी (अ० स्त्री०)–किसी वाक्य या शे'र में किसी शब्द का ऐसा अर्थ लेना जो उसके साधारण अर्थ के विपरीत हो।

ताख़ीर (अ० स्त्री०)–विलंब, देर ।

ताग़ी (अ० वि०)–अवज्ञाकारी, विद्रोही, राजद्रोही ।

ताज़ः (फा० वि०)–नवीन, हरा-भरा, हाल का ।

ताज़:दम (फा० वि०)–जिसे थकन और कसल न हो, फ्रेश ।

ताज़:दिमाग़ (फा० अ० वि०)–जिसका दिमाग़ थका हुआ न हो ।

ताज (फा० पु०)–मुकुट, शाही टोपी।

ताज़गी (फा० स्त्री०)–नवीनता, हराभरापन, चेहरे की रौनक, प्रफुल्लता, प्रसन्नता, तरी, शीतलता।

ताजपोशी (फा० स्त्री०)–अभिषेक, राज्याभिषेक ।

ता'ज़ियः (अ० पु०)–हज़्रत इमाम हुसैन के रौज़े की नक़्ल, जिसका जुलूस मुहर्रम में उठता है ।

ता'ज़िय:दारी (अ० फा० स्त्री०)–ताज़िया बनाना, उठाना और रोशनी आदि करना।

ता'ज़ियतख़ान (अ० फा० पु०)–शोकगृह, वह घर जिसमें किसी की मृत्यु हो गई हो ।

ताजियतनामः (अ० फा० पु०)–किसी के मरने पर उसके उत्तराधिकारियों के शोक का पत्र, शोक-पत्र ।

ताज़ियानः (फा० पु०)–कोड़ा, चाबुक ।

ताजिर (अ० पु०)–व्यापारी, व्यवसायी ।

ताजिरानः (अ० फा० अव्य०)–व्यापारियों-जैसा, जैसा व्यापारियों के लिए होता है, वैसा ।

ताज़ी (फा० वि०)–अरबी भाषा, अरब का घोड़ा ।

ता'ज़ीम (अ० स्त्री०)–आदर, सत्कार, प्रणाम ।

ता'ज़ीर (अ० स्त्री०)–सजा देना, दंड देना ।

ता'ज़ीरात (अ० स्त्री०)–'ता'ज़ीर' का बहु०, सजाएँ, सजाओं से संबद्ध न्याय की पुस्तक, दंड-विधान, दंड संहिता।

तातारी (फा० पु०)–तुर्किस्तान के एक प्रदेश तातार का निवासी ।

ता'तील (अ० स्त्री०)–अवकाश, फ़ुर्सत, बेकारी, छुट्टी ।

ता'दाद (अ० स्त्री०)–गणना, अंदाज, संख्या ।

ता'नः (अ० पु०)–व्यंग्य, कटाक्ष, उपालंभ ।

ता'न:ज़न (अ० फा० वि०)–व्यंग्य करने वाला।

ता'न:ज़नी (अ० फा० स्त्री०)–ता'नः देना, व्यंग्य करना ।

ताफ़्तः (फा० वि०)–बटा हुआ, चमकदार, एक प्रकार का रेशमी कपड़ा ।

ताबः (फा० पु०)–तवा ।

ताब (फा० स्त्री०)–उष्णता, गर्मी, आभा, चमक, शक्ति, सहन-शक्ति, सामर्थ्य ।

ता ब कमर (फा० अव्य०)–कमर तक, कमर तक आया या पहुँचा हुआ ।

ता ब ज़ीस्त (फा० अव्य०)–जीवन भर, आजन्म ।

ताबदान (फा० पु०)–मकान का रौशनदान, गवाक्ष, झरोखा, वातायन।

ताबदार (फा० वि०)–ज्योतिर्मय, बल दिया हुआ, बटा हुआ।

ताबनाक (फा० वि०)–रौशन, प्रकाशमान।

ता ब हद्दे (फा० अ० अव्य०)–इस हद तक, यहाँ तक, जहाँ तक।

ताबाँ (फा० वि०)–प्रकाशमान, दीप्त, ज्वलंत।

ताबिंद: (फा० वि०)–चमकने वाला, प्रकाशमान।

ताबिए फ़रमान (अ० वि०)–आज्ञापालक, वफादार।

ताबिश (फा० स्त्री०)–तपन, उष्णता, ज्योति, प्रकाश।

ताबिशे आफ़्ताब (फा० स्त्री०)–धूप की गर्मी, सूर्य की तेज चमक।

ताबूत (अ० पु०)–वह सन्दूक, जिसमें शव को बन्द करके गाड़ते हैं; एक प्रकार का ताज़िया, जो शिया उठाते हैं।

ताबे' (अ० वि०)–वशवर्ती, अधीन, अनुयायी।

ताबेग़म (फा० अ० स्त्री०)–दुःख सहने की शक्ति।

ताबे'दार (अ० फा० वि०)–अनुयायी, आज्ञाकारी।

ता'म (अ० पु०)–स्वाद, रस, जाइक़ा।

ताम (अ० वि०)–समस्त, सर्व, पूर्ण, समग्र।

ता'मीम (अ० स्त्री०)–किसी बात को आम कर देना, व्याप्ति, हर एक के लिए कर देना।

ता'मीर (अ० स्त्री०)–निर्माण, रचना, वास्तु-क्रिया, सुधार, बनावट, इमारत।

ता'मीरी (अ० वि०)–इस्लाही, रचनात्मक।

ता'मीरे क़ौम (अ० स्त्री०)–राष्ट्र-निर्माण, देश का सुधार, जाति-निर्माण।

ता'मीरे मुल्क (अ० स्त्री०)–राष्ट्र-निर्माण, देश का सुधार।

ता'मील (अ० स्त्री०)–आज्ञा का पालन करना, हुक्म मानना, किसी परवाने, सम्मन, या वारंट की तमील।

ता'मीलात (अ० स्त्री०)–अदालत में सम्मन आदि की तामीलों का काम।

ता'मीले हुक्म (अ० स्त्री०)–आज्ञा का पालन।

तामे' (अ० वि०)–लोलुप, लालची।

तार (फा० पु०)–तंतु, डोरा; क्रम, सिलसिला, धागा, कतार, टेलीग्राम, लस, लस का चेप, झड़ी।

तारक (फा०पु०)–माँग, सीमंत; चोटी, शृंग।

तारकश (फा० पु०)–धातुओं के तार बनाने वाला।

तारकशी (फा० स्त्री०)–सोने-चाँदी के तार बनाना।

तार-तार (फा० वि०)–टुकड़े-टुकड़े, धज्जी-धज्जी, बिलकुल फटा-पुराना कपड़ा।

तारिक़ (अ० पु०)–दुर्घटना, इस्लाम का एक प्रसिद्ध सेनापति।

तारिक (अ० वि०)–त्याग करने वाला, अहंकारी, घमंडी।

तारिकुद्दुन्या (अ० वि०)–विरक्त,

निवृत्त, पति।

तारी (अ० वि०)—छा जाने वाला, ढँक लेने वाला; छाया हुआ, ढाँके हुए।

तारीक (फा० वि०)—अंधकारमय, तमिस्र, अँधियारा।

तारीक दिल (फा० वि०)—दुष्टात्मा।

तारीकिए शब (फा० स्त्री०)—रात का अँधेरा।

तारीख़ (अ० स्त्री०)—महीने की तिथि, डेट, मुकद्दमे की सुनवाई का दिन, इतिहास, इतिहास-विज्ञान।

तारीख़दाँ (अ० फा० वि०)—इतिहास-वेत्ता।

तारीख़नवीस (अ० फा० वि०)—इतिहासकार, तारीख लिखने वाला।

तारीख़ी (अ० वि०)—प्राचीन इतिहास से संबंध रखने वाला, ऐतिहासिक।

ता'रीफ़ (अ० स्त्री०)—प्रशंसा, श्लाघा, परिचय, जानकारी, गुण, व्याख्या।

तारे अन्कबून (फा० अ० पु०)—मकड़ी के जाले का तार।

तारे बर्क़ी (फा० अ० पु०)—बिजली का तार, टेलीग्राम।

तालाब (फा० पु०)—तड़ाग, वापी।

तालिब (अ० पु०)—इच्छुक, याचक, अभिलाषी, लालायित, लिप्सु।

तालिबे इल्म (अ० पु०)—छात्र।

तालिबे ज़र (अ० फा० पु०)—धनेच्छुक।

तालिबे दीदार (अ० फा० पु०)—दर्शनों का अभिलाषी।

तालिबो मतलूब (अ० पु०)—प्रेमी और प्रेमिका, नायक और नायिका।

तालीफ़ (अ० स्त्री०)—दो या कई वस्तुओं को परस्पर संयुक्त करना; कई लेखकों की कृतियों में से छाँट-कर अलग एक पुस्तक बनाना, संपादन करना।

ता'लीम (अ० स्त्री०)-शिक्षा देना, पढ़ाना, सिखाना, बताना, शिक्षा, उपदेश, दीक्षा, नाचने-गाने की शिक्षा।

ता'लीमगाह (अ० फा० स्त्री०)—पढ़ने का स्थान, पाठशाला।

ता'लीमयाफ़्तः (अ० फा० वि०)—शिक्षित, पढ़ा-लिखा, शिष्ट।

ता'लीमे जदीद (अ० स्त्री०)—नयी तालीम, नवीन शिक्षा, आजकल की पश्चिमी शिक्षा।

ता'लीमे निस्वाँ (अ० स्त्री०)-स्त्री-शिक्षा।

ता'लीमे बालिग़ाँ (अ० स्त्री०)—प्रौढ़-शिक्षा।

तालूत (अ० पु०)—इस्राईल जाति का एक शासक जिसने जालूत नामक एक अत्याचारी नास्तिक को हज़रत दाऊद की सहायता से मारा था।

ताले (अ० पु०)—उदय होने वाला, निकलनेवाला, भाग्य।

ताले'आज़माई (अ० फा० स्त्री०)—भाग्य की परीक्षा, प्रयत्न।

ताले'मंद (अ० फा० वि०)—भाग्यवान्।

ताले' शनास (अ० फा० वि०)—ज्योतिषी।

तालेह (अ० वि०)—दुराचारी।

तावान (अ० पु०)—क्षतिपूर्ति, अर्थ-दण्ड, जुर्माना।

तावाने जंग (अ० फा० पु०)—वह रक़म और सामान जो पराजित राज्य विजेता को देता है।

ता'वीक़ (अ० स्त्री०)—विलंब, ढील,

देर, टालमटोल, आजकल।

ता'वीज़ (अ० पु०)—रक्षा-कवच, गले का एक आभूषण, मंत्रचक्र।

तावील (अ० पु०)—स्पष्टीकरण, स्वप्न फल।

ताश (तु०प्रत्य०)—संगी, साथी, साझे-दार, (उ०) पु०—खेलने के पत्ते, गंजिफा।

ताहम (फा० अव्य०)—तो भी, फिर भी, तथापि।

ताहिर (अ० वि०)—पवित्र, शुद्ध, पुनीत।

ताहिरी (अ० स्त्री०)—एक प्रकार की पीले रंग की खिचड़ी।

तिक्कः (फा० पु०)—कटिबंध, कमर-बंद, गोश्त का छोटा टुकड़ा।

तिफ़्ल (अ० पु०)—बालक, बच्चा।

तिफ़्लक (अ० फा० पु०)—छोटा बच्चा, शिशु।

तिफ़्लमिज़ाज (अ० वि०)—बच्चों जैसी हरकतें करने वाला।

तिफ़्ली (अ० स्त्री०)—बाल्यावस्था।

तिफ़्ले आतश (अ० फा० पु०)—अग्नि-कण, चिनगारी, स्फुलिंग।

तिफ़्ले मक्तब (अ० पु०)—निरक्षर, मूर्ख, अनभिज्ञ।

तिब्बी (अ० वि०)—चिकित्सा संबंधी।

तिब्बे क़दीम (अ० स्त्री०)—प्राचीन चिकित्सा-पद्धति।

तिब्बे जदीद (अ० स्त्री०)—नवीन चिकित्सा-प्रणाली, पाश्चात्य आयुर्वेद।

तिम्साल (अ० स्त्री०)—आकृति, शक्ल, प्रतिमा, चित्र।

तिर्याक़ (अ० पु०)—विषहार, ज़हर-मोहरा।

तिला (फा० पु०)—सोना, कामवर्द्धक तेल।

तिलाए नाब (फा० पु०)—खालिस सोना।

तिलाकारी (फा० स्त्री०)—सोने का काम, सोने का काम बनाना।

तिलावत (अ० स्त्री०)—पढ़ना, किसी धर्मग्रंथ को पढ़ना।

तिलिस्म (अ० पु०)—माया, इंद्रजाल, जादू।

तिलिस्मे ज़ीस्त (अ० पु०)—जीवन का मायाजाल।

तिलिस्मबंद (अ० फा० वि०)—तिलिस्म और जादू के असर में आया हुआ, मायाग्रस्त।

तिलिस्माती (अ० वि०)—मायापूर्ण, तिलिस्मी, जादूगर।

तिलिस्मी (अ० वि०)—मायानिर्मित, जादू का, मायासंबंधी।

तिहीदामन (फा० वि०)—जिसका दामन खाली हो, वंचित, महरूम।

तीनत (अ० स्त्री०)—स्वभाव, प्रकृति, आदत।

तीमार (फा० स्त्री०)—रोगी की देख-भाल और शुश्रूषा।

तीमारदारी (फा० स्त्री०)—रोगी की सेवा, तीमारदारी।

तीरःरोज़गार (फा० वि०)—जिसके लिए दुनिया बिलकुल अँधेरी हो, हतभाग्य, तीरःबख़्त।

तीर (फा० पु०)—बाण, शर, नावक, बुधग्रह, शक्ति।

तीरअंदाज़ (फा० वि०)—तीर मारने वाला।

तीरअंदाज़ी (फा० स्त्री०)—धनुर्विद्या,

तीर चलाना।

तीरगी (फा० स्त्री०)–अंधकार, तिमिर।

तीरबहदफ़ (फा० पु०)–अचूक, अमोघ।

तुंद (फा० वि०)–प्रचंड, तीव्र।

तुख़्म (फा० पु०)–बीज, दाना, गुठली, अंडा, संतान।

तुग़यानी (अ० स्त्री०)–जलप्लावन।

तुज़ुक (तु० पु०)–सज्जा, सजावट, प्रवन्ध, व्यवस्था, सैन्य-सज्जा, विधान, स्वलिखित, आत्मचरित।

तुनुक (फा० वि०)–सूक्ष्म, बारीक, अल्प, थोड़ा।

तुनुकमिज़ाज (फा० अ० वि०)–जो ज़रा-सी बात पर रूठ जाए, चिड़-चिड़े स्वभाव वाला।

तुपक (तु० पु०)–छोटी तोप, बंदूक।

तुफ़ंग (फा० स्त्री०)–बंदूक, तुपक।

तुफ़ैल (अ० पु०)–द्वारा, कारण।

तुफ़ैली (अ० पु०)–आश्रित।

तुमतुराक़ (फा० पु०)–तड़क-भड़क, वैभव।

तुरुशमिज़ाज (फा० अ० वि०)–रूखा, बदमिज़ाज।

तुर्क (तु० पु०)–तुर्किस्तान का निवासी, सैनिक, माशूक़।

तुर्बत (अ० स्त्री०)–क़ब्र समाधि।

तुर्रः (अ० पु०)–अलक, कलग़ी, सर्व-श्रेष्ठता सूचक, सुनहरे तारों का गुच्छा जो पगड़ी या टोपी में लगाया जाए।

तुर्शी (फा० स्त्री०)–खटास, वैर।

तुर्रहत (अ० स्त्री०)–व्यर्थ, मिथ्या।

तुलूअ (अ० पु०)–तारे या सूर्य का उदय होना।

तुह्मत (अ० स्त्री०)–आरोप, लांछन, सन्देह।

तूती (फा० स्त्री०)–सारिका, शुक, मैना, एक चिड़िया जो सिखाने पर मनुष्य की भाँति बात करे।

तूदए ख़ाक (फा० पु०)–मिट्टी का ढेर।

तूफ़ान (अ० पु०)–पानी की बाढ़, सैलाब, बहुत ही तेज़ आँधी, आरोप, बहुत ज़ोर की वर्षा, विपत्ति, तूफ़ाँ।

तूफ़ानी (अ० वि०)–तूफ़ान की तरह तेज़ और जल्दी का, तूफ़ान से संबंध रखने वाला।

तूफ़ाने आतश (अ० फा० पु०)–आग का तूफ़ान, ज़ोर की आग।

तूफ़ाने बेतमीज़ी (अ० फा० पु०)–हुल्लड़।

तूमार (अ० पु०)–लम्बा-चौड़ा पत्र, अनावश्यक वृत्तान्त, बड़ा ढेर।

तूर (अ० पु०)–सीरिया (शाम) का एक पहाड़ जिस पर पैग़म्बर मूसा के अनुरोध पर ईश्वर ने जल्वा दिखाया और पहाड़ भस्म हो गया।

तूलानी (अ० फा० वि०)–दीर्घ, लम्बा, देर का।

तूले अमल (अ० पु०)–झंझट, बखेड़ा।

तेग़ (फा० स्त्री०) खड्ग, कृपाण, तलवार।

तेग़ज़न (फा० वि०)–सिपाही, योद्धा।

तेज़ (फा० वि०)–तीव्र, प्रचंड, शीघ्र, चालाक, द्रुत, कुशल, दक्ष, उत्साह-पूर्ण, बुद्धिमान।

तेज़अक़्ल (अ० फा० वि०)–तीव्र बुद्धि, प्रतिभाशाली।

तेज़गामी (फा० स्त्री०)–तेज़ चलना, शीघ्र गमन।

तेज़दम (फा० वि०)–जोशीला, उत्साही, फुर्तीला, चालाक।

तेज़नज़र (फा० अ० वि०)–जिसकी दृष्टि तीव्र हो, तीव्र दृष्टि।

तेज़मिज़ाज (फा० अ० वि०)–क्रोधी।

तेज़ाब (फा० पु०)–एक रासायनिक पानी जो नमक, शोरा आदि वस्तुओं से बनता है, अम्ल।

तेज़ाबी (अ० वि०)–तेज़ाब संबंधी, तेज़ाब से बना हुआ; तेज़ाब मिला हुआ।

तेज़ी (फा० वि०)–धार, बाढ़, तीव्रता, महँगाई, न्यूनता, कमी, चालाकी, दक्षता, प्रतिभा, उत्साह, साहस, तत्परता, शीघ्रता, आतुरता।

तेज़ोतुंद (फा० वि०)–बहुत तेज़, प्रचंड, अति तीव्र।

तै (अ० पु०)–निर्णय, फ़ैसला, निर्णीत, समाप्ति; रस्ता चलना, जैसे–मंज़िल तै कर ली।

तैयार (अ० वि०)–तत्पर, आमादा, समाप्त, संपूर्ण, हृष्टपुष्ट, सुसज्जित, इस्तेमाल या प्रयोग के योग्य।

तैयारः (अ० पु०)–वायुयान।

तैयारी (अ० वि०)–तत्परता, समाप्ति, पूर्ति, प्रयोग के योग्य होना, रचना, निर्माण, सृष्टि।

तैश (अ० वि०)–क्रोध, गुस्सा।

तोप (तु० स्त्री०)–गोला फेंकने वाला यंत्र।

तोपखानः (तु० फा०)–तोपें रखने का स्थान।

तोपची (तु० पु०)–तोप चलाने वाला।

तोशःखानः (फा० पु०)–वह स्थान जहाँ खाने-पीने का सामान रहता है।

तोश (फा० पु०)–शक्ति, बल।

तोशक (फा० स्त्री०)–पलँग पर बिछाने का रुईदार गद्दा, घर-गृहस्थी का सामान, खाने-पीने की सामग्री।

तोशमाल (फा० पु०)–रसोइया, पाचक।

तौक़ (अ० पु०)–स्त्रियों के गले का एक आभूषण; लोहे की गोल हँसली, जो कैदियों के गले में डाली जाती है।

तौक़ीर (अ० स्त्री०)–प्रतिष्ठा, मान्यता, सत्कार, सम्मान।

तौक़े गुलामी (अ० पु०)–पराधीनता की लानत।

तौफ़ (अ० पु०)–परिक्रमा, किसी के चारों ओर फिरना।

तौफ़ीक़ (अ० स्त्री०)–ईश्वर की कृपा, सामर्थ्य, शक्ति, उत्साह, उमंग, योग्यता।

तौफ़ीक़ेख़ैर (अ० स्त्री०)–अच्छी कृतियों की तौफ़ीक़।

तौबः (अ० स्त्री०)–किसी बुरे काम को न करते रहने की प्रतिज्ञा, त्याग, तर्क, पछतावा, पश्चात्ताप।

तौबःशिकन (अ० फा० वि०)–की हुई तौबा को तुड़वा देने वाली बात।

तौर (अ० पु०)–शैली, पद्धति, ढंग, आचरण।

तौरात (अ० स्त्री०)–वह आसमानी ग्रंथ जो पैग़ंबर मूसा पर अवतरित हुआ, तौरैत।

तौलियत (अ० स्त्री०)–किसी को किसी काम का प्रबंधक नियुक्त करना।

तौलीद (अ० स्त्री०)–पैदा करना, जनना, उत्पन्न करना।

तौसीअ (अ० स्त्री०)–वृद्धि, विस्तृत करना, फैलाव।

तौहीद (अ० स्त्री०)–ईश्वर को एक मानना, दृढ़एकेश्वरवाद।

तौहीन (अ० स्त्री०)–अपमान, अनादर, तिरस्कार।

द

दंग (फा० वि०)–चकित, निस्तब्ध, विस्मित।

दंगल (फा० पु०)–जन-समूह, भीड़, मल्लयुद्ध का अखाड़ा, पहलवानों की कुश्ती।

दंदाँ (फा० पु०)–दाँत, दंत।

दंदाँसाज़ (फा० पु०)–दन्तकार, डेंटिस्ट।

दंदानः (फा० पु०)–किसी आरी आदि का दाँता, दाँतुआ।

दक़ीक़ (अ० वि०)–बारीक, कठिन।

दक़्यानूसी (अ० वि०)–बड़ी आयु-वाला, बहुत ही पुरानी और निकम्मी वस्तु।

दख़्ल दर मा'क़ूलात (अ० फा० अव्य०)–किसी विषय में बिना कारण दख़्ल देना, अनधिकार चेष्टा।

दख़्लनामः (अ० फा० पु०)–दख़्ल दिलाने की तहरीर।

दग़ा (फा० स्त्री०)–छल, वंचना, ठगी।

दग़ाबाज़ी (फा० स्त्री०)–विश्वास-घात।

दज्जाल (अ० वि०)–बहुत बड़ा छली।

दफ़ (फा० पु०)–खाल मढ़ा हुआ एक गोलाकार वाद्ययंत्र, बड़ी डफ़ली।

दफ़ीनः (अ० पु०)–गढ़ा हुआ खज़ाना।

दफ़्अः (अ० स्त्री०)–एक बार, बार; धारा, क़ानून की दफ़ा।

दफ़्तर (फा० पु०)–कार्यालय, किसी बड़ी पुस्तक का एक भाग, जिल्द, ग्रंथखंड।

दफ़्तरनिगार (अ० फा० पु०)–लिपिक, क्लर्क।

दफ़्तरी (अ० पु०)–दफ़्तर के रजिस्टरों और काग़ज़ों की जिल्दसाज़ी और रजिस्टरों पर लकीरें वग़ैरह खींचने वाला।

दफ़्न (अ० पु०)–ज़मीन में गाड़ना, दफ़्न करना, (वि०)–गाड़ा हुआ।

दबीर (फा० पु०)–लिपिक, लेखक।

दब्दबः (अ० पु०)–रोबदाब, तेज।

दमः (फा० पु०)–साँस का रोग, दमे का रोग।

दम (फा० पु०)–साँस, छल, धोखा, शेखी, डींग, धार, तीक्ष्णता, प्राण, वायु, रूह, व्यक्तित्व, क्षण, मंत्र, टोटका, समय, काल, बल, शक्ति।

दमख़म (फा० पु०)–शक्ति, उत्साह, उमंग, हौसला, तलवार की धार और उसकी वक्रता।

दमदार (फा० वि०)–शक्तिशाली, प्राणी।

दम बदम (फा० वि०)–हरदम, क्षण-प्रतिक्षण, निरंतर, लगातार।

दमबाज़ी (फा० स्त्री०)–धूर्तता, छल, फरेब।

दमादम (फा० अव्य०)–निरंतर, लगातार।

दमामः (फा० पु०)–बड़ा नक़्क़ारा।

दमे आब (फा० पु०)–पानी का एक घूंट।

दमे चंद (फा० पु०)–थोड़ी देर, क्षणभर।

दरः (फा० पु०)–घाटी।

दर (फा० पु०)–दरवाजा, द्वार में, भीतर।

दरअस्ल (फा० अ०)–वास्तव में, वस्तुतः।

दरकार (फा० अव्य०)–वांछित, अभिलषित।

दरकिनार (फा० अव्य०)–एक तरफ़, अलग, एक तरफ़ रहा।

दरख़्त (फा० पु०)–वृक्ष, पेड़।

दरख़्वास्त (फा० स्त्री०)–प्रार्थनापत्र, अर्ज़ी, निवेदन।

दरगाह (फा० पु०)–चौखट, दरबार, किसी वली का मजार।

दरगुज़र (फा० स्त्री०)–दोष देखकर उसे अनदेखा कर देना, क्षमा।

दरजः (अ० पु०)–पद, श्रेणी, वर्ग, मंज़िल, दुर्गति, कक्षा।

दरपर्दः (फा० अव्य०)–पर्दे में छुपकर।

दरपेश (फा० अव्य०)–किसी समस्या या कार्य की उपस्थिति।

दरबदर (फा० अव्य०)–घर-घर, गली-गली।

दरबान (फा० पु०)–द्वारपाल।

दरबार (फा० पु०)–राजसभा, कचहरी।

दरबारदारी (फा० स्त्री०)–किसी बड़े आदमी के यहाँ खुशामद में रोजाना की हाज़िरी।

दरबारी (फा० वि०)–दरबार से सम्बन्धित, राजा या बादशाह का सभासद।

दरबारे आम (फा० अ० पु०)–जनता का दरबार।

दरबारे ख़ास (फा० अ० पु०)–वह दरबार, जिसमें केवल राज्याधिकारी और बड़े-बड़े लोग ही सम्मिलित हो सकें।

दरमांदगी (फा० स्त्री०)–हीनता, दीनता, मजबूरी।

दरमाहः (फा० पु०)–महीने पर मिलने वाला वेतन।

दरमियान (फा० पु०)–में, बीच, मध्य।

दरमियानः (फा० वि०)–मध्यम।

दरमियानी (फा० वि०)–बीच का, मध्यस्थ।

दरयाफ़्त (फा० स्त्री०)–जाँच, जिज्ञासा, अनुसंधान।

दरवाज़ः (फा० पु०)–द्वार।

दरवेश (फा० पु०)–भिखारी, सिद्ध, विनम्र, खाकसार, संन्यासी।

दरवेश सिफ़त (फा० अ० वि०)–दरवेशों-जैसा सीधा-सादा स्वभाव रखनेवाला।

दरवेशी (फा० स्त्री०)–फ़कीरी, संन्यास।

दरहम (फा० वि०)–अस्तव्यस्त, तितिर-बितर।

दरा (फा० पु०)–घंटा, घड़ियाल।

दराज़ (फा० वि०)–लंबा, दीर्घ।

दराज़दस्त (फा० वि०)–अन्यायी, अत्याचारी।

दराज़दस्ती (फा० स्त्री०)–अन्याय, अत्याचार।

दराज़ी (फा० स्त्री०)–लंबाई, दीर्घता।

दरामद (फा० स्त्री०)–आयात।

दरिंदः (फा० पु०)–जंगली जानवर।

दरीचः (फा० पु०)–खिड़की, झरोखा।

दरीदः (फा० वि०)–फटा हुआ, विदीर्ण।

दरीदःदहन (फा० वि०)–मुँहफट, मुक्तकंठ।

दरूनी (फा० वि०)–भीतरी, मानसिक, हार्दिक।

दरोग़ (फा० पु०)–झूठ, असत्य।

दरोग़गो (फा० वि०)–झूठा, मिथ्या-वादी।

दरोग़गोई (फा० स्त्री०)–झूठ बोलना, मिथ्यावाद।

दरोग़हल्फ़ी (फा० अ० स्त्री०)–झूठी कसम खाना।

दर्क (अ० पु०)–बुद्धि, समझ, विवेक, ज्ञान।

दर्ज (अ० वि०)–लिखा हुआ, प्रविष्ट; लिखना।

दर्ज़ (फा० स्त्री०)–दरार, फटन, ख़ाना, जैसे—मेज की दर्ज़।

दर्ज़ी (फा० पु०)–कपड़ा सीने वाला।

दर्द (फा० पु०)–कष्ट, व्यथा, यातना, करुणा, दया, दुःख, क्लेश, पीड़ा, टीस।

दर्दअंगेज़ (फा० वि०)–पीड़ो पादक, कष्टजनक।

दर्दअफ़्ज़ा (फा० वि०)–दर्द बढ़ाने-वाला।

दर्दआश्ना (फा० वि०)–जो किसी के दर्द को जानता हो, सहानुभूतिकर्त्ता, हमदर्द, दुःख में सहायता देने वाला, मित्र।

दर्द ना आश्ना (फा० बि०) निर्दय, कठोर हृदय, संगदिल।

दर्दनाक (फा० वि०)–दे० 'दर्द अंगेज़'।

दर्दमन्द (फा० वि०)–हमदर्द, सहानु-भूति करने वाला।

दर्दमन्दी (फा० स्त्री०)–हमदर्दी, सहानुभूति, दया और करुणा का भाव।

दर्देदिल (फा० पु०)–मन की व्यथा, प्रेम का दुःख, दर्दजिगर।

दर्देसर (फा० पु०)–सिर का दर्द, झंझट।

दर्दोग़म (फा० अ० पु०)–बहुत-से कष्ट।

दर्मां (फा० पु०)–उपचार।

दर्या (फा० पु०)–नद, नदी, सरिता।

दर्यादिल (फा० वि०)–जो बहुत दानी हो, दाता।

दर्स (अ० पु०)–पढ़ना, शिक्षा, उप-देश।

दलालत (अ० पु०)–लक्षण, चिह्न।

दलील (अ० स्त्री०)–तर्क, युक्ति, प्रमाण।

दलीले क़वी (अ० स्त्री०)–पुष्ट प्रमाण।

दल्लाल (अ० पु०)–आढ़ती, दलाल, एजेन्ट। बिकवाल और लिवाल के बीच में सौदा तय कराने वाला।

दल्लाली (अ० स्त्री०)–आढ़त का काम।

दवा (अ० स्त्री०)–औषधि, भेषज, उपचार, चिकित्सा, उपाय।

दवाख़ान: (अ० फा० पु०)–औषधा-लय।

दवात (अ० स्त्री०)–मसिपात्र।

दवाफ़रोश (अ० फा० पु०)–दवा बेचने वाला।

दवाम (अ० पु०)–नित्यता, स्थायित्व, नित्य, सदा।

दवामी (अ० वि०)–अनश्वर, नित्य, सदा के लिए।

दवावीन (अ० पु०)–'दीवान' का बहु०, शायरों के दीवान।

दवासाज़ (अ० फा० पु०)–दवाएँ बनाने वाला, अत्तार।

दश्त (फा० पु०)–वन, जंगल।

दश्तश्रावारः (फा० वि०)–जंगलों में मारा-मारा फिरने वाला।

दस्तः (फा० पु०)–चाकू या छुरी श्रादि की मूठ, जग या डोंगे श्रादि का हैंडिल, मुट्ठा, जैसे—गुलदस्ता; २५ कागज़ों का मुट्ठा, रीम का बीसवाँ भाग, फौज की टुकड़ी, गारद।

दस्त (फा० पु०)–कर, हस्त, पतला शौच, विरेचन।

दस्तश्रंदाज़ (फा० वि०)–बाधक।

दस्तश्रंदाज़ी (फा० स्त्री०)–हस्तक्षेप करना।

दस्तावर (फा० वि०)–रेचक, दस्त लाने वाली दवा।

दस्तक (फा० स्त्री०)–खटखटाना, राजादेश, कुर्की।

दस्तकार (फा० पु०)–शिल्पी, कारीगर।

दस्तकारी (फा० स्त्री०)–शिल्प, हस्त-शिल्प।

दस्तख़त (फा० पु०)–हस्ताक्षर।

दस्तगाह (फा० स्त्री०)–सामर्थ्य, शक्ति, योग्यता।

दस्तगिरिफ़्तः (फा० वि०)–जिसका हाथ सहारे के लिए पकड़ा हो, जिसे सहायता दी हो।

दस्तगीर (फा० वि०)–सहायता, मददगार, गिरते को थामने वाला।

दस्तगीरी (फा० श्र० वि०)–सहा-यता, मदद।

दस्तदराज़ (फा० वि०)–श्रन्यायी, श्रत्याचारी।

दस्तनिगर (फा० वि०)–पराश्रय।

दस्तपनाह (फा० पु०)–चीमटा।

दस्तबदस्त (फा० श्रव्य०)–हाथों-हाथ, तुरन्त।

दस्तबदुश्रा (फा० श्र० श्रव्य०)–ईश्वर से प्रार्थना के लिए हाथ उठाए हुए।

दस्तबरदार (फा० वि०)–विरक्त।

दस्तबस्तः (फा० वि०)–हाथ जोड़े हुए।

दस्तबोसी (फा० स्त्री०)–हाथ चूमना।

दस्तयाब (फा० वि०)–हस्तगत, प्राप्त, उपलब्ध।

दस्तयाबी (फा० स्त्री०)–प्राप्ति, उपलब्धि, उपलब्धता।

दस्तरख़्वान (फा० पु०)–वह कपड़ा जिस पर खाना खाते हों।

दस्तरस (फा० स्त्री०)–पहुँच, पैठ।

दस्तसाज़ (फा० वि०)–हाथ का बनाया हुश्रा।

दस्तानः (फा० पु०)–हाथों की रक्षा के लिए पहना जाने वाला एक विशेष वस्त्र, हस्तत्राण।

दस्तारबन्द (फा० वि०)–जिसने श्ररबी की पूरी योग्यता प्राप्त कर ली हो श्रौर उसे पगड़ी बाँध दी गई हो, स्नातक।

दस्तारबन्दी (फा० स्त्री०)–पूर्ण विद्योपार्जन के बाद पगड़ी बाँधने की रस्म या संस्कार।

दस्तावेज़ (फा० स्त्री०)–व्यवस्थापत्र, लेखपत्र, साधनपत्र डाकूमेंट।

दस्ती (फा० वि०)–हाथ का, हाथ से संबंध रखने वाला।

दस्तूर (फा० पु०)–नियम, विधान, कानून, परम्परा, मंत्री, सचिव, पद्धति, शैली, ढंग, व्यवहार, कटौती, कमीशन।

दस्तूरी (फा० वि०)–वैधानिक, कानूनी (स्त्री०) कमीशन, हक़,

कटौती ।

दस्तूरुल अमल (फा० अ० पु०)–कार्य-प्रणाली, कार्यक्रम ।

दस्तेग़ैब (फा० अ० पु०)–दैवी आय ।

दस्तेशफ़क़त (फा० अ० पु०)–छत्र-छाया, परवरिश ।

दस्तोपा (फा० पु०)–हाथ-पाँव, प्रयास ।

दहन (फा० पु०)–मुख, छिद्र ।

दहानः (फा० पु०)–समुद्र में नदी के गिरने का स्थान, लगाम, मुँह ।

दह्र (अ० पु०)–काल, समय, युग ।

दह्री (अ० वि०)–नास्तिक ।

दह्‌शत (अ० स्त्री०)–डर, भय ।

दह्‌शतअंगेज़ (अ० फा० वि०)–भयानक, भीषण ।

दह्‌शत अंगेज़ी (अ० फा० स्त्री०)–भयानकपन, डरा-धमकाकर किसी से कुछ प्राप्त करने की अवैध कोशिश ।

दह्‌शतकदः (अ० फा० पु०)–वह स्थान जो बहुत ही भयंकर हो ।

दह्‌शतज़दः (अ० फा० वि०)–भय-भीत, त्रस्त ।

दह्‌शतनाक (अ० फा० वि०)–भय-संकुल, ख़ौफ़नाक ।

दाइम (अ० वि०)–नित्य, सदा ।

दाइमी (अ० वि०)– नित्य का, स्थायी ।

दाइरः (अ० पु०) परिधि, घेरा, गोल, वृत्त, मंडल, परिषद्, सभा, आश्रय, अक्षरों की गोलाई ।

दाइरःनुमा (अ० फा० वि०)–गोला-कार, वृत्ताकार, गोल ।

दाखिलः (अ० पु०)–हस्तांतरण, पहुँच, स्कूल या कालिज में प्रवेश ।

दाख़िल (अ० वि०)–भीतर आने वाला, प्रविष्ट ।

दाख़िल ख़ारिज़ (अ० पु०)–जमीन या जाइदाद पर से एक व्यक्ति का नाम कटकर दूसरे का चढ़ना, एक व्यक्ति की जगह दूसरे का मालिक नियुक्त होना ।

दाख़िली (अ० वि०)–भीतरी, आन्त-रिक, मानसिक ।

दाग़ (फा० पु०)–चिह्न, निशान, कलंक, दोष, अपराध । दुःख, क्लेश ।

दाग़दार (फा० वि०)–धब्बेवाला, दोषी, किसी अपराध में लिप्त, दामन ।

दाग़ी (फा० वि०)–दाग़दार, दूषित, दंडित, अपराधी, दाग़ा हुआ, जलाया हुआ ।

दाग़ेजिग़र (फा० पु०)–सन्तान की मृत्यु का शोक, प्रेम की आग का दाग़ ।

दाग़ेदिल (फा० पु०)–प्रेमाग्नि से जलने का दाग़, हृदय का दाग़ ।

दादः (फा० वि०)–दिया हुआ ।

दाद (फा० स्त्री०)–न्याय, दान, प्रशंसा, 'वाह्-वाह्' । (प्रत्य०) दिया हुआ, जैसे—'खुदादाद' खुदा का दिया हुआ ।

दादतलब (फा० अ० वि०)–दाद चाहने वाला, न्याययाचक ।

दानः (फा० पु०) अनाज, ग़ल्ला; खील, छोटी फुंसी ।

दानःदार (फा० वि०)–जिसमें दाने हों ।

दान (फा० प्रत्य०)–पात्र, बर्तन, जैसे—'कलमदान' कलम रखने का पात्र ।

दाना (फा० वि०)–बुद्धिमान, कुशल,

चतुर, मेधावी ।

दानाए हाल (फा० अ० वि०)–वास्तविकता जानने वाला ।

दानिश (फा० स्त्री०)–बुद्धि, अक़्ल, विवेक, विद्या ।

दानिशमंद (फा० वि०)–बुद्धिमान्, वैज्ञानिक, हकीम ।

दानिशमंदी (फा० स्त्री०)–बुद्धिमत्ता, विद्वत्ता, निपुणता ।

दानिस्त: (फा० वि०)– जाना हुआ, ज्ञात, जानबूझकर ।

दानिस्त (फा० स्त्री०)–ज्ञान, जानकारी ।

दाम (फा० पु०)--पाश, बंधन, फंदा ।

दामन (फा० पु०)–कुर्ते या अंगरखे आदि का वह भाग जो लटकता रहता है, अंचल, मैदान, समतल भूमि ।

दामनकशाँ (फा० वि०)–दामन बचाता हुआ, अभिमानी, घमंडी ।

दामनगीर (फा० वि०)–दामन पकड़ने वाला ।

दामनेशब (फा० स्त्री०)–रात का अंतिम भाग ।

दामाद (फा० पु०)–जामाता, लड़की का पति ।

दामेअजल (फा० अ० पु०)–मौत का फंदा, काल-पाश ।

दामेगेसू (फा० पु०)–केशपाश, बालों की लट ।

दामे महब्बत (फा० अ० पु०)–प्रेम-पाश, प्रेम-बन्धन ।

दाय: (फा० स्त्री०)–दूसरे के बच्चे को दूध पिलाने वाली स्त्री, अंकपाली, बच्चा जनाने वाली स्त्री, धात्री, धाय ।

दाय:गरी (फा० स्त्री०)–धात्री-कर्म ।

दार (फा० स्त्री०)–सूली, फाँसी, (प्रत्य०) वाला, जैसे—हिस्सेदार ।

दारा (फा० पु०)–नरेश, बादशाह, धनवान्, ईश्वर ।

दारुज्ज़र्ब (अ० पु०)–टकसाल, मिंट ।

दारुलअमल (अ० पु०)–संसार, दुनिया, प्रयोगशाला ।

दारुलअमान (अ० पु०)–वह स्थान, जहाँ पर लड़ाई-झगड़ा न हो ।

दारुलउलूम (अ० पु०)–यूनीवर्सिटी, विश्वविद्यालय ।

दारुलकुतुब (अ० पु०)–पुस्तकालय, जहाँ पुस्तकें बिकती हों ।

दारुलख़िलाफ़त (अ० पु०)–दारुलसलतनत, राजधानी ।

दारुलशिफ़ा (अ० पु०)–हस्पताल ।

दारुस्सलाम (अ० पु०)–शान्ति का स्थान, स्वर्ग ।

दारू (फा० स्त्री०)–उपचार, चिकित्सा, शराब ।

दारोग़: (फा० पु०)–निरीक्षक, पुलिस थानेदार ।

दारोमदार (फा० पु०)–निर्भरता ।

दालान (फा० पु०)–बड़ा और लंबा बरामदा, जिसमें मेहराबदार दरवाज़े होते हैं ।

दा'वत (अ० स्त्री०)–बुलावा, निमंत्रण, भोज ।

दा'वतनाम: (अ० फा० पु०)–भोज में बुलाने का निमंत्रण-पत्र ।

दा'वते आम (अ० स्त्री०)–सर्वसाधारण को बुलावा, सार्वजनिक प्रीतिभोज ।

दा'वते जंग (अ० फा० स्त्री०)–युद्ध की चुनौती ।

दा'वते वलीमः (अ० स्त्री०)–विवाह-भोज।

दा'वते शीराज़ (अ० फा० स्त्री०)–सीधी-सादी दावत, अनौपचारिक भोज।

दा'वते समरक़ंद (अ० फा० स्त्री०)–ठाटदार दावत।

दा'वा (अ० पु०)–वाद, स्वत्व, गर्व, डींग, शेखी।

दा'वीदार (अ० फा० पु०)–दावा करने वाला, अपना अधिकार जताने-वाला, वादी, मुद्दई।

दाश्तः (फा० स्त्री०)–उप-पत्नी, रखैल स्त्री।

दास्तान (फा० स्त्री०)–कथा, कहानी, वृत्तांत।

दिक़ (क़्क) (अ० स्त्री०)–तपेदिक, क्षयरोग, तंग, परेशान।

दिक़्क़त (अ० स्त्री०)–कठिनता, सूक्ष्मता।

दिक़्क़ततलब (अ० वि०)–दुष्कर, कठिन।

दिगरगूँ (फा० वि०)–अस्त-व्यस्त, उलट-पलट।

दिफ़ाई (अ० वि०)–प्रतिरक्षा संबंधी।

दिमाग़ (अ० पु०)–मस्तिष्क, मस्तक, बुद्धि, अहंकार, गर्व, सहन-शक्ति, संज्ञा, होश, ध्यान।

दिमाग़दार (अ० फा० वि०)–अभि-मानी।

दिमाग़सोज़ी (अ० फा० स्त्री०)–दिमाग़ी मेहनत।

दिमाग़ी (अ० वि०)–मस्तिष्क संबंधी।

दियानत (अ० स्त्री०)–ईमानदारी, सत्यनिष्ठा।

दियानतदार (अ० फा० वि०)–ईमानदार, सत्यनिष्ठ।

दिल (फा० पु०)–मानस, हृदय, उत्साह, उमंग, साहस, इच्छा, वीरता, रुचि, दानशीलता।

दिलकश (फा० वि०)–मनोहर, चित्ताकर्षक।

दिलकशी (फा० स्त्री०)–मनोहरता, सुन्दरता।

दिलकुशा (फा० वि०)–रमणीक, रम्य, दिल को आनन्द देने वाला।

दिलख़राश (फा० वि०)–बहुत ही कष्ट देने वाला, हृदय-विदारक।

दिलख़स्तः (फा० वि०)–क्षत हृदय।

दिलखुशकुन (फा० वि०)–आनंद-दाता।

दिलख़्वाह (फा० वि०)–इच्छानुसार।

दिलगिरिफ़्तः (फा० वि०)–उदास, रंजीदा।

दिलगीर (फा० वि०)–दुःखित, रंजीदा।

दिलचस्प (फा० वि०)–मनोरंजक, रोचक।

दिलचस्पी (फा० स्त्री०)–रुचि।

दिलजम्ई (फा० अ० स्त्री०)–सांत्वना।

दिलजोई (फा० स्त्री०)–सांत्वना, तसल्ली।

दिलदार (फा० वि०)–प्यारा, प्रेम-पात्र, प्रेयसी, प्रेमिका।

दिलदारी (फा० स्त्री०)–सांत्वना, दिलासा।

दिलनशीं (फा० वि०)–हृदयस्थ, हृदयंगम।

दिलपसंद (फा० वि०)–रुचिकर।

दिलफ़रोश (फा० वि०)–दिल बेचने वाला, आशिक़, नायक।

दिलफ़िगार (फा० वि०)–क्षत हृदय, दुःखित, नायक, आशिक़।

दिलफ़िरेब (फा० वि०)–नायिका, दिल को फ़रेब देने वाला।

दिलबरी (फा० स्त्री०)–मा'शूक़ी, नायिकात्व।

दिलरुबा (फा० वि०)–माशूक़, दिल को उचक ले जाने वाला।

दिलरुबाई (फा० स्त्री०)–माशूक़ियत, नायिकापन, हावभाव।

दिलशाद (फा० वि०)–प्रसन्नचित्त, खुश।

दिलशिकन (फा० वि०)–दिल को तोड़ने वाला, रंज पहुँचाने वाला।

दिलशिकनी (फा० स्त्री०)–दिल तोड़ना, दुःख पहुँचाना।

दिलाज़ारी (फा० स्त्री०)–सताना, दिल दुखाना।

दिलावर (फा० वि०)-वीर, साहसी, उत्साही।

दिलावरी (फा० स्त्री०)–शूरता, वीरता, साहस, उत्साह।

दिली (फा० वि०)–हार्दिक, मानसिक, घनिष्ठ।

दिलेज़िंद: (फा० पु०)–ऐसा हृदय जो हर्ष और आनंद से परिपूर्ण हो; ऐसा हृदय जो ईश्वर-भक्ति में संलग्न हो।

दिले बेक़रार (फा० पु०)-प्रेम-व्यथा में तड़पता हुआ हृदय, व्यथित हृदय।

दिलेर (फा० वि०)–शूर, वीर, साहसी, उत्साही, अभय।

दिलेरान: (फा० अव्य०)–वीरोचित, वीरतापूर्वक।

दिलेरी (फा० स्त्री०)-शूरता, बहादुरी, साहस, निडरपन।

दीगर (फा० वि०)--अन्य, और, दूसरा, पुनः।

दीद: (फा० पु०)–आँख, साहस।

दीद:दिलेरी (फा० स्त्री०)–ढिठाई, निर्लज्जता।

दीद:बाज़ी (फा० स्त्री०)-दृष्टि लड़ाना, घूरना।

दीदार (फा० पु०)–दर्शन, छवि।

दीदारपरस्त (फा० वि०)–दर्शनों का अभिलाषी।

दीदारबाज़ी (फा० स्त्री०)–ताक-झाँक, आँखें लड़ाना।

दीन (अ० पु०)–धर्म, मज़्हब, पंथ।

दीनी (अ० वि०)–धर्म सम्बन्धी, दीन का।

दीबाच: (फा० पु०)–प्रस्तावना, प्राक्कथन।

दीमक (फा० स्त्री०)–एक प्रसिद्ध कीड़ा।

दीमक खर्द: (फा० वि०)–दीमक का खाया हुआ।

दीरोज़ (फा० पु०)–बीता हुआ कल।

दीवान: (फा० पु०)–पागल, विक्षिप्त।

दीवान (फा० पु०)–न्यायालय, मंत्री, किसी कवि की सारी गजलों का संकलन।

दीवानख़ान: (फा० पु०)–बैठक, बड़े लोगों के बैठने का स्थान।

दीवानगी (फा० स्त्री०)–पागलपन।

दीवानी (फा० स्त्री०)–वह अदालत, जिसमें रुपये के लेन-देन और जायदाद के मुक़दमे तै होते हैं, व्यवहार-न्यायालय।

दीवाने आम (फा० अ० पु०)–आम दरबार, बड़ा दरबार करने का

स्थान।

दीवाने ग्रा'ला (फा० ग्र० पु०)–महामंत्री, प्रधानमंत्री।

दीवाने ख़ास (फा० ग्र० पु०)–मुख्य लोगों का दरबार।

दीवार (फा० स्त्री०)–भित्ति, दिवाल।

दीवारगीरी (फा० स्त्री०)–वह कपड़ा जो सुंदरता के लिए दीवारों में लगा देते हैं; दीवार में लगाने का सुंदर लम्प।

दीवारे क़हक़हः (फा० स्त्री०)–चीन की वह दीवार, जो चौड़ाई, लम्बाई ग्रौर ऊँचाई के कारण संसार-प्रसिद्ध है।

दीवारे ज़िंदाँ (फा० स्त्री०)–जेल की दीवार।

दुंबः (फा० पु०)–पूँछ पर चर्बी की बड़ी-सी चकतीवाला मेंढ़ा।

दुंब (फा० स्त्री०)–पूँछ, दुम।

दुग्रा (ग्र० स्त्री०)–ईश्वर से किसी वस्तु की प्रार्थना, धार्मिक मंत्र, स्तुति, कीर्तन।

दुग्रातशः (फा० पु०)–दो बार खींचा हुग्रा ग्ररक़।

दुग्राबः (फा० पु०)–दो नदियों के बीच का क्षेत्र, गंगा ग्रौर जमुना के बीच का देश।

दुकानदार (फा० पु०)–दुकान में सौदा बेचने वाला।

दुकानदारी (फा० स्त्री०)–दुकान में सौदा बेचने का काम।

दुख़्तर (फा० स्त्री०)–पुत्री, लड़की।

दुख़्तरे ख़ानः (फा० स्त्री०)–कुमारी।

दुख़्तरे रज़ (फा० स्त्री०)–ग्रंगूर की बेटी ग्रर्थात् ग्रंगूर की मदिरा।

दुख़्ते हव्वा (फा० ग्र० स्त्री०)–हव्वा (हज़रत ग्रादम की पत्नी) की लड़की ग्रर्थात् स्त्री जाति।

दुतारः (फा० पु०)–एक बाजा, जिसमें दो तार होते हैं।

दुन्यवी (ग्र० वि०)–संसार सम्बन्धी, सांसारिक।

दुन्या (ग्र० स्त्री०)–मर्त्यलोक, संसार, संसार-निवासी।

दुन्यादार (ग्र० फा० वि०)–संसार के मोह में लिप्त, घर-गृहस्थी वाला, ग्रवसरवादी।

दुबारः (फा० वि०)–फिर, पुनः, दूसरी बार।

दुमंज़िलः (फा० ग्र० वि०)–वह मकान जिसमें दो माले हों।

दुरंगी (फा० वि०)–कभी कुछ होना, कभी कुछ, कभी कुछ कहना ग्रौर कभी कुछ।

दुर (फा० पु०)–मोती, रत्न।

दुरुस्त (फा० वि०)–ठीक, शुद्ध, सही, सत्य, सच, उचित, साबित, सम्पूर्ण, स्वस्थ।

दुरुस्ती (फा० स्त्री०)–शुद्धि, संशोधन।

दुरुद (ग्र० फा० पु०)–दुग्रा ग्रौर सलाम विशेषतः मुहम्मद साहब पर, दुग्रा, शुभकामना यौ०–फातिहाव-दुरुद, मुसलमानों के मरने पर होने वाली ग्रंतिम क्रियाएँ।

दुरोग़ (फा० पु०)–मिथ्या, झूठ।

दुरोग़गो (फा० वि०)–झूठ बोलने वाला।

दुशालः (फा० पु०)–जिसमें दो शाल एक साथ जुड़े हों, ऊन की कामदार दोहरी चादर।

दुश्त (फा० वि०)–निकृष्ट, दुष्ट, खराब ।

दुश्नाम (फा० स्त्री०)–अपशब्द, गाली ।

दुश्नामदेही (फा० स्त्री०)–गालियाँ देना ।

दुश्मन (फा० पु०)–शत्रु, वैरी ।

दुश्मनी (फा० स्त्री०)–शत्रुता, वैर।

दुश्मनेजाँ (फा० पु०)–जानी दुश्मन, जान का घातक ।

दुश्वार(फा० वि०)–कठिन, मुश्किल।

दुश्वार गुज़ार (फा० वि०)–जहाँ से गुज़रना कठिन हो।

दुश्वारी (फा० स्त्री०)–कठिनता, दरिद्रता, आपत्ति, मुसीबत ।

दुसालः (फा० वि०)–दो वर्ष का, दो वर्ष की आयु का ।

दुसुखनः (फा० पु०)–अनेक प्रश्नों के उत्तर में एक पहेली अमीर खुसरो की पहेली का एक प्रकार ।

दूद (फा० पु०)–धुआँ ।

दूर (फा० वि०)–अंतर पर, फ़ासिले पर, पृथक्, जुदा ।

दूर अंदेशी (फा० स्त्री०)–दूरदर्शिता, परिणामदर्शिता ।

दूरतर (फा० वि०)–बहुत दूर ।

दूरबीन (फा० स्त्री०)–दूरदर्शक यंत्र ।

दूरोदराज़ (फा० पु०)–बहुत दूर, काले कोसों ।

देग (फा० स्त्री०)–छोटे मुँह और बड़े पेट का एक ताँबे का बर्तन, जिसमें चावल आदि पकाये जाते हैं ।

देगचः (फा० पु०)–छोटी देग ।

देर (फा० स्त्री०)–विलंब, ढील ।

देरपा (फा० वि०)–टिकाऊ ।

देरीनः (फा० वि०)–पुराना ।

देव (फा० पु०)–राक्षस, पिशाच, भूत-प्रेत ।

देवदार(फा० पु०)–चीड़वृक्ष ।

देवबाद (फा० पु०)–चक्रवात, बगूला, बवंडर ।

देह (फा० पु०)–ग्राम ।

देहक़ान (फा० पु०)–गाँव वाला, किसान, उजड्ड ।

दैन (अ० पु०)–ऋण, कर्ज़ ।

दैन मेह्र (अ० पु०)–मुस्लिम स्त्री के मेह्र का ऋण ।

दैर (फा० पु०)–गिरजा, मूर्तिगृह ।

दो (फा० वि०)–एक और एक, द्वय ।

दो-आब (फा० पु०)–दोआबा, किसी देश का वह भाग जो दो नदियों के बीच हो ।

दोग़लः (फा० पु०)–जारज, वर्णसंकर, बदनस्ल ।

दोज़ख़ (फा० पु०)–नरक ।

दोज़ख़ी (फा० वि०)–जो नरक में जल रहा हो, नारकी ।

दोल (फा० पु०)–कुएँ से पानी निकालने का बर्तन, डोल ।

दोश (फा० पु०)–कंधा, गुज़री हुई रात ।

दोशीज़ः (फा० स्त्री०)–कुमारी ।

दोशीनः (फा० वि०)–गत रात्रि का, कल रात का ।

दोस्त (फा० पु०)–मित्र, सखा, प्रेम-पात्र ।

दोस्ती (फा० स्त्री०)–मित्रता, मैत्री ।

दौरः (अ० पु०)–चक्कर, गर्दिश, अफ़सरों का गश्त ।

दौर (अ० पु०)–चक्कर, चारों ओर, बारी, परिवर्तन, युग, मुशायरों में पढ़ने का दूसरा क्रम, शराब या चाय

आदि का दूसरा दौर।

दौरान (अ० पु०)–चक्कर, दौर, बीच।

दौराने ख़ूँ (अ० फा० पु०)–रक्त-संचार।

दौरे अव्वल (अ० पु०)–प्रारंभिक काल।

दौरे आख़िर (अ० पु०)–अंतिम काल।

दौलत (अ० स्त्री०)–धन, संपत्ति, राज्य, सत्ता, हुकूमत, भाग्य।

दौलतख़ानः (अ० फा० पु०)–बड़े आदमियों के घर के लिए बोलते हैं।

दौलतमंद (अ० फा० वि०)–धनवान्, समृद्ध।

दौलते ख़ुदादाद (अ० फा० स्त्री०)–ईश्वर का दिया हुआ धन, बहुत अधिक धन।

दौलते हुस्न (अ० स्त्री०)–रूप की दौलत (संपत्ति)।

न

नंग (फा० पु०)–प्रतिष्ठा, लज्जा, हया, कलंक।

नईम (अ० पु०)–स्वग, नेकी।

नकवी (अ० पु०)–दसवें इमाम हज़रत अली नक़ी की संतान का व्यक्ति।

नक़ाहत (अ० स्त्री०)–रोग मुक्ति के बाद की निर्बलता।

नक़ी (अ० वि०)–पवित्र, निर्मल, ख़ालिस।

नक़ीब (अ० पु०)–राजा-महाराजा की सवारी के समय आगे-आगे आवाज़ लगाता चलने वाला व्यक्ति, नोबदार।

नक़्क़ाद (अ० पु०)–पारखी, साहित्यिक गुण-दोष बताने वाला, समालोचक।

नक़्क़ादी (अ० स्त्री०)–समालोचना।

नक़्क़ारः (अ० पु०)–नगाड़ा, धौंसा।

नक़्क़ारःख़ानः (अ० फा० पु०)–वह स्थान जहाँ नक़्क़ारे बजते हैं।

नक़्क़ारची (अ० फा० पु०)–नौबत और नक़्क़ारा बजाने वाला, एक क़ौम जो शहनाई और नौबत बजाती है।

नक़्क़ाल (अ० पु०)–भाँड़, बहुरूपिया, अनुकर्ता।

नक़्क़ाली (अ० स्त्री०)–नक़्ल का काम, भाँड़ों का काम, बहुरूपिये का काम, अनुकरण।

नक़्क़ाश (अ० पु०)–चित्रकार।

नक़्क़ाशी (अ० स्त्री०)–चित्र खींचना, तस्वीर बनाना।

नक़्द (अ० पु०)–रुपया-पैसा, कैश, पूँजी।

नक़्दी (अ० स्त्री०)–नक़्द रुपया, धन-दौलत।

नक़्बज़नी (अ० फा० स्त्री०)–सेंध लगाकर चोरी करना।

नक्बत (अ० स्त्री०)–दरिद्रता, निर्धनता।

नक़्ल (अ० पु०)–स्थानांतरण,

(स्त्री०) प्रतिलिपि, कापी, अनुकरण, आदर्श, नमूना, भाँड़ों का स्वाँग, कथा, कहानी ।

नक़्लनवीस (अ० फा० पु०)–वह कर्मचारी जो सरकारी काग़ज़ों की प्रतिलिपि देता है ।

नक़्ली (अ० वि०)–कृत्रिम, बनावटी, काल्पनिक, फ़र्ज़ी, मिथ्या, झूठ ।

नक़्ले वतन (अ० पु०)–स्वदेश-त्याग, प्रवास ।

नक्श: (अ० पु०)–आकृति, शक्ल, मुखाकृति, ढंग, शैली, तर्ज़, चेष्टा, हुलिया, किसी देश आदि का चित्र, मानचित्र, दशा, साँचा, रेखाचित्र, नमूना, आदर्श ।

नक़्श:नवीस (अ० फा० पु०)–नक़्शा बनाने वाला ।

नक़्श (अ० पु०)–चित्र, तस्वीर, अंकित, कवच, बेलबूटे ।

नक़्शबंद (अ० फा० पु०)–चित्रकार, अंकित, लिखित ।

नक़्शबंदी (अ० फा० स्त्री०)–चित्रकारी, मुसव्विरी, ख्वाज: नक़्शबंद का मुरीद ।

नक़्श बदीवार (अ० फा० पु०)–दीवार पर बनाया हुआ चित्र; दीवार के चित्र का प्रकार ।

नक़्शी (अ० फा० वि०)–जिस पर नक़्श हो ।

नक़्शे अव्वल (अ० पु०)–चित्रकार का बनाया हुआ सर्वप्रथम चित्र, जिसमें कुछ त्रुटियाँ अवश्य होती हैं ।

नक़्शे क़दम (अ० पु०)–पद-चिह्न, पाँव का निशान ।

नक़्शे ख़याली (अ० पु०)–काल्पनिक चित्र, फ़र्ज़ी मंसूबे,

नक़्शे सानी (अ० पु०)–वह चित्र जो चित्रकार का दूसरा प्रयास होता है और जो पहले चित्र की अपेक्षा बहुत सुंदर और कलापूर्ण होता है ।

नक़्स (अ० पु०)–त्रुटि, भूल, न्यूनता, कमी, दोष, ऐब, अशुद्धि ।

नक्हत (अ० स्त्री०)–सुगंध, खुशबू, महक ।

नख़्ल (अ० पु०)–वृक्ष, खजूर का पेड़ ।

नख़्लबंद (अ० फा० पु०)–माली, बाग़बान ।

नख़्लिस्तान (अ० फा० पु०)–रेगिस्तानी इलाक़े में वह हरा-भरा टुकड़ा जहाँ हरियाली और खजूरों के वृक्ष हों ।

नग़म (अ० पु०)–'नग़म:' का बहु०, नग़मे, गाने ।

नगीन: (फा० पु०)–नग, रत्न, अँगूठी पर जड़ा जाने वाला पत्थर ।

नगीन:साज़ (फा० पु०)–अँगूठी पर नगीना जड़ने वाला ।

नग़्ज़ (फा० वि०)–उत्तम, श्रेष्ठ, अद्‌भुत, विचित्र ।

नग़्ज़गो (फा० वि०)–अच्छी कविता करने वाला ।

नग़म: (अ० पु०)–गीत, गान, सुरीली आवाज़ ।

नग़म:ज़न (अ० फा० वि०)–अच्छी आवाज़ से गाने वाला ।

नग़मात (अ० पु०)–'नग़म:' का बहु०, गाने, नग़मे ।

नज़र (अ० स्त्री०)–दृष्टि, विचार, ध्यान, जाँच, परख, कुदृष्टि ।,

नज़र अंदाज़ (अ० फा० वि०)–जिस

पर ध्यान न दिया गया हो, उपेक्षित ।

नजर नवाज (अ० फा० वि०)–आँखों को आनंद देने वाली वस्तु ।

नज़रबंद (अ० फा० वि०)–वह व्यक्ति जो राज्यादेश से किसी एक स्थान पर खुले तौर पर रहे, परन्तु न किसी से मिल सके और न इधर-उधर कहीं जा सके ।

नजरबंदी (अ० फा० स्त्री०)–ऐसी क़ैद, जिसमें जाहिरा आजादी हो, पर आदमी कहीं जा न सके और न किसी से मिल सके । जादू का खेल, दृष्टिबंध ।

नजरबाजी (अ० फा० स्त्री०)–परख, जाँच, अच्छे-बुरे की तमीज़, आँख लड़ाना, ताक-झाँक करना ।

नजरी (अ० वि०)–सरसरी, जो तवज्जुह के क़ाबिल न हो ।

नज़रीय: (अ० पु०)–दृष्टिकोण ।

नजरीयात (अ० पु०)–'नज़रीय:' का बहु०, नज़रीए, कई दृष्टिकोण ।

नजरे ग़लत अंदाज (अ० फा० स्त्री०)–ऐसी दृष्टि जो हर व्यक्ति अपनी तरफ़ समझे, भ्रम में डालने वाली दृष्टि ।

नज़रे सानी (अ० स्त्री०)–किसी तै शुदा विषय पर पुन: विचार ।

नज़ाकत (फा० स्त्री०)–सुकुमारता, कोमलता, सूक्ष्मता, क्षीणता, नाज़ुकमिज़ाजी ।

नजात (अ० स्त्री०)–छुटकारा, बंधन-मुक्ति, भार-मुक्ति, मोक्ष ।

नज़ाद (फा० स्त्री०)–कुल, वंश ।

नज़ाफ़त (अ० स्त्री०)–पवित्रता ।

नज़ारत (अ० स्त्री०)–हरा-भरापन, ताज़गी; निरीक्षण, निगरानी, नाज़िर का पद ।

नजासत (अ० स्त्री०)–अपवित्रता ।

नज़ीफ़ (अ० वि०)–पवित्र, शुद्ध ।

नजीब (अ० वि०)–कुलीन, शुद्ध रक्त वाला ।

नज़ील (अ० पु०)–वह व्यक्ति, जो किसी सराय या धर्मशाला में मुसाफ़िर के रूप में उतरे; अतिथि ।

नज़ीर (अ० वि०)–डराने वाला ।

नज़ीर (अ० स्त्री०)–सदृश, समान, उदाहरण, हाईकोर्ट या सुप्रीम कोर्ट का निर्णय, जो किसी मुकदमे में दावे की पुष्टि के लिए पेश किया जाए ।

नज़्अ (अ० स्त्री०)–दम टूटना ।

नज़्ज़ार: (अ० पु०)–दर्शन, दीदार, सैर, दृश्य, तमाशा ।

नज़्ज़ार:गाह (अ० फा० स्त्री०)–सैरगाह, विनोदस्थल ।

नज़्ज़ार:पसंद (अ० फा० वि०)–जो अच्छे-अच्छे दृश्य देखने का शौक़ीन हो ।

नज़्ज़ार:बाजी (अ० फा० स्त्री०)–ताका-झाँकी, आँखें लड़ाना ।

नज्जार (अ० पु०)–बढ़ई ।

नज्द (अ० पु०)–ऊँची भूमि, टीला ।

नज्दीक (फा० वि०)–समीप, निकट, (अव्य०) राय में ।

नज्दीकी (फा० स्त्री०)–समीपता, निकटता ।

नज्म (अ० पु०)–तारा, उडु ।

नज़्म (अ० स्त्री०)–पद्य, काव्य, शाइरी, (पु०) प्रबंध ।

नज़्मगो (अ० फा० वि०)–ऐसा शाइर, जो शाइरी की तमाम क़िस्मों में से केवल नज़्म कहता हो ।

नज़्मोनस्र (अ० स्त्री०)–गद्य और पद्य ।

नज़्र (अ० स्त्री०)–उपहार, भेंट, प्रदान, देना ।

नज़्रान: (अ० फा० पु०)–उपहार, दक्षिणा ।

नज़्ल: (अ० पु०)–ज़ुकाम की एक दशा, जिसमें बलग़म निकलता है ।

नतीज: (अ० पु०)–परिणाम, फल, परीक्षा-फल, अंत, इच्छा ।

नतीज:खेज़ (अ० फा० वि०)–जिससे अच्छा परिणाम निकले ।

नतीजए इम्तिहान (अ० पु०)–परीक्षा-फल ।

नदामतज़द: (अ० फा० वि०)–लज्जित, पश्चात्तापी ।

नदारद (फा० वि०)–विहीन, लुप्त, रिक्त, खाली ।

नदीद: (फा० वि०)–जिसे देखा न हो, जो हरएक के खाने पर नज़र रखे; अत्यंत लोभी ।

नद्दाफ़ (अ० पु०)–धुनिया ।

नफ़स (अ० पु०)–श्वास, साँस, दम, क्षण ।

नफ़ासत (अ० स्त्री०)–स्वच्छता, सफ़ाई, कोमलता, सूक्ष्मता, गूढ़ता ।

नफ़ासतपसंद (अ० फा० वि०)–स्वयं साफ-सुथरा रहने और सब चीज़ों में सफ़ाई और आरास्तगी पसंद करने-वाला ।

नफीरी (अ० फा० स्त्री०)–शहनाई ।

नफ़ीस (अ० वि०)–उत्तम, बढ़िया, स्वच्छ ।

नफ़्अ (अ० पु०)–लाभ, प्राप्ति, परि-णाम, ब्याज ।

नफ़्अ अंदोज़ी (अ० फा० स्त्री०)–लाभ कमाना ।

नफ़्अरसाँ (अ० फा० वि०)–लाभ-दायक ।

नफ़्एजाती (अ० पु०)–निजी लाभ ।

नफ़्रत (अ० स्त्री०)–घृणा, परहेज ।

नफ़्रत अंगेज़ (अ० फा० वि०)–घिन पैदा करने वाला ।

नफ़्रतज़द: (अ० फा० वि०)–घृणित ।

नफ़्स (अ० पु०)–अस्तित्व, सच्चाई, सार, कामवासना ।

नफ़्सपरस्त (अ० फा० वि०)–विषय-लोलुप ।

नफ़्सपरस्ती (अ० फा० स्त्री०)–काम-लोलुपता ।

नफ़्सीयात (अ० स्त्री०)–मनोविज्ञान ।

नफ़्ह: (अ० पु०)–सुगंध ।

नबर्द (फा० स्त्री०)–युद्ध ।

नबर्दगाह (फा० स्त्री०)–रणक्षेत्र, युद्धस्थल ।

नबवी (अ० वि०)–नबी से संबंध रखने वाली वस्तु ।

नबातात (अ० स्त्री०)–जमीन से उगने वाली वस्तु ।

नबिश्त: (फा० वि०)–लिखा हुआ, अंकित ।

नबी (अ० पु०)–ईशदूत, अवतार, पैग़म्बर ।

नब्ज़ (अ० स्त्री०)–नाड़ी शिरा ।

नब्ज़शनास (अ० फा० वि०)–वैद्य, हकीम ।

नब्श (अ० पु०)–क़ब्र खोदना ।

नम (फा० पु०)–आर्द्र, गीला, तरी, नमी ।

नम आलूद (फा० वि०)–आर्द्र, गीला ।

नमक (फा० पु०)–लवण, लावण्य, काव्य-सौन्दर्य ।

नमक अफ़्शानी (फा० स्त्री०)–जख्म पर नमक छिड़कना।

नमककोर (फा० वि०)–विश्वासघाती, कृतघ्न।

नमकख्वार (फा० वि०)–स्वामिभक्त, नौकर।

नमकहराम (फा० अ० वि०)–कृतघ्न, विश्वासघाती।

नमकहलाल (फा० अ० वि०)–कृतज्ञ, स्वामिभक्त।

नमकीं (फा० वि०)–नमक मिला हुआ, लावण्यमय, सुंदर।

नमकीनी (फा० स्त्री०)–साँवलापन, सलोनापन, सौंदर्य।

नमाज़ (अ० स्त्री०)–मुसलमानों की पाँच समय की ईश्वर-प्रार्थना।

नमाज़ी (अ० वि०)–नमाज़ का पाबंद।

नमाज़ेईद (अ० स्त्री०)–ईद की नमाज़, जो दो रक्अत होती है।

नमाज़े जनाज़ः (अ० स्त्री०)–वह नमाज़, जो मुसलमानों के जनाज़े पर मृतक की आत्मा की शान्ति के लिए पढ़ी जाती है।

नमी (फा० स्त्री०)–आर्द्रता, तरी, सील।

नमूनः (फा० पु०)–बानगी, आदर्श, प्रकार।

नर्गिस (फा० स्त्री०)–एक फूल, आँख।

नर्गिसी (फा० वि०)–नर्गिस जैसा, नर्गिस का।

नर्गिसे जादू (फा० स्त्री०)–वह सुंदर आँख, जिसमें 'मोहनी' हो।

नर्द (फा० स्त्री०)–चौसर का खेल, चौसर की गोट।

नर्दबाज़ (फा० वि०)–चौसर का खिलाड़ी।

नर्दबान (फा० उभ०)–नसैनी, सीढ़ी।

नर्म (फा० वि०)–मृदुल, कोमल, शिथिल, सुगम, हलका, सहिष्णु।

नर्मआवाज़ (फा० वि०)–मधुर और कोमल स्वर वाला।

नर्मदिल (फा० वि०)–सदय, रहमदिल।

नर्ममिज़ाज (फा० अ० वि०)–नर्मख़ू, विनीत, नम्र स्वभाव वाला।

नर्मी (फा० वि०)–मृदुलता, कोमलता, सदयता, मंदता, धीमापन, सुगमता, लघुत्व, हलकापन, गंभीरता।

नवा (फा० स्त्री०)–स्वर, ध्वनि, गान, सामान, उपकरण।

नवाख़ानः (फा० पु०)–कारागार, जेल।

नवाज़ (फा० प्रत्य०)–बजाने वाला, जैसे—'नयनवाज़' बाँसुरी बजानेवाला; कृपा करने वाला, जैसे—'ग़रीबनवाज़'।

नवाज़िश (फा० स्त्री०)–कृपा, अनुकंपा, दया।

नवासः (फा० पु०)–नाती। दौहित्र।

नवाहे मुल्क (अ० पु०)–किसी देश के चारों ओर का बाहरी इलाका।

नविश्तः (फा० वि०)–लिखा हुआ, लिखित (पु०) स्टाम्प, लेखपत्र।

नवी (फा० वि०)–नया, नवीन, आधुनिक।

नवीस (फा० प्रत्य०)–लिखने वाला, जैसे—अराइज़नवीस, अर्जियाँ लिखने वाला।

नवीसिंदः (फा० वि०)–लिपिक, लिखने वाला।

नवेद (फा० स्त्री०)–शुभ सूचना।

नव्वाब (अ० वि०)–बादशाह का नाइब, किसी रियासत का मुसलमान शासक।

नव्वाबज़ाद: (अ० फा० पु०)–नव्वाब का लड़का।

नव्वाबे बेमुल्क (अ० फा० पु०)–ऐसा नव्वाब, जिसके पास रियासत न हो।

नशात (अ० स्त्री०)–आनंद, हर्ष।

नशातअंगेज़ (अ० फा० वि०)–हर्षोत्पादक।

नशातअफ़्ज़ा (अ० फा० वि०)–आनंदवर्धक।

नशातेरूह (अ० स्त्री०)–रूह का आनंद।

नशान (फा० पु०)–दे० 'निशान', दोनों रूप शुद्ध हैं, परन्तु उर्दू में निशान बोलते हैं।

नशास्त: (फा० पु०)–गेहूँ का सत।

नशीं (फा० प्रत्य०)–बैठने वाला, जैसे—'तख़्तनशीं', तख़्त पर बैठने वाला।

नशीद (फा० पु०)–गान, नग्म:।

नश्अत (अ० स्त्री०)–आविर्भाव, उत्पत्ति।

नश्अते सानिय: (अ० स्त्री०)–दुबारा जन्म, पुनर्जन्म, दुबारा तरक्की, पुनरुद्धार,।

नश्र (अ० पु०)–प्रसारण, घास का फिर से हरा होना।

नश्वोनुमा (अ० पु०)–विकास, उपज।

नश्श: (अ० पु०)–मादकता, मस्ती।

नसफ़त (अ० स्त्री०)–बराबर दो भागों में बाँटना, आधा-आधा करना, न्याय।

नसब (अ० पु०)–कुल, गोत्र, वंश।

नसबनाम: (अ० फा० पु०)–वंशावली।

नसबी (अ० वि०)–नसब से संबंध रखने वाला।

नसीब: (अ० पु०)–भाग्य, प्रारब्ध।

नसीब:वर (अ० फा० वि०)–भाग्यशाली।

नसीब (अ० पु०)–भाग्य, प्राप्त, अंश।

नसीबे ख़ुफ़्त: (अ० फा० पु०)–दुर्भाग्यता, बदकिस्मती।

नसीम (अ० स्त्री०)–ठंडी और धीमी हवा।

नसीमे सहर (अ० स्त्री०)–सवेरे की मंद, शीतल और सुगंधित हवा।

नसीर (अ० पु०)–सहायक।

नसीहत (अ० स्त्री०)–सीख, सदुपदेश, सत्परामर्श।

नसीहत आमेज़ (अ० फा० वि०)–वह बात, जिसमें उपदेश शामिल हो।

नसीहतनाम: (अ० फा० पु०) -वह पत्र, जिसमें किसी बात के सम्बन्ध में नसीहतें लिखी हों।

नसूह (अ० वि०)–शुद्ध, निर्मल।

नस्ख़ (अ० पु०)–मिटाना, रद्द करना।

नस्ता'लीक़ (अ० पु०)–सभ्य, शिष्ट।

नस्ब (अ० पु०)–स्थापना, रखना, क़ाइम करना।

नस्र (अ० स्त्री०)–गद्य, इबारत, सहायता, मदद।

नस्रनिगार (अ० फा० पु०)–गद्य, लेखक।

नस्रनिगारी (अ० फा० स्त्री०)–गद्य-रचना।

नस्रानियत (अ० स्त्री०)–ईसाईयत।

नस्रानी (अ० पु०)–ईसाई।

नस्ल (अ० स्त्री०)–वंश, गोत्र, कुल, संतान ।

नस्लअफ़्ज़ाई (अ० फा० स्त्री०)–संतान-वृद्धि ।

नस्लकशी (अ० फा० स्त्री०)–संतान-वृद्धि ।

नस्लन बाद नस्लन (अ० अव्य०)–पुश्त दर पुश्त ।

नस्साज (अ० पु०)–जुलाहा ।

नस्साब (अ० पु०)–वंशविद्या का ज्ञाता ।

नहाफ़त (अ० स्त्री०)–क्षीणता, निर्बलता ।

नहार (अ० पु०)–दिन, दिवस ।

नही (अ० स्त्री०)–निषेध, रोक ।

नहीफ़ (अ० वि०)–क्षीण, दुबला ।

नह्ल (अ० स्त्री०)–नदी से काटकर निकाली हुई शाखा, (नहर) ।

नह्ली (अ० वि०)–नह्ल से संबंध रखने वाला नह्ल के पानी से सींची जाने वाली भूमि ।

नह्स (अ० वि०)–अशुभ ।

ना (फा० उप०)–शब्द के शुरू में आकर नहीं का अर्थ देता है, जैसे—'नासमझ' ।

नाअह्ल (फा० अ० वि०)–अयोग्य, अपात्र ।

नाआशना (फा० वि०)–अपरिचित ।

नाइंसाफ़ (फा० अ० वि०)–अन्यायी ।

नाइंसाफ़ी (फा० अ० स्त्री०)–अन्याय, अनीति, बेईमानी ।

नाइत्तिफ़ाक़ी (फा० अ० स्त्री०)–फूट, बिगाड़ ।

नाइब (अ० पु०)–सहायक, स्थानापन्न ।

नाउम्मीद (फा० वि०)–निराश, हताश, हतोत्साह ।

नाउम्मीदी (फा० स्त्री०)–निराशा, उत्साहहीनता ।

नाए (फा० स्त्री०)–बाँसुरी, नय ।

नाक़: (अ० पु०)–ऊँटनी, साँड़नी ।

नाक़:सवार (अ० फा० वि०)–साँड़नी-सवार, अर्थात् दूत ।

नाक (फा० प्रत्य०)–भरा हुआ, जैसे—दर्दनाक, दुःखपूर्ण ।

नाक़बूल (फा० अ० वि०)–अस्वीकृत, नामंजूर ।

नाकर्द: (फा० वि०)–न किया हुआ ।

नाकर्द:कार (फा० वि०)–जिसने कोई विशेष कार्य न किया हो, जिसे अनुभव न हो ।

नाकर्द:गुनाह (फा० वि०)–निरपराधी ।

नाक़ाबिल (फा० अ० वि०)–अयोग्य, अपात्र ।

नाक़ाबिलान: (फा० अ० अव्य०)–मूर्खतापूर्ण ।

नाक़ाबिलीयत (फा० अ० स्त्री०)–अयोग्यता, अपात्रता ।

नाक़ाबिले अदा (फा० अ० वि०)–न दी जा सकने वाली रकम ।

नाक़ाबिले अफ़्व (फा० अ० वि०)–अक्षम्य ।

नाक़ाबिले अमल (फा० अ० वि०)–अव्यवहार्य, जिस पर अमल न किया जा सके ।

नाक़ाबिले आज़माइश (फा० अ०)–जिसकी परीक्षा न हो सके ।

नाक़ाबिले इंतिक़ाल (फा० अ० वि०)–वह संपत्ति, जो दूसरे के नाम मुंतक़िल न हो सके ।

नाक़ाबिले इंतिख़ाब (फा० अ० वि०)–

जो चुनाव के अयोग्य हो; जो गद्य या पद्य उद्धरण के योग्य न हो।

नाक़ाबिले इंतिज़ाम (फा० अ० वि०)–जिसकी व्यवस्था न हो सके।

नाक़ाबिले इंतिज़ार (फा० अ० वि०)–जिसकी प्रतीक्षा न की जा सके।

नाक़ाबिले इंदिराज (फा० अ० वि०)–जिसका नाम किसी रजिस्टर या खाते में लिखा न जा सके; जो रकम जमा-खर्च में डाली न जा सके किसी मद में या किसी के नाम।

नाक़ाबिले इंसिदाद (फा० अ० वि०)–जिसका निवारण न हो सके, जो रोका न जा सके।

नाक़ाबिले इआदः (फा० अ० वि०)–जो बात दुहराई न जा सके।

नाक़ाबिले इआनत (फा० अ० वि०)–जिसकी मदद न की जा सके, जो मदद करने के अयोग्य हो।

नाक़ाबिले इक़्रार (फा० अ० वि०)–जो माना न जा सके, जिसका इक़्रार न किया जा सके।

नाक़ाबिले इख़्तिलाफ़ (फा० अ० वि०)–जिससे मतभेद न किया जा सके, सहमति योग्य।

नाक़ाबिले इख़्राज (फा० अ० वि०)–जो खारिज न किया जा सके, जो निकाला न जा सके।

नाक़ाबिले इज़्हार (फा० अ० वि०)–जो कहा न जा सके।

नाक़ाबिले इत्तिलाअ (फा० अ० वि०)–जिसकी सूचना न दी जा सके।

नाक़ाबिले इत्मीनान (फा० अ० वि०)–अविश्वस्त।

नाक़ाबिले इन्कार (फा० अ० वि०)–जिससे इन्कार न किया जा सके।

नाक़ाबिले इन्क़िसाम (फा० अ० वि०)–अविभाज्य।

नाक़ाबिले इम्तिहान (फा० अ० वि०)–जिसकी परीक्षा न हो सके, जो परीक्षा के अयोग्य हो।

नाक़ाबिले इम्दाद (फा० अ० वि०)–जिसकी सहायता न हो सके, दुःसाध्य।

नाक़ाबिले इलाज (फा० अ० वि०)–जिसकी चिकित्सा न हो सके।

नाक़ाबिले इस्ते'माल (फा० अ० वि०)–जो प्रयोग के योग्य न हो, जो खाने के योग्य न हो, जो व्यवहार के अयोग्य हो।

नाक़ाबिले इस्लाह (फा० अ० वि०)–जिसका सुधार न हो सके, जिसकी त्रुटियाँ न निकल सकें।

नाक़ाबिले एतिमाद (फा० अ० वि०)–अविश्वस्त।

नाक़ाबिले एतिराज़ (फा० अ० वि०)–आपत्तिहीन।

नाक़ाबिले ए'लान (फा० अ० वि०)–जिसकी घोषणा न की जा सके, जिसका एलान उचित न हो।

नाक़ाबिले एहतियात (फा० अ० वि०)–जिसमें सावधानी की आवश्यकता न हो।

नाक़ाबिले क़बूल (फा० अ० वि०)–जो स्वीकार न किया जा सके।

नाक़ाबिले गिरिफ़्त (फा० अ० वि०)–जो पकड़ा न जा सके।

नाक़ाबिले गुज़ारिश (फा० अ० वि०)–जो कहा न जा सके, अकथनीय।

नाक़ाबिले ग़ौर (फा० अ० वि०)–जिस पर ध्यान न दिया जा सके।

नाक़ाबिले ज़ब्त (फा० अ० वि०)–जो सहनीय न हो, जो ज़ब्त न किया जा

सके।

नाक़ाबिले ज़मानत (फा० ग्र० वि०)–जिसकी जमानत न ली जा सके।

नाक़ाबिले जवाब (फा० ग्र० वि०)–जिसका जवाब देना ज़रूरी न हो।

नाक़ाबिले ज़िक्र (फा० ग्र० वि०)–ग्रकथनीय।

नाक़ाबिले तग्रज्जुब (फा० ग्र० वि०)–जिसमें ग्रचम्भे की कोई बात न हो।

नाक़ाबिले तक़र्रुर (फा० ग्र० वि०)–जिसकी नियुक्ति न हो सके।

नाक़ाबिले तद्बीर (फा० ग्र० वि०)–ग्रसाध्य।

नाक़ाबिले तब्दील (फा० ग्र० वि०)–ग्रपरिवर्तनीय।

नाक़ाबिले तरक्क़ी (फा० ग्र० वि०)–जो तरक्क़ी के योग्य न हो।

नाक़ाबिले तरद्दुद (फा० ग्र० वि०)–वह विषय, जिस पर ग़ौर न किया जा सके।

नाक़ाबिले तर्जीह (फा० ग्र० वि०)–जिसे प्रधानता न दी जा सके।

नाक़ाबिले तर्दीद (फा० ग्र० वि०)–जिसका खंडन न हो सके, ग्रकाट्य।

नाक़ाबिले तर्मीम (फा० ग्र० वि०)–ग्रपरिवर्तनीय, जिसमें कोई संशोधन न हो सके।

नाक़ाबिले तवज्जुह (फा० ग्र० वि०)–जिस पर ध्यान न दिया जा सके।

नाक़ाबिले तस्दीक़ (फा० ग्र० वि०)–जिसके लिए प्रमाण की ग्रावश्यकता न हो।

नाक़ाबिले तस्लीम (फा० ग्र० वि०)–जिसे माना न जा सके।

नाक़ाबिले दाद (फा० ग्र० वि०)–जिसकी प्रशंसा न की जा सके।

नाक़ाबिले दुरुस्ती (फा० ग्र० वि०)–जिसकी मरम्मत न हो सके।

नाक़ाबिले नुमाइश (फा० ग्र० वि०)–जो सबको न दिखाया जा सके।

नाक़ाबिले पैरवी (फा० ग्र० वि०)–जिसका ग्रनुकरण न हो सके; जिसकी पैरोकारी न हो सके।

नाक़ाबिले फ़त्ह (फा० ग्र० वि०)–ग्रजेय।

नाक़ाबिले बयान (फा० ग्र० वि०)–ग्रकथनीय।

नाक़ाबिले बरदाश्त (फा० ग्र० वि०)–ग्रसहनीय।

नाक़ाबिले मदद (फा० ग्र० वि०)–जिसकी सहायता न की जा सके।

नाक़ाबिले मरम्मत (फा० ग्र० वि०)–जिसकी दुरुस्ती न की जा सके।

नाक़ाबिले मुक़ाबल: (फा० ग्र० वि०)–जिसका मुक़ाबला न किया जा सके।

नाक़ाबिले मुदाख़लत (फा० ग्र० वि०)–जिसमें हस्तक्षेप न किया जा सके।

नाक़ाबिले रज़ामंदी (फा० ग्र० वि०)–वह मुकद्दमा जिसमें दोनों पक्ष राजी-नामा न कर सकें।

नाक़ाबिले रहम (फा० ग्र० वि०)–जो दया का पात्र न हो।

नाक़ाबिले रिग्रायत (फा० ग्र० वि०)–जिसके साथ किसी प्रकार की रिग्रायत न हो सके।

नाक़ाबिले वक़्ग्रत (फा० ग्र० वि०)–जिसकी कोई प्रतिष्ठा न हो।

नाक़ाबिले वफ़ा (फा० ग्र० वि०)–वह प्रतिज्ञा जो पूरी न हो सके।

नाक़ाबिले शक (फा० ग्र० वि०)–ग्रसंदिग्ध।

नाक़ाबिले शनाख़्त (फा० अ० वि०)–जिसकी पहचान न हो सके।

नाक़ाबिले शिकस्त (फा० अ० वि०)–जिसे हराया न जा सके, जिससे होड़ न की जा सके।

नाक़ाबिले शिफ़ा (फा० अ० वि०)–वह रोगी, जो अच्छा न हो सके, असाध्य।

नाक़ाबिले शुमार (फा० अ० वि०)–जो गिना न जा सके।

नाक़ाबिले सताइश (फा० अ० वि०)–जिसकी प्रशंसा न हो सके।

नाक़ाबिले सज़ा (फा० अ० वि०)–अदंडनीय।

नाक़ाबिले समाअ़त (फा० अ० वि०)–जो बात सुनने के योग्य न हो।

नाक़ाबिले सिफ़ारिश (फा० अ० वि०)–जिसकी सिफ़ारिश न की जा सके।

नाक़ाबिले हिफ़ाज़त (फा० अ० वि०)–जो रक्षा करने के योग्य न हो।

नाक़ाबिले हुकूमत (फा० अ० वि०)–जो शासन करने के योग्य न हो।

नाक़ाबिले हुसूल (फा० अ० वि०)–जो प्राप्त न हो सके।

नाकाम (फा० वि०)–असफल, निराश।

नाकामयाब (फा० वि०)–असफल मनोरथ, असफल, अनुत्तीर्ण।

नाकामयाबी (फा० स्त्री०)–असफलता, उत्तीर्ण न होना।

नाकामी (फा० स्त्री०)–असफलता, निराशा।

नाकामिए तक़दीर (फा० स्त्री०)–भाग्य की वंचना।

नाकामे आर्ज़ू (फा० वि०)–जो मनोरथ में सफल न हो।

नाकारः (फा० वि०)–व्यर्थ, निष्प्रयोजन।

नाकारआमद (फा० वि०)–निष्प्रयोजन।

नाकाश्तः (फा० वि०)–वह जमीन जो बोई जोती न गई हो।

नाक़िद (अ० वि०)–आलोचक।

नाक़िस (अ० वि०)–अपूर्ण, दूषित, मिथ्या, धूर्त, खोटा।

नाक़ूस (अ० पु०)–शंख।

नाख़ (फा० पु०)–एक प्रकार की नास्पाती।

नाख़ुदा (फा० पु०)–कर्णधार, नाविक।

नाख़ुन (फा० पु०)–नख।

नाख़ुश (फा० वि०)–अप्रसन्न, क्रुद्ध, रोगी।

नाख़ुशगवार (फा० वि०)–अरुचिकर।

नाख़ुशगवारी (फा० स्त्री०)–अप्रसन्नता।

नाख़ुशी (फा० स्त्री०)–अप्रसन्नता, क्रोध।

नाख़्वांदः (फा० वि०)–बेबुलाया हुआ, अशिक्षित।

नाग़ः (तु० पु०)–अनुपस्थिति।

नागवार (फा० वि०)–जो पसन्द न हो, जो अच्छा न लगे।

नागवारी (फा० स्त्री०)–अच्छा न लगना, पसन्द न होना।

नागहानी (फा० वि०)–आकस्मिक, दैविक।

नागाह (फा० वि०)–अचानक, अकस्मात।

नागुफ़्तः (फा० वि०)–अकथित।

नाचाक़ (फा० तु० वि०)–जो स्वस्थ न हो, अस्वस्थ।

नाचाक़ी (फा० तु० स्त्री०)–वैमनस्य,

अनबन।

नाचार (फा० वि०)–असमर्थ, बेबस, असहाय।

नाचारी (फा० स्त्री०)–बेबसी, दुःख, कष्ट, असामर्थ्य।

नाचीज़ (फा० वि०)–हेच, नाकारः, निकम्मा, नम्रता-प्रदर्शन के लिए वक्ता अपने को भी कहता है।

नाज़ (फा० पु०)–हाव-भाव, मान, अभिमान।

नाज़नीं (फा० वि०)–कोमल, नाजुक, सुकुमारी, सुंदरी।

नाज़पर्वर्दः (फा० वि०)–सुकुमार, जिसका पालन-पोषण बड़े लाड़-प्यार से हुआ हो।

नाज़बरदारी (फा० स्त्री०)–नाज़ उठाना, ख़िदमत करना।

नाज़ाईदः (फा० वि०)–जो उत्पन्न न हुआ हो, अज्ञात।

नाज़िम (अ० पु०)–व्यवस्थापक, मंत्री, सेक्रेटरी।

नाज़िर (अ० पु०)–दर्शक, एक कर्मचारी।

नाज़िरीन (अ० पु०)–दर्शकगण।

नाज़िल (अ० वि०)–उतरने वाला, उतरा हुआ, आया हुआ।

नाज़िश (फा० स्त्री०)–नाज़, हाव-भाव।

नाजी (अ० वि०)–मुक्ति पाने वाला, मुक्त।

नाज़ुक (फा० वि०)–मृदुल, कोमल, सूक्ष्म, गूढ़, उलझा हुआ, तीव्र।

नाज़ुकअंदाम (फा० वि०)–जिसका शरीर दुबला-पतला हो।

नाज़ुककमर (फा० वि०)–वह हसीनः जिसकी कमर पतली हो, कटिक्षीणा।

नाज़ुकख़याल (फा० अ० वि०)–वह कवि जो कविता में गूढ़ अर्थ वाले भाव लाता हो।

नाज़ुकदिमाग़ (फा० अ० वि०)–चिड़चिड़े मिज़ाज का, जो किसी की बात सहन न कर सके।

नाज़ुकदिल (फा० वि०)–कोमल हृदय।

नाज़ुकबदन (फा० वि०)–दे०–'नाज़ुक अंदाम', कृशांग।

नाज़ुकमिज़ाज (फा० अ० वि०)–जिसका स्वभाव बहुत ही कोमल हो; जिसका मिज़ाज चिड़चिड़ा हो।

नाज़ुकमिज़ाजी (फा० अ० स्त्री०)–स्वभाव की कोमलता।

नाज़ोनियाज़ (फा० पु०)–आशिक़ और मा'शूक़ के मुआमलात, आशिक़ की तरफ से नियाज़ और मा'शूक़ की तरफ से नाज़।

ना'त (अ० स्त्री०)–पैग़ंबर मुहम्मद साहब की छंदोबद्ध स्तुति।

नातलबीदः (फा० वि०)–जो बुलाया न गया हो, अनाहूत।

नाताक़ती (अ० फा० स्त्री०)–निर्बलता, अशक्ति।

नातुवाँ (फा० वि०)–अशक्त, निर्बल।

नादान (फा० वि०)–अनभिज्ञ।

नादानिस्तः (फा० वि०)–अनजान में, बे जाने-बूझे।

नादानी (फा० स्त्री०)–मूर्खता, अज्ञान।

नादार (फा० वि०)–दरिद्र, निर्धन।

नादारी (फा० स्त्री०)–दरिद्रता, निर्धनता।

नादिम (अ० वि०)–लज्जित, संकुचित, पछताने वाला।

नादिर (अ० वि०)–अद्भुत, श्रेष्ठ, उत्तम।

नादिरए रोज़गार (अ० फा० वि०)–दुनिया-भर में सबसे श्रेष्ठ।

नादिहंद (फा० वि०)–लेकर न देने वाला, जो रुपया लेकर देने में बहुत टालमटोल करे।

नादिहंदगी (फा० स्त्री०)–रुपया उधार लेकर फिर न देना।

नादीदः (फा० वि०)–अनदेखा, अदृष्ट।

नादुरुस्ती (फा० स्त्री०)–अशुद्धि, असत्यता, झूठ, बेमरम्मती।

नान (फा० स्त्री०)–रोटी, खमीरी रोटी।

नानख़ताई (फा० स्त्री०)–एक प्रकार का मीठा बिस्कुट।

नानफ़रोश (फा० पु०)–रोटी बेचने वाला, नानबाई।

नाने ख़ुश्क (फा० स्त्री०)–सूखी रोटी।

नापसंद (फा० वि०)–अरुचिकर।

नापसंदीदः (फा० अ० वि०)–अप्रिय, अरुचिकर।

नापसंदीदगी (फा० स्त्री०)–अरुचि, पसंद न होने का भाव।

नापाइदार (फा० वि०)–अदृढ़, अस्थायी।

नापाक (फा० वि०)–अपवित्र, अशुचि।

नापाकी (फा० स्त्री०)–अशुद्धता, अपवित्रता, गंदगी।

नापुख़्तगी (फा० स्त्री०)–अपरिपक्व, अदृढ़ता।

नापैद (फा० वि०)–अप्राप्य, लुप्त।

नाफ़ः (फा०पु०)–मृग नाभि।

नाफ़र्मान (फा० वि०)–अवज्ञाकारी, उद्दंड।

नाफ़र्मानी (फा० स्त्री०)–अवज्ञा, उद्दंडता।

नाबकार (फा० वि०)–अधम, पामर।

नाबलद (फा० वि०)–अनभिज्ञ, अनजान।

नाबालिग़ (फा० अ० वि०)–अवयस्क।

नाबालिग़ी (फा० अ० स्त्री०)–अवयस्कता, जो अभी जवान न हुआ हो।

नाबीना (फा० पु०)–अंधा, नेत्रहीन।

नाबूद (फा० वि०)–नष्ट, विध्वस्त, लुप्त।

नामंज़ूर (फा० अ० वि०)–अस्वीकृत, अनंगीकृत।

नामंज़ूरी (फा० अ० स्त्री०)–अस्वीकृति, रद होना।

नामः (फा० पु०)–चिट्ठी, पत्र, ग्रंथ, पुस्तक।

नामःनिगार (फा० पु०)–संवाददाता।

नामःबर (फा० पु०)–पत्रवाहक, डाकिया।

नाम (फा० पु०)–संज्ञा, यश, ख्याति, प्रतिष्ठा, उपाधि।

नामआवरी (फा० स्त्री०)–यश, कीर्ति, सुख्याति।

नामक़्बूल (फा० अ० वि०)–अस्वीकृत।

नामज़द (फा० वि०)–ख्यात, मनोनीत।

नामज़दगी (फा० स्त्री०)–नाम-निर्देशन।

नामदार (फा० वि०)–प्रतिष्ठित, ख्यातिप्राप्त, नामवर।

नामबरदार (फा० वि०)–नामी, प्रतिष्ठित।

नामर्द (फा० वि०)–भीरु, क्लीब, नपुंसक ।

नामर्दी (फा० स्त्री०)–भीरुता, नपुंसकता ।

नामर्दुमी (फा० स्त्री०)–अधमता नीचता ।

नामवर (फा० वि०)–प्रसिद्ध, ख्याति-प्राप्त ।

नामवरी (फा० स्त्री०)–ख्याति, यश, कीर्ति ।

नामहूदूद (फा० अ० वि०)–अपार, असीम ।

नामहरूम (फा० अ० वि०)–वह मर्द जिससे स्त्री का पर्दा जाइज़ हो, अपरिचित ।

नामा'क़ूल (फा० अ० वि०)–अनुचित, अश्लील, अनर्थक, अरुचिकर, असभ्य, अशिष्ट ।

नामा'लूम (फा० अ० वि०)–अज्ञात ।

नामी (फा० वि०)–प्रसिद्ध, श्रेष्ठ ।

नामुआफ़िक़ (फा० अ० वि०)–प्रतिकूल ।

नामुकम्मल (अ० फा० वि०)–अपूर्ण, अधूरा, असमाप्त ।

नामुनासिब (फा० अ० वि०)–अनुचित, अश्लील ।

नामुबारक (फा० अ० वि०)–अशुभ ।

नामुम्किन (फा० अ० वि०)–असम्भव ।

नामुराद (फा० वि०)–असफल मनोरथ, अभागा ।

नामुरादी (फा० वि०)–दुर्भाग्य, मनोरथ में असफलता ।

नामुशख़्ख़स (फा० अ० वि०)–अज्ञात, अज्ञात कुल, अकुलीन ।

नामुसाइद (फा० अ० वि०)–प्रतिकूल ।

नामूसे अक्बर (अ० पु०)–नियम, विधान ।

नायाब (फा० वि०)–जिसका मिलना सम्भव न हो, अप्राप्य ।

नायाबी (फा० स्त्री)–अप्राप्ति ।

ना'रः (अ० पु०)–ललकार, किसी माँग के लिए उसी आशय के संक्षिप्त शब्दों की घोषणा, ज़ोर की आवाज़ ।

नार (अ० स्त्री०)–आग, नरक ।

नारजील (फा० पु०)–नारियल, खोपरा ।

नाराज़ (फा० अ० वि०)–अप्रसन्न, क्रुद्ध ।

नाराज़ी (फा० अ० स्त्री०)–अप्रसन्नता, क्रोध, गुस्सा ।

नारास्ती (फा० स्त्री०)–वक्रता, असत्यता, धूर्तता ।

नारे जहन्नम (अ० स्त्री०)–नरक की आग ।

नालः (फा० पु०)–आर्तनाद, चीत्कार, कोलाहल ।

नालःकश (फा० वि०)–फ़र्याद करने वाला ।

ना'लैन (अ० पु०)–दोनों जूते ।

नालाँ (फा० वि०)–रोता-चिल्लाता हुआ ।

नालाइक़ (फा० अ० वि०)–अयोग्य, नीच, धूर्त, अशिष्ट ।

नालिश (फा० स्त्री०)–वाद, दावा, फ़र्याद ।

नालिशी (फा० वि०)–वादी ।

नाव (फा० स्त्री०)–नौका, नाव ।

नावकअंदाज़ (फा० वि०)–तीर चलाने वाला ।

नावदान (फा० पु०)–मोरी, पर-

नाला।

नावनोश (फा० स्त्री०)–पीना-पिलाना मयनोशी, रंगरलयाँ।

नावाक़िफ़ (फा० अ० वि०)–अनभिज्ञ, अपरिचित, अज्ञात।

नावाक़िफ़ीयत (फा० अ० स्त्री०)–अनभिज्ञता, अपरिचय।

नाशनासाई (फा० स्त्री०)–परिचय न होना, अपरिचय।

नाशाइस्तः (फा० वि०)–अनुचित, अशिष्ट, अश्लील।

नाशाइस्तगी (फा०स्त्री०)–अशिष्टता, अश्लीलता।

नाशाद (फा० वि०)–अप्रसन्न, अभागा।

नाशादमानी (फा० स्त्री०)–अप्रसन्नता, खिन्नता।

नाशिर (अ० पु०)–प्रसारक, प्रकाशक।

नाशुक्र (फा० अ० पु०)–अकृतज्ञ, कृतघ्न।

नाशुक्रगुज़ार (फा० अ० वि०)–कृतघ्न।

नाशुक्रगुज़ारी (फा० अ० स्त्री०)–कृतघ्नता।

नाश्ता (फा० पु०)–जलपान, उपाहार।

नाश्पाती (फा० स्त्री०)–एक प्रसिद्ध फल, नासपाती।

नासरः (फा० वि०)–खोटा, कूट।

नासवाब (फा० अ० वि०)–झूठ, अशुद्ध।

नासाज़ (फा० वि०)–प्रतिकूल।

नासाज़गार (फा० वि०)–प्रतिकूल।

नासाज़ी (फा० स्त्री०)–खराबी, प्रतिकूलता।

नासिख़ (अ० वि०)–लिखने वाला, लेखक।

नासिब (अ० वि०)–स्थापना करने वाला, लगाने वाला।

नासिर (अ० वि०)–सहायक, पृष्ठ-पोषक, हिमायती।

नासूत (अ० पु०)–इहलोक, संसार।

नासूर (अ० पु०)–एक प्रकार का घाव, नाड़ी-व्रण।

नासेह (अ० पु०)–सदुपदेशक।

नाहंजार (फा० वि०)–दुश्चरित्र, नीच, पाजी।

नाहक़ (फा० अ० वि०)–अकारण, अन्याय, अनीति।

नाहमवार (फा० वि०)–जो समतल न हो, जो शिष्ट न हो, असम, उजड्ड।

नाहार (फा० वि०)–जो सवेरे से भूखा हो।

नाहीद (फा० स्त्री०)–शुक्र ग्रह।

निक़ाब (अ० स्त्री०)–मुखावरण, बुर्क़ा, ओट, पर्दा।

निक़ाबकुशाई (अ० फा० स्त्री०)–अनावरण।

निक़ाबपोश (अ० फा० वि०)–जो अपना मुँह छिपाये हो।

निक़ाबे रुख़ (अ० फा० स्त्री०)–मुखपट, बुर्क़ा, घूँघट।

निकाह (अ० पु०)–विवाह, पाणिग्रहण।

निकाहनामः (अ० फा० पु०)–वह पत्र जिसमें ब्याह की शर्तें लिखी हों।

निकाहे सानी (अ० पु०)–पुर्नविवाह।

निकोकार (फा० वि०)–अच्छे आचरण वाला, सदाचार।

निख़्वतपसंद (अ० फा० वि०)–अभि-

मानी, अहंकारी।

निगर (फा० प्रत्य०)–ताकने वाला, देखने वाला, जैसे—'दस्तनिगर' दूसरे के हाथ की तरफ देखने वाला, अर्थात् पराश्रय।

निगरानी (फा० स्त्री०)–निरीक्षण, देख-रेख, संरक्षण।

निगहदाश्त (फा० स्त्री०)–संरक्षण, निगरानी।

निगार (फा० पु०)–मूर्ति, प्रतिमा, चित्र, प्रेमपात्र, प्रेयसी, चित्रित।

निगारखान: (फा० पु०)–चित्रालय, सजा हुआ मकान, मूर्तिगृह, जहाँ बहुत-सी सुन्दरियाँ एकत्र हों, वह स्थान।

निगारिंद: (फा० वि०)–लिखने वाला, चित्र बनाने वाला।

निगारिश (फा० स्त्री०)–लेख, चित्र।

निगारिस्तान (फा० पु०)–चित्रालय, मूर्ति-गृह।

निगारीं (फा० वि०)–चित्रित, शृंगारित।

निगाश्तः (फा० वि०)–लिखित, लिखा हुआ, चित्रित।

निगाश्तनी (फा० अव्य०)–लिखने योग्य, बनाने योग्य।

निगाह (फा० स्त्री०)–दृष्टि, नज़र।

निगाहबान (फा० वि०)–संरक्षक, देख-भाल करने वाला।

निगाहे ग़लत अंदाज़ (फा० वि०)–भ्रम में डालने वाली दृष्टि।

निगाहे पर्वरिश (फा० स्त्री०)–कृपा-दृष्टि, दयादृष्टि।

निज़ाअ (अ० स्त्री०)–झगड़ा, दंगा।

निज़ाम (अ० पु०)–प्रबन्ध, व्यवस्था, क्रम, शैली, पद्धति।

निज़ामी (अ० वि०)–सैनिक, फ़ौजी, प्रबन्ध से सम्बन्ध रखने वाला।

निज़ामेसल्तनत (अ० पु०)–राज्य-प्रबन्ध, शासन-व्यवस्था।

निज़्द (फा० वि०)–समीप, निकट।

निदाएग़ैब (अ० स्त्री०)–आकाश-वाणी।

निफ़ाक़ (अ० पु०)–फूट, शत्रुता।

निफ़ाक़अंगेज़ (अ० फा० वि०)–फूट डालने वाली बात, विरोध कराने वाली बात।

निफ़ाक़ेबाहमी (अ० फा० स्त्री०)–आपस की फूट, पारस्परिक विरोध।

निफ़्त (फा० पु०)–मिट्टी का तेल, बारूद।

निफ़्तअंदाज़ (फा० वि०)–गोलंदाज़।

नियाइश (फा० स्त्री०)–स्तुति, प्रशंसा, साधुवाद।

नियाज़ (फा० पु०)–प्रार्थना, इच्छा, परिचय, जान-पहचान, साक्षात्, (स्त्री०) चढ़ावा, भेंट, चढ़ावे की मिठाई, फ़ातहा।

नियाज़नाम: (फा० पु०)–विनयपत्र, वक्ता अपने पत्र के लिए बोलता है।

नियाज़मंद (फा० वि०)–आज्ञाकारी, परिचित, भक्त, मित्र।

नियाज़मंदी (फा० स्त्री०)–आज्ञा-कारिता, भक्ति, मैत्री।

नियाबत (अ० स्त्री०)–प्रतिनिधित्व, दूत-कर्म।

निविश्त (फा० वि०)–लिखित।

निशस्त (फा० स्त्री०)–बैठक, गोष्ठी।

निशस्तगाह (फा० स्त्री०)–बैठने का स्थान, दीवानखाना।

निशस्तो बरख़ास्त (फा० स्त्री०)–उठना-बैठना, आना-जाना।

निशाँदेही (फा० स्त्री०)–पता देना, निशान बताना।

निशानः (फा० पु०)–लक्ष्य, ताकना, निशाना मारना।

निशानः अंदाज़ (फा० वि०)–ठीक निशाना लगाने वाला, लक्ष्यभेदी।

निशान (फा० पु०)–चिह्न, धब्बा, खोज, तलाश।

निशानी (फा० स्त्री०)–स्मृति-चिह्न, यादगार, पहचान।

निशानेक़दम (फा० अ० पु०)–पद-चिन्ह।

निशानेमंज़िल (फा० अ० पु०)–गंतव्य स्थान का चिह्न।

निशानेमील (फा० अ० पु०)–सड़क पर मीलों के चिह्न का पत्थर।

निशेबोफ़राज़ (फा० पु०)–ऊँचा-नीचा, संसार की ऊँच-नीच।

निश्तर (फा० पु०)–शल्य, चीर-फाड़ का आला (नश्तर)।

निश्तरकदः (फा० पु०)–आपरेशन-रूम।

निश्तरज़न (फा० वि०)–आपरेशन करने वाला।

निसाबे ता'लीम (अ० पु०)–पाठ्य-क्रम।

निसार (अ० पु०)–बलि, क़ुर्बान, न्योछावर, मुग्ध।

निसारे यार (अ० फा० पु०)–प्रेमिका पर न्योछावर।

निस्फ़ (अ० वि०)–आधा।

निस्बत (अ० स्त्री०)–संबंध, संपर्क, सगाई, तुलना, समता।

निस्वानियत (अ० स्त्री०)–स्त्रीत्व।

निस्वानी (अ० वि०)–स्त्रियों से संबंध रखने वाला, स्त्रियों का।

निहाँ (फा० वि०)–गुप्त, छिपा हुआ।

निहाँखानः (फा० पु०)–तहख़ाना, तलगृह, अधोगृह।

निहानी (फा० वि०)–भीतरी, आंतरिक।

निहाद (फा० स्त्री०)–स्वभाव, प्रकृति, आदत, आधार।

निहायत (अ० स्त्री०)–अंत, छोर, अत्यंत, बहुत अधिक।

निहाल (फा० पु०)–पौधा, छोटा पेड़ (वि०) प्रसन्न।

नीम (फा० वि०)–अर्द्ध, आधा, अल्प, न्यून।

नीमकुश्तः (फा० वि०)–अधमुआ।

नीमख़्वाब (फा० वि०)–अर्ध-सुप्त।

नीमख़्वाबी (फा० स्त्री०)–कच्ची नींद।

नीमगर्म (फा० वि०)–गुनगुना।

नीमजोश (फा० वि०)–आधी उबाली हुई चीज़।

नीमनिगाही (फा० स्त्री०)–कनखियों से देखने का भाव।

नीमपुख़्तः (फा० वि०)–जो पूरी तरह पका न हो, अर्द्धपक्व।

नीमबाज़ (फा० वि०)–आधा खुला हुआ, नशीली आँख।

नीमरुख़ (फा० वि०)–चेहरे के एक पार्श्व की तस्वीर।

नीमशगुफ़्तः (फा० वि०)–अर्द्ध-मुकुलित, अधखिला फूल।

नीमशब (फा० स्त्री०)–आधी रात।

नीयत (अ० स्त्री०)–संकल्प, आशय, ध्यान।

नीयते बद (अ० फा० स्त्री०)–बुरा आशय, बुरा इरादा।

नीरू (फा० पु०)–शक्ति, बल ।

नीलफ़ाम (फा० वि०)–नीले शरीर वाला, कृष्ण ।

नीलम (फा० पु०)–नीलमणि, नील-कांत, एक प्रसिद्ध रत्न ।

नीलीफ़ाम (फा० वि०)–नीले रंग का आकाश ।

नीलोफ़र (फा० पु०)–नीलोत्पल, कुमुद ।

नुक़्तः (अ० पु०)–बिंदी, बिंदु ।

नुक्तःचीन (अ० फा० वि०)–छिद्रा-न्वेषी, ऐब ढूंढ़ने वाला, आलोचक ।

नुक्तःदाँ (अ० फा० वि०)–काव्य-मर्मज्ञ, कला-मर्मज्ञ ।

नुक्तःनवाज (अ० फा० वि०)–जरा-सी बात पर प्रसन्न हो जाने वाला, ईश्वर ।

नुक्तःनवाजी (अ० फा०)–जरा-सी बात पर प्रसन्न हो जाना ।

नुक्तए इंतिखाब (अ० पु०)–वह नुक़्तः जो किसी शे'र आदि के पसंद आने पर, किताब के हाशिए पर लगा देते हैं ।

नुक़्रः (फा० पु०)–चाँदी ।

नुक़्सान (अ० पु०)–हानि, क्षति, त्रुटि, कमी ।

नुक़्सानदेह (अ० फा० वि०)–हानि-कर, नुकसान पहुँचाने वाला ।

नुक़्साने अज़ीम (अ० पु०)–बहुत बड़ी हानि ।

नुज़्हते खातिर (अ० स्त्री०)–चित्त की प्रसन्नता ।

नुजूम (अ० पु०)–'नज़्म' का बहु०, उडुगण, तारे, ज्योतिष ।

नुज़ूल (अ० पु०)–उतरना, ठहरना ।

नुज़ूलेवही (अ० पु०)–किसी पैग़ंबर पर ईश संदेश आना ।

नुत्क़ (अ० पु०)–शब्द, बोली, वाचन-शक्ति ।

नुद्रत (अ० स्त्री०)–नवीनता ।

नुबुव्वत (अ० स्त्री०)–पैग़म्बरी, नबी होना ।

नुमा (फा० प्रत्य०)–दिखाने वाला, जैसे—'राहनुमा' रस्ता दिखाने-वाला ।

नुमाइंदः (फा० पु०)–प्रतिनिधि ।

नुमाइंदए ख़ुसूसी (अ० पु०)–किसी विशेष काम के लिए नियुक्त किया गया व्यक्ति-विशेष, मुख्य प्रतिनिधि ।

नुमाइंदगी (फा० स्त्री०)–प्रति-निधित्व ।

नुमाइश (फा० स्त्री०)–प्रदर्शन, दिखावा, शृंगार, सजावट, आम मेला, प्रदर्शनी ।

नुमाइशगाह (फा० स्त्री०)–वह स्थान जहाँ नुमाइश लगी हो ।

नुमाइशी (फा० वि०)–केवल देखने-भर का, नुमाइश से सम्बन्ध रखने-वाला ।

नुमायाँ (फा० वि०)–व्यक्त, स्पष्ट ।

नुमूद (फा० स्त्री०)–आविर्भाव, धूम-धाम, ख्याति, अस्तित्व, प्रकट, प्रकाशित ।

नुमूदार (फा० वि०)–आविर्भूत, व्यक्त, अध्यक्ष, नायक ।

नुमूनः (फा० पु०)–बानगी, नमूना, उदाहरण, आकृति ।

नुम्रूद (फा० पु०)–नम्रूद, एक बहुत अत्याचारी नरेश जो स्वयं को ईश्वर कहता था और जिसने पैग़ंबर इब्रा-हीम को आग में डलवाया था ।

नुस्रत (अ० स्त्री०)–सहायता, समर्थन,

पृष्ठ-पोषण, विजय।

नुस्रतेहक़ (अ० स्त्री०)–ईश्वर की सहायता, सत्य की शक्ति।

नुहूसत (अ० स्त्री०)–दुर्भाग्य का होना, अमंगल।

नूर (अ० पु०)–प्रकाश, ज्योति, आभा, छटा, शोभा।

नूर अफ़्शाँ (अ० फा० वि०)–रोशनी फैलाने वाला।

नूरबख़्श (अ० फा० वि०)–प्रकाश देने वाला।

नूरानी (अ० वि०)–प्रकाशमान्, उज्ज्वल।

नूरी (अ० वि०)–नूर का (फा०) एक प्रकार का लाल तोता, ख़ूबानी।

नूरे चश्म (अ० फा० पु०)–नूरेनज़र सुपुत्र, आँख की रोशनी।

नूरे जहाँ (अ० फा० पु०)–संसार को प्रकाश देने वाला।

नूरे माह (अ० फा० पु०)–चाँदनी, ज्योत्स्ना।

नूरे शम्अ (अ० पु०)–मोमबत्ती का प्रकाश।

नूरे शम्स (अ० पु०)–सूर्य का प्रकाश, धूप।

नूरे सहर (अ० पु०)–प्रातःकाल का उजाला।

नूह (अ० पु०)–एक पैग़म्बर, जिसके समय में पानी का बहुत बड़ा तूफ़ान आया था, उस समय आपने एक नाव या किश्ती बनाकर सब प्रकार के जीवों का एक-एक जोड़ा उस पर रख लिया था जिसमें शेष संसार नष्ट हो गया था, और वही नाव बची थी, जिनकी संतान इस समय है, नौहा करने या रोने वाला।

नेक (फा० वि०)–उत्तम, श्रेष्ठ, शुभ, सरल स्वभाव।

नेकअंदेश (फा० वि०)–शुभचिंतक।

नेकअख़्तर (फा० वि०)–जिसके ग्रह अच्छे हों, भाग्यवान्।

नेकअख़्लाक़ (अ० वि०)–सुशील, सज्जन।

नेकअमल (फा० अ० वि०)–सदाचारी।

नेकआ'माली (फा० अ० स्त्री०)–सदाचार, अच्छा आचरण।

नेकक़दम (फा० अ० वि०)–जिसका आना कल्याणकारी हो।

नेककर्दार (फा० वि०)–शुद्धाचारी, साधुवृत्त।

नेकख़याल (फा० अ० वि०)–जिसके विचार शुद्ध हों।

नेकख़्वाह (फा० वि०)–शुभ-चिंतक, हितैषी।

नेकगुफ़्तार (फा० वि०)–साधुभाषी, मिष्टभाषी।

नेकदिल (फा० वि०)–जिसका हृदय नेक हो, पुण्यात्मा।

नेकनाम (फा० वि०)–जो बड़ा कीर्तिमान् हो।

नेकनामी (फा० स्त्री०)–कीर्ति, यश।

नेकनीयती (फा० अ० स्त्री०)–ईमानदारी, अन्तःशुद्धि।

नेकबख़्त (फा० वि०)–भाग्यवान्, सीधा-सादा।

नेकमिज़ाजी (फा० अ० स्त्री०)–स्वभाव की सरलता, चित्त की शुद्धता।

नेकराय (फा० वि०)–सद्बुद्धि, जिसकी राय और जिसकी सलाह सदा ठीक होती हो।

नेकराह (फा० वि०)–सन्मार्गी, सदाचारी।

नेकसिफ़ात (फा० अ० वि०)–जिसमें अच्छे-अच्छे गुण हों।

नेकसूरत (फा० अ० वि०)–जिसकी शक्ल सुंदर हो, शुभ दर्शन।

नेफ़: (फा० पु०)–पाजामे का सूराख जिसमें कमरबंद डाला जाता है।

ने'मत (अ० स्त्री०)–ईश्वर की दी हुई धन-दौलत।

नेशज़न (फा० वि०)–डंक मारनेवाला, हानि पहुँचाने वाला।

नेस्त (फा० वि०)–नहीं है, ध्वस्त, नष्ट।

नेस्ती (फा० स्त्री०)–ध्वंस, बरबादी, दरिद्रता।

नेस्तोनाबूद (फा० वि०)–विनष्ट, विध्वस्त।

नै (फा० स्त्री०)–बाँस की नली, नरकट, बाँसुरी।

नैयर (अ० पु०)–बहुत चमकने वाला तारा, सूर्य।

नैरंग (फा० पु०)–छल, धोखा, माया।

नैरंगिए ज़मानः (फा० स्त्री०)–कालचक्र, दुनिया का उलट-फेर।

नैरंगिए हुस्न (फा० अ० स्त्री०)–सौन्दर्य का मायाजाल।

नैरंगिए रोज़गार (फा० अ० स्त्री०)–भाग्य-चक्र, भाग्य का उलट-फेर।

नैरंगी (फा० स्त्री०)–माया-कर्म, जादूगरी, छल, कपट।

नैरंगीए ख़याल (फा० अ० पु०)–ख़याल का धोखा, विचार-भ्रम।

नैसाँ (फा० पु०)–अब्रेनीसाँ, सीरिया देश के सातवें महीने (वैशाख) की वर्षा जिसके लिए प्रसिद्ध है कि इस पानी की हर बूँद सीप में मोती बन जाती है।

नोक (फा० स्त्री०)–हर चीज़ का तेज सिरा; बाँकपन, दून, डींग, आनबान।

नोक झोंक (फा० हिं० स्त्री०)–व्यंग्य, बनावसिंगार, छेड़छाड़।

नोकदार (फा० वि०)–जिसमें नोक हो, पैनी।

नोकपलक (फा० हिं० स्त्री०)–आँखनाक आदि, चेहरे का आकार।

नोश (फा० पु०)–अमृत, सुधा, स्वादिष्ट पेय, (प्रत्य०) पीने वाला, जैसे—'मयनोश' शराब पीने वाला।

नोशदारू (फा० स्त्री०)–जहर उतारने वाली दवा, विषहर, मदिरा।

नोशाब: (फा० पु०)–नोशाब, अमृतजल, ईरान की एक रानी।

नोशिंदः (फा० वि०)–पीने वाला।

नोशीदः (फा० वि०)–पिया हुआ।

नौ (फा० वि०) नवीन, तत्कालीन, हाल का, ताज़ा।

नौअरूस (फा० अ० वि०)–नवविवाहित, नवविवाहिता।

नौअरूसाने चमन (फा० अ० वि०)–बाग में नये जमे हुए पौधे।

नौआबाद (फा० वि०)–वह प्रदेश या इलाका जो हाल में ही बसाया गया हो, नववसित।

नौआबादी (फा० स्त्री०)–उपनिवेश, कालोनी।

नौआमोज़ (फा० वि०)–अनाड़ी, नवशिक्षित।

नौआमोज़ी (फा० स्त्री०)–नौसिखियापन।

नोईयत (अ० स्त्री०)–प्रकार, तरह, विशेषता।

नौउम्री (फा० अ० स्त्री०)–बाल्यावस्था, अल्पवयस्कता।

नौकर (तु० पु०)–सेवक, दास।

नौख़ास्तः (फा० वि०)–नया जमा हुआ, नवयुवक, अननुभवी।

नौजवाँ (फा० पु०)–'नौजवान' का लघु०, दे० 'नौजवान'।

नौजवान (फा० पु०)–नवयुवक।

नौजवानी (फा० स्त्री०)–युवावस्था।

नौज़ाईदः (फा० वि०)–नवजात।

नौदौलती (फा० अ० स्त्री०)–नई-नई संपत्ति की प्राप्ति, नया-नया धनवान होना।

नौनिहाल (फा० वि०)–नया पौधा, नया पेड़, बालक।

नौनिहालाने चमन (फा० वि०)–बाग के नये-नये पौधे।

नौबत (अ० स्त्री०)–बारी, दशा, हालत, बार, दफ़ा, शहनाई।

नौबतखानः (अ० फा० पु०)–नक्कारखाना।

नौबतगाह (अ० फा० स्त्री०)–कारागार, कैदखाना।

नौबत ब नौबत (अ० फा० वि०)–बारी-बारी से, एक के बाद दूसरा।

नौबहार (फा० वि०)–वसंत ऋतु।

नौमुस्लिम (फा० वि०)–जो नया-नया मुसलमान हुआ हो।

नौरोज़ (फा० पु०)–साल का पहला दिन। ईरानियों में फ़र्वरदीन मास का पहला दिन, जिसमें वे बहुत बड़ा उत्सव मनाते हैं।

नौवारिद (फा० अ० वि०)–नवागत, पथिक।

नौशः (फा० पु०)–वर, दूल्हा।

नौशेरवाँ (फा० पु०)–सासानी वंश का एक ईरानी नरेश जो न्यायपरायणता के लिए विख्यात है।

नौहः (अ० पु०)–मृतक के लिए रोना-पीटना। उर्दू कविता का एक प्रकार।

नौहःख़्वाँ (अ० फा० वि०)–मृतक पर विलाप करने वाला।

नौहःख़्वानी (अ० फा० स्त्री०)–मृतक के लिए विलाप।

प

पंजः (फा० पु०)–उँगलियों समेत हथेली।

पंजःकशी (फा० स्त्री०)–पंजा लड़ाना, बल-परीक्षा।

पंज (फा० वि०)–पाँच, पाँच की संख्या।

पंजगंज (फा० पु०)–पाँचों इन्द्रियाँ।

पंजगानः (फा० वि०)–पाँचों समय की (नमाज़) पंच-सूत्री।

पंजतनपाक (फा० पु०)–मुसलमानों के अनुसार पाँच पवित्र आत्माएँ; मुहम्मद साहब, अली, फातिमः, हसन और हुसैन।

पंजरः (फा० पु०)–पिंजड़ा, खिड़की।

पंजर (फा० पु०)–'पंजरः' का लघु०, अस्थिपंजर।

पंजरोज़ः (फा० वि०)–पाँच दिनों का, अस्थायी।

पंजसालः (फा० वि०)–पाँच वर्ष में समाप्त होने वाला, पाँच वर्ष की आयु का।

पंजहज़ारी (फा० पु०)–मुगल शासन-काल का एक बहुत बड़ा पद।

पंजहिस (स्स) (फा० अ० स्त्री०)–पाँचों इंद्रियाँ, श्रवण-शक्ति, नेत्र-शक्ति, स्पर्श-शक्ति, घ्राण-शक्ति और स्वादेंद्रिय।

पंजाह (फा० वि०)–पचास।

पंजुम (फा० वि०)–पाँचवाँ।

पंद (फा० स्त्री०)–उपदेश, शिक्षा, सलाह।

पंद आमेज़ (फा० वि०)–शिक्षापूर्ण, उपदेशपूर्ण।

पंदोनसीहत (फा० अ० स्त्री०)–नसीहत की बातें।

पंबकी (फा० वि०)–रुई से बना हुआ, सूती।

पख़ (फा० स्त्री०)–अड़ंगा, विघ्न, बाधा।

पख़्तः (फा० पु०)–रुई, बिनौला निकली हुई कपास।

पख़्स (फा० वि०)–द्रवित, पिघला हुआ।

पगाहतर (फा० स्त्री०)–बहुत तड़के, ब्राह्म मुहूर्त।

पचवाक (फा० पु०)–अनुवाद।

पज (फा० पु०)–पर्वत, पहाड़।

पज़मुर्दः (फा० वि०)–खिन्न, उदास।

पज़ीरः (फा० पु०)–स्वीकार करना।

पज़ीर (फा० अव्य०)–स्वीकार करने वाला।

पज़ीराई (फा० स्त्री०)–स्वीकृति, मंजूरी।

पतंग (फा० पु०)–गवाक्ष, खिड़की, रोशनदान।

पतील (फा० पु०)–चिराग की बत्ती।

पनाह (फा० स्त्री०)–रक्षा, त्राण, सहारा, प्राण-रक्षा।

पनाहगाह (फा० स्त्री०)–वह स्थान जहाँ सुरक्षित रहा जा सके।

पनाहे बेकसाँ (फा० स्त्री०)–निराश्रय लोगों की रक्षा करने वाला।

पनीर (फा० पु०)–दूध से बनाया जाने वाला एक पदार्थ।

पनीरी (फा० वि०)–पनीर का, पनीर से संबंध रखने वाला।

पयंबर (फा० पु०)–ईशदूत, पैग़म्बर।

पय (फा० पु०)–पैर, चरण।

पय दर पय (फा० वि०)–बार-बार, लगातार।

पयादः (फा० पु०)–पैदल चलने वाला, चपरासी, डाकिया, सिपाही, शतरंज का पैदल।

पयाम (फा० पु०)–समाचार, संदेश।

पयामबर (फा० वि०)–संदेशवाहक, दूत।

पयामबरी (फा० स्त्री०)–खबर ले जाना; संदेश पहुँचाना।

पयामरसाँ (फा० वि०)–संदेश अथवा खबर पहुँचाने वाला।

पयामरसी (फा० स्त्री०)–संदेश या खबर पहुँचना।

पयामी (फा० वि०)–संदेशवाहक।

परंद (फा० पु०)–पक्षी, तलवार, सादा रेशमी कपड़ा, तलवार का जौहर, परंदः।

पर (फा० पु०)–पक्ष, पंख।

परदार (फा० वि०)–जिसके पर हों।

परफ़िशानी (फा० स्त्री०)–सांसारिक सुखों का त्याग, निवृत्ति।

परवरिश (फा० स्त्री०)–पालन-पोषण, कृपा, सहायता ।

परवाज़ (फा० स्त्री०)–उड़ना ।

परवानः (फा० पु०)–पतंगा, शलभ, आदेशपत्र ।

परवानए गिरिफ़्तारी (फा० पु०)–गिरिफ्तारी का वारन्ट ।

परवानए राहदारी (फा० पु०)–पासपोर्ट, पारपत्र ।

परवानगी (फा० स्त्री०)–आज्ञा, अनुमति ।

परस्त (फा० अव्य०)–पूजने वाला, जैसे–'बुतपरस्त' मूर्ति-पूजक ।

परस्तार (फा० वि०)–पूजनेवाला, उपासक ।

परस्तारी (फा० स्त्री०)–पूजा, आराधना, भक्ति ।

परहेज़ (फा० पु०)–दे० 'पर्हेज़', अलग रहना, घृणा ।

परागंदः (फा० वि०)–अस्त-व्यस्त, तितर-बितर ।

परागंदगी (फा० स्त्री०)–अस्तव्यस्तता ।

परिंदः (फा० पु०)–परिंद, पक्षी, चिड़िया ।

परिंदगी (फा० स्त्री०)–उड़ना ।

परिस्तान (फा० पु०)–परियों का स्थान ।

परी (फा० स्त्री०)–अप्सरा ।

परीअंदाज़ (फा० वि०)–परियों-जैसे हाव-भाव वाली ।

परीक़ामत (फा० अ० वि०)–परियों जैसी आकार वाली ।

परीख़ानः (फा० पु०)–परियों के रहने का घर ।

परीख़्वाँ (फा० वि०)–जादूगर, भूत-प्रेत उतारने वाला ।

परीचम (फा० वि०)–परियों जैसी इठलाती हुई चाल ।

परीज़ादः (फा० पु०)–अप्सरा-पुत्र ।

परीपैकर (फा० वि०)–परियों जैसे सुंदर शरीर वाली ।

परीशाँ (फा० वि०)–अस्तव्यस्त, व्याकुल, हैरान, चिंतित ।

परीशाँख़ातिरी (फा० अ० स्त्री०)–चित्त की व्यग्रता ।

परीशाँरोज़गार (फा० वि०)–दुर्दशाग्रस्त ।

परीशाँसूरत (फा० अ० वि०)–जिसकी सूरत से परेशानी टपकती हो ।

परीशाँहाली (फा० अ० स्त्री)–दुर्दशा, गरीबी ।

परीशानी (फा० स्त्री०)–व्याकुलता, बेचैनी, चिन्ता ।

परीसीरत (फा० अ० वि०)–परियों-जैसे स्वभाव वाली ।

परेशान (फा० वि०)–अस्तव्यस्त, व्याकुल, हैरान, चिंतित ।

परेशानी (फा० स्त्री०)–व्याकुलता, बेचैनी, दु:ख ।

पर्कार (फा० स्त्री०)–गोलाई खींचने का यंत्र ।

पर्कालः (फा० पु०)–अंश, खण्ड, चिनगारी ।

पर्कालए आतश (फा० पु०)–आग की चिनगारी ।

पर्ख़ाश (फा० स्त्री०)–वैमनस्य, शत्रुता ।

पर्गनः (फा० पु०)–जिले का एक भाग, तहसील ।

पर्चः (फा० पु०)–कागज़ का छोटा टुकड़ा अखबार, पत्र, प्रश्न-पत्र, परीक्षापत्र ।

पर्चःनवीस (फा० वि०)–संवादकार, जासूस।

पर्चम (फा० पु०)–झंडे का कपड़ा, अलक, जुल्फ।

पर्चमकुशाई (फा० स्त्री०)–झंडा लहराना।

पर्दः (फा० पु०)–आड़, ओट, नक़ाब, घूंघट।

पर्दःदर (फा० वि०)–स्त्री का पर्दा तोड़ने वाला, निंदक।

पर्दःदारी (फा० स्त्री०)–दोष छिपाना।

पर्दःनशीं (फा० वि०)–पर्दे में रहने वाली स्त्री।

पर्दःपोशी (फा० स्त्री०)–दोष या अपराध को छिपाना।

पर्दःसरा (फा० स्त्री०)–अंतःपुर, जनानखाना, खेमा, तंबू।

पर्दए दर (फा० पु०)–दरवाजे पर पड़ा हुआ पर्दा।

पर्वर (फा० प्रत्य०)–पालने वाला।

पर्वरिश (फा० स्त्री०)–पालन-पोषण, कृपा, सहायता।

पर्वरिशगाह (फा० स्त्री०)–वह स्थान जहाँ बच्चों का पालन-पोषण होता है।

पर्वरिशयाफ़्तः (फा० वि०)–पाला हुआ, पोषित।

पर्वर्दगार (फा० पु०)–ईश्वर।

पर्वा (फा० स्त्री०)–चिंता, फिक्र, भय, ध्यान, इच्छा।

पर्वाज (फा० स्त्री०)–उड़ान, (प्रत्य०) उड़ने वाला।

पर्वानः (फा० पु०)–शलभ, आदेश-पत्र, भक्त।

पर्वानगी (फा० स्त्री०)–आज्ञा, अनुमति।

पर्वेज़ (फा० पु०)–प्रतिष्ठित, सम्मानित।

पर्हेज़ (फा० पु०)–अलग रहना, बचाव, घृणा, निषेध।

पर्हेज़गारी (फा० स्त्री०)–संयम-नियम का पालन, इंद्रिय-निग्रह।

पर्हेज़ी (फा० वि०)–वह खाना जो रोगी को उसकी दशा के अनुसार दिया जाए।

पलक (फा० स्त्री०)–नयनपट।

पलास (फा० पु०)–ढाक का पौधा, टेसू; पलाश।

पलीतः (फा० पु०)–दीपक की बत्ती।

पलीद (फा० वि०)–अपवित्र, दुष्ट, गंदा।

पशेमान (फा० वि०)–लज्जित, संकुचित, पश्चात्तापी।

पशेमानी (फा० स्त्री०)–लज्जा, संकोच, पश्चात्ताप।

पश्मीनः (फा० पु०)–एक बहुत बढ़िया ऊनी कपड़ा।

पसंद (फा० वि०)–रुचिकर, स्वीकृत, (स्त्री०) रुचि।

पसंदाज़ी (फा० स्त्री०)–वह धन जो खर्च में से आवश्यकता के लिए बचाया गया हो।

पसंदीदः (फा० वि०)–रुचिकर, मनोवांछित।

पसंदीदगी (फा० स्त्री०)–रुचि।

पसपा (फा० वि०)–हारा हुआ, पराजित।

पसमांदः (फा० वि०)–बचा हुआ, पिछड़ा हुआ।

पसीं (फा० वि०)–अंतिम, आखिरी, पिछला।

पसेज (फा० पु०)–संकल्प, इरादा,

तत्परता, तैयारी।

पसेपर्दा (फा० पु०)–पर्दे के पीछे, आड़ में।

पस्त (फा० वि०)–नीचा, अधम, नीच, लघु।

पस्तअंदेशी (फा० स्त्री०)–तंगख़याली बुद्धि की मंदता।

पस्तख़याली (फा० अ० स्त्री०)–बुद्धि की मंदता।

पस्तहिम्मती (फा० अ० स्त्री०)–उत्साहहीनता।

पस्तहौसल: (फा० अ० वि०)–हतोत्साह, अल्प साहस।

पस्ती (फा० स्त्री०)–निचाई, नीचता।

पहनाई (फा० स्त्री०)–विस्तार, लम्बाई-चौड़ाई।

पहलवान (फा० पु०)–मल्ल, शक्तिशाली, कुश्ती लड़ने वाला।

पहलवानी (फा० स्त्री०)–कुश्ती लड़ने का काम।

पहलवी (फा० स्त्री०)–ईरान की एक प्राचीन भाषा।

पहलू (फा० पु०)–पार्श्व, बगल, कोख, दिशा, ओर, पद्धति, अंक, युक्ति, समीपता, संकेत, पसली।

पा (फा० पु०)–पद, चरण।

पाइंदगी (फा० स्त्री०)–नित्यता, स्थायित्व।

पाईपरस्ती (फा० स्त्री०)–दासता, खिदमतगारी।

पाएच: (फा० पु०)–पाजामे का वह भाग जिसमें टाँग डालते हैं।

पाएतख़्त (फा० पु०)–राजधानी, शासन-केन्द्र।

पाएदान (फा० पु०)–सभा में जूते उतारने का स्थान; गाड़ी, मोटर, रेल आदि के दरवाजे का तख्ता, जिस पर पैर रखकर चढ़ते हैं।

पाएदार (फा० वि०)–दृढ़, स्थायी, स्थिर।

पाएमाल (फा० वि०)–पद-दलित, रौंदा हुआ।

पाक (फा० वि०)–पवित्र, शुद्ध, सुरक्षित, निर्दोष।

पाकदामन (फा० वि०)–सदाचारी पुरुष, सती और साध्वी स्त्री।

पाकदामानी (फा० स्त्री०)–नेकचलनी, सदाचार, सतीत्व।

पाकदिल (फा० वि०)–अन्त:पवित्र, शुद्धमनस्क।

पाकनज़र (फा० अ० वि०)–समदर्शी, वह व्यक्ति जिसकी नज़र बुराई पर न पड़े।

पाकबाज़ (फा० वि०)–सदाचारी, शुद्ध आचरण वाला।

पाकरू (फा० वि०)–स्वच्छ रूप, सुंदर मुख वाला (वाली)।

पाकार (फा० पु०)–तहसील का प्यादा, दास, मजदूर, मेहतर, खिदमती।

पाकी (फा० वि०)–स्वच्छता, शुद्धता, पवित्रता।

पाकीज: (फा० वि०)–शुद्ध, पवित्र, स्वच्छ।

पाकीज़:ख़याल (फा० अ० वि०)–अच्छे विचारों वाला, सद्विचारवान्।

पाकीज़:सूरत (फा० अ० वि०)–सुंदर, सुंदरी।

पाकीज़गी (फा० स्त्री०)–पवित्रता, शुद्धता, स्वच्छता।

पाकोब (फा० वि०)–नर्तक, नर्तकी।

पाकोबी (फा० स्त्री०)–नाचना,

नृत्य ।

पाखानः (फा० पु०)–शौचालय, विष्ठा ।

पाचक (फा० स्त्री०)–उपला, सूखा गोबर ।

पाजामः (फा० पु०)–एक विशेष अधोवस्त्र, इज़ार ।

पाजी (फा० वि०)–पामर, अधम, नीच ।

पाज़ेब (फा० स्त्री०)–पैर का एक आभूषण ।

पादशाह (फा० पु०)–राजा, नरेश, बादशाह ।

पादस्त (फा० पु०)–हथ उधार, वह धन जो तुरंत अदा कर देने के लिए लिया जाए ।

पादाश (फा० स्त्री०)–प्रतिकार, बदला ।

पादाशे अमल (फा० अ० स्त्री०)–कर्मफल, कर्मदंड, पाप की सजा ।

पान (फा० पु०)–एक प्रसिद्ध पत्ता, जो कत्था-चूना लगाकर खाया जाता है, तांबूल ।

पानदान (फा० पु०)–पान रखने की पिटारी ।

पापा (फा० पु०)–पोप, ईसाइयों का बड़ा पादरी ।

पापोश (फा० स्त्री०)–पादुका, जूता ।

पाबंद (फा० स्त्री०)–बंदी, विवश, लाचार, वचनबद्ध ।

पाबंदी (फा० स्त्री०)–बाध्यता, वचनबद्धता, समय आदि में नियम-बद्धता ।

पाबंदे ज़ंजीर (फा० वि०)–जंजीर में बँधा हुआ, शृंखलित; पैर में जंजीर पड़ी हुई ।

पाबरहनः (फा० वि०)–नंगे पैर, पादुकाविहीन, पुराना ।

पाबोस (फा० वि०)–पैर चूमने वाला, (पु०) पद-चुम्बन ।

पामर्द (फा० वि०)–सहायक, साहसी, वीर, उत्साही ।

पामर्दी (फा० स्त्री०)–सहायता, उत्साह, शूरता ।

पामाल (फा० वि०)–पद-दलित, दुर्दशाग्रस्त ।

पामाली (फा० स्त्री०)–पैर तले मसला जाना, दुःख से दलित होना ।

पामाले ग़म (फा० वि०)–दुःखों के भार से परास्त, प्रेम के दुःख से आक्रांत ।

पायः (फा० पु०)–स्तंभ, खंभा, पद, दरजा, मान, प्रतिष्ठा ।

पायक (फा० पु०)–हरकारा, पियादा ।

पारः (फा० पु०)–भाग, अंश, खंड, कण, उपहार ।

पारःदोज़ी (फा० स्त्री०)–पैबंद सीना, थिगली लगाना ।

पारःपारः (फा० वि०)–टुकड़े-टुकड़े, धज्जी-धज्जी ।

पारसंग (फा० पु०)–पासंग, तराजू का पसंगा ।

पारसाल (फा० पु०)–गत वर्ष, आगामी वर्ष ।

पार्चः (फा० पु०)–कपड़ा, वस्त्र, वसन ।

पार्चःफ़रोश (फा० वि०)–कपड़ा बेचने वाला, बजाज ।

पार्सा (फा० वि०)–संयमी, इंद्रिय-निग्रही ।

पार्साई (फा० स्त्री०)–संयम, इंद्रिय-

निग्रह।

पार्सी (फा० पु०)–ईरान की प्राचीन अग्नि-पूजक जाति, जो अब भारत में आबाद है; ईरान की भाषा, फ़ारसी।

पाश (फा० प्रत्य०)–छिड़कने वाला, जैसे 'गुलाब पाश' गुलाब छिड़कने वाला; फैलाने वाला, जैसे– ज़िया-पाश', प्रकाश फैलाने वाला।

पाश पाश (फा० वि०)–चूर-चूर, टुकड़े-टुकड़े।

पाशिंद: (फा० वि०)–छिड़कने वाला, फैलाने वाला।

पाशिकस्त: (फा० वि०)–जिसके पैर टूटे हों; विवश।

पाशीदनी (फा० वि०)–छिड़कने योग्य, बिखरने योग्य।

पासदारी (फा० स्त्री०)–निरीक्षण, सहायता।

पासबान (फा० वि०)–निरीक्षक, द्वारपाल।

पासबानी (फा० स्त्री०)–निरीक्षण, निगरानी।

पासे अदब (फा० अ० पु०)–किसी की प्रतिष्ठा का ख़याल, प्रतिष्ठा के अनुसार उसका आदर-सत्कार।

पिंदार (फा० पु०)–ध्यान, कल्पना, गर्व।

पिज़ीराई (फा० स्त्री०)–स्वीकृति।

पिदर (फा० पु०)–जनक, पिता।

पिदरी (फा० वि०)–पैतृक।

पिनहाँ (फा० वि०)–गुप्त, छिपा हुआ।

पिन्हाँ शिकंजी (फा० स्त्री०)–अपने दु:ख को प्रकट न करना, मन-ही-मन में घुलना।

पिन्हानी (फा० वि०)–भीतरी, आंतरिक, मानसिक।

पियाज़ (फा० स्त्री०)–एक प्रसिद्ध कंद, जो खाया जाता है।

पियाज़ी (फा० वि०)–पियाज़ के रंग का, हलका गुलाबी।

पियाद: (फा० पु०)–पैदल चलने वाला, चपरासी, सिपाही, डाकिया, शतरंज का पैदल।

पियाल: (फा० पु०)–चषक, कटोरा।

पिसर (फा० पु०)–पुत्र, आत्मज।

पिसरज़ाद: (फा० पु०)–पोता।

पिसरे मुतबन्ना (फा० अ० पु०)–दत्तक पुत्र।

पिस्त: (फा० पु०)–एक प्रसिद्ध मेवा।

पिस्तान (फा० स्त्री०)–स्तन, उरोज।

पीर (फा० वि०)–वृद्ध, धर्मगुरु, सोमवार।

पीरज़न (फा० स्त्री०)–वृद्धा स्त्री, वृद्धा।

पीरज़ाद: (फा० पु०)–पीर का लड़का, धर्मगुरु का बेटा।

पीरपरस्त (फा० वि०)–धर्मगुरु का भक्त होना।

पीरपरस्ती (फा० स्त्री०)–धर्मगुरु-भक्ति।

पीरी (फा० स्त्री०)–वृद्धावस्था, पीर का पद या पेशा, धूर्तता, दावा।

पीरेमुग़ाँ (फा० पु०)–आतशपरस्तों का धर्मगुरु, धूर्त (व्यंग्य में)।

पील (फा० पु०)–हाथी।

पीलबान (फा० वि०)–हाथीवान।

पुख़्त: (फा० वि०)–दृढ़, परिपक्व, स्थिर।

पुख़्त:मिज़ाज (फा० अ० वि०)–

स्थिर चित्त, दृढ़ निश्चय ।

पुख़्त:कार (फा० वि०)–अनुभवी ।

पुख़्तगी (फा० स्त्री०)–दृढ़ता, पक्कापन, परिपक्वता ।

पुख़्तनी (फा० वि०)–पकने योग्य, पकाने योग्य ।

पुर (फा० वि०)–भरा हुआ, पूर्ण, भरपूर, पूरा ।

पुरअम्न (फा० अ० वि०)–शांतिपूर्ण ।

पुरअश्क (फा० वि०)–आँसुओं से भरी हुई आँख, आर्द्र नेत्र ।

पुरआब (फा० वि०)–पानी से भरा हुआ, अश्रुपूर्ण ।

पुरआर्ज़ू (फा० वि०)–जिसके मन में बहुत-सी अभिलाषाएँ हों ।

पुरउम्मीद (फा० वि०)–जिनके मन में अभिलाषा हो ।

पुरकार (फा० वि०)–चालाक, मक्कार, चतुर, होशियार ।

पुरख़म (फा० वि०)–टेढ़ा, तिरछा, घूंघरवाला (बाल), शब्दाडंबर ।

पुरख़ार (फा० वि०)–काँटों से भरा हुआ, कंटक संकुल ।

पुरग़म (फा० अ० वि०)–शोकपूर्ण, दु:खपूर्ण ।

पुरग़ुरूर (फा० अ० वि०)–अभिमानी ।

पुरगो (फा० वि०)–वाचाल, बातूनी, बहुत कविता करने वाला, बहुत शेर कहने वाला ।

पुरगोई (फा० स्त्री०)–वाचालता, बहुत कविता करना ।

पुरज़र (फा० वि०)–धन-संपन्न ।

पुरजोश (फा० वि०)–जोशीला, उत्साहपूर्ण, ज़ोरदार ।

पुरतकल्लुफ़ (फा० अ० वि०)–जिसमें बहुत तकल्लुफ़ किया गया हो ।

पुरदर्द (फा० वि०)–दु:खपूर्ण ।

पुरनूर (फा० अ० वि०)–प्रकाशमान् ।

पुरबहार (फा० वि०)–ज्योतिर्मय, प्रकाशमान् ।

पुरमग़्ज़ (फा० अ० वि०)–सारगर्भ, तत्त्वपूर्ण ।

पुरमज़ाक (फा० अ० वि०)–विनोद प्रिय, हँसी और विनोद से भरी हुई बात ।

पुरमलाल (फा० अ० वि०)–दु:खपूर्ण, खिन्न, उदास ।

पुरमेव: (फा० वि०)–मेवों से लदी हुई डाली, मेवों से भरा हुआ पात्र ।

पुररौनक (फा० वि०)–जहाँ बहुत रौनक़ हो ।

पुरशिकम (फा० वि०)–जिसका पेट भरा हो, उदरपूर्ण ।

पुरशौकत (फा० वि०)–वैभवशाली, शानदार ।

पुरसुकून (फा० अ० वि०)–शांतिमय, शांतिपूर्ण ।

पुरहसरत (फा० अ० वि०)–निराशापूर्ण ।

पुरहौल (फा० अ० वि०)–भीषण, भयंकर ।

पुरीद: (फा० वि०)–भरा हुआ, परिपूर्ण ।

पुर्ज: (फा० पु०)–खंड, टुकडा, पर्च:, कागज़ का टुकड़ा, मशीन का कोई खंड ।

पुर्सानेहाल (अ० फा० वि०)–हाल पूछने वाला, खबर लेने वाला ।

पुर्सीद: (फा० वि०)–पूछा हुआ, जिज्ञासित ।

पुर्सीदनी (फा० वि०)–पूछने योग्य ।

पुल (फा० पु०)–सेतु, नदी आदि के उतरने का साधन ।

पुलाव (फा० पु०)–एक प्रसिद्ध खाद्य जो गोश्त और चावल से बनता है ।

पुश्तः (फा० पु०)–टीला, ढूह, वह मिट्टी का बंद या दीवार जो नदी के किनारे चढ़ाव का पानी रोकने को बनाते हैं ।

पुश्तःबंदी (फा० स्त्री०)–दीवार का पुश्ता लगाना, नदी का बंद बाँधना ।

पुश्त (फा० स्त्री०)–पृष्ठ, पीठ; पीछा, सहायता, वंश, नस्ल ।

पुश्त दर पुश्त (फा० अव्य०)–पीढ़ी दर पीढ़ी, नस्ल दर नस्ल ।

पुश्त पनाही (फा० स्त्री०)–सहायता, पृष्ठपोषण ।

पूद (फा० पु०)–बाना, कपड़े की बुनाई में चौड़ाई में पड़नेवाला डोरा ।

पूर (फा० पु०)–पुत्र, आत्मज ।

पेच (फा० पु०)–घुमाव, चक्कर, बल, लपेट, पेचीदगी, जटिलता, छल, धोखा, विघ्न, बाधा ।

पेचक (फा० स्त्री०)–बड़े हुए महीन सूत की गोली ।

पेचकश (फा० पु०)–पेच या ढिबरी आदि खोलने और कसने का यंत्र ।

पेच दर पेच (फा० वि०)–बहुत अधिक जटिल, बहुत पेचीदा ।

पेचदार (फा० वि)–जटिल, पेचीदा ।

पेचीदः (फा० वि०)–जटिल, कठिन ।

पेचीदगी (फा० स्त्री०)–जटिलता, कठिनता ।

पेशः (फा० पु०)–व्यवसाय, धंधा, उद्योग, उद्यम ।

पेशःवर (फा० वि०)–उद्यमी, रोज़गारी ।

पेशःवरी (फा० स्त्री०)–उद्यम करना, रोज़गार करना ।

पेश (फा० पु०)–सामने, प्रथम, पहले, अगला भाग ।

पेशक़दमी (फा० अ० स्त्री०)–पहल ।

पेशकार (फा० पु०)–किसी हाकिम की पेशी में काम करने वाला ।

पेशख़ानः (फा० पु०)–घर-गिरस्ती का सामान ।

पेशख़िद्मत (फा० अ० पु०)–सेवक, नौकर; प्राइवेट सैक्रेटरी ।

पेशगी (फा० स्त्री०)–बैआनः, अग्रिम धन, पहले से ।

पेशतर (फा० वि०)– पहले, आगे ।

पेशबंदी (फा० स्त्री०)–षडयंत्र, किसी काम की पेशगी तमहीद ।

पेशवा (फा० वि०)–अगुआ, नेता ।

पेशवाई (फा० स्त्री०)–किसी आने वाले का, आगे बढ़कर इस्तिक़्बाल ।

पेशवाए मुल्क (फा० अ० पु०)–देश का नेता ।

पेशानी (फा० स्त्री०)–ललाट, भाल, माथा, होनहार, भाग्य ।

पेशीं (फा० वि०)–पहला, प्रथम, प्राचीन, पहले वाला ।

पेशींगोई (फा० स्त्री०)–आगे की बात बताना, भविष्यवाद ।

पेशी (फा० स्त्री०)–सामने आने का भाव, मुक़दमे आदि में हाकिम के सामने पेश होने का भाव ।

पेशेनज़र (फा० अ० पु०)–दृष्टि के सामने, आँखों के सामने, ध्यान में ।

पैकर (फा० पु०)–देह, शरीर, आकृति, शक्ल ।

पैके ख़याल (फा० अ० पु०)–कल्पना

रूपी दूत, जो हर स्थान पर पहुँच सकता है।

पैकेनिगाह (फा० पु०)–दृष्टि का दूत या दूत रूपी दृष्टि।

पैग़ंबर (फा० पु०)–ईशदूत, अवतार, पयंबर।

पैग़ंबरी (फा० स्त्री०)–ईशदूत का पद, ईशदूत का कर्त्तव्य।

पैग़ाम (फा० पु०)–संदेश, समाचार, खबर।

पैग़ामबर (फा० वि०)–दूत, संदेश ले जानेवाला, संदेशवाहक।

पैग़ामबरी (फा० स्त्री०)–संदेश ले जाने का काम, वार्तावहन।

पैज़ार (फा० स्त्री०)–जूता, पादुका।

पैदर पै (फा० अव्य०)–लगातार, निरंतर, बार-बार।

पैदा (फा० वि०)–उत्पन्न, प्रसूत, आविर्भूत, व्यक्त, प्राप्त, हासिल, (पु०) प्राप्ति।

पैदाइश (फा० स्त्री०)–उत्पत्ति, जन्म, आविर्भाव, प्राप्ति।

पैदाइशी (फा० वि०)–प्राकृत, जन्म-सिद्ध।

पैदावार (फा० स्त्री०)-खेती की उपज।

पैमाँ (फा० पु०)–'पैमान' का लघु०, प्रतिज्ञा, वचन, वादा।

पैमाँशिकन (फा० वि०)–वचन-भंजक, प्रतिज्ञाभेदी।

पैमाँशिकनी (फा० स्त्री०)–वादे से फिर जाना, वचनभंग कर देना।

पैमा (फा० प्रत्य०)–नापने वाला, पीने वाला, फिरने वाला, जैसे कोह-पैमा, बादः पैमा, दश्त पैमा।

पैमाइंदः (फा० वि०)–नापने वाला।

पैमाइश (फा० स्त्री०)–नाप।

पैमानः (फा० पु०)–लंबाई नापने का यंत्र, शराब का गिलास।

पैमानःकश (फा० वि०)–शराब पीने-वाला, मद्यप।

पैमानःकशी (फा० स्त्री०)–मदिरा-पान।

पैमानःशिकन (फा० वि०)–शराब का गिलास तोड़ देने वाला, अर्थात् मद्य-निषेधक।

पैमान (फा० पु०)–प्रतिज्ञा, वादा, वचन, कौल।

पैमानए मय (फा० पु०)–शराब का प्याला।

पैरवी (फा० स्त्री०)–अनुकरण, किसी की ओर से किसी मुक़दमे आदि की पैरोकारी।

परहन (फा० पु०)–कुर्ता, वस्त्र, लिबास।

पैरा (फा० प्रत्य०)–सजाने और सँवारने वाला, जैसे—'चमनपैरा' बाग को सजाने वाला।

पैराइंदः (फा० वि०)–सजाने वाला, सुसज्जित करने वाला।

पैराइश (फा० स्त्री०)–सजावट, काट-छाँट करके सजाना।

पैरास्तगी (फा० स्त्री०)–सजावट।

पैरास्तनी (फा० वि०)–सजाने योग्य।

पैरौ (फा० वि०)–अनुयायी, पैरवी करने वाला।

पैवंद (फा० पु०)–जोड़, थिगली, रिश्ते-दारी, वृक्ष की कलम।

पैवंदी (फा० वि०)–जिसमें पैवंद लगा हो; जो क़लमी हो (फल)।

पैवस्तः (फ़ा० वि०)–सटा हुआ, मिला हुआ, निरंतर, गत, सर्वदा।

पैवस्त (फ़ा० वि०)–मिला हुआ, जुड़ा हुआ; अंदर घुसा हुआ।

पैवस्तगी (फ़ा० स्त्री०)–सटा हुआ (होना) निरंतरता, नित्यता।

पैसः (फ़ा० पु०)–ताँबे का सिक्का।

पैहम (फ़ा० वि०)–निरंतर, लगातार, बार-बार।

पोच (फ़ा० वि०)–अधम, नीच, व्यर्थ, निरर्थक।

पोजिश (फ़ा० स्त्री०)–विवशता।

पोदीनः (फ़ा० पु०)–एक सुगंधित वनस्पति जिसकी हरी पत्तियाँ मसाले और चटनी के काम आती हैं।

पोशाक (फ़ा० स्त्री० पहनने के कपड़े, वस्त्र।

पोशिंदः (फ़ा० वि०)–पहनने वाला, छिपाने वाला।

पोशिश (फ़ा० स्त्री०)–वस्त्र, पहनावा।

पोशीदगी (फ़ा० स्त्री०)–छिपाव, दुराव, पहनाव।

पोशीदनी (फ़ा० वि०)–पहनाने योग्य, पहनने के कपड़े, छिपाने योग्य।

पोस्त (फ़ा० पु०)–त्वचा, जिल्द, पेड़ की छाल।

पोस्ती (फ़ा० वि०)–अफ़ीम खानेवाला।

फ़

फ़क़ (अ० वि०)–भय आदि के कारण जिसके चेहरे का रंग पीला पड़ गया हो, उड़ जाना।

फ़क़त (अ० वि०)–बस, समाप्त, केवल, इतिश्री।

फ़क़ीर (अ० वि०)–भिक्षुक, संन्यासी, आसक्त।

फ़क़ीरानः (अ० फ़ा० वि०)–फ़क़ीरों और साधुओं-जैसा।

फ़क़ीरी (अ० स्त्री०)–साधुता, भिखमंगापन।

फ़ख़्र (अ० पु०)–गर्व, गौरव, अभिमान, शेखी।

फ़ख़्रे क़ौम (अ० पु०)–वह व्यक्ति, जिस पर राष्ट्र गर्व करे।

फ़ख़्रे ख़ानदान (अ० फ़ा० पु०)–जिससे कुल की मर्यादा बढ़े, वह व्यक्ति, कुल-भूषण।

फ़ख़्रे मिल्लत (अ० पु०)–दे० 'फ़ख़्रे क़ौम'।

फ़ख़्रे मुल्क (अ० पु०)–देश के लिए गर्व का कारण व्यक्ति।

फ़ख़्रे वतन (अ० पु०)–दे० 'फ़ख़्रे मुल्क'।

फ़ज़ा (अ० स्त्री०)–मैदान, वातावरण, शोभा।

फ़ज़ाए चर्ख़ (अ० फ़ा० स्त्री०)–अंतरिक्ष।

फ़ज़ाए ज़ह्र आलूद (अ० फ़ा० स्त्री०)–दूषित वातावरण।

फ़ज़ीअत (अ० स्त्री०)– वेदना, दर्द, विपदा।

फ़ज़ीलत (अ० स्त्री०)–प्रतिष्ठा, प्रधानता।

फ़ज़ीहत (अ० स्त्री०)–निंदा, अपयश, अपमान ।

फ़ज्र (अ० स्त्री०)–सवेरा, सवेरे की नमाज़ ।

फ़ज़्ल (अ० पु०)–कृपा, दया, प्रतिष्ठा, श्रेष्ठता, विद्वत्ता ।

फ़ज़्ले इलाही (अ० पु०)–ईश्वर की दया, दैवी अनुकंपा ।

फ़तील: (अ० पु०)–चिराग़ की बत्ती ।

फ़त्वा (अ० पु०)–धर्मादेश, व्यवस्था ।

फ़त्ह (अ० स्त्री०)–विजय, जीत, सफलता ।

फ़त्हनाम: (अ० फा० पु०)–वह गद्य या पद्य का लेख जो किसी विजय के सुअवसर पर लिखा जाए ।

फ़त्हमंद (अ० फा० वि०)–विजेता ।

फ़त्हयाबी (अ० फा० स्त्री०)–विजय-प्राप्ति ।

फ़त्होशिकस्त (अ० फा० स्त्री०)–विजय और पराजय ।

फ़न (अ० पु०)–कला, हस्त-शिल्प, गुण, छल ।

फ़नकार (अ० फा० पु०)–कलाकार ।

फ़नकारान: (अ० फा० अव्य०)–कला-पूर्ण ।

फ़नकारी (अ० फा० स्त्री०)–कला-कारी ।

फ़ना (अ० स्त्री०)–मृत्यु, मौत, लुप्त, नष्ट ।

फ़नाईयत (अ० स्त्री०)–आत्मसात् हो जाना ।

फ़नापिज़ीर (अ० फा० वि०)–जिसे अंत में नष्ट होना हो ।

फ़न्ने जर्राही (अ० पु०)–शल्य-चिकित्सा की कला ।

फ़न्ने ता'मीर (अ० पु०)–वास्तुकला ।

फ़न्ने मुसव्विरी (अ० पु०)–चित्रकला ।

फ़न्ने मूसीक़ी (अ० पु०)–संगीतकला ।

फ़रंगी (फा० पु०)–फ़रंगिस्तान का निवासी, अंग्रेज़ ।

फ़र (फा० स्त्री०)–वैभव, ज्योति, प्रकाश, चमक ।

फ़रज (अ० स्त्री०)–सुगमता, सुख, आराम ।

फ़रह (अ० पु०)–हर्ष, आनंद ।

फ़रहबख़्श (अ० फा० वि०)–आनंद-दाता ।

फ़राइज़ (अ० पु०)–कर्त्तव्य ।

फ़राइज़े क़ौमी (अ० पु०)–वह कर्त्तव्य जो राष्ट्र की ओर से आवश्यक हों ।

फ़राइज़े मंसबी (अ० पु०)–वह कर्त्तव्य जो नौकरी या मानवता के नाते लाज़िमी हों ।

फ़राइज़े मुल्की (अ० पु०)–वह कर्त्तव्य जो एक देशवासी के लिए अनिवार्य है ।

फ़राख़ (फा० वि०)–विस्तृत, विशाल ।

फ़राख़दस्त (फा० वि०)–संपन्न ।

फ़राख़ हौसल: (फा० अ० वि०)–बड़े हौसले वाला ।

फ़राख़ी (फा० स्त्री०)–विस्तार ।

फ़राग़त (अ० स्त्री०)–अवकाश, छुट-कारा, मुक्ति ।

फ़राग़े ख़ातिर (अ० पु०)–मन का संतोष ।

फ़राज़ (फा० पु०)–ऊँचाई, बलंदी ।

फ़रामोश (फा० वि०)–विस्मृत, (प्रत्य०) भूल जाने वाला ।

फ़रामोशी (फा० स्त्री०)–भूल, भूलने का भाव ।

फ़रार (फा० पु०)–पलायन, भागना,

छुप जाना ।

फ़राहम (फा० वि०)–एकत्र, एक जगह ।

फ़राहमी (फा० स्त्री०)–एकत्र होना ।

फ़रीक़ (अ० पु०)–पक्ष, दल, वादी और प्रतिवादी ।

फ़रीक़े मुख़ालिफ़ (अ० पु०)–विरोधी पक्ष या दल ।

फ़रीके मुतख़ासिम (अ० पु०)–शत्रु या लड़ने वाला पक्ष ।

फ़रीक़े सानी (अ० पु०)–दूसरे पक्ष अर्थात् विरोधी दल का व्यक्ति ।

फ़रीक़ैन (अ० पु०)–उभय पक्ष, दोनों पार्टियाँ ।

फ़रीज़ए मज़हबी (अ० पु०)–धार्मिक कृत्य ।

फ़रीद (अ० वि०)–एकाकी, अद्वितीय ।

फ़रेब (फा० पु०)–छल, धोखा, मिस, बहाना, (प्रत्य०) छलने वाला, जैसे—'दिल-फ़रेब' मन को छलने वाला ।

फ़रेबकार (फा० वि०)–छली, कपटी, धोखेबाज़ ।

फ़रेबख़ुर्द: (फा० वि०)–छलित, वंचित ।

फ़रेबदिहिंद: (फा० वि०)–धोखा देने वाला ।

फ़रेबदिही (फा० स्त्री०)–धोखा देना, छल करना ।

फ़रेबी (फा० वि०)–धोखेबाज़, छली ।

फ़रोख़्त: (फा० वि०)–बेचा हुआ ।

फ़रोख़्त (फा० स्त्री०)–बिक्री ।

फ़रोख़्तगी (फा० स्त्री०)–बिक्री, बेचने का काम ।

फ़रोग़ (फा० पु०)–प्रकाश, उन्नति ।

फ़रोश (फा० प्रत्य०)–बेचने वाला ।

फ़र्क़ (अ० पु०)–अंतर, भेद, दूरी, मतभेद, कमी ।

फ़र्ज़ंद (फा० पु०)–पुत्र, बेटा ।

फ़र्ज़ंदी (फा० वि०)–पुत्रत्व, बाप-बेटे का नाता ।

फ़र्ज़ंदे अर्जमंद (फा० पु०)–सपूत, होनहार बेटा ।

फ़र्ज़ (अ० पु०)–कर्त्तव्य, अनिवार्य, ज़रूरी, जिम्मेदारी ।

फ़र्ज़न (अ० अव्य०)–कर्त्तव्य द्वारा ।

फ़र्ज़शनास (अ० फा० वि०)–कर्त्तव्य-पालक ।

फ़र्ज़शनासी (अ० फा० स्त्री०)–अपनी ड्यूटी को कर्त्तव्य समझ अंजाम देना ।

फ़र्ज़ान: (फा० वि०)–बुद्धिमान, चतुर ।

फ़र्जाम (फा० पु०)–अंत, परिणाम, (प्रत्य०) अंत या परिणाम वाला ।

फ़र्ज़ीं (फा० पु०)–शतरंज का एक मोहरा, वजीर ।

फ़र्ज़ी (अ० वि०)–काल्पनिक ।

फ़र्ज़ेमंसबी (अ० पु०)–वह कर्त्तव्य जो किसी के लिए मुकर्रर हो, जैसे—पुलिस के लिए रक्षा का ।

फ़र्ते ग़म (अ० पु०)–शोक और दुःख का आधिक्य ।

फ़र्द (अ० पु०)–एक व्यक्ति, एकाकी ।

फ़र्द (फा० स्त्री०)–हिसाब का रजिस्टर, निमंत्रण का सूचीपत्र ।

फ़र्दन फ़र्दन (अ० अव्य०)–एक-एक करके, अलग-अलग ।

फ़र्दाए क़ियामत (फा० अ० पु०)–प्रलय का दिन, जब सबके हिसाब-किताब होंगे ।

फ़र्दे आ'माल (अ० फा० स्त्री०)–कर्म-पत्र ।

फ़र्दे क़रारदादे जुर्म (अ० फा०

स्त्री०)–अभियोग-पत्र।

फ़र्दे जुर्म (फा० अ० स्त्री०)–अभियोग-पत्र।

फ़र्दे बशर (अ० पु०)–एक व्यक्ति।

फ़र्दे बातिल (फा० अ० स्त्री०)–हिसाब का ग़लत काग़ज़, निकम्मी वस्तु।

फ़र्दे वाहिद (अ० पु०)–एक व्यक्ति।

फ़र्दे हिसाब (फा० अ० स्त्री०)–हिसाब का काग़ज़, बीजक।

फ़र्मां (फा० पु०)–आज्ञा, राजादेश।

फ़र्मांगुज़ार (फा० वि०)–शासक।

फ़र्मांगुज़ारी (फा० स्त्री०)–शासन।

फ़र्मांबरदार (फा० वि०)–आज्ञाकारी।

फ़र्मांबरदारी (फा० स्त्री०)–आज्ञापालन।

फ़र्मांरवा (फा० वि०)–शासक, राजा, बादशाह।

फ़र्मा (फा० प्रत्य०)–आज्ञादाता।

फ़र्माइश (फा० स्त्री०)–माँगना, किसी काम या किसी चीज़ के लिए कहना, कारखाने या दूकान के माल का आर्डर।

फ़र्माइशी (फा० वि०)–जिसकी फर्माइश की गई हो।

फ़र्मान (फा० पु०)–राजादेश, आदेश, आज्ञा।

फ़र्याद (फा० स्त्री०)–न्याय-याचना, शिकायत, आर्तनाद।

फ़र्यादख़्वाह (फा० वि०)–न्याय-याचक।

फ़र्यादरसी (फा० स्त्री०)–न्याय करना।

फ़रार (अ० वि०)–पलायन, भागना।

फ़र्राश (अ० वि०)–वह व्यक्ति जिसके जिम्मे फर्श आदि बिछाने का काम हो।

फ़र्राशख़ानः (अ० फा० पु०)–वह मकान, जिसमें फ़र्श आदि रखे जाते हों।

फ़र्राशी (अ० वि०)–फ़र्राश का काम।

फ़र्रुख़ (फा० वि०)–शुभ, कल्याणकारी, सुन्दर।

फ़र्रुख़तबार (फा० वि०)–कुलीन।

फ़र्श (अ० पु०)–बिछौना, समतल भूमि।

फ़र्शी (अ० वि०)–फर्श पर रखी जाने वाली चीज़।

फ़र्शे आब (अ० फा० पु०)–समुद्र या नदी का तल।

फ़र्शे ख़ाक (अ० फा० पु०)–पृथ्वी का तल।

फ़र्स (अ० पु०)–काटना, फाड़ना, चीरना।

फ़र्सा (फा० प्रत्य०)–घटाने वाला, घिसने वाला।

फ़र्सूदः (फा० वि०)–घिसापिटा, पुराना, जीर्ण-शीर्ण।

फ़र्हंग (फा० स्त्री०)–बुद्धि, विवेक, शब्दकोश।

फ़र्हाद (फा० पु०)–शीरीं का आशिक़ जिसने उसके इश्क़ में पहाड़ काट कर नहर निकालने का प्रयत्न किया।

फ़लक (अ० पु०)–आकाश, गगन।

फ़लक़ (अ० स्त्री०)–सवेरे का उजाला, उषा।

फ़लकज़दः (अ० फा० वि०)–आपत्ति में फँसा हुआ।

फ़लकबोस (अ० फा० वि०)–गगनचुंबी।

फ़लकीयात (अ० स्त्री०)–अंतरिक्ष विज्ञान।

फ़लाह (अ०स्त्री०)–भलाई, कल्याण।

फ़लासिफ़ः (अ० पु०)–दार्शनिक गण, वैज्ञानिकगण।

फ़ल्सफ़ः (अ० पु०)–दर्शनशास्त्र, विज्ञानशास्त्र, न्यायशास्त्र, तर्क, दलील, विज्ञान।

फ़ल्सफ़ःदाँ (अ० फा० पु०)–फ़ल्सफ़ः जानने वाला।

फ़वाहिश (अ० पु०)–दुराचार।

फ़व्वारः (अ० पु०)–जलयंत्र, फ़ुहारा।

फ़साद (अ० पु०)–दंगा, उपद्रव, विकार, बाधा।

फ़सादअंगेज़ी (अ० फा० स्त्री०)–उपद्रव करना।

फ़साबज़दः (अ० फा० वि०)–वह क्षेत्र अथवा स्थान, जहाँ कोई दंगा हो गया हो, दंगे में हानि उठाने वाला।

फ़सादी (अ० वि०)–उपद्रवकर्ता।

फ़सानः (फा० पु०)–कहानी, कथा, उपन्यास, वृत्तांत।

फ़सानःनवीस (फा० वि०)–कहानियाँ लिखने वाला, उपन्यासकार, फ़सानःनिगार।

फ़सानए इश्क (फा० अ० पु०)–प्रेम की कहानी।

फ़सानए ग़म (फा० अ० पु०)–प्रेम के ग़म की कथा।

फ़साहत (अ० स्त्री०)–वह लेखनशैली, जिसमें विषय गंभीर होते हुए सरल शब्दों का प्रयोग हो।

फ़सील (अ० स्त्री०)–वह दीवार जो नगर के चारों ओर बनाई जाए, वह दीवार जो किले के चारों ओर खींची जाए।

फ़सीह (अ० वि०)–जिसमें फ़साहत हो, ऐसा कलाम, जो फ़साहत के साथ बातचीत करे, ऐसा व्यक्ति।

फ़स्ख़े निकाह (अ० पु०)–विवाह-विच्छेद।

फ़स्द (अ० स्त्री०)–रगों से खून निकालना, रक्त-मोचन।

फ़स्दज़न (अ० फा० वि०)–रगों से फ़स्द के द्वारा खून निकालने वाला।

फ़स्ल (अ० स्त्री०)–ऋतु, समय, परिच्छेद, अंतर, दूरी, पैदावार।

फ़स्ली (अ० वि०)–फ़स्ल से संबंध।

फ़स्ले ख़रीफ़ (अ० स्त्री०)–वह फ़स्ल, जिसमें मक्का, ज्वार, बाजारा, और धान आदि उत्पन्न होता है।

फ़स्ले ख़िज़ाँ (अ० फा० स्त्री०)–पतझड़ की ऋतु।

फ़स्ले गर्मा (अ० फा० स्त्री०)–ग्रीष्म-ऋतु।

फ़स्ले गुल (अ० फा० स्त्री०)–वसंत-ऋतु, फ़स्लेबहार।

फ़स्ले बाराँ (अ० फा० स्त्री०)–वर्षा-काल।

फ़स्ले रबीअ (अ० स्त्री०)–वह फ़सल, जिसमें गेहूँ, जौ, चना आदि उत्पन्न होता है, रब्बी।

फ़हीम (अ०वि०)–बुद्धिमान्, विवेकी।

फ़ह्.म (अ० स्त्री०)–बुद्धि, समझ, विवेक।

फ़ह्.माइश (फा० स्त्री०)–चेतावनी।

फ़ह्.मीद (फा० स्त्री०)–समझ, बुद्धि, विवेक।

फ़ह्.मे नाक़िस (अ० स्त्री०)–कच्ची समझ, नासमझी।

फ़ह्.मे सहीह (अ० स्त्री०)–ठीक समझ।

फ़ह्.हाशी (अ० फा० स्त्री०)–अश्लीलता।

फ़ाइज (अ० वि०)–सफल, कामयाब।

फ़ाइद: (अ० पु०)–लाभ, नफ़ा, प्राप्ति, निष्कर्ष, गुण।

फ़ाइद:बख़्श (अ० फा० वि०)–लाभदायक।

फ़ाइद:रसानी (अ० फा० स्त्री०)–लाभकारिता।

फ़ाइल (अ० वि०)–काम करने वाला, व्याकरण का 'कर्ता'।

फ़ाक़: (अ० पु०)–अनशन, निराहार, उपवास।

फ़ाक:कशी (अ० फा० स्त्री०)–भूखों रहना।

फ़ाक़:जद: (अ० फा० वि०)–भूख का मारा हुआ!

फ़ाक़:मस्ती (अ० फा० स्त्री०)–फ़ाक़ों में बसर करना।

फ़ाख़िर (अ० वि०)–फ़ख्र करने वाला, बहुमूल्य चीज़।

फ़ाख़्त: (फा० स्त्री०)–एक प्रसिद्ध पक्षी, पंडुक।

फ़ाजिर: (अ० स्त्री०)–दुश्चरित्रा, कदाचारिणी।

फ़ाजिर (अ० पु०)–दुष्टाचारी, दुश्चरित।

फ़ाजिल (अ० वि०)–स्नातक, अतिरिक्त, अधिक।

फ़ाजिलात (अ० पु०)–जमा-खर्च के बाद बाक़ी बचा हुआ रुपया।

फ़ाजिले अजल्ल (अ० वि०)–धुरंधर विद्वान्।

फ़ातिम: (अ० स्त्री०)–वह स्त्री जो दो वर्ष के बच्चे का दूध छुड़ा दे, हज़्रत मुहम्मद की सुपुत्री।

फ़ातह (अ० वि०)–विजेता।

फ़ातिहे आ'ज़म (अ० वि०)–सबसे बड़ा विजेता।

फ़ातिहे आ'लम (अ० वि०)–विश्वविजयी।

फ़ातिहे नफ़्स (अ० वि०)–जितेंद्रिय।

फ़ानी (अ० वि०)–नश्वर, नाशवान्।

फ़ानूस (फा० पु०)–लैम्प की चिमनी, जिसमें से रोशनी छनती है; वह काँच का प्याला-जैसा पात्र, जिसमें मोमबत्ती जलती है।

फ़ानूसे ख़याल (फा० अ० पु०)–एक प्रकार का काग़ज़ी कंडील, जिसमें हाथी-घोड़े आदि की तस्वीरें घूमती हैं।

फ़ाम (फा० पु०)–रंग, समान (प्रत्य०) रंगवाला, जैसे गुलफ़ाम, फूल जैसा।

फ़ारिग़ (अ० वि०)–मुक्त, निश्चिंत, अवकाशप्राप्त; जो अपना काम कर चुका हो।

फ़ारूक़ (अ० वि०)–सच और झूठ में फ़र्क करने वाला।

फ़ार्सी (फा० स्त्री०)–ईरान की भाषा।

फ़ाल (अ० स्त्री०)–सगुन, शकुन।

फ़ालिज (अ० पु०)–पक्षाघात, अर्धांग, लकवा।

फ़ालिजज़द: (अ०फा०वि०)–अर्धांगी।

फ़ालूद: (फा० पु०)–एक प्रसिद्ध शर्बत के साथ पी जाने वाली मैंदे की सकेर सिवइयाँ, एक बीज जो पानी में फूलकर रुई जैसा हो जाता है।

फ़ालेज़ (फा० स्त्री०)–तर्बूज़ या खीरे, ककड़ी का खेत।

फ़ालेनेक (अ० फा० स्त्री०)–अच्छा शकुन; अच्छे लक्षण।

फ़ाले बद (अ० फा० स्त्री०)–बुरा

शकुन, बुरे लक्षण।

फ़ाशगोई (फा० स्त्री०)–बात साफ़-साफ़ कह देना, कोई झिझक न करना।

फ़ासिक़ (अ० वि०)–पापी, व्यभिचारी।

फ़ासिद (अ० वि०)–दूषित, विकृत, झगड़ालू।

फ़ासिलः (अ० पु०)–अंतर, दूरी, भेद।

फ़िक़ः (अ० पु०)–वाक्य, जुमला, बहाना, व्यंग्य छल की बात।,

फ़िक़ःतराश (अ० फा० वि०)–छल की बात गढ़ने वाला।

फ़िक़ःबंदी (अ० फा० स्त्री०)–तुकबंदी।

फ़िक़ःबाज़ी (अ० फा० स्त्री०)–व्यंग्य करना।

फ़िक्र (अ० उभ०)–चिंता, विचार, दुःख, उपाय।

फ़िक्रत (अ० स्त्री०)–फ़िक्र।

फ़िक्रमंद (अ० फा० वि०)–चिंतित।

फ़िक्रमंदी (अ० फा० स्त्री०)–चिंता।

फ़िक्रे इमरोज़ (अ० फा० स्त्री०)–आज की चिंता।

फ़िक्रे उक़्बा (अ० स्त्री०)–परलोक की चिंता।

फ़िक्रे फ़र्दा (अ० फा० स्त्री०)–कल की चिंता।

फ़िक्रे मआश (अ० स्त्री०)–जीविका की चिंता।

फ़िक़्ह (अ० स्त्री०)–इस्लामी धर्मशास्त्र।

फ़िगार (फा० वि०)–घायल, आहत (प्रत्य०) आहत।

फ़िज़ा (फा० प्रत्य०)–'अफ़ज़ा' का लघु०, बढ़ाने वाला।

फ़ित्नः (अ० पु०)–उपद्रव, दंगा, विद्रोह।

फ़ित्नः अंगेज़ी (अ० फा० स्त्री०)–लोगों को भड़काकर आपस में लड़ा देना।

फ़ित्रः (अ० पु०)–वह दान या खैरात जो ईद में नमाज़ से पहले ग़रीबों को दिया जाए।

फ़ित्रत (अ० स्त्री०)–प्रकृति, स्वभाव, उत्पत्ति, धूर्तता।

फ़ित्रतन (अ० अव्य०)–स्वभावतः।

फ़ित्रती (अ० वि०)–चालाक, उत्पाती, बातूनी।

फ़िदा (अ० वि०)–मुग्ध, आसक्त।

फ़िदाई (अ० फा० वि०)–भक्त, वफादार।

फ़िदाए क़ौम (अ० वि०)–जाति या राष्ट्र के लिए सब कुछ न्योछावर कर देने वाला।

फ़िदाए हक़ (अ० वि०)–सत्यता के लिए सब कुछ त्याग देने वाला।

फ़िद्वी (अ० वि०)–भक्त, प्रार्थी।

फ़िराक़ (अ० पु०)–पृथक्ता, वियोग, ध्यान।

फ़िरार (अ० पु०)–पलायन, भागना।

फ़िरासत (अ० स्त्री०)–दक्षता, प्रवीणता, चतुरता।

फ़िरिश्तः (फा० पु०)–देवता, फरिश्तः।

फ़िरिश्तः सिफ़त (फा० अ० वि०)–जिसमे देवताओं जैसे गुण हों।

फ़िरोख़्तः (फा० वि०)–बेचा हुआ।

फ़िरोख़्तगी (फा० स्त्री०)–बिक्री।

फ़िरोगुज़ाश्त (फा० स्त्री०)–भूल, त्रुटि।

फ़िर्क़ः (अ० पु०)–दल, पक्ष, संप्रदाय, जाति ।

फ़िर्क़ःपरस्त (अ० फा० वि०)–सांप्रदायिकता रखने वाला ।

फ़िर्क़ःपरस्ती (अ० फा० स्त्री०)–धार्मिक भेदभाव फैलाकर आपस में लड़ाना ।

फ़िर्क़ःबंद (अ० फा० वि०)–दलबंद, जो धार्मिक आधारों पर दलबंदी करे ।

फ़िर्क़ःबंदी (अ० फा० स्त्री०)–दलबंदी, धार्मिक आधार पर गुटबंदी ।

फ़िर्क़ःवारानः (अ० फा० अव्य०)–सांप्रदायिक, धार्मिक ।

फ़िर्क़ःवारी (अ० फा० वि०)–दलबंदी, धार्मिक आधार पर गुटबंदी ।

फ़िर्दौस (अ० पु०)–स्वर्ग ।

फ़िर्दौसी (अ० वि०)–ईरान का एक प्राचीन महाकवि; शाहनामा का रचयिता ।

फ़िर्नी (फा० स्त्री०)–दूध और चावल के आटे की विशेष खीर ।

फ़िलअस्ल (अ० अव्य०)–मूलतः, सचमुच ।

फ़िलजुम्लः (अ० अव्य०)–कुछ-कुछ, थोड़ा-बहुत ।

फ़िलफ़िल (अ० स्त्री०)–गोल मिर्च ।

फ़िलफ़िल सियाह (अ० फा० स्त्री०)–काली मिर्च ।

फ़िलफ़िल सुर्ख़ (अ० फा० स्त्री०)–लाल मिर्च ।

फ़िलबदीह गो (अ० फा० वि०)–आशुकवि ।

फ़िलहाल (अ० वि०)–इस समय ।

फ़िस्क़ (अ० पु०)–दुराचार, दुष्कर्म ।

फ़िस्क़ोफ़ज़ूर (अ० पु०)–दुराचार, बदचलनी ।

फ़ी (फा० स्त्री०)–छल, फरेब, भेद, रहस्य, त्रुटि ।

फ़ीतः (फा० पु०)–कपड़े या रैक्सीन की लंबी और पतली पट्टी ।

फ़ीरोज़ः (फा०पु०)–एक प्रसिद्ध रत्न, हरित मणि ।

फ़ीरोज़ (फा० वि०)–सफल मनोरथ ।

फ़ीरोज़बख़्त (फा० वि०)–सौभाग्यशाली ।

फ़ीरोज़मंदी (फा० स्त्री०)–कामना की सफलता ।

फ़ीरोज़ी (फा० वि०)–फ़ीरोज़े के रंग का, सफलता ।

फ़ीलः (फा०पु०)–शतरंज का मोहरा, पील ।

फ़ील (फा० पु०)–हाथी ।

फ़ीलख़ानः (फा० पु०)–हस्तिशाला, हाथीख़ाना ।

फ़ीलबान (फा० पु०)–हाथी चलानेवाला ।

फ़ीलसवार (फा० वि०)–हाथी पर बैठा हुआ ।

फ़ीसदी (फा० वि०)–प्रतिशत ।

फ़ुकाहत (अ० स्त्री०)–मनोविनोद, मनोरंजन ।

फ़ुक़्दान (अ० पु०)–अभाव, बहुत कमी ।

फ़ुग़ाँ (फा० स्त्री०)–आर्तनाद, नाला, दुहाई ।

फ़ुज़ूल (अ० वि०)–व्यर्थ, निरर्थक, निकम्मा ।

फ़ुज़ूलख़र्च (अ० फा० वि०)–अपव्ययी ।

फ़ुज़ूलख़र्ची (अ० फा० स्त्री०)–अपव्यय ।

फ़ुज़ूलगोई (अ० फा० स्त्री०)–वाचालता, मिथ्यावाद ।

फ़ुज़ूलीयात (अ० पु०)–फ़ुज़ूल और निरर्थक बातें ।

फ़ुतूर (अ० पु०)–विकार, दोष, उत्पात ।

फ़ुतूरे अक़्ल (अ० पु०)–बुद्धि-विकार ।

फ़ुनून (अ० पु०)–'फ़न' का बहु०, 'कलाएँ' ।

फ़ुर्क़त (अ० स्त्री०)–वियोग, विरह ।

फ़ुर्क़तज़दः (अ० फा० वि०)–विरह-ग्रस्त, वियोगी ।

फ़ुर्सत (अ० स्त्री०)–अवकाश, छुट्टी, संतोष, मुक्ति, निबटारा ।

फ़ुर्सततलब (अ० वि०)–जिसके लिए फ़ुर्सत की जरूरत हो ।

फ़ूम (अ० पु०)–लहसुन, गेहूँ ।

फ़े'ल (अ० पु०)–कार्य, काम, कृत्य, कर्म, बुरा कर्म ।

फ़े'ले अबस (अ० पु०)–व्यर्थ का काम, निरर्थक कार्य ।

फ़े'ले नाजाइज़ (अ० पु०)–वह काम जो उचित न हो ।

फ़े'ले बद (अ० फा० पु०)–बुरा काम, दुराचार ।

फ़ेहरिस्त (अ० स्त्री०)–सूचीपत्र, सूची ।

फ़ेहरिस्ते मज़ामीन (अ० स्त्री०)–विषय-सूची ।

फ़ैज़ (अ० पु०)–परोपकार, हित ।

फ़ैज़तलब (अ० वि०)–यशोलिप्सु ।

फ़ैज़बख़्श (अ० फा० वि०)–यश देने वाला, दान देने वाला ।

फ़ैज़याबी (अ० फा० स्त्री०)–यश पाना, लाभ उठाना ।

फ़ैयाज़ (अ० वि०)–दाता, मुक्तहस्त, वदान्य ।

फ़ैयाज़ी (अ० स्त्री०)–दानशीलता ।

फ़ैलसूफ़ (अ० पु०)–वैज्ञानिक, विद्वान्, धूर्त ।

फ़ैसलः (अ० पु०)–निर्णय, समझौता, अंत, न्याय ।

फ़ैसलःतलब (अ० वि०)–जिसका निर्णय होना बाकी हो ।

फ़ैसल (अ० वि०)–निर्णीत, निर्णय ।

फ़ोतः (फा० पु०)–लगान, भूमिकर, अंडकोश ।

फ़ोतःदार (फा० पु०)–ख़ज़ानची, तहसीलदार ।

फ़ौक़ (अ० वि०)–ऊपर, सिरे पर, प्रधानता ।

फ़ौक़ियत (अ० स्त्री०)-प्रधानता, श्रेष्ठता, उत्तमता ।

फ़ौज (अ० स्त्री०)–सेना, बल, वाहिनी ।

फ़ौज़ (अ० पु०)–कल्याण, भलाई, सफलता ।

फ़ौजदारी (अ० फा० स्त्री०)–मार-पीट, लाठी या हथियार की लड़ाई ।

फ़ौजी (अ० वि०)–सैनिक, फ़ौज का जवान, सेना का ।

फ़ौज़े अज़ीम (अ० पु०)–बहुत बड़ी सफलता ।

फ़ौजे बर्री (अ० स्त्री०)–वह सेना जो जमीन पर लड़े, स्थल सेना ।

फ़ौजे बह्री (अ० स्त्री०)–जल सेना ।

फ़ौजे हवाई (अ० फा० स्त्री०)–वायु-सेना ।

फ़ौत (अ० वि०)–मरण, मृत्यु, मृत ।

फ़ौती (अ० वि०)–मरने से संबंध रखने वाला ।

फ़ौतीनामः (अ० फा०)–वह रजिस्टर,

जिसमें मरने वालों का नाम, उम्र, तारीख आदि लिखी जाती है।

फ़ौरन (अ० वि०)–तुरंत, तत्क्षण, शीघ्र, उसी क्षण।

फ़ौरी (अ० वि०)–शीघ्र, तुरंत।

फ़ौलाद (अ० पु०)–असली लोहा, लोहसार।

फ़ौलादी (अ० वि०)–फ़ौलाद का बना हुआ, लोहमय; फ़ौलाद का, लौहिक।

ब

बंग (फा० स्त्री०)–भाँग, विजया।

बंगनोश (फा० वि०)–भाँग पीने वाला, भंगड़।

बंदः (फा० पु०)–दास, गुलाम, अधीन, वशीभूत, मनुष्य, भक्त, आज्ञाकारी, उपासक।

बंदःनवाज़ (फा० वि०)–भक्त-वत्सल।

बंदःनवाज़ी (फा० स्त्री०)–अपने सेवकों और भक्तों पर कृपा-दृष्टि।

बंदःपर्वर (फा० वि०)–भक्त-वत्सल।

बंद (फा० पु०)–अंग का जोड़, कारावास, क़ैद, दाँव, रोक, गाँठ, ढाँका हुआ, कविता की एक कड़ी।

बंदए आज़ाद (फा० पु०)–वह सेवक, जो सेवा-मुक्त कर दिया गया हो।

बंदए इश्क़ (फा० अ० पु०)–प्रेम का बंदा, प्रेमिका का भक्त।

बंदए ख़ुदा (फा० पु०)–ईश्वर का बंदा, ईश्वर का उपासक, मनुष्य।

बंदगी (फा० स्त्री०)–प्रणाम, विनम्रता, पूजा, उपासना।

बंदर (अ० पु०)–समुद्रतट, पोर्ट।

बंदिश (फा० स्त्री०)–ग्रंथि, रोक, प्रतिबंध।

बंदिशे अल्फ़ाज़ (फा० अ० स्त्री०)–गद्य या पद्य में शब्दों का उचित प्रयोग।

बंदी (फा० वि०)–क़ैदी।

बंदीख़ानः (फा० पु०)–कारावास।

बंदूक़ (अ० स्त्री०)–गोली चलाने का प्रसिद्ध यंत्र।

बंदूक़साज़ (अ० फा० पु०)–बंदूक बनाने या मरम्मत करने वाला।

बंदे ग़म (फा० अ० पु०)–दुःख का फंदा।

बंदोबस्त (फा० पु०)–प्रबंध, व्यवस्था, खेतों की हदबंदी।

बंदोबस्ते आरिज़ी (फा० अ० पु०)–कृषि-संबंधी वह बंदोबस्त, जो चंद वर्षों के लिए हो, स्थायी न हो।

ब अदब (फा० अ० अव्य०)–आदरपूर्वक।

ब आज़ादी (फा० अव्य०)–स्वतंत्रता के साथ।

ब आराम (फा० अव्य०)–आराम से, सुगमता से।

ब आसानी (फा० अव्य०)–सुगमतापूर्वक।

ब इख़्तियारे ख़ुद (फा० अव्य०)–अपने अधिकार से।

ब इख़्तिसार (फा० अ० अव्य०)–संक्षेप में।

ब इज़्ज़तो एह्तिराम (फा० अ० अव्य०)–पूरे सम्मान के साथ, पूरे

आदर-सत्कार के साथ।

ब इत्तिफ़ाक़े राय (फा० अ० अव्य०)–सबकी सहमति से, सर्व-सम्मति से।

ब इत्मीनान (फा० अ० अव्य०)–दे० 'ब आराम'।

ब इफ़रात (फा० अ० अव्य०)–अत्यधिक।

ब उज्लत (फा० अ० अव्य०)–शीघ्रतापूर्वक।

ब एहतियात (फा० अ० अव्य०)–सावधानीपूर्वक।

ब क़द्र (फा० अ० अव्य०)–अनुसार, मात्रा में।

ब क़द्रे ज़रूरत (फा० अ० अव्य०)–जितनी आवश्यकता हो, उतनी।

ब क़द्रे शौक़ (फा० अ० अव्य०)–जितनी इच्छा हो, उतनी।

ब क़द्रे हैसियत (फा० अ० अव्य०)–जितना सामर्थ्य हो, उतना।

ब क़द्रे हौसलः (फा० अ० अव्य०)–जितना साहस हो, उतना।

ब क़लमे खुद (फा० अ० अव्य०)–स्वयं अपने हाथ की लिखावट से।

बक़ा (अ० स्त्री०)–नित्यता, रक्षा, अस्तित्व।

बक़ायः (अ० पु०)–शेष, बचा हुआ, रोकड़, बची हुई रक़म।

ब क़ैदे हयात (फा० अ० अव्य०)–जीवित, जीवन-पाश में आबद्ध।

बक़्क़ाल (अ० पु०)–सब्ज़ी तरकारी बेचने वाला, कुंजड़ा, बनिया, परचूनिया।

बक्तर (फा० पु०)–कवच।

बक्तरबंद (फा० वि०)–कवचधारी।

बक़ात (अ० पु०)–यूनान का एक प्रसिद्ध वैज्ञानिक (460 ई० पू०)।

बख़ील (अ० पु०)–कृपण, कुंठ।

ब खुदा (फा० अव्य०)–ईश्वर के लिए।

ब खुशी (फा० अव्य०)–प्रसन्नतापूर्वक।

ब खूबी (फा० अव्य०)–पूर्ण रूप से।

बख़्त (फा० पु०)–भाग्य, प्रारब्ध।

बख़्तयार (फा० वि०)–सौभाग्यवान।

बख़्ते नासाज़गार (फा० पु०)–प्रतिकूल भाग्य।

बख़्ते बेदार (फा० पु०)–उन्नतिशील भाग्य।

बख़्यः (फा० पु०)–एक प्रकार की पक्की सिलाई।

बख़्श (फा० पु०)–अंश, खंड, भाग्य, (प्रत्य०) देने वाला।

बख़्शिश (फा० स्त्री०)–दान, पुरस्कार, अनुदान, प्रदान।

बख़्शिशनामः (फा० पु०)–'दानपत्र'।

बख़्शी (फा० पु०)–सैनिकों को वेतन बाँटने वाला, क़स्बों में टैक्स वसूल करने वाला।

बग़ल (फा० स्त्री०)–कुक्षि, काँख, पार्श्व, पहलू, छोर, एक ओर।

बग़ली (फा० वि०)–बगल से संबंध रखने वाली वस्तु, बगल का।

बग़ावत (अ० स्त्री०)–द्रोह, सैन्य-द्रोह, अशांति, अवज्ञा।

बग़ैर (फा० अ० अव्य०)–बिना, बे।

बग़ौर (फा० अ० अव्य०)–गौर से, समीक्षापूर्वक।

ब चश्मे अश्कबार (फा० अव्य०)–रोते हुए।

बच्चः (फा० पु०)–बालक, शिशु, अवयस्क, पुत्र, नासमझ, अबोध।

ब जब्र (अ० फा० अव्य०)–बलात्,

बलपूर्वक ।

बजाँ (फा० वि०)–हृदय से, प्रसन्नता-पूर्वक ।

बजा (फा० वि०)–उचित, सत्य, शुद्ध, दुरुस्त ।

बजाए ख़ुद (फा० अव्य०)–अपनी जगह पर, स्वयं ।

ब ज़िद (फा० अ० अव्य०)–हठपूर्वक, हठात् ।

बज़्जाज़ (अ० पु०)–कपड़े का व्यापारी, वस्त्र-वणिक ।

बज़्ज़ाज़ख़ानः (अ० फा० पु०)–बाजार में कपड़े की मंडी ।

बज़्म (फा० स्त्री०)–सभा, गोष्ठी ।

बज़्मे अरूसी (फा० अ० स्त्री०)–विवाह की महफ़िल ।

बज़्मे ऐश (अ० स्त्री०)–राग-रंग और ख़ुशी का जलसा ।

बज़्मे मय (फा० स्त्री०)–शराब की महफ़िल, पान-गोष्ठी ।

बज़्मे मुशाअरः (फा० अ० स्त्री०)–कवि-सम्मेलन ।

बज़्मे शादी (फा० स्त्री०)–विवाह का जलसा ।

बज़्मे शे'र (फा० अ० स्त्री०)–कवि-गोष्ठी, मुशाअरा ।

बज़्ल:गोई (फा० स्त्री०)–विनोद, परिहास ।

ब तकल्लुफ़ (फा० अ० अव्य०)–संकोच के साथ ।

ब तक़रीब (फा० अ० अव्य०)–अवसर पर ।

ब तरीक़े अदावत (फा० अ० अव्य०)–शत्रुता के रूप में ।

ब तरीक़े दोस्ती (फा० अ० अव्य०)–मित्रता के रूप में ।

ब तवस्सुत (फा० अ० अव्य०)–द्वारा ।

ब ताईद (फा० अ० अव्य०)–सहायता से, समर्थन से ।

बत्न (अ० पु०)–पेट, जठर ।

बद (फा० वि०)–निकृष्ट, उपद्रवी, अशुभ, दुराचारी ।

बदअंदेशी (फा० स्त्री०)–बुरा सोचना ।

बदअक़्ल (फा० अ० वि०)–हतबुद्धि, मूर्ख ।

बदअख़्लाक़ (फा० अ० वि०)–दु:शील, दुर्व्यवहार ।

बदअमल (फा० अ० वि०)–दुष्कर्मी, दुष्कृत्य-कर्ता ।

बदअम्नी (फा० अ० स्त्री०)–अशांति, उपद्रव, विद्रोह ।

बदअह्द (फा० अ० वि०)–वचन-भंजक ।

बदअह्दी (फा० अ० स्त्री०)–वचन-भंजन ।

बदआ'माली (फा० अ० स्त्री०)–दुराचार ।

बदइंतिज़ामी (फा० अ० स्त्री०)–कुव्यवस्था, कुप्रबंध ।

बदउन्वानी (फा० अ० स्त्री०)–नियम-विरुद्धता ।

बदएतिमादी (फा० अ० स्त्री०)–अविश्वास ।

बदक़दम (फा० अ० वि०)–अशुभ चरण, जिसका आना अनिष्टकर हो ।

बदकर्दार (फा० वि०)–दुराचारी ।

बदकर्दारी (फा० स्त्री०)–दुराचार, दुष्टाचार ।

बदकार (फा० वि०)–दुराचारी, बुरे चाल-चलन वाला ।

बदक़िस्मत (फा० अ० वि०)–दुर्भाग्यवान्, हतभाग्य।

बदक़िस्मती (फा० अ० स्त्री०)–दुर्भाग्य।

बदक़ौम (फा० अ० वि०)–अकुलीन, नीच।

बदख़्वाबी (फा० स्त्री०)–अनिद्रा।

बदख़्वाही (फा० स्त्री०)–अशुभ चाहना।

बदगुमान (फा० वि०)–जो किसी की ओर से बुरी धारणा रखे।

बदगो (फा० वि०)–निंदक, गालियाँ बकने वाला।

बदगोई (फा० स्त्री०)–अपशब्द, निंदा, बदनामी।

बदगौहर (फा० वि०)–अकुलीन, बदनस्ल।

बदज़ेह्‌न (फा० अ० वि०)–मंदप्रतिभ।

बदज़ेह्‌नी (फा० अ० स्त्री०)–बुद्धि का तेज न होना।

बदतमीज़ी (फा० अ० स्त्री०)–अशिष्टता, उद्दंडता।

बदतर (फा० वि०)–बुरे से बुरा।

बदतरीन (फा० वि०)–सबसे बुरा, सबसे खराब।

बदतहजीब (फा० अ० वि०)–अशिष्ट, धृष्ट।

बदन (अ० पु०)–शरीर, देह।

बदनसीब (फा० अ० वि०)–अभागा, मंद भाग्य।

बदनसीबी (फा० अ० स्त्री०)–भाग्य का खोटापन।

बदनाम (फा० वि०)–कुख्यात।

बदनामी (फा० स्त्री०)–कुख्याति, अपयश।

बदनीयत (फा० अ० वि०)–बेईमान, लोभी, लालची।

बदनुमा (फा० वि०)–कुरूप, दुर्दर्शन।

बदनुमाई (फा० स्त्री०)–कुरूपता।

बदपरहेज़ी (फा० स्त्री०)–बीमार का खाने-पीने में परहेज़ न करना।

बदफ़े'ली (फा० अ० स्त्री०)–बुरा काम, व्यभिचार।

बदबू (फा० वि०)–बुरी बास, दुर्गंध।

बदबूदार (फा० वि०)–दुर्गंधयुक्त।

बदमज़ः (फा० वि०)–कुस्वाद, खिन्न, उदास।

बदमज़गी (फा० स्त्री०)–स्वाद का न होना, उदासी।

बदमस्त (फा० वि०)–मदोन्मत्त।

बदमस्ती (फा० स्त्री०)–शराब आदि के नशे में मस्त होना।

बदमिज़ाज (फा० अ० वि०)–बुरी प्रकृति का, क्रुद्धात्मा, गुस्सैल, चिड़चिड़े मिज़ाज का।

बदमिज़ाजी (फा० अ० स्त्री०)–चिड़चिड़ापन, बुरा स्वभाव।

बदरंग (फा० वि०)–बुरे रंग का, जिसका रंग फीका हो गया हो, खोटा, खराब, ताश में रंग के विरुद्ध पत्ता।

बदरंगी (फा० स्त्री०)–रंग का फीकापन, बुरे रंग का होना, खोटापन, फीकापन।

बदरोज़गार (फा० वि०)–जो दिनों के फेर में फँसा हो, हतभाग्य, दुर्दैव।

बदरौनक़ (फा० वि०)–हतश्री, उजाड़।

बदरौनक़ी (फा० स्त्री०)–शोभा न होना, उजाड़पन।

बदर्जए मज्बूरी (फा० अ० पु०)–जब विवशता हो, जब कोई न रहे।

बदल (अ० पु०)–प्रतिकार, बदला,

तुल्य, समान।

बदलगाम (फा० वि०)–मुँहजोर घोड़ा, मुँहफट आदमी।

बदशक्ल (फा० अ० वि०)–कुरूप।

बदशुऊरी (फा० अ० स्त्री०)–अशिष्टता, मूर्खता।

बदशुगूनी (फा० स्त्री०)–शगुन का खराब होना।

बदशौक़ी (फा० अ० स्त्री०)–पढ़ने-लिखने में रुचि का अभाव।

बदसरअंजामी (फा० स्त्री०)–किसी कार्य का परिणाम बुरा होना।

बदसलीक़ः (फा० अ० वि०)-जिसमें शिष्टता न हो, फूहड़।

बदसलीक़गी (अ० फा० स्त्री०)–शिष्टता का अभाव।

बदसुलूकी (फा० अ० स्त्री०)–बुरा बर्ताव, दुर्व्यवहार।

बदसूरत (फा० अ० वि०)–दे० 'बद-शक्ल'।

बदस्तूर (फा० वि०)–पहले की तरह, यथावत्।

बदहज़्मी (फा० अ० स्त्री०)–अजीर्ण, मंदाग्नि।

बदहवास (फा० अ० वि०)–हतबुद्धि, उद्विग्न।

बदहवासी (फा० अ० स्त्री०)–उद्विग्नता।

बदहाली (फा० अ० स्त्री०)–दुर्दशा, कंगाली, रोग से खराब दशा।

बदहेअ़त (फा० अ० वि०)–कुरूप, बदसूरत।

बदहैसियत (फा० अ० वि०)–अकु-लीन, निर्धन, नीच।

बदाहत (अ० स्त्री०)–ऐसी स्पष्टता, जिसमें प्रमाण की आवश्यकता न हो।

बदाहाल (फा० अ० अव्य०)–बुरी दशा, बुरा हाल।

ब दिक़्क़त (फा० अ०)–कठिनतापूर्वक।

बदी (फा० स्त्री०)–पाप, गुनाह, दोष, अपराध, बुराई, अपकार, कृतघ्नता।

बदी उज़्ज़माँ (अ० वि०)–सारे संसार में अद्वितीय। अपने समय में सबसे अनोखा।

बदीउल मिसाल (अ० वि०)–अनुपम, अद्वितीय।

बदीउल मुल्क (अ० वि०)–सारे देश में जिसकी तुलना न हो।

बदीहगो (अ० फा० वि०)–बिना विचारे किसी विषय पर तुरंत बोलने वाला, उपस्थित वक्ता, बिना सोचे।

बदीहगोई (अ० फा० स्त्री०)–बिना विचारे तुरंत भाषण देना, बिना विचारे तुरत कविता करने वाला।

बदीही (अ० वि०)–स्पष्ट, साफ़, जिसके लिए प्रमाण की आवश्यकता न हो।

बदौलत (फा० अ० अव्य०)–कारण से, द्वारा।

ब नज़रे तहक़ीक़ (फा० अ० अव्य०)–जाँच की दृष्टि से, गवेषणा की दृष्टि से।

ब नज़रे तहसीन (फा० अ० अव्य०)–कृतज्ञता की दृष्टि से, सराहनीय तौर पर।

ब निगाहे करम (फा० अव्य०)–क्रोध की दृष्टि से।

ब निगाहे रह्म (फा० अ० अव्य०)–करुणा की दृष्टि से।

ब निगाहे शौक़ (फा० अ० अव्य०)–उत्कंठा और लालसा की दृष्टि से, शौक़ की आँखों से।

ब निगाहे हस्रत (फा० अ० अव्य०)–ऐसी दृष्टि से, जिसमें निराशा के साथ दया और करुणा की माँग हो।

बनीआदम (अ० पु०)–मनुजात, आदमी।

बनीइस्राईल (अ० पु०)–यहूदी।

बनीनोए इंसान (अ० पु०)–मनुष्य जाति।

ब फ़राग़त (फा० अ० अव्य०)–संतोषपूर्वक।

बफ़ा (अ० स्त्री०)–सिर में पड़ जाने वाली भूसी।

ब फ़ौर (फा० अ० अव्य०)–तुरंत, तत्क्षण, शीघ्र ही।

बबर (अ० पु०)–बब्र, शेर की एक जाति, शेरेबब्र।

ब मुश्किल (फा० अ० अव्य०)–कठिनाई से, कठिनतापूर्वक।

बमूजिबे हुक्म (फा० अ० अव्य०)–आज्ञानुसार।

बयाज़ (अ० स्त्री०)–स्वलिखित काव्य-संग्रह, श्वेता।

ब यादगार (फा० अव्य०)–स्मरण में, यादगारी में।

बयान (अ० पु०)–बातचीत, वार्तालाप, भाषण, सूचना, परिच्छेद (पुस्तक का), मुक़दमे में वादी-प्रतिवादी या साक्षी का इज़हार।

बयाबान (फा० पु०)–दे० 'बियाबान', जंगल, कानन।

बरंदाज़ (फा० वि०)–नष्ट करने वाला, उजाड़ने वाला।

बरअक्स (फा० अ० वि०)–इसके खिलाफ़, प्रत्युत।

बरकत (अ० स्त्री०)–बढ़ती, प्रचुरता, सौभाग्य, कल्याण।

बरक़रार (फा० अ० वि०)–स्थिरद, जीवित, दृढ़, बहाल।

बरख़ास्त (फा० वि०)–समाप्त, पदच्युत, पृथक्।

बरख़ास्तगी (फा० स्त्री०)–समाप्ति, अंत, नौकरी से हटना।

बरख़िलाफ़ (फा० अ० वि०)–प्रतिकूल, विरुद्ध, प्रत्युत।

बरख़ुर्द (फा० वि०)–सफलता, सौभाग्य।

बरख़ुर्दार (फा० वि०)–सौभाग्यशाली, सफल मनोरथ, पुत्र, संपन्न।

बरख़ुर्दारी (फा० स्त्री०)–सौभाग्य, सफलता, संपन्नता।

बरगुज़ीदः (फा० वि०)–छाँटा हुआ, मनोनीत।

बरगुज़ीदगी (फा० स्त्री०)–छाँटना, पसंद करना, पुनीतता।

बरजस्तःगोई (फा० स्त्री०)–हाज़िर जवाबी, तुरंत किसी विषय पर बोलना, तुरंत कविता करना।

ब रज़ामंदी (फा० अ० अव्य०)–प्रसन्नतापूर्वक, सहर्ष।

बरतक़्दीर (फा० अ० अव्य०)–भाग्यवश।

बरतरफ़ (फा० अ० वि०)–पदच्युत, बरख़ास्त।

बरतरफ़ी (फा० अ० स्त्री०)–पदच्युति, बरख़ास्तगी।

बरतरी (फा० स्त्री०)–श्रेष्ठता, उत्तमता, ऊंचाई।

बरदाश्त (फा० स्त्री०)–सहनशीलता, सहन।

बरदोश (फा० अव्य०)–कंधे पर, कंधे पर उठाए हुए।

बरबाद (फा० वि०)–ध्वस्त, नष्ट,

निर्जन, विकृत।

बरबादी (फा० स्त्री०)–विनाश, ध्वंस, विकृत।

बरबिना (फा० अ० अव्य०)–के नाते, के कारण।

बरमला (फा० वि०)–मुँह पर, सामने।

बरमहल (फा० अ० वि०)–ठीक मौक़े पर।

बरवक़्त (फा० अ० वि०)–ठीक समय पर।

बरसबील (फा० अ० अव्य०)–के तौर पर; के रूप में, के प्रसंग में।

बरसबीले ज़िक्र (फा० अ० अव्य०)–चर्चा के प्रसंग में, बरसबीले तज़्क़िरा।

बरसबीले दवाम (फा० अ० अव्य०)–हमेशा के लिए।

बरसबीले शिकायत (फा० अ० अव्य०)–उलाहने के रूप में।

बरसरे आम (फा० अ० वि०)–सबके सामने, खुल्लमखुल्ला।

बरसरे कार (फा० वि०)–काम पर लगा हुआ, बाकार।

बरसरे जंग (फा० वि०)–लड़ने-मरने पर तैयार, लड़ाई करने के लिए आमादा।

बरसरे बाज़ार (फा० अव्य०)–बाजार में, सारी जनता के सामने।

बरसरे मत्लब (फा० अ० अव्य०)–असली मतलब पर।

बरसरे मौक़ा (फा० अ० अव्य०)–ठीक मौके पर; घटनास्थल पर।

बरह्नः (फा० वि०)–नंगा, दिगंबर।

बरहम (फा० वि०)–अस्तव्यस्त, क्रुद्ध।

बरहमन (फा० पु०)–ब्राह्मण।

बराए (फा० अव्य०)–लिए, प्रति।

बराए ख़ुदा (फा० अव्य०)–ईश्वर के लिए।

बराए चंदे (फा० अव्य०)–थोड़ी देर के लिए।

बराए नाम (फा० अव्य०)–नाममात्र को, कहने-भर को।

बरादर (फा० पु०)–भ्रातृ, भाई।

बरादरानः (फा० अव्य०)–भाइयों-जैसा।

बरादरी (फा० स्त्री०)–एक जाति, एक जाति का व्यक्ति, भाई-बंदी।

बरादरे कलाँ (फा० पु०)–बड़ा भाई, पूर्वज।

बरादरे ख़ुर्द (फा० पु०)–छोटा भाई, अनुज।

बरादरे हक़ीक़ी (फा० अ० पु०)–सहोदर, सगा भाई।

बराबर (फा० वि०)–समान, तुल्य, सदृश, एक साथ, क्रमबद्ध, निरन्तर, समीप, बारम्बार।

बराबर-बराबर (फा० वि०)–पास-पास, आधा-आधा।

बराबरी (फा० स्त्री०)–समता, धृष्टता, सामना, उद्दंडता।

बरामदः (फा० पु०)–बालान।

बरामद (फा० वि०)–बाहर आया हुआ, बाहर जाने वाला माल, निर्यात।

बरामदगी (फा० स्त्री०)–बाहर आना, बरामद होना, माल का देश के बाहर जाना।

बराहे एहतियात (फा० अ० अव्य०)–सावधानी के विचार से।

बराहे करम (फा० अ० अव्य०)–कृपया, कृपा करके।

बराहे नवाजिश (फा० अव्य)–कृपा

की दृष्टि से, कृपया।

बरी (अ० वि०)– मुक्त, बंधन-मुक्त, निर्दोष, पृथक्।

बरीयः (अ० स्त्री०)–प्राणी, जानदार।

बरीयत (अ० स्त्री०)–मुक्त होना, निरपराध होना।

बर्क़ (अ० स्त्री०)–चपला, बिजली, विद्युत्, प्रयोग में आने वाली बिजली।

बक़िय: (अ० पु०)– तार, टेलीग्राम।

बर्क़ी (अ० वि०)–बिजली से संबंध रखने वाला।

बर्क़ नाज़ (अ० फा० स्त्री०)–नाज़ो-अंदाज की बिजली, बिजली की भाँति जला देने वाले हाव-भाव।

बर्क़ नज़र (अ० फा० स्त्री०)–निगाह की बिजली, प्रेयसी का कटाक्षपात।

बर्ख़ (फा० पु०)–अंश, भाग।

बर्ग (फा० पु०)–दल, पत्ता, पत्ती।

बर्गरेज़ (फा० वि०)–पतझड़।

बर्ग ख़ज़ाँ (फा० पु०)–वह पत्ता, जो पतझड़ के कारण पीला पड़ गया हो या पेड़ से गिर गया हो।

बर्ग ख़ज़ाँरसीद: (फा० पु०)–वह पत्ता, जिसे पतझड़ ने पीला कर दिया हो।

बर्ग गुल (फा० पु०)–गुलाब की पंखड़ी।

बर्ग नौ (फा० पु०)–नया पत्ता, किसलय।

बर्ग सब्ज़ (फा० पु०)–हरा पत्ता।

बर्गो नवा (फा० पु०)–खाने-पीने की सामग्री, जीवन व्यतीत करने के साधन।

बर्गोबार (फा० पु०)–फल और पत्ते, फल-फूल।

बर्ज़ (फा० पु०)–कृषि, सुंदरता, शोभा।

बर्द:फ़रोश (तु० फा० वि०)–मनुष्यों का क्रय-विक्रय करने वाला।

बर्द (अ० पु०)–शीत, ठंड।

बर्फ़ (फा० वि०)–जमा हुआ पानी, हिम, पाला, तुषार।

बर्फ़पोश (फा० वि०)–हिमाच्छादित।

बर्फ़ फ़रोश (फा० वि०)–बर्फ़ बेचने वाला।

बर्फ़ानी (फा० वि०)–बर्फ़ जैसी ठंडी, बर्फ़ीली।

बर्बरीयत (अ० स्त्री०)–अत्याचार, अन्याय।

बर्म: (फा० पु०)–लकड़ी में छेद करने का यंत्र।

बलंद (फा० वि०)–उच्च, प्रतिष्ठित, महान्, अधिक।

बलंद इक़्बाल (फा० अ० वि०)–तेजस्वी।

बलंद ख़याली (फा० अ० स्त्री०)–ऊँचे विचार।

बलंदतर (फा० वि०)–उच्चतर।

बलंदतरीन (फा० वि०)–उच्चतम।

बलंदनज़र (फा० अ० वि०)–उच्च-दर्शी उच्चाशय।

बलंदनज़री (फा० अ० स्त्री०)–दृष्टि का ऊँचा होना।

बलंदपरवाज़ी (फा० स्त्री०)–ऊँची उड़ान, आशय का उच्च होना।

बलंद पाय: (फा० वि०)–बड़े पद वाला, बड़ी प्रतिष्ठा वाला।

बलंदबख़्त (फा० वि०)–सौभाग्य-शाली, भाग्यवान्।

बलंदहिम्मत (फा० अ० वि०)–उच्चोत्साही।

बलंदी (फा० स्त्री०)–ऊँचाई, महत्त्व, श्रेष्ठता ।

बलंदोपस्त (फा० पु०)–ऊँचा-नीचा, ऊँच-नीच ।

बला (अ० स्त्री०)–विपत्ति, दैवी आपत्ति, प्रेतबाधा, दुष्ट, शरीर, धूर्त, मुसीबत, भयानक, बहुत अधिक ।

बलाए नागहानी (फा० स्त्री०)–अचानक आने वाली मुसीबत ।

बलाग़त (अ० स्त्री०)–गद्य या पद्य की वह शैली जिसमें अलंकारादि का प्रयोग चमत्कारपूर्ण किया जाए, साहित्य की आलंकारिक शैली ।

बल्कि (अ० फा० अव्य०)–अपितु, वरन् ।

बल्ग़म (अ० पु०)–एक धातु, श्लेष्मा ।

बल्वा (अ० पु०)–उपद्रव, विद्रोह, दंगा, अशांति ।

बशरीयत (अ० स्त्री०)–मानवता ।

बशर्ते कि (फा० अ० अव्य०)–शर्त यह है कि ।

बशीर (अ० वि०)–शुभ सूचना सुनाने वाला ।

बसंद (फा० वि०)–पर्याप्त, प्रचुर ।

बस (फा० वि०)–पर्याप्त, अधिक, केवल ।

बसबब (फा० अ० अव्य०)–कारण से ।

बसबीले ज़िक्र (फा० अ० अव्य०)–ज़िक्र अथवा चर्चा चलने पर ।

बसर (अ० स्त्री०)–दृष्टि ।

बसर (फा० स्त्री०)–गुज़ार, गुजर, जीवन-निर्वाह ।

बसराहत (फा० अ० अव्य०)–स्पष्टतापूर्वक ।

बसाअ़ते सईद (फा० अ० अव्य०)–शुभ मुहूर्त में ।

बसारत (अ० स्त्री०)–दृष्टि, नज़र ।

बसीरत (अ० स्त्री०)–दिल की नज़र, प्रतिभा ।

बस्तः (फा० वि०)–बंधा हुआ, गाँठ ।

बस्तःकमर (फा० वि०)–तैयार, कमर बाँधे हुए ।

बहद्दे (फा० अ० अव्य०)–इस हद तक, यहाँ तक, इतना ।

बहद्दे कि (फा० अ० अव्य०)–यहाँ तक कि, इतना कि, इतना तक हुआ कि ।

बहमःवुजूह (फा० अ० अव्य०)–पूरे तौर पर, पूर्णतया ।

बहमः सिफ़त मौसूफ़ (फा० अ० वि०)–सर्वगुण संपन्न ।

बहम (फा० वि०)–परस्पर, मिलकर, एक साथ, साथ होकर ।

बहमदीगर (फा० वि०)–परस्पर, एक-दूसरे के साथ ।

बहमरसानी (फा० स्त्री०)–एकत्र करना, तलाश करके लाना ।

बहरउन्वान (फा० अ० वि०)–हर प्रकार से, जैसे बने तैसे, पूरे तौर से, पूर्णतया ।

बहरतक़्दीर (फा० अ० वि०)–हर प्रकार से, हर अवस्था में ।

बहरतौर (फा० अ० वि०)–हर प्रकार से ।

बहरसूरत (फा० अ० वि०)–हर तरह से ।

बहरहाल (फा० अ० वि०)–हर प्रकार से, जैसे बने वैसे ।

बहा (फा० पु०)–मूल्य, अच्छाई ।

बहादुर (तु० वि०)–वीर, सूरमा ।

बहादुरानः (तु० फा० वि०)–वीरोचित ।

बहादुरी (तु० वि०)–वीरता ।

बहानः (फा० पु०)–टालमटोल, छल, धोखा।

बहानःजू (फा० वि०)–जो ढूँढ़-ढूँढ़ कर बहाने तलाश करे।

बहानःबाज़ी (फा० स्त्री०)–बहाने बनाना।

बहारे बेखज़ाँ (फा० स्त्री०)–वह बहार, जिसमें पतझड़ न हो।

बहाल (फा० अ० वि०)–रोग-मुक्त, पुर्नानियुक्त, खुश।

बहाली (फा० अ० वि०)–नीरोगिता, पुर्नानियुक्ति, खुशी।

बहीरः (अ० पु०)–छोटा समुद्र।

बहुक्म (फा० अ० अव्य०)–आज्ञानुसार।

बह्र (अ० स्त्री०)–शेर का वज़न, छंद।

बह्र (अ० पु०)–समुद्र, महासागर।

बह्र (फा० अव्य०)–लिए, प्रति।

बह्रियः (अ० पु०)–जलसेना।

बह्री (अ० वि०)–समुद्रीय, समुद्र संबंधी।

बह्रे खुदा (फा० अव्य०)–ईश्वर के लिए।

बह्स (अ० स्त्री०)–वाद-विवाद।

बह्सतलब (अ० वि०)–जिसमें तर्क-वितर्क की आवश्यकता हो।

बाँग (फा० स्त्री०)–स्वर, आवाज़। नमाज़ की अजान, मुर्गे की बोली।

बाँगे अज़ाँ (फा० अ० स्त्री०)–अजान की आवाज़, अजान।

बाअदब (फा० अ० वि०)–शिष्ट।

बाअसर (फा० अ० वि०)–प्रभावशाली।

बाइख़्तियार (फा० अ० वि०)–प्राप्ताधिकार।

बाइत्मीनान (फा० अ० वि०)–विश्वस्त, विश्वासपात्र, ईमानदार।

बाइस (अ० पु०)–कारण, हेतु, मूल कारण।

बाइसे इफ़्तिराक़ (अ० पु०)–फूट का कारण।

बाइसे ख़ुशी (अ० फा० पु०)–हर्ष का कारण।

बाइसे तबाही (अ० फा० पु०)–नाश का कारण।

बाइसे परवरिश (अ० फा० पु०)–कृपा का कारण।

बाइसे फ़ख़्र (अ० पु०)–गर्व का कारण।

बाइसे मर्हमत (अ० पु०)–अनुकंपा और दया का कारण।

बाइस्तः (फा० वि०)–योग्य, उत्तम।

बाइस्ते'दाद (फा० अ० वि०)–विद्वान्, पंडित।

बाइस्मत (फा० अ० वि०)–सती, साध्वी।

बाईमान (फा० अ० वि०)–धर्मनिष्ठ, ईमानदार।

बाएतिबार (फा० अ० वि०)–विश्वास के योग्य।

बाएहतियाज (फा० अ० वि०)–ज़रूरतमंद।

बाएहसास (फा० अ० वि०)–स्वाभिमानी।

बाक़ाइदः (वि० फा०)–क़ाइदे से, क्रम से।

बाकमाल (फा० अ० वि०)–गुणवान्, हुनरमंद।

बाकिरः (अ० स्त्री०)–कुमारी, लड़की।

बाक़िर (अ० पु०)–सिंह, शेर।

बाक़ी (अ० स्त्री०)–शेष, बचा हुआ,

अनश्वर, हमेशा रहने वाला, जो रक़म अदा होने को हो।

बाक़ीदार (अ० फा० वि०)–जिसके जिम्मे कर्ज़ बाक़ी हो।

बाख़बर (फा० अ० वि०)–सचेत, सतर्क, अभिज्ञ।

बाख़बरी (फा० अ० स्त्री०)–सतर्कता, अभिज्ञता, जानकारी।

बाख़्तर (फा० पु०)–पूर्व दिशा।

बाग़ (फा० पु०)–उद्यान, वाटिका।

बाग़चः (फा० पु०)–छोटा बाग़, फुलवारी।

बाग़पैरा (फा० वि०)–माली।

बाग़बाग़ (फा० वि०)–अति आनंदित।

बाग़बान (फा० पु०)–माली।

बाग़बानी (फा० स्त्री०)–माली का काम।

बाग़ी (अ० वि०)–विद्रोही, अवज्ञाकारी।

बाग़े अद्न (फा० अ० पु०)–स्वर्ग।

बाग़े रिज़्वाँ (फा० अ० पु०)–स्वर्ग।

बाग़ैरत (फा० अ० वि०)–स्वाभिमानी, लज्जावान।

बाग़ोबहार (फा० स्त्री०)–शोभायमान।

बाचश्मेतर (फा० अव्य०)–आँखों में आँसू डबडबाते हुए।

बाज (फा० पु०)–महसूल, चौथ।

बाज (फा० पु०)–एक प्रसिद्ध पक्षी, श्येन, पुनः, फिर।

बा'ज (अ० वि०)–कतिपय, चंद, कोई-कोई।

बाज़पुर्स (फा० स्त्री०)–पूछगछ।

बाज़मानत (फा० अ० वि०)–ज़मानत के साथ, जिसके साथ ज़मानत भी देना पड़े।

बाजमाल (फा० अ० वि०)–रूपवान, सुंदर।

बाज़याफ़्तः (फा० वि०)–फिर पाया हुआ।

बाज़राए (फा० अ० वि०)–साधन-संपन्न।

बाज़ार (फा० पु०)–हाट, बाज़ार।

बाज़ारी (फा० वि०)–बाज़ार का, बाज़ार से संबंध रखने वाला, लोफ़र, कमीना, यदि स्त्री के लिए हो तो वेश्या।

बाज़ारे हुस्न (फा० अ० पु०)–चकला।

बाजी (तु० स्त्री०)–बड़ी बहन, आपा।

बाज़ी (फा० स्त्री०)–कौतुहल, तमाशा, खेल, शर्त, शर्त पर लगाया हुआ रुपया, धोखा, छल, ताश, शतरंज आदि का एक बार का खेल।

बाज़ीगर (फा० वि०)–कौतुकी, तमाशा करने वाला।

बाज़ीगरी (फा० स्त्री०)–कौतुक दिखाना, खेल-तमाशे करना।

बाज़ू (फा० पु०)–भुजा, बाहु, बाँह, चिड़ियों के डैने जिनमें पंख लगते हैं, सहायता, बल, ज़ोर।

बाज़ूशिकन (फा० वि०)–शक्तिशाली।

बाज़ूशिकस्त (फा० वि०)–भग्नबाहु, बेबस, लाचार, जिसकी भुजाएँ टूट गई हों।

बाज़ौक़ (फा० अ० वि०)–रसिक, सहृदय।

बातद्बीर (फा० वि०)–प्रवीण, कुशल।

बातनख़्वाह (फा० वि०)–जिसे वेतन दिया जाता हो।

बातमीज़ (फा० अ० वि०)–शिष्ट, सभ्य।

बातर्जमः (फा० अ० वि०)–जिस मूल पुस्तक के साथ उसका अनुवाद भी हो, सटीक, सानुवाद।

बातर्तीब (फा० अ० वि०)–क्रम से लगा हुआ, क्रमबद्ध।

बातहज़ीब (फा० अ० वि०)–सभ्य, शिष्ट।

बातिन (अ० पु०)–मन, अंतर, भीतर।

बातिल (अ० वि०)–असत्य, झूठ, व्यर्थ, निकम्मा।

बातिलपरस्त (अ० फा० वि०)–जो सत्यता का पालन न करके असत्यता को अपना ध्येय बनाए।

बादः (फा० स्त्री०)–मदिरा, मद्य, सुरा।

बादःआशाम (फा० वि०)–शराब पीने वाला, मद्यप।

बादःफ़रोशी (फा० स्त्री०)–शराब बेचना, मद्य-व्यवसाय।

बाद (फा० वि०)–हवा, घमंड, आशीर्वाद। (प्रत्य०) हो, रहो।

बा'द (अ० वि०)–पश्चात्, उपरांत, पीछे।

बा'दअज़ाँ (फा० वि०)–तत्पश्चात्, इसके बाद।

बादए इश्क़ (फा० अ० स्त्री०)–प्रेम-मदिरा।

बाददस्ती (फा० स्त्री०)–अपव्यय, दरिद्रता।

बादरफ़्तार (फा० वि०)–वायुवेग।

बादरफ़्तारी (फा० स्त्री०)–हवा की भाँति तेज़ चलना।

बादशाह (फा० पु०)–शासक, नरेश, राजा।

बादशाही (फा० स्त्री०)–शासन, राज्य, राष्ट्र।

बादाम (फा० पु०)–एक प्रसिद्ध मेवा।

बादामी (फा० वि०)–बादाम का रंग।

बादियः (अ० तु० पु०)–वन, जंगल, बड़ा प्याला।

बादी (अ० वि०)–व्यक्त, शुरू करने वाला।

बादे ख़ज़ाँ (फा० स्त्री०)–पतझड़ की ऋतु की हवा।

बादे बहार (फा० स्त्री०)–वसंत ऋतु की सुगंधित और शीतल वायु।

बादे सबा (फा० स्त्री०)–सवेरे की पुर्वा हवा।

बा पर्हेज़ (फा० वि०)–परहेज़ करने वाला।

बाब (फा० अ० पु०)–योग्य, संबंध, द्वार, परिच्छेद।

बाबत (फा० स्त्री०)–वास्ते, लिए, संबंध में।

बाबर (तु० पु०)–(तुर्की में बाबुर) प्रसिद्ध बादशाह जो हुमायूँ का बाप था।

बाबा (अ० पु०)–पिता, दादा, नाना, सरदार।

बाम (फा० पु०)–छत, अटारी।

बामजः (फा० वि०)–स्वादिष्ट।

बामज़ाक (फा० अ० वि०)–परिहास-प्रिय, विनोदी, रसिक।

बारः (फा० पु०)–घेरा, प्राचीर, बार, संबंध।

बार (फा० स्त्री०)–बोझ, भार, आज्ञा।

बारगाह (फा० स्त्री०)–दरबार, राजमहल, कचहरी।

बारबर (फा० वि०)–बोझ ले जाने वाला, बोझ ढोने वाला।

बारबरदार (फा० वि०)–बोझ उठाने-वाला, भार-वाहक।

बारयाबी (फा० स्त्री०)–रसाई, पहुँच।

बारहा (फा० वि०)–बहुधा, प्राय:।

बाराने रहमत (फा० अ० पु०)–लाभ-दायक वर्षा।

बारिश (फा० स्त्री०)–वर्षा, वर्षा-काल, वर्षा-जल।

बारी (अ० पु०)–खुदा, स्रष्टा, (फा०)–नौबत, पारी।

बारीक (फा० वि०)–महीन, पतला, सूक्ष्म, गूढ़।

बारीकी (फा० वि०)–पतलापन, सूक्ष्मता, जटिलता, गूढ़ता।

बारूद (फा० स्त्री०)–शोरा, श्वेतक्षार; गंधक और शोरे का मिश्रण; अग्नि-चूर्ण।

बारूदी (फा० वि०)–बारूद-संबंधी, बारूद की।

बारे अज़ीम (फा० अ० पु०)–बहुत बड़ा बोझ, बहुत बड़ी ज़िम्मेदारी।

बारे क़र्ज़ (फा० अ० पु०)–ऋण का बोझ।

बारे गुनाह (फा० पु०)–गुनाहों का बोझ, पाप-भार।

बाल (फा० पु०)–कंधे से उँगलियों तक, डैना, पर।

बाल (अ० पु०)–प्राण, दशा, सुख, श्रेष्ठता।

बाला (फा० वि०)–ऊँचा, देह आगे।

बालाई (फा० वि०)–ऊपर वाला, मूल के अतिरिक्त, मलाई।

बालाए ताक़ (फा० वि०)–पृथक्, अलग, जिससे कोई संबंध न हो।

बालाओपस्त (फा० पु०)–ऊँच-नीच, नीचा-ऊँचा।

बालादस्त (फा० वि०)–श्रेष्ठ, प्रतिष्ठित, उच्च।

बालानशीं (फा० वि०)–मान्य, पूज्य, प्रतिष्ठित।

बालावपस्त (फा० वि०)–ऊँचा-नीचा, ऊँच-नीच, पृथ्वी और आकाश।

बालिग़ (अ० वि०)–वयस्क, वय: प्राप्त।

बालिग़ नज़र (अ० वि०)–अनुभवी, परिपक्व, मर्मज्ञ।

बालिश (फा० पु०)–तकिया, सिर-हाना।

बालिश्त (फा० पु०)–तकिया, नौ इंच की नाप।

बालीं (फा० स्त्री०)–तकिया, उपा-धान।

बावक़ार (फा० अ० वि०)–प्रतिष्ठित, सम्मानित, श्रेष्ठ।

बावफ़ा (फा० अ० वि०)–स्वामिभक्त, आज्ञानुयायी।

बावरची (फा० पु०)–रसोइया, पाचक।

बावरचीख़ान: (फा० पु०)–पाक-शाला, भोजनशाला।

बावरचीगरी (फा० स्त्री०)–रसोइया का काम।

बावुजूद (फा० अ० अव्य०)–यद्यपि।

बावुजूदे कि (फा० अ० अव्य०)–यद्यपि, अगरचे।

बाशिंदः (फा० पु०)–निवासी, रहने वाला।

बाशुऊर (फा० अ० वि०)–बुद्धिमान, शिष्ट।

बासलीक़ः (फा० अ० वि०)–शिष्ट, जिसे चीज़ों को ढंग से रखने और काम को शिष्टतापूर्वक करने की आदत हो।

बाहमी (फा० वि०)–पारस्परिक, आपस का।

बाहवास (फा० अ० वि०)–सचेत, जो होशोहवास में हो।

बाहैसियत (फा० अ० वि०)–प्रतिष्ठित, सम्मानित, समर्थ।

बिंते आदम (अ० स्त्री०)–आदम की पुत्री, यानी नारी वर्ग।

बिज़ाअत (अ० स्त्री०)–सामर्थ्य, पूंजी।

बित्तर्तीब (अ० वि०)–क्रमवार।

बिना (अ० स्त्री०)–नींव, आधार, कारण।

बिनाए ज़ुल्म (अ० स्त्री०)–अत्याचार का प्रारंभ।

बिनाबरं (अ० फा० अव्य०)–इस कारण, इसलिए।

बियाबाँ (फा० पु०)–'बियाबान' का लघु०, कानन, जंगल।

बियाबाँगर्द (फा० वि०)–जंगल में फिरने वाला।

बियाबान (फा० पु०)–वन, कानन, जंगल।

बिर्यानी (फा० स्त्री०)–भुने हुए गोश्त का पुलाव।

बिल इत्तिफ़ाक़ (अ० वि०)–सबकी सम्मति से, सबकी सलाह से।

बिलइरादः (अ० वि०)–निश्चयपूर्वक, इरादे से।

बिलकुल (अ० वि०)–नितांत।

बिलजब्र (अ० वि०)–बलपूर्वक, बलात्।

बिलजुम्लः (अ० अव्य०)–किंबहुना, प्रायः, सर्वथा।

बिलमुक़ाबिल (अ० अव्य०)–सम्मुख, आमने-सामने।

बिला (अ० अव्य०)–बिना, बग़ैर।

बिलाइरादः (अ० अव्य०)–बिना इच्छा के।

बिला उज़्र (अ० अव्य०)–बिना किसी उज़्र के।

बिला ज़मानत (अ० अव्य०)–बिना ज़मानत का, जिसकी ज़मानत न हो सके।

बिला दिक़्क़त (अ० अव्य०)–सुगमतापूर्वक, बिना किसी कठिनाई के।

बिला नाग़ः (अ० तु० अव्य)०–नित्यप्रति, रोज़ाना।

बिला पर्दः (अ० फा० अव्य०)–बिना किसी आड़ के, बिना मुँह ढाँके, बिना गुप्त रूप के।

बिला पसोपेश (अ० फा० अव्य०)–बिना संकोच, बिना किसी दुविधा के।

बिला रूओ रिआयत (अ० फा० वि०)–बिना किसी शील-संकोच के, बिना किसी पक्षपात के।

बिला वज्ह (अ० अव्य०)–अकारण।

बिला शको शुब्हः (अ० वि०)–निःसंदेह, निःसंशय।

बिला सबब (अ० अव्य०)–अकारण।

बिल्लौर (अ० पु०)–एक कीमती शीशा, स्फटिकमणि।

बिसात (अ० स्त्री०)–बिछौना, स्तर, साहस, सामर्थ्य।

बिसातख़ानः (अ० फा० पु०)–बिसाती

की दुकान।

बिसाती (अ० पु०)–बिसातख़ाने का सामान बेचने वाला।

बिसाते ख़ाक (अ० फा० स्त्री०)–पृथ्वीतल, ज़मीन की सतह।

बिसाते शत्रंज (अ० फा० स्त्री०)–शतरंज खेलने का तख़्ता।

बिस्तर (फा० पु०)–शय्या, बिछौना।

बिस्तरबंद (फा० पु०)–जिस वस्तु में बिस्तर बाँधा जाए, होलडाल।

बिस्मिल (फा० वि०)–आहत, क्षत।

बिस्मिल्लाह (अ० वा०)–क़ुरान की एक आयत, मैं ख़ुदा के नाम से शुरू करता हूँ जो बड़ा दयालु है। इसका प्रयोग प्रायः किसी काम के शुरू करने के समय करते हैं।

बिहिश्त (फा० पु०)–स्वर्ग।

बीनाई (फा० स्त्री०)–आँखों की ज्योति, नज़र।

बीबी (फा० स्त्री०)–भले घर की स्त्री।

बीमार (फा० वि०)–रोगी, रुग्ण, अस्वस्थ।

बीमारी (फा० स्त्री०)–रोग, व्याधि, कोई बुरी लत।

बीमारे इश्क़ (फा० अ० पु०)–प्रेम के रोग का रोगी, आशिक़।

बुख़ार (फा० पु०)–वाष्प, ज्वर, ताप, क्रोध।

बुख़ारी (फा० वि०)–भाप संबंधी, रूसी तुर्किस्तान के नगर, बुखारा का रहने वाला।

बुख़्ल (अ० पु०)–कृपणता।

बुग़ज़ (अ० पु०)–मन ही मन में बढ़ाया गया बैर।

बुज़ (फा० स्त्री०)–बकरी।

बुज़दिल (फा० वि०)–भीरु, डरपोक।

बुज़दिली (फा० स्त्री०)–भीरुता, डरपोकपन।

बुज़ुर्ग (फा० पु०)–श्रेष्ठ, प्रतिष्ठित, वयोवृद्ध, पूर्वज, महात्मा।

बुज़ुर्गी (फा० स्त्री०)–प्रतिष्ठा, मान, बड़ाई।

बुत (फा० पु०)–प्रतिमा, मूर्ति, प्रतिकृति, देवमूर्ति, नायिका।

बुतख़ानः (फा० पु०)–मंदिर, मूर्ति-गृह।

बुततराश (फा० वि०)–मूर्तिकार।

बुततराशी (फा० स्त्री०)–मूर्तिकला, मूर्ति बनाने की विद्या।

बुतपरस्त (फा० वि०)–मूर्ति-पूजक, साकारोपासक।

बुतपरस्ती (फा० स्त्री०)–मूर्तिपूजा।

बुतफ़रोश (फा० वि०)–मूर्ति-व्यवसायी।

बुतशिकन (फा० वि०)–मूर्ति-भंजक।

बुन्याद (फा० स्त्री०)–आधार, नींव, सामर्थ्य, सृष्टि, अस्तित्व, आरंभ, मूल, जड़।

बुन्यादी (फा० वि०)–आधारभूत। प्रारंभिक।

बुरादः (फा० पु०)–लकड़ी या धातु की छीलन, जो खरादने या आरे से चीरने में गिरती है।

बुर्क़ा (अ० पु०)–मुँह छिपाने का एक सिर से पैर तक का चुग़ानुमा वस्त्र, निक़ाब, मुखपट।

बुर्ज (अ० पु०)–गुंबद, मंडप।

बुलंद (फा० वि०)–बलंद, ऊँचा, महान, प्रतिष्ठित।

बुलाक़ (तु० स्त्री०)–नाक के बीच की हड्डी, इसमें पहने जाने वाला

छोटा बुंदा।

बुल्‌बुल (फा० अ०)–एक सुप्रसिद्ध सुरीले स्वर वाला छोटा पक्षी।

बुशारत (अ० स्त्री०)–शुभ संवाद, ख़ुशखबरी।

बुस्ताँ (फा० पु०)–उद्यान, बाग़।

बू (फा० स्त्री०)–गंध, दुर्गंध।

बूतए ख़ाक (फा० पु०)–मानव-शरीर।

बूदोबाश (फा० स्त्री०)–रहन-सहन, निवास।

बूम (फा० पु०)–उल्लू।

बेअक़्ल (फा० अ० वि०)–निर्बुद्धि, मूर्ख।

बेअदबी (फा० अ० स्त्री०)–धृष्टता, अशिष्टता।

बेअमल (फा० अ० वि०)–अकर्मण्य, निकम्मा।

बेअसर (फा० अ० वि०)–निष्फल, अगुणकर।

बेआबरू (फा० वि०)–अपमानित, तिरस्कृत।

बेइंतिहा (फा० अ० वि०)–असीम, अपार।

बेइख़्तियार (फा० अ० वि०)–सहसा, अधिकारहीन।

बेइख़्तियारी (फा० अ० स्त्री०)–विवशता।

बेइज़्ज़ती (फा० अ० स्त्री०)–अपमान, तिरस्कार, निंदा।

बेइल्म (फा० अ० वि०)–विद्याहीन, निरक्षर।

बेईमान (फा० अ० वि०)–बददियानत।

बेईमानी (फा० अ० स्त्री०)–बददियानती।

बेउसूल (फा० अ० वि०)–जिस व्यक्ति का कोई नियम न हो।

बेएतिबारी (फा० अ० स्त्री०)–अविश्वास।

बेऐब (फा० अ० वि०)–निर्दोष, निर्मल।

बेऔलाद (फा० अ० वि०)–निःसंतान।

बेक़द्री (फा० अ० स्त्री०)–अप्रतिष्ठा, अपमान।

बेक़रार (फा० अ० वि०)–व्याकुल, आतुर, उद्विग्न।

बेक़रारी (फा० अ० स्त्री०)–व्याकुलता, बेचैनी, घबराहट।

बेक़रीनः (फा० अ० वि०)–क्रमहीन, असंबद्ध, अशिष्ट।

बेकस (फा० वि०)–दुःखित, पीड़ित, निस्सहाय।

बेकसी (फा० स्त्री०)–दुःख, कष्ट, निःसहायता।

बेक़ाइदः (फा० अ० वि०)–असंबद्ध, नियम-विरुद्ध।

बेक़ाइदगी (फा० अ० स्त्री०)–असंबद्धता, नियम-विरोध।

बेक़ाबू (फा० वि०)–निरंकुश।

बेकार (फा० वि०)–निरुद्यम, जो काम में न लगा हो, व्यर्थ, निरर्थक।

बेकारी (फा० स्त्री०)–काम का अभाव, प्रयोगहीनता, व्यर्थपन।

बेक़ुसूर (फा० अ० वि०)–निरपराध, निर्दोष।

बेख़ (फा० स्त्री०)–मूल, जड़, उद्‌गम।

बेख़कनी (फा० स्त्री०)–उन्मूलन।

बेख़बरी (फा० अ० स्त्री०)–संज्ञाहीनता, सूचना न होना।

बेख़ुदी (फा० स्त्री०)–अचैतन्य, बेखबरी।

बेख़्तः (फा० वि०)–छाना हुआ।

बेख़्वाबी (फा० स्त्री०)–नींद न आना, अनिद्रा।

बेग़म (फा० अ० वि०)–निश्चिंत, जिसे कोई चिंता न हो।

बेग़म (तु० स्त्री०)–श्रीमती, महोदया, पत्नी, बीवी।

बेग़मी (फा० अ० स्त्री०)–निश्चिंतता।

बेग़रज़ी (फा० अ० स्त्री०)–निःस्वार्थता।

बेगानः (फा० वि०)–पराया, अनजान, अपरिचित।

बेगानःवशी (फा० स्त्री०)–बेगानों की भाँति रहना, मेलजोल न रखना।

बेगानगी (फा० स्त्री०)–परायापन, अपरिचय, ज्ञान का न होना।

बेगार (फा० स्त्री०)–वह काम जो ज़बरदस्ती लिया जाए और मज़दूरी न दी जाए।

बेगारी (फा० वि०)–बेगार में काम पर पकड़ा हुआ।

बेगुनाह (फा० वि०)–निर्दोष, निष्पाप।

बेगुनाही (फा० स्त्री०)–निर्दोषता।

बेग़ैरत (फा० अ० स्त्री०)–निर्लज्ज, अस्वाभिमानी।

बेग़ैरती (फा० अ० वि०)–निर्लज्जता।

बेचारः (फा० वि०)–दुखी, निरुपाय, निःसहाय, दरिद्र।

बेचिराग़ (फा० वि०)–दरिद्र, निःसंतान।

बेज़बानी (फा० स्त्री०)–चुप रहना, कोई शिक़ायत आदि न करना।

बेज़रर (फा० अ० वि०)–जिससे कोई हानि न पहुँचे।

बेजा (फा० वि०)–अनुचित, असंगत।

बेजान (फा० वि०)–निर्जीव, निष्प्राण।

बेज़ार (फा० वि०)–विमुख, क्रुद्ध, अप्रसन्न।

बेतकल्लुफ़ी (फा० अ० स्त्री०)–घनिष्ठता, अंतरंगता।

बेतमीज़ (फा० अ० वि०)–अशिष्ट, असभ्य, उद्दंड।

बेतमीज़ी (फा० अ० स्त्री०)–अशिष्टता, उद्दंडता, धृष्टता।

बेतरह (फा० अ० वि०)–बुरी तरह, बहुत अधिक।

बेतर्तीबी (फा० अ० स्त्री०)–कोई क्रम न होना, असंबद्धता।

बेतलब (फा० अ० वि०)–बिना माँगे हुए, बिना बुलाये हुए।

बेतहाशा (फा० अ० वि०)–अचानक, अकस्मात्, सहसा, बहुत अधिक।

बेताक़ती (फा० अ० स्त्री०)–निर्बलता, अशक्ति।

बेताब (फा० वि०)–व्याकुल, बेचैन, अधीर, अशक्त।

बेताबी (फा० स्त्री०)–व्याकुलता, बेचैनी, उत्कंठा।

बेद (फा० पु०)–एक प्रकार की लचीली लकड़ी, वेत्र, बेत।

बेदख़ल (फा० अ० वि०)–अधिकारच्युत।

बेदख़ली (फा० अ० स्त्री०)–कब्जा हट जाना।

बेदम (फा० वि०)–अशक्त, निर्बल।

बेदर्दी (फा० स्त्री०)–निर्दयता।

बेदाग़ (फा० वि०)–जिसमें दाग़

धब्बा न हो, निर्दोष।
बेदानः (फा० वि०)–जिसके अंदर बीज न हो, जैसे बेदाना, अनार।
बेदार (फा० वि०)–जाग्रत, सचेत।
बेदारदिल (फा० वि०)–जाग्रतात्मा, महात्मा।
बेदारी (फा० स्त्री०)–जाग्रति, जागरण।
बेदिरेग़ (फा० वि०)–बिना सोचे-समझे, अंधाधुंध।
बेदिली (फा० स्त्री०)–उदासी।
बेनज़ीर (फा० अ० वि०)–अद्वितीय, अनुपम।
बेनसीबी (फा० अ० स्त्री०)–भाग्यहीनता।
बेनामोनिशाँ (फा० वि०)–गुमनाम।
बेनियाज़ (फा० वि०)–निःस्पृह, स्वच्छंद।
बेनियाज़ी (फा० स्त्री०)–निःस्पृहता, उपेक्षा।
बेपनाह (फा० वि०)–जिससे रक्षा न हो सके।
बेपर्दगी (फा० स्त्री०)–स्त्री का पर्दे में न रहना।
बेपर्वाई (फा० स्त्री०)–निश्चिंतता, भयहीनता।
बेपीर (फा० वि०)–निगुरुआ, निर्दय, निष्ठुर।
बेफ़ाइदः (फा० अ० वि०)–व्यर्थ, वृथा।
बेफ़िक्र (फा० अ० वि०)–निश्चिंत, अभय।
बेफ़िक्री (फा० अ० स्त्री०)–निश्चिंतता, अदूरदर्शिता, निर्भयता।
बेफ़ैज़ (फा० अ० वि०)–अनुपकारी, कंजूस।
बेबाक़ (फा० अ० वि०)–ऋण-मुक्त।
बेबाक (फा० वि०)–धृष्ट, निर्लज्ज।
बेबाकी (फा० अ० स्त्री०)–धृष्टता, निर्लज्जता।
बेबुन्याद (फा० वि०)–निराधार, मिथ्या।
बेमज़ः (फा० वि०)–निःस्वाद नीरस, फीका।
बेमा'नी (फा० अ० वि०)–निरर्थक व्यर्थ, निष्फल।
बेमिसाल (फा० अ० वि०)–अनुपम, अतुल्य।
बेमुरव्वत (फा० अ० वि०)–निष्ठुर, उजड्ड।
बेमुरव्वती (फा० अ० स्त्री०)–दुःशीलता, निर्दयता।
बेमौसिम (फा० अ० वि०)–बिना ऋतु का (फल आदि)।
बेरंग (फा० वि०)–अवर्ण, बदरंग, कुवर्ण।
बेरह्मी (फा० अ० स्त्री०)–निर्दयता, निष्ठुरता।
बेरुख़ी (फा० स्त्री०)–उपेक्षा, विमुखता।
बेरोज़गारी (फा० स्त्री०)–बेकारी, रोज़गार न होना।
बेरौनक़ी (फा० स्त्री०)–शोभा न होना, प्रफुल्लता न होना।
बेलगाम (फा० वि०)–जिसके मुँह में लगाम न हो, निरंकुश, स्वच्छंद।
बेलचः (फा० पु०)–फावड़ा।
बेलुत्फ़ी (फा० अ० स्त्री०)–आनंद का न होना, दिलचस्पी न होना।
बेलौसी (फा० अ० स्त्री०)-निःस्वार्थता, निर्लिप्तता।
बेवः (फा० स्त्री०)–विधवा।

बेवक़्त (फा० अ० वि०)–कुसमय।

बेवजह (फा० अ० वि०)–अकारण।

बेवफ़ाई (फा० अ० स्त्री०)–कृतघ्नता, वचन-भंग।

बेवुक़ूफ़ी (फा० अ० स्त्री०)–मूर्खता, बुद्धिहीनता।

बेश (फा० वि०)–अधिक।

बेशक (फा० अ० वि०)–निःसंदेह, निःशंक।

बेशक़ीमत (फा० अ० वि०)–बहुमूल्य।

बेशर्म (फा० अ० वि०)–निर्लज्ज, स्वाभिमानरहित।

बेशर्मी (फा० अ० स्त्री०)–निर्लज्जता, अस्वाभाविमान।

बेशी (फा० स्त्री०)–अधिकता, वृद्धि।

बेशुऊरी (फा० अ० स्त्री०)–बुद्धिहीनता अविवेक।

बेशुमार (फा० अ० वि०)–असंख्य, बहुत अधिक।

बेसबब (फा० अ० वि०)–अकारण, बिना कारण।

बेसब्री (फा० अ० स्त्री०)–अधीरता, आतुरता।

बेसलीक़ः (फा० अ० वि०)–जो शिष्ट न हो, असभ्य।

बेसाख़्तः (फा० वि०)–सहसा, तुरंत।

बेसुकून (फा० अ० वि०)–अशांत, जिसे शांति न मिले, उद्विग्न, चंचल।

बेसूद (फा० वि०)–निरर्थक, व्यर्थ, निष्फल।

बेहद (फा० अ० वि०)–असीम, अपार।

बेहया (फा० अ० वि०)–निर्लज्ज।

बेहयाई (फा० अ० स्त्री०)–लज्जाहीनता, निर्लज्जता।

बेहाल (फा० अ० वि०)–संज्ञाहीन, मरणासन्न, दुर्दशाग्रस्त।

बेहासिल (फा० अ० वि०)–व्यर्थ, निरर्थक, निष्फल।

बेहिफ़ाजती (फा० अ० स्त्री०)–रक्षा का अभाव, अरक्षा।

बेहिम्मत (फा० अ० वि०)–निरुत्साही।

बेहिम्मती (फा० अ० स्त्री०)–उत्साह का अभाव।

बेहिसाब (फा० अ० वि०)–असंख्य।

बेहुनर (फा० अ० वि०)–निर्गुण, गुणहीन।

बेहुनरी (फा० अ० स्त्री०)–गुण का न होना, निर्गुणता।

बेहुर्मती (फा० अ० स्त्री०)–अपमान, निंदा।

बेहूदः (फा० वि०)–व्यर्थ, निष्प्रयोजन, अशिष्ट, अश्लील, दुश्चरित्र, आवारा।

बेहूदःगो (फा० वि०)–व्यर्थवादी, अश्लील वक्ता।

बेहूदगी (फा० स्त्री०)–अश्लीलता, अशिष्टता।

बेहोश (फा० वि०)–निश्चेष्ट, अचेत, उन्मत्त।

बेहोशी (फा० स्त्री०)–अचेतना, निश्चेष्टता, उन्मत्तता।

बेहोशोहवास (फा० अ० वि०)–जिसकी न अक़्ल ठिकाने हो, न होश, बहुत ही ग़ाफ़िल।

बैअनामः (अ० फा० पु०)–क़ानूनी विक्रय-पत्र।

बैआनः (अ० फा० पु०)–बयाना, साई, मोल-तोल के समय लिया गया पेशगी धन।

बैज़ः (अ० पु०)–अंडा, लोहे की टोपी।

बैंत (अ० पु०)–घर, स्थान, (स्त्री०) एक शेर, दो मिस्रे ।

बैतबाज़ी (अ० फा० स्त्री०)–अंत्याक्षरी ।

बैतुलउलूम (अ० पु०)–विश्वविद्यालय ।

बैतुलखला (अ० पु०)–शौचालय ।

बैतुलमाल (अ० पु०)–वह कोष जिसका धन सार्वजनिक कल्याणों के कामों में खर्च हो ।

बैतुलमुकद्दस (अ० पु०)–यरोशलम, मक्के का प्रसिद्ध स्थान ।

बैतुलहराम (अ० पु०)–खानाए का'ब: ।

बैन (अ० वि०)–बीच, मध्य, दरमियान ।

बैनलअक़्वामी (अ० वि०)–अन्तर्राष्ट्रीय ।

बैनलमुल्की (अ० वि०)–अंतर्देशीय ।

बोरिया (फा० पु०)–खजूर या ताड़ के पत्तों की चटाई ।

बोस: (फा० पु०)–चुंबन ।

बोसीद: (फा० वि०)–चुंबित, सड़ा-गला, फटा-पुराना ।

बोस्ताँ (फा० पु०)–उद्यान, बाग़ ।

बौज़क (फा० स्त्री०)–फफूंदी, श्वेता ।

बौलगाह (अ० फा० स्त्री०)–मूत्रालय ।

म

मंजर (अ० पु०)–दृश्य, क्रीड़ास्थल, दृष्टि का अंत।

मंजरे आम (अ० पु०)–खुली जगह, सार्वजनिक स्थान ।

मंजिल (अ० स्त्री०)–उतरने की जगह, गंतव्ये, लंबी यात्रा।

मंजिले मक़्सूद (अ० स्त्री०)–वह स्थान, जहाँ पहुंचना है, आशय, उद्देश्य ।

मंजिले हस्ती (अ० फा० स्त्री०)–जीवन-यात्रा, आयु, उम्र ।

मंजूम (अ० वि०)–पद्यात्मक, छंदोबद्ध ।

मंजूमात (अ० स्त्री०)–नज़्मों का संग्रह ।

मंजूर (अ० वि०)–दृष्टिगत, दृष्टिगोचर, स्वीकृत ।

मंज़ूरे नज़र (अ० वि०)–प्रिय, प्यारा, कृपापात्र।

मंद (फा० प्रत्य०)–वाला, जैसे—'ज़रूरतमंद', ज़रूरत वाला ।

मंशा (अ० पु०)–उद्देश्य, आशय, अर्थ, इच्छा ।

मंशाए इलाही (अ० पु०)–ईश्वरेच्छा ।

मंसब (अ० पु०)–पद, बड़ी पदवी, अधिकार, कर्त्तव्य ।

मंसबदार (अ० फा० वि०)–पदाधिकारी, उहदेदार ।

मंसबी (अ० वि०)–मंसब वाला, पद-संबंधी ।

मंसूख (अ० वि०)–निरस्त ।

मंसूखी (अ० वि०)–निरसन, रद्द होना ।

मंसूब: (अ० पु०)–संकल्प, इरादा, योजना, इच्छा ।

मंसूब:बंदी (अ० फा० स्त्री०)–इरादा

करना, योजना बनाना, नियोजन।

मंसूर (अ० वि०)–गद्यात्मक लेख, अनबिधा मोती, तितर-बितर, विजयता। एक संत जिसने 'अनलहक़', अहंब्रह्मास्मि, कहा था। और उन्हें कत्ल करा दिया गया था।

मआज़ (अ० वि०)–रक्षा-स्थान, पनाह की जगह।

मआल (अ० पु०)–परिणाम, निष्कर्ष।

मआलअंदेशी (अ० फा० स्त्री०)–परिणामदर्शिता, नतीजा।

मआले बद (अ० फा० पु०)–दुष्परिणाम।

मआश (अ० स्त्री०)–जीविका।

मआशी (अ० वि०)–जीविका-संबंधी।

मआशीयात (अ० स्त्री०)–अर्थशास्त्र।

मए अंगूर (फा० स्त्री०)–द्राक्षासव, अंगूर से बनाई हुई मदिरा।

मए ऐश (फा० अ० स्त्री०)–भोगविलास रूपी मदिरा।

मए हुस्न (फा० अ० स्त्री०)–सौंदर्य-सुरा, रूप-मद।

मक़र (र्र) (अ० पु०)–ठहरने का स्थान। पड़ाव।

मकातिब (अ० पु०)–'मक्तब' का बहु०, प्रारंभिक पाठशालाएँ।

मकातीब (अ० पु०)–'मक्तूब' का बहु०, चिट्ठियाँ, पत्र-समूह जैसे—मकातीब ग़ालिब, ग़ालिब के पत्रों का संग्रह।

मकान (अ० पु०)–गृह, आवास, भवन, सदन, घर।

मक़ाम (अ० पु०)–स्थान, ठहरने की जगह।

मक़ामात (अ० पु०)–'मक़ाम' का बहु०, अनेक स्थान।

मक़ामी (अ० वि०)–स्थानीय।

मक़ाल: (अ० पु०)–निबंध, लेख, शोध प्रबन्ध।

मक़ासिद (अ० पु०)–उद्देश्य समूह, मंशाएँ।

मक़ूल: (अ० पु०)–कथन, बात, कही-हुई बात, सूक्ति।

मक्क: (अ० पु०)–हजरत मुहम्मद साहिब का जन्म-स्थान, यही का'ब: है जहाँ हज होता है।

मक्कारी (अ० स्त्री०)–धूर्तता, चालाकी।

मक्तब (अ० पु०)–पाठशाला, स्कूल।

मक़्तल (अ० पु०)–वध-स्थान।

मक्तूब (अ० पु०)–लिखित, लिखा हुआ, पत्र, चिट्ठी।

मक़्तूल (अ० वि०)–हत, निहत, वधित।

मक्फ़ूल (अ० वि०)–रेहन रखा हुआ, बंधक।

मक़्बर: (अ० पु०)–वह क़ब्र जिस पर गुंबददार भवन बना हो।

मक़्बूल (अ० वि०)–सर्वप्रिय।

मक़्बूलियत (अ० स्त्री०)–सर्वप्रियता, रुचि।

मक्रूह (अ० वि०)–घृणित, भद्दा, इस्लाम धर्म में वह वस्तु जिसका खाना हराम तो न बताया गया हो किन्तु अच्छा न समझा गया हो।

मक्रूहाते, दुन्यवी (अ० पु०)–संसार के झंझट।

मक़्लूब (अ० वि०)–उलटा हुआ, औंधा।

मक़्सद (अ० पु०)–उद्देश्य, आशय।

मख़्ज़न (अ० पु०)–भांडागार, कोष्ठागार, कोषागार, शस्त्रागार।

मख़्ज़ून (अ० वि०)–खज़ाने में रखा

हुआ, रक्षित।

मख़्तूत: (अ० पु०)–प्राचीन हस्त-लिखित पत्र आदि।

मख़्दूम (अ० वि०)–प्रतिष्ठित व्यक्ति, मान्य, पूज्य।

मख़्दूश (अ० वि०)–भयानक, धूर्त।

मख़्मल (फा० स्त्री०)–एक प्रकार का रंगीन और मुलायम रुएँदार कपड़ा।

मख़्मली (फा० वि०)–मख़्मल का बना हुआ, मख़्मल-जैसा।

मख़्रज (अ० पु०)–उद्‌गम, नदी के निकलने का स्थान।

मख़्रूत (अ० वि०)–खराद किया हुआ, छीला हुआ।

मख़्लूक़ (अ० स्त्री०)–उत्पन्न, जनित, संसार, मनुष्य।

मख़्लूक़ात (अ० स्त्री०)–सृष्टि के जीव आदि।

मख़्लूत (अ० वि०)–मिश्रित, मिला-जुला।

मख़्सूस (अ० वि०)–प्रमुख, विशिष्ट।

मगर (फा० अव्य०)–परंतु, लेकिन।

मगस (फा० स्त्री०)–मक्खी।

मगसराँ (फा० वि०)–चँवर, मोरछल, मक्खियाँ उड़ाने वाला।

मगसरानी (फा० स्त्री०)–मोरछल झलना, मक्खियाँ उड़ाना।

मग़ार (फा० पु०)–गुफा, कंदरा।

मग़्ज़ (फा० पु०)–मस्तिष्क, सार, तत्त्व, बुद्धि, निष्कर्ष।

मग़्मूम (अ० वि०)–दुखित।

मग़्रिब (अ० पु० –पश्चिम।

मग़्रिबपरस्त (अ० फा० वि०)–जो हर बात में यूरोप को ही मान्यता देता हो।

मग़्रिबी (अ० वि०)–पश्चिमी, पाश्चात्य, यूरोप का।

मग़्रूर (अ० वि०)–अहंकारी, घमंडी।

मग़्लूब (अ० वि०)–पराजित, परास्त, अधीन।

मग़्शूश (अ० वि०)–मिलावट वाली वस्तु।

मज़: (फा० पु०)–स्वाद, आनंद।

मज़:दार (फा० वि०)–स्वादिष्ट, उल्लासपूर्ण।

मज़र्रत (अ० स्त्री०)–हानि।

मज़र्रतदेह (अ० फा० वि०)–हानि-दायक, हानिकारक।

मज़ाक (अ० पु०)–परिहास, मनो-विनोद, सुरुचि, सहृदयता।

मज़ाकिय: (अ० वि०)–परिहासपूर्ण।

मज़ाके अदब (अ० पु०)–साहित्य-रसिकता।

मज़ाके शे'र (अ० पु०)–काव्य-रसिकता।

मज़ाज़ी (अ० वि०)–भौतिक।

मज़ामीन (अ० पु०)–'मज़्मून' का बहु०, लेख-समूह।

मज़ार (फा० पु०)–किसी पीर फ़क़ीर की क़ब्र।

मजाल (अ० स्त्री०)–शक्ति, बल, साहस, सामर्थ्य।

मज़ालिम (अ० पु०)–'मज़्लम:' का बहु०, अत्याचार।

मजालिस (अ० स्त्री०)–'मज्लिस', का बहु०, सभाएँ।

मज़ाहिब (अ० पु०)–'मज़्हब' का बहु०, धर्म-समूह।

मजीद (अ० वि०)–पूज्य, मान्य, प्रतिष्ठित।

मज़ीद (अ० वि०)–अतिरिक्त, अधिक, और भी, फालतू।

मज़्कूर: (अ० वि०)–कही हुई बात।
मज़्कूरएबाला (अ० फा० वि०)–उपर्युक्त।
मज्ज़ूब (अ० वि०)–तल्लीन, वह संत जो देखने वालों के लिए बावला हो परंतु ब्रह्मलीन हो।
मज़्दूर (अ० फा० पु०)–श्रमिक।
मज़्दूरी (फा० स्त्री०)–मेहनत, श्रम।
मज्नूँ (अ० वि०)–विक्षिप्त, प्रसिद्ध आशिक़, बहुत दुबला, पागल।
मज़्बह (अ० पु०)–वधभूमि, स्लाटर हाउस।
मज़्बूत (अ० वि०)–दृढ़, पुष्ट, पक्का, स्थायी।
मज्बूरी (अ० वि०)–विवशता, लाचारी।
मज्मा (अ० पु०)–भीड़, जमाव, गोष्ठी।
मज्मूई (अ० वि०)–सामूहिक।
मज़्मून (अ० पु०)–निबंध, लेख, विषय।
मज़्मूननिगार (अ० फा० वि०)–मज़्मून नवीस, लेखक, निबंधकार।
मज्रूह (अ० वि०)–घायल, क्षत।
मज्लिस (अ० स्त्री०)–सभा, गोष्ठी, समिति, संघ।
मज़्लूम (अ० वि०)–अत्याचार, पीड़ित।
मज़्हक़: (अ० पु०)–हँसी, निंदा।
मज़्हब (अ० पु०)–धर्म, दीन, मत।
मतब (अ० पु०)–चिकित्सा करने का स्थान।
मताअ' (अ० उभ०)–पूँजी, संपत्ति।
मतीन (अ० वि०)–गंभीर, धीर।
मत्न (अ० पु०)–पुस्तक का मूल लेख, जिसकी टीका की जाए, बीच, मध्य।
मत्बख़ (अ० पु०)–सरोईघर।
मत्बा (अ० पु०)–मुद्रणशाला, यंत्रालय।
मत्बूअ: (अ० वि०)–मुद्रित, छपी हुई।
मत्लब (अ० वि०)–उद्देश्य, अर्थ, प्रयोजन, इच्छा।
मत्लबपरस्ती (अ० फा० स्त्री०)–स्वार्थपरायणता।
मत्लबी (अ० वि०)–स्वार्थी, स्वार्थपरायण।
मत्ला' (अ० पु०)–ग़जल का पहला शे'र जिसके दोनों मिस्रे सानुप्राण हों।
मत्लूब: (अ० वि०)–वांछित वस्तु, प्रेमिका।
मदद (अ० फा० स्त्री०)–सहायता, पक्षपात, आश्रय, सहारा।
मददगार (अ० फा० वि०)–सहायक, पक्षपाती, आश्रयदाता।
मदारिस (अ० पु०)–'मद्रस:' का बहु०, पाठशालाएँ।
मदीन: (अ० पु०)–अरब का एक प्रसिद्ध नगर।
मदीह (अ० वि०)–प्रशंसा, तारीफ़।
मद्दाह (अ० वि०)–प्रशंसक।
मद्दे नज़र (अ० वि०)–मनोवांछित, जो दृष्टि के सामने हो।
मद्दे मुक़ाबिल (अ० पु०)–प्रतिद्वंद्वी, विपक्ष, शत्रु।
मद्फ़न (अ० वि०)–भूमि में गाड़ा हुआ, (आदमी या धन आदि), गुप्त।
मद्यून (अ० वि०)–ऋणी।
मद्होश (फा० वि०)–बेसुध, उन्मत्त, नशे में चूर।
मद्होशी (फा० स्त्री०)–बेसुधपन,

निश्चेष्टता।

मनाज़िल (अ० स्त्री०)–'मंज़िल' का बहु०, मंज़िलें।

मनाज़िले क़मर (अ० स्त्री०)–नक्षत्र, जिनकी संख्या 27 है।

मनी (फा० वि०)–ममत्व, अहंकार।

मनी (अ० स्त्री०)–धातु, वीर्य।

मनीयत (अ० स्त्री०)–मृत्यु, मरण।

मन्क़ूलः (अ० वि०)–एक स्थान से दूसरे स्थान पर ले जाई हुई चीज़, प्रतिलिपित।

मन्क़ूल (अ० वि०)–एक स्थान से हटाकर दूसरी जगह पहुँचाया हुआ, नक़्ल किया हुआ, प्रतिलिपित।

मन्कूह (अ० पु०)–विवाहित।

मन्हूस (अ० वि०)–अशुभ, अनिष्ट।

मन्हूससूरत (अ० वि०)–जिसकी सूरत देखनी अनिष्टकर हो।

मफ़ाद (अ० पु०)–लाभ, फ़ाइदा, नफ़ा।

मफ़ादात (अ० पु०)–फाइदे, लाभ।

मफ़ादे क़ौमी (अ० पु०)–जाति की भलाई, जाति-हित, देशहित।

मफ़ादे मुल्की (अ० पु०)–देशहित।

मफ़्क़ूद (अ० वि०)–अप्राप्य, गुम।

मफ़्तूह (अ० वि०)–जो विजित किया गया हो।

मफ़्रूज़ः (अ० पु०)–काल्पनिक।

मफ़्लूक (अ० वि०)–दरिद्र, दुर्दशा-ग्रस्त।

मफ़्लूज (अ० वि०)–पक्षाघाती।

मफ़्हूम (अ० पु०)–उद्देश्य, अर्थ, सारांश।

मब्लग़े इल्म (अ० पु०)–विद्या की मात्रा, विद्वत्ता।

ममालिक (अ० पु०)–बहुत से देश या राष्ट्र।

मम्नूअ (अ० वि०)–निषिद्ध।

मम्नून (अ० वि०)–कृतज्ञ, आभारी, अनुगृहीत।

मरज़ (अ० पु०)–रोग, व्याधि, बीमारी।

मरम्मत (अ० स्त्री०)–जीर्णोद्धार, टूटी-फूटी चीज़ की दुरुस्ती।

मरम्मततलब (अ० वि०)–जिसमें मरम्मत की आवश्यकता हो।

मराकिज़ (अ० पु०)–'मर्कज़' का बहु०, बहुत से केन्द्र।

मरीज़ः (अ० स्त्री०)–रोगिणी, बीमार स्त्री।

मर्कज़ (अ० पु०)–केन्द्र, मुख्यालय, राजधानी।

मर्कज़ी (अ० वि०)–केन्द्रीय, केन्द्र से संबंधित।

मर्क़ूमः (अ० वि०)–लिखित, लिखा हुआ।

मर्क़ूम (अ० वि०)–लिखित, लिखा हुआ।

मर्ग (फा० स्त्री०)–मृत्यु, मरण।

मर्ग़ूब (अ० वि०)–रुचिकर, मनो-वांछित।

मर्गे नागहाँ (फा० स्त्री०)–वह मृत्यु जो अचानक हो जाए।

मर्ज़बान (फा० वि०)–कृषक, कृषि-कार।

मर्ज़बानी (फा० स्त्री०)–कृषि-कर्म।

मर्ज़ी (अ० स्त्री०)–इच्छा, स्वीकृति, आज्ञा, आदेश।

मर्तबः (अ० पु०)–पद, वर्ग, श्रेणी, प्रतिष्ठा।

मर्द (फा० पु०)–मनुष्य, पुरुष, नर, साहसी।

मर्दानः (फा० वि०)–मर्दों की तरह, मर्दों जैसा।

मर्दानगी (फा० स्त्री०)–पुरुषत्व, साहस।

मर्दुम (फा० पु०)–मनुष्य, आदमी।

मर्दुम आज़ार (फा० वि०)–अत्याचारी।

मर्दुमज़न (फा० वि०)–वधिक, जल्लाद।

मर्दुम-शनास (फा० वि०)–अच्छे-बुरे आदमी की परख रखने वाला।

मर्दुमशुमारी (फा० स्त्री०)–जनगणना।

मर्दुमी (फा० स्त्री०)–पुरुषत्व, मानवतः, वीरता, सहृदयता।

मर्दूद (अ० वि०)–बहिष्कृत, तिरस्कृत।

मर्दे ख़ुदा (फा० पु०)–सदात्मा, ईश्वर-भक्त।

मर्बूत (अ० वि०)–क्रमबद्ध, प्रसंग-युक्त।

मर्मर (फा० पु०)–सफेद पत्थर।

मर्यम (अ० स्त्री०)–पैग़म्बर ईसा की माता।

मर्वः (अ० पु०)–मक्के की एक पहाड़ी।

मर्हबा (अ० स्त्री०)–धन्य, साधु, प्रशंसासूचक।

मर्हम (फा० पु०)–घाव पर लगाने का लेप।

मर्हूमः (अ० स्त्री०)–दिवंगता, स्वर्गीया।

मर्हूम (अ० पु०)–स्वर्गीय, दिवंगत।

मलंग (फा० पु०)–आज़ाद फ़क़ीर, निश्चित व्यक्ति।

मलक (अ० पु०)–देवता, फ़िरिश्ता।

मलामत (अ० स्त्री०)–डाँट-डपट, निंदा।

मलाल (अ० पु०)–दुःख, वैमनस्य, पश्चात्ताप।

मलाहत (अ० स्त्री०)–लावण्य, सौंदर्य, नमकीनी।

मलिकः (अ० स्त्री०)–रानी, महारानी, बादशाह की बेगम।

मलिक (अ० पु०)–राजा, शासक, सम्राट्।

मलीदः (अ० पु०)–चूरमा।

मल्लाह (अ० पु०)–नाविक।

मवाइज़ (अ० पु०)–धर्म-संबंधी उपदेश।

मवाशी (अ० पु०)–चौपाए।

मशक़्क़त (अ० स्त्री०)–कष्ट, दुःख, श्रम, मज़दूरी।

मशाहीर (अ० पु०)–'मशहूर' का बहु०, महान् व्यक्ति।

मशाइख़ (अ० पु०)–'शैख़' का बहु०, पीरलोग, सूफ़ी।

मशाहीरे आलमः (अ० पु०)–संसार के महान् व्यक्ति।

मशीयत (अ० स्त्री०)–ईश्वरेच्छा, दैवशक्ति।

मश्क (फा० स्त्री०)–पानी भरने की चमड़े की खाल।

मश्कूक (अ० वि०)–संदिग्ध।

मश्कूर (अ० वि०)–जिसका शुक्रिया अदा किया जाए, प्रशंसित।

मश्क़े सुख़न (अ० फा० स्त्री०)–काव्य-रचना का अभ्यास।

मश्गूल (अ० वि०)–संलग्न, प्रवृत्त।

मश्गूलियत (अ० स्त्री०)–संलग्नता, प्रवृत्ति, तल्लीनता।

मश्रिक़ (अ० पु०)–पूर्व, उदयाचल।

मश्रिक़ी (अ० वि०)–पूर्वीय, पूरब का।

मश्रिक़ीयात (अ० स्त्री०)–एशियाई संस्कृति और सभ्यता से संबंधित विज्ञान।

मश्वरः (अ० पु०)–सलाह, परामर्श।

मशहूर (अ० वि०)–ख्याति प्राप्त, प्रसिद्ध, विख्यात।

मसर्रत (अ० स्त्री०)–हर्ष, आनंद।

मसर्रते क़ल्बी (अ० स्त्री०)–हार्दिक आनंद।

मसल (अ० स्त्री०)–लोकोक्ति, कहावत।

मसलन (अ० अव्य०)–जैसे, मानो, उदाहरणार्थ।

मसाइब (अ० पु०)–'मुसीबत' का बहु०, कठिनाइयाँ।

मसाइल (अ० पु०)–समस्याएँ।

मसीह (अ० पु०)–हजरत ईसा, ख्रीष्ट।

मसीही (अ० वि०)–ईसाई।

मस्अलः (अ० पु०)–समस्या, विषय, पेचीदा मुआमला।

मस्अद (अ० वि०)–कल्याणकर, इष्ट।

मस्कः (फा० पु०)–मक्खन, नवनीत।

मस्कून (अ० वि०)–आबाद, वसित।

मस्ख़रः (अ० पु०)–हँसोड़, भाँड, विदूषक।

मस्जिद (अ० स्त्री०)–नमाज़ पढ़ने की जगह।

मस्त (फा० वि०)–मदोन्मत्त, मतवाला, कामातुर, निश्चेष्ट, अचेत, निस्पृह, बहुत अधिक प्रसन्न।

मस्तानः (फा० वि०)–मस्त, मग्न।

मस्ती (फा० स्त्री०)–उन्माद, नशा, कामवेग, ईश्वर-भक्ति का आधिक्य, निश्चेष्टता।

मस्तूल (फा० पु०)– जहाज का वह लम्बा खंभा, जिसमें बादबान (मरुत्पट, झंडा) बाँधा जाता है।

मस्ते अलस्त (फा० अ० वि०)–जो प्रकृति से मस्त हो, जो हर समय मस्त रहता हो।

मस्दर (अ० पु०)–उद्गम, उत्पत्ति-स्थान।

मस्नद (अ० पु०)–तकिया लगाकर बैठने की जगह। बड़ा तकिया।

मस्नदनशीं (अ० फा० वि०)–गद्दीनशीन, तख़्तनशीन।

मस्नवी (अ० स्त्री०)– उर्दू पद्य का एक प्रकार।

मस्नूई (अ०वि०)–कृत्रिम, बनावटी।

मस्लहत (अ० स्त्री०)–परामर्श, सलाह, भेद, हित।

मस्रूफ़ (अ० वि०)–अवकाशहीन, प्रवृत्त।

मस्लहत अंदेश (अ० फा० वि०)–भला-बुरा सोचकर काम करने वाला।

मस्लहत पसंद (अ० फा० वि०)–शांतिप्रिय, शुभेच्छु।

महताब (फा० पु०)–चाँद, कौमुदी, चंद्रमा।

महब्बत (अ० स्त्री०)–प्रेम, स्नेह, प्यार, मित्रता।

महब्बतनामः (अ० फा० पु०)–प्रेम-पत्र, कृपापत्र।

महल (ल्ल) (अ० पु०)–प्रासाद, हवेली, मकान।

महलसरा (अ० फा० पु०)–अंतःपुर, रनवास।

महल्लः (अ० पु०)–नगर का एक

भाग, टोला ।

महाज़े जंग (अ० फा० पु०)– युद्ध-क्षेत्र, रण-स्थल ।

महारत (अ० स्त्री०)–निपुणता, चतुरता, अभ्यास, हस्त-कौशल ।

महीनः (फा० पु०)–मास ।

मह्कमः (अ० पु०)–विभाग, न्यायालय ।

मह्कमःजात (अ० फा० पु०)–अन्य विभाग ।

मह्कमए आबकारी (अ० फा० पु०)–मादक-विभाग ।

मह्कमए आबपाशी (अ० फा० पु०)–सिंचाई विभाग ।

मह्कमए आबादकारी (अ० फा० पु०)–पुनर्वास-विभाग ।

मह्कमए इंसाफ़ (अ० पु०)–न्याय-विभाग ।

मह्कमए ता'लीम (अ० पु०)–शिक्षा-विभाग ।

मह्कमए तौसीए तालीम (अ० पु०)–शिक्षा-प्रसार विभाग ।

मह्कमए दिफ़ाअ (अ० पु०)–रक्षा-विभाग ।

मह्कमए माल (अ० पु०)–राजस्व-विभाग, अर्थ-विभाग ।

मह्कमए मेहनत (अ० पु०)–श्रम-विभाग ।

मह्कमए सन्अतोहिर्फ़त (अ० पु०)–उद्योग तथा शिल्प-विभाग ।

मह्कमए सेहत (अ० पु०)–स्वास्थ्य-विभाग ।

मह्कूम (अ० वि०)–वशीभूत, अधीन, प्रजा, दास ।

मह्कूमी (अ० स्त्री०)–दासता, पराधीनता ।

मह्ज़ (अ० वि०)–केवल, खालिस ।

मह्ज़ूर (अ० वि०)–विरह ग्रस्त, वियोगी ।

मह्ज़ूल (अ० वि०)–दुबला-पतला, क्षीण ।

मह्दी (अ० वि०)–दीक्षित, धर्म-नेता, हादी ।

मह्दूद (अ० वि०)–सीमित, कतिपय ।

मह्फ़िल (अ० स्त्री०)–सभा, गोष्ठी ।

मह्फ़िले रक़्स (अ० स्त्री०)–नाच-गाने का जलसा ।

मह्फ़िले वा'ज़ (अ० स्त्री)–धर्मोपदेश की सभा ।

मह्फ़िले शे'र (अ० स्त्री०)–शे'रो शाइरी का जलसा, कवि-गोष्ठी ।

मह्फ़ूज़ (अ० वि०)–निरापद, सुरक्षित ।

मह्बूबः (अ० स्त्री०)–प्रेयसी, प्रेमिका ।

मह्बूब (अ० पु०)–प्रेमपात्र, बहुत अधिक प्यारा ।

मह्मूज़ (अ० वि०)–विकृत, दूषित ।

मह्मूदः (अ० स्त्री०)–प्रशंसिता ।

मह्मूद (अ० वि०)–प्रशंसित, उत्तम, शुभ, इष्ट ।

मह्मूदी (अ० स्त्री०)–एक प्रकार की बारीक मलमल ।

मह्र (फा० पु०)–वह रकम, जो विवाह के समय दुल्हन को दिए जाने के लिए तै होती है ।

मह्रमे राज़ (अ० फा० पु०)–मर्मज्ञ, भेद जानने वाला ।

महरुख (फा० वि०)–चंद्रमुखी अर्थात् नायिका ।

मह्रूम (अ० वि०)–संवंधित, निराश,

असफल, अभागा।

मह्रूमी (अ० वि०)–दुर्भाग्य, निराशा, असफलता, वंचित रहना, प्राप्त न होना।

मह्रुलमिजाज (अ० वि०)–जिसके स्वभाव में क्रोध अधिक हो।

मह्वेज़ात (अ० वि०)–जो ईश्वर में लीन हो, ब्रह्मलीन।

मह्वे दीदार (अ० फा० वि०)–जो प्रेमिका के दर्शन में तल्लीन हो।

मह्सूल (अ० पु०)–किराया, भाड़ा।

महसूस (अ० वि०)–अनुभूत, ज्ञात, स्पष्ट, प्रकट।

माँ (फा० स्त्री०)–माता।

माँदगी (फा० स्त्री०)–क्लांति, शिथिलता, थकावट, रोग, आलस्य, सुस्ती, बीमारी।

माइल (अ० वि०)–आकर्षित प्रवृत्त।

माउल हयात (अ० पु०)–अमृत-जल, अमृत।

माऊफ़ (अ० वि०)–विकृत, दूषित।

माकिर (अ० वि०)–छली-कपटी।

मा'क़ूल (अ० वि०)–उचित, उत्तम, सभ्य, शिष्ट, शुद्ध।

माक़ूल (अ० वि०)–खाद्य-पदार्थ।

माक़ूलात (अ० पु०)–न्यायशास्त्र और विज्ञान की पुस्तकें अथवा कोर्स।

मा'क़ूलीयत (अ० स्त्री०)–औचित्य, उत्तमता, सज्जनता।

माजरा (अ० पु०)–हाल, वृत्तांत, घटना।

माजराए दिल (अ० फा० पु०)–हृदय की व्यथा, प्रेम की कहानी।

माजिदः (अ० स्त्री०)–साध्वी, सदाचारिणी।

माज़ी (अ० पु०)–गुज़रा हुआ, विगत, भूतकाल।

मा'ज़ूर (अ० वि०)–विवश, लाचार।

मात (अ० पु०)–शत्रंज की बाज़ी की हार, हार, शिकस्त।

मातम (फा० पु०)–मृत्यु-शोक।

मातमख़ानः (फा० पु०)–शोकगृह।

मातमज़दः (फा० वि०)–जो किसी मरने वाले का शोक मना रहा हो, शोकग्रस्त।

मातमपुर्सी (फा० स्त्री०)–किसी के मरने पर सहानुभूति प्रकट करने के लिए उसके घरवालों के पास जाना।

मातमी (फा० वि०)–शोक-संबंधी।

मातहत (अ० पु०)–अधीन, सहायक, पराधीन, आज्ञाधीन।

मातहती (अ० स्त्री०)–अधीनता, पराधीनता, गुलामी।

मादः (फा० स्त्री०)–स्त्री प्राणी, नर का उलटा।

मादर (फा० स्त्री०)–माता, जननी।

मादरज़ाद (फा० वि०)–जन्मजात, जन्म का, जन्म से, नितांत।

मादरानः (फा० अव्य०)–माता जैसा, ममतापूर्वक, माँ का, माता का।

मादरे वतन (फा० स्त्री०)–मातृभूमि, प्यारा वतन।

मादरे हक़ीक़ी (फा० स्त्री०)–असली माँ, जननी।

मा'दूमी (अ० वि०)–विनाश, तबाही, बरबादी।

माद्दः (अ० पु०)–योग्यता, पात्रता, मूल, विवेक, बोध, ज्ञान, प्रकृति, वह मूल पदार्थ, जिससे कोई चीज़ बने।

माद्दःपरस्ती (अ० फा० स्त्री०)–वस्तुवाद, प्रकृतिवाद।

मा'नवी (अ० वि०)–अर्थ वाला, अर्थ

का, भीतरी।

मा'ना (अ०पु०)–अर्थ, आशय, कारण, अंतर।

मानिंद (फा० वि०)–समान, सदृश, तुल्य।

मानूस (अ०वि०)–हिला हुआ, जिसकी घबराहट दूर हो गई हो, मुहब्बत करने वाला।

माफ़ात (अ०पु०)–जो जाता रहा हो, जो गुज़र चुका हो।

माफ़ौक़ (अ०पु०)–ऊपर, पूर्व, बाहर।

मा'बूद (अ० वि०)–पूज्य, ईश्वर।

मामून (अ० वि०)–सुरक्षित।

मामूरः (अ० पु०)–बस्ती, आबादी।

मा'मूल (अ० वि०)–नित्य नियम, वह बात जो रोज की जाए।

मा'मूलात (अ० पु०)–नित्य कर्म।

मा'मूली (अ० वि०)–साधारण, रस्मी, जिसका रवाज हो।

मा'मूले मज़्हबी (अ० पु०)–धार्मिक कृति, जो नियत समय पर हो।

मायः (फा० पु०) धन दौलत।

मा'यूब (अ० वि०)–निकृष्ट, ख़राब।

मायूस (अ० वि०)–निराश, हताश।

मायूसी (अ० स्त्री०)–निराशा।

मार (फा० पु०)–साँप, नाग।

मा'रिकः (अ० पु०)–मैदान, संग्राम, धूमधाम।

मारिफ़ः (अ० पु०)–व्यक्तिवाचक संज्ञा।

मा'रिफ़त (अ० स्त्री०)–द्वारा, हस्ते, परिचय।

मा'रूफ़ (अ० वि०)–प्रसिद्ध, वह क्रिया, जिसका कर्त्ता ज्ञात हो।

मारे सियाह (फा० पु०)–काला साँप, नाग।

माल (अ० पु०)–धन, रकम, महत्त्व, हक़ीकत।

मालख़ानः (अ० फा० पु०)–गोदाम, कोषागार।

मालगुज़ार (अ० फा० वि०)–मालगुज़ारी अदा करने वाला।

मालगुज़ारी (अ० फा० स्त्री०)–भूमि का वह कर जो सरकार को दिया जाता है।

मालज़ब्ती (अ० स्त्री०)–माल की कुर्की और उस पर सरकारी क़ब्ज़ा।

मालज़ादः (अ० फा० पु०)–वेश्या-पुत्र।

मालज़ादी (अ० फा० स्त्री०)–वेश्या-पुत्री।

मालदार (अ० फा० वि०)–धनवान, समृद्ध।

मालामाल (अ० फा० वि०)–समृद्ध, संपन्न, भरपूर, बहुत अधिक।

मालिकः (अ० स्त्री०)–स्वामिनी, मालिक स्त्री।

मालिक (अ० पु०) स्वामी, पति, ईश्वर, अधिकारी, अध्यक्ष, सरदार।

मालियानः (अ० फा० अव्य०)–राजस्व, लगान।

मालिश (फा० स्त्री०)–मर्दन, मतली।

माली (अ० वि०)–माल-संबंधी, माल का।

मा'लूम (अ० वि०)–ज्ञात, जाना हुआ, स्पष्ट, प्रकट, असंभव, नामुमकिन।

मा'लूमात (अ० वि०)–जानकारी, ज्ञान, अनुभव, पांडित्य।

माले मुफ़्त (अ० फा० पु०)–वह धन, जो बिना परिश्रम के फोकट में मिला हो।

माले लावारिस (अ० पु०)–वह धन

या संपत्ति, जिसका कोई उत्तराधिकारी न हो।

मावरा (अ० वि०)–परे, अतीत, अलावा।

माशाअल्लाह (अ० वि०)–'वाह-वाह', 'साधु-साधु', ईश्वर नज़र लगने से बचाए।

मा'शूक़ः (अ० स्त्री०)–प्रेमिका, प्रेयसी, प्रियतमा।

मा'शूक़ (अ० वि०)–प्रियतम, प्रिय, प्रेमपात्र।

मा'सूम (अ० वि०)–निष्पाप, जिसने पाप न किया हो।

मा'सूम सिफ़त (अ० वि०)–भोला-भाला, निर्दोष।

मा'सूमियत (अ० स्त्री०)–भोलापन, सिधाई।

माह (फा० पु०)–चंद्रमा।

माहताब (फा० पु०)–चंद्रमा, चाँदनी, ज्योत्स्ना।

माहनामः (फा० पु०)–मासिक-पत्र।

माह ब माह (फा० वि०)–मास प्रति मास।

माहवार (फा० वि०)–मासिक।

माहवारी (फा० वि०)–दे० 'माहवार', (स्त्री०) मासिक धर्म।

माहिर (अ० वि०)–दक्ष, कुशल, अभ्यस्त।

माहिरे फ़न (अ० वि०)–कलामर्मज्ञ, कलाकार।

माही (फा० पु०)–मछली, मीन।

माहीगीर (फा० वि०)–मछली पकड़ने वाला, मत्स्यजीवी।

माहीफ़रोश (फा० वि०)–मछली बेचने वाला।

माहीयत (अ० स्त्री०)–वास्तविकता, हक़ीक़त।

माहे ताबाँ (फा० पु०)–चमकता हुआ चाँद, पूरा चाँद।

माहे नौ (फा० अ० पु०)–नया चंद्रमा।

माहे मुनीर (फा० अ० पु०)–चमकने वाला चंद्रमा।

माहे मुबारक (फा० अ० पु०)–रम्ज़ान शरीफ का महीना।

माहे शम्सी (फा० अ० पु०)–वह महीना, जिसका हिसाब सूर्य के चक्कर से होता है, ईसवी महीना।

मिंबर (अ० पु०)–मस्जिद में वह ऊँचा स्थान जहाँ खड़े होकर इमाम खुत्बा पढ़ता है।

मिक़्दार (अ० स्त्री०)–मात्रा, वज़्न तोल, अंदाज़ा (तोल का)।

मिक़्नातीस (अ० पु०)–चुंबक पत्थर।

मिक़्राज (अ० स्त्री०)–क़ैंची।

मिज़ाज (अ० पु०)–स्वभाव, आदत।

मिन (अ० अव्य०)–से।

मिनजानिब (अ० अव्य०)–ओर से, तरफ़ से।

मिनजुम्लः (अ० अव्य०)–सब में से।

मिन्क़ार (अ० स्त्री०)–चोंच।

मियान (फा० वि०)–मध्य, बीच (स्त्री०), तलवार का मियान, कोष, कमर, कटि।

मिराक़ (अ० पु०)–खब्त, पागलपन।

मिराक़ी (अ० वि०)–खब्ती, पागल।

मिर्आत (अ० पु०)–आईना, दर्पण।

मिसाल (अ० स्त्री०)–उदाहरण, समान, चित्र, आदेशपत्र, आदर्श, नमूना।

मिसी (फा० स्त्री०)–ताँबे का, मिस्सी।

मिस्कीं (अ० वि०)–मिस्कीन, दीन

असहाय, दरिद्र, विनम्र।

मिस्मार (अ० वि०)–नष्ट, ध्वस्त।

मिस्रा' (अ० पु०)–आधार शेर, एक चरण।

मिह्र (फा० स्त्री०)–सूर्य, रवि, प्रेम, दोस्ती, ममता, कृपा।

मिह्रबान (फा० वि०)–दयावान्, कृपालु, मित्र।

मिह्रबानी (फा० स्त्री०)–कृपा, दया, अनुग्रह।

मीआद (अ० स्त्री०)–समय, काल, निश्चित काल, वादा, अवधि।

मीआदी (अ० वि०)–मीआद वाला, जो किसी नियत समय तक रहे।

मीज़ान (अ० स्त्री०)–तराज़ू, तुला, योगफल।

मीना (फा० पु०)–शराब का जग।

मीनाकार (फा० वि०)–जड़ाऊ काम करने वाला।

मीनाकारी (फा० स्त्री०)–जड़ाऊ काम, चाँदी-सोने पर मुरस्सासाज़ी।

मीनाबाज़ार (फा० पु०)–वह बाज़ार, जिसमें केवल स्त्रियाँ क्रय-विक्रय करें, जिसे अकबर ने प्रचलित किया था।

मीनार (अ० पु०)–लंबी लाट, मनार, वह ऊँची जगह जहाँ रोशनी करें।

मीर (अ० पु०)–'अमीर' का लघु०, अग्रगण्य, अध्यक्ष, नायक, सरदार।

मीरमंज़िल (अ० पु०)–वह व्यक्ति, जो सेना के आगे चलकर पड़ाव का प्रबंध करता है।

मीरमह्फ़िल (अ० पु०)–सभापति, सदरे मज्लिस।

मीरमुंशी (अ० पु०)–दफ़्तर के तमाम क्लर्कों का नायक।

मीरमुशाअरः (अ० पु०)–कवि-सम्मेलन का सभापति।

मीरास (अ० स्त्री०)–उत्तराधिकार में प्राप्त संपत्ति।

मीलाद (अ० पु०)–जन्म का समय, मुहम्मद साहब की कथा की सभा।

मुंजमिद (अ० वि०)–ठंड से जमा हुआ।

मुंतक़िल (अ० वि०)–एक स्थान से दूसरे स्थान को जाना, एक जगह की चीज़ का दूसरी जगह जाना, स्थानांतरित।

मुंतख़ब (अ० वि०)–चुना हुआ संकलित।

मुंतज़र (अ० वि०)–जिसकी प्रतीक्षा देखी जा रही हो।

मुंतज़िमः (अ० स्त्री०)–प्रबंधकारिणी।

मुंतज़िम (अ० वि०)–प्रबंधक, व्यवस्थापक।

मुंतज़िर (अ० वि०)–प्रतीक्षक, इंतिज़ार करने वाला।

मुंतशिर (अ० वि०)–अस्तव्यस्त, उद्विग्न।

मुंदरिजे ज़ैल (अ० वि०)–निम्नलिखित।

मुंसियानः (अ० फा० अव्य०)–मुंशियों-जैसा।

मुंशीख़ानः (अ० फा० पु०)–मुंशियों के बैठने का स्थान।

मुंशीगरी (अ० फा० स्त्री०)–लिखने का काम।

मुंसरिम (अ० पु०)–प्रबंध, दीवानी का एक उहदेदार।

मुंसलिक (अ० पु०)–नत्थी किया हुआ।

मुंसिफ़ (अ० वि०)–न्यायकर्ता, दीवानी का एक उच्च पदाधिकारी।

मुंसिफ़मिज़ाज (अ० वि०)–जिसके स्वभाव में न्यायप्रियता हो, न्यायनिष्ठ।

मुंसिफ़ी (अ० स्त्री०)–न्याय, इंसाफ़, मुंसिफ़ का पद, मुंसिफ़ की कचहरी।

मुअज़्ज़म (अ० वि०)–प्रतिष्ठित, श्रेष्ठ।

मुअज़्ज़िन (अ० पु०)–मस्जिद में अज़ान (बाँग) देने वाला।

मुअत्तल (अ० वि०)–जो काम करने से रोक दिया गया हो, जिसके पास काम न हो, बेकार, जो संस्था अपना काम न कर रही हो।

मुअय्यन (अ० वि०)–निश्चित, नियत।

मुअर्रा (अ० वि०)–विहीन, रिक्त, खाली, वह पुस्तक, जिसकी टीका न हो; वह गद्य जो बिलकुल सादा हो।

मुअर्रिख़ (अ० वि०)–इतिहास-लेखक।

मुअर्रिफ़ (अ० वि०)–प्रशंसक, तारीफ करने वाला।

मुअल्लफ़ (अ० वि०)–संपादित, रचित।

मुअल्लिमः (अ० स्त्री०)–अध्यापिका, पढ़ाने वाली।

मुअल्लिम (अ० पु०)–अध्यापक, पढ़ाने वाला।

मुअस्सिर (अ० वि०)–असर डालने वाला, गुणकारी।

मुआज़नः (अ० पु०)–तुलना।

मुआदिल (अ० वि०)–न्यायकर्ता, मुंसिफ़, बराबर के दो टुकड़े करने वाला।

मुआफ़ (अ० वि०)–क्षमा प्राप्त, क्षमित।

मुआफ़त (अ० स्त्री०)–समानता, अनुकूलता, मैत्री।

मुआफ़ी (अ० स्त्री०)–क्षमा।

मुआफ़ीदार (अ० फा० वि०)–जिसे मुआफ़ी की जमीन या जागीर मिली हो।

मुआफ़ीनामः (अ० फा० पु०)–क्षमापत्र।

मुआमलः (अ० पु०)–व्यवसाय, लेन-देन, घटना, समझौता, कलह, झगड़ा, विषय, संबंध, मुकद्दमा, बरताव।

मुआमलात (अ० स्त्री०)– काम, संबंध।

मुआमलाते क़ौमी (अ० पु०)–राष्ट्र के राजनीतिक मुआमले, जातीय समस्याएँ, जाति और बिरादरी के मुआमले।

मुआमलाते खानगी (अ० फा० पु०)–घरेलू झगड़े, घरेलू और निजी मुआमले।

मुआयनः (अ० पु०)–पर्यवेक्षण, निरीक्षण, किसी कार्यालय आदि के कामों की जाँच-पड़ताल करना।

मुआलिज (अ० पु०)–वैद्य, चिकित्सक

मुआवज़ः (अ० पु०)–क्षति-पूर्ति के लिए धन देना।

मुआविन (अ० वि०)–सहायक, पक्षपाती।

मुआसिर (अ० वि०)–समकालीन।

मुआहदः (अ० पु०)–परस्पर क़ौल-क़रार, आपस में किसी बात की प्रतिज्ञा संप्रतिज्ञा।

मुआहिद (अ० वि०)–प्रतिज्ञा करने वाला।

मुईद (अ० वि०)–किसी कार्य को बारंबार करने वाला।

मुईन (अ० वि०)–सहायक, पृष्ठ-

पोषक।

मुक़द्दमः (अ० पु०)–बाद, नालिश, दावा, पुस्तक की भूमिका, प्रस्तावना, विषय, मुआमला, कार्य।

मुक़द्दमःबाज़ (अ० फा० वि०)–जो बहुत मुक़दमे लड़ता हो, जो ज़रा-ज़रा-सी बात पर मुक़दमे कर देता हो, जो मुक़दमाबाज़ी में बहुत होशियार हो।

मुक़द्दम (अ० वि०)–प्रधान, मुख्य, (पु०) गाँव का मुखिया, अगला हिस्सा।

मुक़द्दर (अ० पु०)–प्रारब्ध, भाग्य, लुप्त।

मुकम्मिल (अ० वि०)–पूर्ति करने वाला, समाप्ति करने वाला।

मुक़र्रर: (अ० वि०)–नियत, निश्चित।

मुक़र्रर (अ० वि०)–निश्चित, अवश्य, नियत, नियुक्त।

मुक़र्रिर (अ० वि०)–वक्ता, भाषण देने वाला।

मुकल्लिद (अ० वि०)–अनुकरण करने वाला, अनुयायी।

मुक़ाबलः (अ० पु०)–आमना-सामना, समानता, बराबरी, उद्दंडता, संबंधी, प्रतियोगिता।

मुक़ाबिल (अ० वि०)–प्रत्यक्ष,संमुख, सामने, समान, बराबर, विरोधी, प्रतिद्वंद्वी।

मुक़ाम (अ० पु०)–देर तक ठहराव।

मुक़ामी (अ० वि०)–मुक़ाम से संबंध रखने वाला।

मुकालमः (अ० पु०)–वार्तालाप, कथोपकथन।

मुक़ीम (अ० वि०)–कुछ दिनों के लिए कहीं ठहरा हुआ, निवासी।

मुक़ैयद (अ० वि०)–बंदी।

मुखातब (अ० वि०)–संबोधित, जिससे बात की जाए।

मुखालफ़त (अ० स्त्री०)-विरोध, शत्रुता, वैमनस्य।

मुखालिफ़ (अ० वि०)–विरोधी, प्रतिकूल, शत्रु।

मुख़िल (अ० वि०)–बाधक, हस्तक्षेपी।

मुख़्तफ़ी (अ० वि०)–गुप्त, छिपा हुआ।

मुख़्तलिफ़ (अ० वि०)–विभिन्न, दूसरे प्रकार का, अन्य, दूसरा, पृथक्, अलग।

मुख़्तसर (अ० वि०)–संक्षिप्त, सार रूप, खुलासा, न्यून, थोड़ा।

मुख़्तसरन (अ० वि०)–संक्षिप्त रूप में, संक्षेपत:।

मुख़्तार (अ० वि०)–स्वतंत्र, स्वच्छंद, अधिकर्ता, कलक्ट्री में वकील से कम दर्जे का वकील, किसी जागीर आदि का व्यवस्थापक।

मुख़्तारनामः (अ० फा० पु०)–वह पत्र जिसमें किसी को मुख़्तार बनाने का लिखित प्रमाण हो।

मख़्तारे आम (अ० पु०)–वह मुख़्तार जिसे किसी रियासत में सारे अधिकार प्राप्त हों।

मुख़्बिर (अ० पु०)–गुप्तचर, जासूस।

मुख़्बिरी (अ० स्त्री०)–जासूसी, गुप्तचर्या।

मुख़्लिस (अ० वि०)–जिसमें कोई बनावट न हो, निश्छल।

मुख़्लिसी (अ० स्त्री०)–निश्छलता।

मुग़न्नी (अ० पु०)–गायक।

मुग़ल (तु० पु०)–तुर्किस्तान का निवासी।

मुग़ालतः (अ० पु०)–धोखा, छल।
मुचल्का (तु० पु०)–वह प्रतिज्ञा पत्र जो अपराधी की ओर से इस बात के लिए हो कि यदि वह फिर अपराध करेगा तो इतने रुपये देगा।
मुज़फ़्फ़र (अ० वि०)–विजेता विजित।
मुजस्समः (अ० पु०)–प्रतिमा, स्टेचू।
मुजाविर (अ० वि०)–किसी दरगाह आदि का सेवक।
मुजाहदः (अ० पु०)–तपस्या, इंद्रिय निग्रह, पराक्रम।
मुजाहरः (अ० पु०)–शासन से किसी माँग के लिए लोगों का सामूहिक रूप में नारे आदि लगाना और जुलूस निकालना, प्रदर्शन करना।
मुजाहिद (अ० वि०)–प्रयत्नशील, पराक्रमी।
मुज्रिम (अ० वि०)–अपराधी, दोषी।
मुतअल्लिक (अ० वि०)–संबंधित।
मुतअस्सिब (अ० वि०)–धर्मसंबंधी पक्षपाती।
मुतअस्सिर (अ० वि०)–प्रभावित।
मुतज़ाद (अ० वि०)–परस्पर विरोधी कथन।
मुतफ़क्किर (अ० वि०)–चिंतित।
मुतफ़न्नी (अ० वि०)–वंचक, धूर्त।
मुतफ़र्रिक (अ० वि०)–विविध, विभिन्न, अस्तव्यस्त।
मुतबन्ना (अ० पु०)–दत्तक पुत्र।
मुतमन्नी (अ० वि०)–उत्सुक, अभिलाषी।
मुतरन्निम (अ० वि०)–गायक।
मुतर्जमः (अ० वि०)–अनुवादित, भाषांतरित।
मुतर्जिम (अ० वि०)–अनुवादकर्ता, भाषांतरकार, अनुवादक।
मुतवफ़्फ़ी (अ० वि०)–मृत, मृतक, दिवंगत।
मुतवातिर (अ० वि०)–निरंतर, सतत, लगातार।
मुतसद्दी (अ० वि०)–प्रबंधक, हिसाब-किताब रखने वाला, लिपिक।
मुताबिक (अ० वि०)–सदृश, समान, अनुसार।
मुतालबः (अ० पु०)–माँगना, तकाज़ा, प्रार्थना।
मुत्तहिद (अ० वि०)–मेल-मिलाप रखने वाला।
मुत्लक़ (अ० वि०)–स्वच्छंद, निरंकुश, नितांत, सामान्य।
मुत्लक़न (अ० वि०)–नितांत, बिलकुल।
मुदाख़लत (अ० स्त्री०)–विघ्न, बाधा, हस्तक्षेप।
मुद्दई (अ० पु०)–वादी, दावा करने वाला।
मुद्दईयः (अ० स्त्री०)–वादिनी।
मुद्दत (अ० स्त्री०)–अवधि, समय, विलंब।
मुनक़्क़श (अ० वि०)–चित्रित, जिस पर बेलबूटे हों, अंकित।
मुनक़्क़ा (अ० वि०)–सूखा अंगूर, दाख, शुद्ध।
मुनव्वर (अ० वि०)–उज्ज्वल, दीप्त।
मुनादी (अ० वि०)–घोषणा करने वाला, घोषणा।
मुनाफ़अः (अ० पु०)–लाभ, प्राप्ति, फल।
मुनासिब (अ० वि०)–उचित, ठीक, योग्य।
मुनासिबे मौका (अ० पु०)–अवसर के अनुसार।

मुनीब (अ० वि०)–प्रतिनिधि, अभिकर्ता।

मुनीर (अ० वि०)–उज्ज्वल, दीप्त।

मुफ़स्सल (अ० वि०)–विस्तारपूर्ण, विस्तृत।

मुफ़स्सिल (अ० वि०)–स्पष्टीकरण करने वाला।

मुफ़ीद (अ० वि०)–उपयोगी, लाभकारी।

मुफ़ीदे आम (अ० वि०)–सर्वोपकारी।

मुफ़्त (फा० वि०)–बेदाम, व्यर्थ, नष्ट, अकारण।

मुफ़्तख़ोर (फा० वि०)–जो दूसरे के सिर पड़ा हो, जो मेहनत न करे और खाना चाहे।

मुफ़्तखोरी (फा० स्त्री०)–बिना मेहनत किए खाना चाहना।

मुफ़्ती (अ० पु०)–फ़त्वा देने वाला।

मुफ़्लिस (अ० वि०)–दरिद्र, निर्धन।

मुफ़्लिसी (अ० स्त्री०)–दरिद्रता, निर्धनता।

मुबश्शिर (अ० वि०)–शुभ-सूचक।

मुबस्सिर (अ० वि०)–पारखी, मर्मज्ञ।

मुबारक (अ० वि०)–भाग्यशील, कल्याणकारी, शुभ-सूचना, धन्यवाद, बधाई, मांगलिक।

मुबारक क़दम (अ० वि०)–जिसका आगमन शुभदायक हो।

मुबारकबाद (अ० फा० वि०)–कल्याण हो, शुभ सूचना।

मुब्तदी (अ० वि०)–प्रारंभिक, नौसिखिआ।

मुब्तला (अ० वि०)–ग्रस्त, पकड़ा हुआ, मुग्ध, आसक्त।

मुब्तलाए अज़ाब (अ० वि०)–पापदंड से पीड़ित, आपत्तिग्रस्त।

मुब्तलाए इश्क़ (अ० वि०)–प्रेम के कष्ट में फँसा हुआ।

मुब्तली (अ० वि०)–आज़माइश के लिए आपत्तियों में फँसाने वाला।

मुब्तिल (अ० वि०)–खंडन करने वाला।

मुब्लग़ (अ० वि०)–भेजा हुआ, प्रेष्य, खरा।

मुब्लिग़ (अ० वि०)–भेजने वाला, रुपये के साथ लगाया जाने वाला शब्द।

मुमस्सिलः (अ० स्त्री०)–अभिनेत्री।

मुम्किन (अ० वि०)–संभव, शक्य।

मुम्तहिन (अ० वि०)–परीक्षक।

मुम्ताज़ (अ० वि०)–प्रतिष्ठित, मुख्य, विशिष्ट।

मुरब्बा (अ० वि०)–वर्गाकार, चौखूंटा, शक्कर के क़िवाम में तैयार किया हुआ।

मुरब्बी (अ० वि०)–पालने वाला, अभिभावक।

मुरव्वत (अ० स्त्री०)–शील-संकोच, लिहाज।

मुरव्वतन (अ० वि०)–मुरव्वत के खयाल से, मुरव्वत में।

मुराद (अ० स्त्री०)–इच्छा, कामना, आशय, उद्देश्य, मन्नत।

मुरादी (अ० वि०)–आशय के अनुकूल, काल्पनिक।

मुरीद (अ० वि०)–शिष्य, धर्मगुरु का अनुयायी।

मुरीदी (अ० स्त्री०)–मुरीद का पद, मुरीद का कर्त्तव्य।

मुर्ग़ (फा० पु०)–पक्षी, खग, मुर्गा।

मुर्तज़ा (अ० वि०)–रोचक,

मनोवांछित।

मुर्ताज (अ० वि०)–तपस्वी, इंद्रिय-निग्रही।

मुर्दः (फा० पु०)–मृत, निष्प्राण, मृतक, दुर्बल, शव।

मुर्दःदिल (फा० वि०)–जिसका मन बहुत ही उचाट और नीरस हो।

मुर्दःदिली (फा० स्त्री०)–मन का खिन्न और मलिन होना।

मुर्दनी (फा० वि०)–मृत्यु के चिह्न, जो मरते समय मनुष्य के मुख पर प्रकट होते हैं, मृत्यु।

मुर्दार (फा० वि०)–मृत पशु, मृतक।

मुर्शिद (अ० वि०)–धर्मगुरु, पीर।

मुर्शिदजादः (अ० फा० पु०)–धर्मगुरु का पुत्र।

मुलम्मा' (अ० पु०)–चांदी, सोने, का पानी चढ़ाया हुआ, क़लई।

मुलम्मा'कार (अ० फा० वि०)–मुलम्मों का काम करने वाला, चाटुकार।

मुलम्माकारी (अ० फा० स्त्री०)–मुलम्मे का काम बनाना, चाटुकारी।

मुलाइम (अ० वि०)–नर्म, कोमल, मधुर।

मुलाक़ात (अ० स्त्री०)–भेंट, साक्षात्कार, परिचय, मैत्री, सहवास।

मुलाक़ाती (अ० वि०)–मेलजोल का व्यक्ति, मित्र।

मुलाज़मत (अ० स्त्री०)–सेवा, नौकरी।

मुलाज़मतपेशः (अ० फा० वि०)–जिसकी गुज़र-बसर का सहारा नौकरी हो।

मुलाज़िमः (अ० स्त्री०)–नौकरानी, दासी, परिचारिका।

मुलाज़िम (अ० पु०)–दास, सेवक, नौकर।

मुलायमत (अ० स्त्री०)–कोमलता।

मुलाहज़ः (अ० पु०)–देखना, अनुशीलन, सम्मुख।

मुल्क (अ० पु०)–देश, राष्ट्र, जन्मभूमि।

मुल्कगीरी (अ० फा० स्त्री०)–दूसरे देशों को जीतना या अधीन करना।

मुल्की (अ० वि०)–देशीय, देश का, देशी।

मुल्के अदम (अ० पु०)–यमलोक, परलोक।

मुल्के फ़ना (अ० पु०)–नश्वर जगत्, संसार।

मुल्के बका (अ० पु०)–परलोक।

मुल्ज़म (अ० पु०)–अपराधी, अभियुक्त।

मुल्तज़िम (अ० वि०)–अपने ऊपर लाज़िम या जरूरी करने वाला।

मुल्तजी (अ० वि०)–प्रार्थना करने वाला; निवेदक।

मुल्तवी (अ० वि०)–स्थगित, रुका हुआ।

मुल्ला (अ० पु०)–मौलवी, मस्जिद में अजान देने वाला।

मुल्हिक़ (अ० वि०)–चिपका या लगा हुआ, मिला हुआ।

मुल्हिद (अ० वि०)–नास्तिक।

मुवक्किल (अ० पु०)–वकील का असामी, किसी काम-विशेष के लिए नियुक्त फ़िरिश्ता।

मुवस्सी (अ० वि०)–वसीयत करने वाला।

मुवह्हिद (अ० वि०)–ईश्वर को एक मानने वाला।

मुवाज़ात (अ० स्त्री०)–बराबरी, समानता।

मुवालात (अ० स्त्री०)–परस्पर मैत्री, परस्पर सहयोग।

मुशर्रफ़ (अ० वि०)–प्रतिष्ठित, सम्मानित।

मुशर्रह (अ० वि०)–जिसकी व्याख्या हो गई हो, विस्तृत, भाष्य।

मुशह्हर (अ० वि०)–कीर्तिवान, यशस्वी, सुप्रसिद्ध।

मुशाअरः (अ० पु०)–कवि-सम्मेलन।

मुशाबेह (अ०वि०)–एकरूपता, तुल्य।

मुशावरत (अ० स्त्री०)–परस्पर परामर्श और विचार-विनिमय करना, परामर्श।

मुशाहदः (अ० पु०)–निरीक्षण, अनुभव, दर्शन।

मुशीर (अ० वि०)–परामर्शदाता, सलाहकार।

मुश्क (फा० पु०)–कस्तूरी।

मुश्किल (अ० स्त्री०)–कठिनाई; जटिलता। कठिन, जटिल।

मुश्कीं (फा०वि०)–मुश्क जैसा काला, काले रंग का घोड़ा।

मुश्त (फा० स्त्री०)–मुट्ठी, घूसा, मुट्ठी भर चीज़।

मुश्तइल (अ०वि०)–उत्तेजित, भड़का हुआ।

मुश्तरक: (अ० वि०)–साझे का।

मुश्तरी (अ० वि०)–खरीदार, क्रेता, बृहस्पति।

मुश्तहर (अ० वि०)–इश्तिहार द्वारा प्रचार।

मुश्तहरी (अ० वि०)–इश्तिहार द्वारा प्रचार।

मुश्तहिर (अ० वि०)–विज्ञापक। इश्तिहार देने वाला।

मुश्ताक़ (अ० वि०)–उत्कंठित, अभिलाषी, उत्सुक।

मुश्तेखाक़ (फा० स्त्री०)–मुट्ठी भर खाक, मनुष्य, आदमी।

मुश्फ़िक़ (अ० वि०)–कृपालु, मित्र।

मुश्रिक़ (अ० वि०)–चमकने वाला, ज्योतिर्मय।

मुश्रिक (अ० वि०)–खुदा के साथ किसी और को भी शरीक करने वाला।

मुसद्दक़ (अ० वि०)–प्रमाणित।

मुसद्दिक़ (अ० वि०)–प्रमाणित करने वाला।

मुसन्नफ़ः (अ० वि०)–संपादित पुस्तक, रचित।

मुसन्नफ़ (अ० वि०)–संपादित, रचित।

मुसन्निफ़ (अ० पु०)–ग्रंथकार, लेखक।

मुसम्मात (अ० स्त्री०)–नामधारिणी, श्रीमती।

मुसल्मान (अ० पु०)–इस्लाम धर्म का अनुयायी।

मुसल्मानी (अ० स्त्री०)–मुसल्मान का धर्म, मुसल्मान का कर्तव्य, खतना, सुन्नत।

मुसल्लत (अ० वि०)–चारों ओर से छाया हुआ, आच्छादित, विवश किया हुआ।

मुसल्लमः (अ० वि०)–सर्वमान्य, सम्पूर्ण, प्रमाणित।

मुसल्लह (अ० वि०)–सशस्त्र।

मुसल्ला (अ० पु०)–नमाज़ पढ़ने की चटाई या दरी।

मुसल्सल (अ० वि०)–लगातार, निरंतर।

मुसव्वद: (अ० पु०)–किसी लेख का प्रारंभिक रूप, प्रारूप, पांडुलिपि।

मुसव्वर (अ० वि०)–सचित्र, चित्रित।

मुसव्विर (अ० वि०)–चित्रकार।

मुसव्विरी (अ० स्त्री०)–चित्रकला।

मुसाफ़ह: (अ० पु०)–मुलाकात के समय हाथ मिलाना।

मुसाफ़िर: (अ० पु०)–यात्री, पथिक।

मुसाफ़िरखान: (अ० फा० पु०)–धर्मशाला, पथिकाश्रम।

मुसालमत (अ० स्त्री०)–मित्रता, परस्पर सन्धि करना।

मुसालहत (अ० स्त्री०)–सन्धि, समझौता, राजीनामा।

मुसावात (अ० स्त्री०)–समानता, बराबरी।

मुसावियान: (अ० फा० वि०)–बराबर-बराबर, एक जैसा।

मुसीबत (अ० स्त्री०)–दु:ख, क्लेश, कठिनता।

मुसीबतज़द: (अ० फा० वि०)–कष्टग्रस्त, विपन्न।

मुस्तआर (अ० वि०)–कुछ समय के लिए माँगा हुआ।

मुस्तइद (अ० वि०)–तत्पर, तैयार।

मुस्तक़िल: (ल्ल) (अ० वि०)–अटल, दृढ़, स्थायी, निरंतर।

मुस्तकिल मिज़ाजी (अ० स्त्री०)–निश्चय की स्थिरता।

मुस्तक़ीम (अ० वि०)–सीधा, सरल।

मुस्तक़्बिल (अ० पु०)–आगामी, भविष्य।

मुस्तजीर (अ० वि०)–रक्षा का इच्छुक।

मुस्तफ़ा (अ० वि०)–पवित्र, शुद्ध, स्वच्छ, निर्मल, हज़्रतमहम्मदसाहिब की उपाधि।

मुस्तमंद (फा० वि०)–इच्छुक, अभिलाषी, दु:खित।

मुस्तमिद (द्द) (अ० वि०)–मदद चाहने वाला।

मुस्तह्क़ (क़्क़) (अ० वि०)–योग्य, स्वत्वाधिकारी।

मुस्तह्कम (अ० वि०)–निश्चल, अटल।

मुस्ताजिर (अ० वि०)–ठेकेदार, एकाधिकारी।

मुस्ताजिरी (अ० वि०)–ठेकेदारी, एकाधिकार।

मुस्लिम (अ० पु०)–मुसलमान।

मुस्लिमीन (अ० पु०)–'मुस्लिम' का बहु०।

मुहक़्क़िक़ (अ० वि०)–गवेषी, अनुसंधाता।

मुहम्मद (अ० वि०)–प्रशंसित, स्तुत, हज़्रत पैग़ंबर साहब का नाम।

मुहर्रम (अ० वि०)–पहला इस्लामी महीना, निषिद्ध किया हुआ।

मुहर्रिर (अ० वि०)–लेखक, लिपक, वकील आदि का मुंशी।

मुहाजरत (अ० स्त्री०)–घरबार छोड़कर विदेश में रहना।

मुहाजिर (अ० पु०)–घरबार त्यागकर परदेश में रहने वाला, शरणार्थी।

मुहाफ़िज़ (अ० वि०)–रक्षक, निरीक्षक, अभिभावक।

मुहावर: (अ० पु०)–बोलचाल, रोज़मर्र:।

मुहासर: (अ० पु०)–घेरा डालना, हदबंदी, सीमित करना।

मुहासिर (अ० वि०)–घेरा डालने वाला।

मुहिम (म्म) (अ० स्त्री०)–कोई बड़ा काम, युद्ध, लड़ाई ।

मुहैया (अ० वि०)–एकत्र, उपस्थित, मौजूद, तत्पर ।

मुह्तरमः (अ० स्त्री०)–श्रीमती, महोदया ।

मुह्तरम (अ० वि०)–श्रीमान्, महोदय, प्रतिष्ठित, मान्य ।

मुह्मल (अ० वि०)–अर्थहीन ।

मुह्र (फा० स्त्री०) मुद्रिका, अँगूठी, अशरफी, सील, मोहर ।

मुह्लत (अ० स्त्री०)–अवकाश, विलंब, समय ।

मुह्सिन (अ० वि०)–उपकारी ।

मू (फा० पु०)–बाल, रोम, कुंतल ।

मूजिद (अ० वि०)–आविष्कारक ।

मूजिब (अ० पु०)-कारण, हेतु, द्वारा ।

मूज़ी (अ० वि)–कष्ट देने वाला, अत्याचारी ।

मूनिस (अ० वि०)–मित्र, दोस्त ।

मूरिस (अ० वि०)–पूर्वज, वंश प्रवर्तक, उत्पन्न करने वाला ।

मूश (फा० पु०)–चूहा, उंदुर ।

मूसा (अ० पु०)–एक पैग़ंबर जिन्होंने फिरऔन का अन्त किया था ।

मूसीक़ार (अ० वि०)–संगीतज्ञ ।

मूसीक़ी (अ० स्त्री०)–संगीत-कला ।

मेख़ (फा० स्त्री०)–कील, खूँटी ।

मेज़ (फा० स्त्री०)–भोज-सामग्री, वह चौकी, जिस पर रखकर खाना खाते हैं ।

मेज़बान (फा० वि०)–मेहमानदारी करने वाला, आतिथेय ।

मेवः (फा० पु०)–प्रायः सूखे फल, जैसे–(बादाम) किशमिश, अंजीर आदि ।

मेवःफ़रोश (फा० वि०)–मेवा–विक्रेता ।

मेह्मान (फा० पु०)–अतिथि ।

मेह्र (फा० स्त्री०)–प्रेम, ममता, दया, करुणा ।

मेह्रबान (फा० वि०)–दयालु मित्र ।

मेह्रबानी (फा० स्त्री०)–कृपा, दया, करुणा, ममता ।

मै (फा० स्त्री०)–शराब, हाला, मदिरा, सुरा ।

मैकशी (फा० पु०)–मद्यपान ।

मैख़ानः (फा० पु०)–मधुशालय, मदिरा-लय, मैकदः ।

मैदानः (फा० पु०)–लंबी चौड़ी समतल भूमि ।

मैदानेजंग (फा० पु०)–युद्ध-क्षेत्र ।

मैपरस्त (फा० वि०)–मदिरा–भक्त ।

मैफ़रोशी (फा० स्त्री०)–शराब का कारोबार ।

मैमून (अ० वि०)–शुभ, कल्याण ।

मोज़ः (फा० पु०)–पैर में पहनने का जुर्राब ।

मो'जिज़ः (अ० पु०)–अद्भुत कृत्य जो मानव शक्ति से परे हो वह चमत्कार जो पैग़ंबर दिखाए ।

मो'तदिल (अ० वि०)–समशीतोष्ण ।

मो'तबर (अ० वि०)–विश्वस्त ।

मोमजामः (फा० पु०)–मोम चढ़ाया हुआ कपड़ा ।

मोमिन (अ० पु०)–इस्लाम धर्म पर ईमान लाने वाला, मुसलमान ।

मोहमल (अ० वि०)–व्यर्थ, निरर्थक ।

मोहलत (अ० स्त्री०)–अवकाश ।

मौक़ा' (अ० पु०)–अवसर, ठीक समय, स्थान, घटनास्थल ।

मौक़िफ़ (अ० पु०)–खड़े होने की जगह, निश्चय।

मौक़ूफ़ (अ० वि०)–स्थगित, निर्भर।

मौज (अ० स्त्री०)–तरंग, हिल्लोल, उत्साह, उमंग, आनंद।

मौज़ा (अ० पु०)–स्थान, जगह, ग्राम।

मौज़ूँ (अ० वि०)–उचित, योग्य, यथोचित।

मौज़ूअ (अ० वि०)–विषय।

मौजूद (अ० वि०)–उपस्थित, तत्पर, जीवित, सामने। **तैयार**, उपलब्ध।

मौत (अ० स्त्री०)–मृत्यु।

मौलवी (अ० पु०)–इस्लाम धर्म का विद्वान्।

मौला (अ० पु०)–ईश्वर।

मौलाना (अ० पु०)–आलिमों का एज़ाज़ी खिताब।

मौसिम (अ० पु०)–ऋतु, समय।

मौसिमे बहार (अ० फा० पु०)–बसंत ऋतु।

य

यक (फा० वि०)–एक की संख्या, एक वस्तु।

यक तरफ़ः (फा० अ० वि०)–एक ओर का, दाहिना या बायाँ, एक ओर का पक्षपात लिए हुए।

यक़जा (फा० वि०)–एकत्र, इकट्ठा।

यक जिहती (फा० अ० स्त्री०)–सहमति, मित्रता।

यकता (फा० वि०)–अद्वितीय, अनुपम।

यकदिली (फा० स्त्री०)–एकता, मित्रता, सहमति।

यक व यक (फा० वि०)–सहसा, अचानक।

यकबारगी (फा० वि०)–प्रकस्मात्, अचानक।

यकमंज़िलः (फा० अ० वि०)–वह मकान जिसके ऊपर दूसरी मंजिल न हो।

यकमर्तबः (फा० अ० वि०)–समान पद, समवर्ग।

यकमुश्त (फा० वि०)–सब का सब इकट्ठा।

यकसाँ (फा० वि०)–समान, बराबर, सदृश।

यकसूई (फा० स्त्री०)–निश्चितता, अवकाश।

यकायक (फा० वि०)–आकस्मिक, अचानक, तुरंत।

यक़ीन (अ० पु०)–विश्वास, श्रद्धा।

यक़ीनन (अ० वि०)–संभवतः, निःसंदेह।

यख़ (फा० पु०)–ठंड से जमा हुआ, बर्फ़।

यख़्नी (फा० स्त्री०)–उबले हुए मांस का रसा, सूप।

यज़ीद (अ० पु०)–अमीर मुआवियः का बदचलन लडका जिसने करबला में हज़रत इमाम हुसैन को शहीद कराया था।

यज़्दानी (फा० वि०)–ईश्वरीय।

यतीम (अ० वि०)—अनाथ।

यतीमखानः (अ० फा० पु०)—अनाथालय।

यद (अ० पु०)—कर, हाथ।

यदे बैज़ा (अ० पु०)—बहुत चमकता हुआ और गोरा चिट्टा हाथ, हज़रत मूसा का हाथ जिसे खोल देने से प्रकाश हो जाता था।

यम (फा० पु०)—नदी, दर्या।

यमन (अ० पु०)—अरब का एक प्रसिद्ध प्रांत जहाँ ला'ल और याक़ूत संसार-भर से उत्तम होते हैं।

यरक़ान (अ० पु०)—पीलिया का रोग, कमल या पाण्डु रोग।

यलग़ार (तु० स्त्री०)—आक्रमण, चढ़ाई।

यहूदी (अ० पु०)—हज़रत मूसा के धर्मानुयायी, इस्राईली।

याक़ूत (अ० पु०)—एक प्रसिद्ध रत्न, पुलक, लाल।

या'क़ूब (अ० पु०)—हज़रत युसुफ के पिता।

याजूजोमाजूज (अ० पु०)—दो प्राचीन जातियाँ जिनके आक्रमण से बचने के लिए चीन की दीवार बनी थी।

याद (फा० स्त्री०)—स्मृति, खयाल, ध्यान।

यादगार (फा० स्त्री०)—स्मारक।

याददाश्त (फा० स्त्री०)—स्मरण-शक्ति, ज्ञापन।

याददेहानी (फा० स्त्री०)-याद दिलाना, स्मरण कराना।

यादफ़रामोश (फा० वि०)—जिसे बात याद न रहती हो।

या'नी (अ० अव्य०)—मतलब यह कि, अर्थात्।

याफ़्त (फा० स्त्री०)—लाभ, पाना, आय, रिश्वत।

यार (फा० पु०)—मित्र, दोस्त, सहायक।

यारमंद (फा० वि०)—सच्चा मित्र, सहायक।

यारानः (फा० पु०)—मित्रता, मैत्री।

यारी (फा० स्त्री०)—मित्रता, सहायता।

याल (तु० पु०)—गला, घोड़े के गले के बाल।

यावर (फा० वि०)—सहायक।

यावरी (फा० स्त्री०)—सहायता।

यास (अ० स्त्री०)—निराशा, मायूसी।

यूनानी (अ० वि०)—यूनान का निवासी, एक चिकित्सा-पद्धति।

यूनुस (अ० पु०)—स्तम्भ, एक पैग़ंबर।

यूसुफ़ (अ० पु०)—हज़रत याक़ूब के पुत्र, एक पैग़ंबर, जो बहुत सुंदर थे।

यौम (अ० पु०)—दिन दिवस।

यौमियः (अ० वि०)—दैनिक, प्रतिदिन।

यौमुलक़ियामत (अ० पु०)—क़ियामत का दिन जब मुर्दे ज़िंदा किए जाएँगे और लेखा जोखा होगा, यौमुलहश्र।

यौमे आज़ादी (अ० फा० पु०)—स्वतन्त्रता-दिवस।

यौमे वफ़ात (अ० पु०)—मरने का दिन।

यौमे विलादत (अ० पु०)—जन्म लेने का दिन, जन्म-दिवस।

र

रंग (फा० पु०)–वर्ण, रँगने का मसाला, ग्रानंद, हर्ष, शोभा, पद्धति, ग्राचार-व्यवहार, रंग-ढंग।

रंग ग्रामेज़ (फा० वि०)–चित्रकार।

रंगत (ग्र० स्त्री०)–रंग, वर्ण, दशा।

रंगबरंग (फा० वि०)–चित्र-विचित्र।

रंगमहल (फा० ग्र० पु०)–बड़े लोगों के भोग-विलास का स्थान।

रंगरेज़ (फा० वि०)–चित्रकार, कपड़े रंगने वाला।

रंगसाज़: (फा० वि०)–रंगने वाला।

रंगसाज़ी (फा० स्त्री०)–रंगने का काम।

रंगारंग (फा० वि०)–रंग-बरंगी, चित्र-विचित्र।

रंगीन (फा० वि०)–रंगा हुग्रा, रंजित, विनोद-प्रिय।

रंगीनिए बहार (फा० स्त्री०)–बसंतऋतु की छटा ग्रौर शोभा।

रंगीनिए हयात (फा० ग्र० वि०)–जीवन का रूप ग्रौर सौंदर्य।

रंगे गुल (फा० पु०)–फूल का रंग, गुलाब की लाली।

रंज (फा० पु०)–कष्ट, दु:ख, विपत्ति, शोक।

रंजिश (फा० स्त्री०)–वैमनस्य, मन-मुटाव।

रंजीद: (फा० वि०)–दु:खित, संतप्त।

रंजीदगी (फा० स्त्री०)–संताप, दु:ख।

रंजोग्रलम (फा० ग्र० पु०)–शोक ग्रौर दु:ख, बहुत ग्रधिक शोक।

रंजोग़म (फा० ग्र० पु०)–कष्ट ग्रौर दु:ख।

रग्रायापर्वर (ग्र० फा० वि०)–प्रजापालक।

रईयत (ग्र० स्त्री०)–प्रजा, जनता।

रईस (ग्र० वि०)–ग्रध्यक्ष, शासक, धनाढ्य।

रऊफ़ (ग्र० वि०)–बहुत ग्रधिक दया ग्रौर ग्रनुकंपा करने वाला।

रक़म (ग्र० स्त्री०)–लिखना, रुपया-पैसा, धन, मदद।

रक़मपिज़ीर (ग्र० फा० वि०)–लिखित, लिखा हुग्रा।

रक़ाबत (ग्र० स्त्री०)–एक नायिका के दो प्रेमियों की परस्पर लाग-डाँट।

रक़ीब (ग्र० पु०)–किसी स्त्री से प्रेम करने वाले दो व्यक्ति परस्पर रक़ीब होते हैं।

रक़्क़ास: (ग्र० स्त्री०)–नर्तकी।

रक़्क़ास (ग्र० पु०)–नर्तक।

रक़्ब: (ग्र० पु०)–क्षेत्रफल, जमीन नाप।

रक़्स (ग्र० पु०)–मर्द का नाच, तांडव, लास्य, नृत्य, स्त्री का नाच।

रक़्सगाह (ग्र० फा० स्त्री०)–नाट्यशाला, नृत्यशाला।

रक़्सिंद: (ग्र० फा० वि०)—नाचने वाला।

रख़्न (फा० पु०)–छिद्र, दोष, हस्त-क्षेप।

रख़्न:ग्रंदाज़ी (फा० स्त्री०)–हस्त-क्षेप करना, बाधा डालना।

रख़्श (फा० पु०)–घोड़ा, किरण, चमक।

रख़्शाँ (फा० वि०)–चमकता हुम्रा, दीप्त।

रग (फा० स्त्री०)–स्नायु, नस, शिरा।

रग़्बत (अ० स्त्री०)–इच्छा, रुचि।

रजब (अ० पु०)–इस्लामी सातवाँ महीना।

रजअतपसंदी (अ० फा० स्त्री०)–प्रतिक्रियावाद, पुरातनपंथी।

रज़्ज़ाक़ (अ० वि०)–अन्नदाता।

रतूबत (अ० स्त्री०)–तरी, आर्द्रता, गीलापन।

रद्दी (अ० वि०)–रद्दी, निकम्मा, बेकार।

रद्दे अमल (अ० पु०)–प्रतिक्रिया।

रद्दोबदल (अ० वि०)–परिवर्तन।

रफ़ाक़त (अ० स्त्री०)–मैत्री, सहकारिता।

रफ़ाहत (अ० स्त्री०)–सुख, आराम, कल्याण।

रफ़ीउश्शान (अ० वि०)–प्रतिष्ठा और इज़्ज़त वाला।

रफ़ीक़ (अ० पु०)–मित्र, दोस्त।

रफ़ू (फा० वि०)–कटे फटे कपड़े को जोड़ने के लिए की गई एक प्रकार की बारीक सिलाई।

रफ़ूगर (फा० पु०)–रफ़ू का काम करने वाला।

रफ़ए फ़साद (अ० पु०)–झगड़ा तय हो जाना।

रफ़्तः रफ़्तः (फा० वि०)–धीरे-धीरे, शनैः-शनैः।

रफ़्तार (फा० पु०)–गति, चाल, तरीका, आचरण।

रफ़्तारे ज़मानः (फा० अ० स्त्री०)–सांसारिक दशा।

रफ़्तो गुज़श्त (फा० वि०)–गया-बीता हुआ, समाप्त।

रब (ब्ब) (अ० पु०)–स्वामी, पति, बड़ा भाई, ईश्वर।

रबाब (फा० पु०)–सितार की तरह का एक बाजा।

रबीअ (अ० स्त्री०)–वसंत ऋतु।

रबीउल अव्वल (अ० पु०)–इस्लामी तीसरा महीना।

रबीबः (अ० स्त्री०)–सौतेली लड़की।

रबूबीयत (अ० स्त्री०)–स्वामित्व, ईश्वरत्व।

रब्त (अ० पु०)–लगाव, सम्बन्ध, मैत्री।

रब्तो ज़ब्त (अ० पु०)–आपस का मेल-मिलाप, मित्रता।

रब्बानियत (अ० स्त्री०)–ईश्वरत्व।

रब्बी (अ० वि०)–ईश्वरीय, ईश्वर का।

रमज़ान (अ० पु०)–इस्लामी नवाँ महीना जिसमें मुसलमान रोज़ा रखते हैं।

रमीदगी (फा० स्त्री०)–भगदड़, पलायन।

रवाँ (फा० वि०)–प्रवाहित, बहता हुआ, (स्त्री०) प्राण।

रवाज (अ० पु०)–प्रथा, रूढ़ि, रिवाज।

रवादारी (फा० स्त्री०)–सहृदयता।

रवानः (फा० वि०)–प्रस्थित, भेजा हुआ, प्रेषित।

रवानःकुनिंदः (फा० वि०)–भेजने वाला, प्रेषक।

रवानगी (फा० स्त्री०)–प्रस्थान।

रवानी (फा० स्त्री०)–प्रवाह, बहाव, धार, तेज़ी।

रविश (फा० स्त्री०)–आचार-व्यवहार, पद्धति, शैली, आचरण।

रशादत (अ० स्त्री०)–धर्मदीक्षा, सन्मार्ग, सदाचार।

रशीद (अ० वि०)–सन्मार्ग-प्रदर्शक, सन्मार्ग-प्राप्त।

रश्क (फा० पु०)–किसी को हानि पहुँचाए बिना उस जैसा बनने की भावना, प्रतिस्पर्धा।

रसद (अ० स्त्री०)–अंश, खाद्य-सामग्री।

रसदगाह (अ० फा० स्त्री०)–वेधशाला।

रसाई (फा० स्त्री०)–पहुँच, प्रवेश।

रसीद (फा० स्त्री०)–प्राप्ति-पत्र, प्राप्ति।

रसूल (अ० पु०)–ईशदूत, नबी, पैग़ंबर।

रसूलुल्लाह (अ० पु०)–ईशदूत।

रस्म (अ० स्त्री०)–परम्परा, रूढ़ि, रवाज, नियम, वेतन।

रस्मी (अ० वि०)–परंपरा-संबंधी, मामूली।

रस्मे बद (अ० स्त्री०)–बुरी परंपरा।

रस्मे मुल्क (अ० स्त्री०)–किसी देश की परंपरा।

रस्मोरिवाज (अ० स्त्री०)–रूढ़ि और परंपरा।

रहज़न (फा० पु०)–लुटेरा।

रहनुमाई (फा० स्त्री०)–पथ-प्रदर्शन, रहबरी।

रहाई (फा० स्त्री०)–मुक्ति, छुटकारा।

रहीम (अ० वि०)–दयालु, कृपालु, ईश्वर का एक नाम।

रह्न (अ० पु०)–बंधक, गिरवी।

रह्ननामः (अ० फा० पु०)–बंधक-पत्र।

रहम (अ० पु०)–करुणा, तरस, कृपा, मेह्रबानी।

रह्मत (अ० स्त्री०)–दया, कृपा, करुणा।

रह्मदिल (अ० फा० वि०)–दयालु।

रह्मदिली (अ० फा० स्त्री०)–हृदय में दया और करुणा का भाव होना।

रह्मान (अ० वि०)–दयालु, कृपालु, ईश्वर का एक नाम।

राइज (अ० वि०)–प्रचलित।

राए (अ० स्त्री०)–विचार, मत, परामर्श।

राए आम्मः (अ० स्त्री०)–सारी जनता की राय।

राएशुमारी (अ० फा० स्त्री०)–जनगणना।

राक़िब (अ० वि०)–प्रतीक्षक, आशान्वित।

राकिब (अ० वि०)–घुड़सवार, अश्वारोही।

राक़िम (अ० पु०)–लिखने वाला, लेखक।

राज़ (फा० पु०)–रहस्य, भेद, मर्म, मूल, सार।

राज़दाँ (फा० वि०)–मर्मज्ञ, भेद जानने वाला।

राज़ी (अ० वि०)–प्रसन्न, हर्षित, संतुष्ट, अंगीकृत।

राज़ीनामः (अ० फा० पु०)–सन्धि-पत्र।

राज़ोनियाज़ (फा० पु०)–प्रेम की गुप्त बातें।

रान (फा० स्त्री०)–जंघा, जाँघ।

रा'ना (फा० वि०)–सुंदर, रूपवान्।

रा'नाइए ख़याल (फा० अ० स्त्री०)–विचारों का सौंदर्य।

राम (फा० वि०)–वशीभूत, आज्ञाकारी, आधीन।

राशी (अ० वि०)–रिश्वत देने वाला।

रास्तः (फा० पु०)–मार्ग, पथ।

रास्त (फा० वि०)–दाहिना, सीधा।

रास्तगोई (फा० स्त्री०)–सच बोलना।

राह (फा० स्त्री०)–मार्ग, पथ, ढंग, प्रतीक्षा।

राहख़र्च (फा० पु०)–मार्ग-व्यय।

राहगीर (फा० वि०)–बटोही, पथिक।

राहज़न (फा० वि०)–रास्ते में लूटनेवाला, बाटमार।

राहज़नी (फा० स्त्री०)–यात्री का धन छीनना।

राहत (अ० स्त्री०)–सुख, चैन, सुगमता, शांति।

राहदार (फा० वि०)–प्रहरी, चौकीदार।

राहनुमाई (फा० स्त्री०)–पथ-प्रदर्शन, नेतृत्व।

राहिब (अ० पु०)–वह ईसाई पुरुष जो सांसारिक सुखों से निवृत हो चुका है।

राही (फा० वि०)–पथिक, राहगीर।

राहे रास्त (फा० पु०)–सीधा और सरल मार्ग, धर्म और न्याय का मार्ग।

रिंद (फा० पु०)–मद्यप, शराबी, रसिक, उन्मत्त।

रिआयत (अ० स्त्री०)–मूल्य आदि में कमी, विचार, ध्यान।

रिआयते बेजा (अ० फा० स्त्री०)–ऐसी रिआयत जो उचित न हो।

रिकाबी (फा० स्त्री०)–प्लेट, रकाबी।

रिज़ा (अ० स्त्री०)–स्वीकृत, आज्ञा।

रिज़ाकार (अ० फा० पु०)–स्वयंसेवक, स्वेच्छासेवक।

रिज़ामंदी (अ० फा० स्त्री०)–अंगीकार, राज़ी, सहमति, आज्ञा।

रिज़्क़ (अ० पु०)–अन्न, जीविका।

रिफ़्अत (अ० स्त्री०)–उच्चता, उन्नति।

रियाकारी (अ० फा० स्त्री०)–पाखंड, ढोंग।

रियाज़ (अ० पु०)–कष्ट, परिश्रम, अभ्यास, बाग़।

रियाज़त (अ० स्त्री०)–परिश्रम, उद्यम, प्रयास, अभ्यास।

रियाज़ती (अ० वि०)–कसरती, संयमी, जप-तप करने वाला।

रियाज़ी (अ० स्त्री०)–गणित, मैथमैटिक्स।

रियासत (अ० स्त्री०)–अध्यक्षता, सत्ता, शासन, जागीर, इलाक़ा।

रिवाज (अ० पु०)–प्रथा, रूढ़ि, परपरा, चलन।

रिवायात (अ० स्त्री०)–परंपरा।

रिश्तःदार (फा० पु०)–संबंधी, स्वजन, परिजन।

रिश्तःदारी (फा० स्त्री०)–नातेदारी, स्वजनता, सजातीयता।

रिश्वत (अ० स्त्री०)–घूस, उपदान, उत्कोच।

रिश्वतख़ोर (अ० फा० वि०)–रिश्वत खाने वाला।

रिसालः (अ० पु०)–सवारों का दस्ता, किसी नियत समय पर प्रकाशित होने वाली वह पत्रिका जो पुस्तक रूप में हो।

रिसालःदार (अ० फा० पु०)–सवारों के एक रिसाले का नायक।

रिह्‌ल (अ० स्त्री०)–पुस्तक रखने का विशेष प्रकार का लकड़ी का यंत्र।

रीचार (फा० पु०)–अचार, मुरब्बा, जाम।

रीम (फा० स्त्री०)–मवाद, पीब, धातुओं का मैल।

रीश (फा० स्त्री०)–दाढ़ी।

रुकूअ (अ० पु०)–नमाज़ पढ़ने के बीच झुकने की अवस्था।

रुक्न (अ० पु०)–सदस्य, स्तंभ।

रुख़ (फा० पु०)–कपोल, गाल, शक्ल, पक्ष, तरफ़।

रुख़्शाँ (फा० वि०)–दीप्त, प्रकाशमान, उज्ज्वल।

रुख़सत (अ० स्त्री०)–विदा, आज्ञा, अवकाश, दुल्हिन का दूल्हा के यहाँ जाना।

रुख़सार (फा० पु०)–कपोल, गाल।

रुजूअ (अ० स्त्री०)–आकर्षण, प्रवृत्ति, प्रवृत्त।

रुज्‌हान (अ० पु०)–प्रवृत्ति, रुचि, आकर्षण।

रुत्बः (अ० पु०)–पद, दर्जा, पदवी, उपाधि, महत्ता, श्रेष्ठता।

रुबाई (अ० स्त्री०)–उर्दू और फ़ार्सी का एक छंद-विशेष।

रुमूज़ (अ० पु०)–बहुत से भेद।

रुमूज़े इश्क (अ० पु०)–प्रेम के भेद, प्रेम की गहराइयाँ।

रुस्तम (फा० पु०)–ईरान का एक प्राचीन पहलवान योद्धा।

रुस्वा (फा० वि०)–जो बहुत बदनाम हो, निंदित, गर्हित।

रुस्वाई (फा० स्त्री०)–अपयश, बदनामी, निंदा।

रू (फा० पु०)–मुखाकृति, चेहरा, कारण।

रूए ज़मीं (फा० स्त्री०)–धरातल, पृथ्वी की सतह।

रूएदाद (फा० स्त्री०)–वृत्तांत, कथा, कार्यवाही।

रूए सुख़न (फा० पु०)–संबोधन।

रूओ रिआयत (फा० अ० स्त्री०)–मुरव्वत और लिहाज़, शील और संकोच।

रूनुमा (फा० वि०)–मुँह दिखाने वाला।

रूनुमाई (फा० स्त्री०)–मुँह दिखाई।

रूपोशी (अ० स्त्री०)–मुँह छिपाना, भाग जाना।

रूबरू (फा० वि०)–आमने-सामने, प्रत्यक्ष।

रूमाल (फा० पु०)–मुँह-हाथ पोंछने, जेब में रखने का चौकोर कपड़ा।

रूह (अ० स्त्री०)–प्राण-वायु, सत, जौहर, इत्र।

रूहअफ़ज़ा (अ० फा० वि०)–जीवन बढ़ाने वाला।

रूहानियात (अ० फा० स्त्री०)–अध्यात्मवाद।

रूहानी (अ० वि०)–आत्मिक, हार्दिक।

रूहे खाँ (अ० फा० स्त्री०)–प्राणवायु।

रेग (फा० स्त्री०)–बालुका, रेत।

रेगमाल (फा० पु०)–एक प्रकार का खुरदरा काग़ज़, जो लकड़ी आदि को साफ़ करने के काम आता है।

रेगिस्तान (फा० पु०)–मरुस्थल, मरुभूमि।

रेख़्तः (फा० पु०)–बिखरा हुआ, उर्दू भाषा का पुराना नाम, जो उसे एक शताब्दी पहले प्राप्त था।

रेज़ः (फा० पु०)–कण, छोटा टुकड़ा, खंड।

रेज़गारी (फा० स्त्री०)–रुपये की खरीज़, खुर्दा।

रेशःदार (फा० वि०)–जिसमें रेशे (तंतु) हों।

रेशम (फा० पु०)–पाट, एक प्रसिद्ध धागा जो एक कीड़े से प्राप्त होता है और जिससे रेशमी कपड़ा बनता है।

रेशमी (फा० वि०)–रेशम का, रेशम संबंधी।

रैआन (अ० पु०)–अनुष्ठान, उठान, यौवनारंभ, उठती जवानी।

रैआने जवानी (अ० फा० पु०)–यौवनारंभ।

रैहान (अ० पु०)–तुलसी की तरह का एक सुगंधित पौधा।

रोज़ः (फा० पु०)–व्रत, उपवास।

रोज़ (फा० पु०)–दिवस, दिन।

रोज़गार (फा० पु०)–उद्योग, व्यवसाय, पेशा।

रोज़नामः (फा० पु०)–दैनिकी, डाइरी, रोज़ के हिसाब की बही।

रोज़मर्रः (अ० फा० पु०)–प्रति दिन, नित्यप्रति।

रोज़ी (फा० स्त्री०)–जीविका, वृत्ति।

रोज़ी रसाँ (फा० वि०)–रोज़ी देने वाला, अन्नदाता।

रोज़े रौशन (फा० पु०)–साफ और उज्ज्वल दिन।

रो'ब (अ० पु०)–आतंक, प्रताप, तेज, धाक, भय।

रोबकार (फा० पु०)–आदेश पत्र।

रोबकारी (फा० स्त्री०)–कार्रवाई, मुकदमे आदि की पेशी।

रो'बदार (अ० फा० वि०)–जिसकी धाक बैठी हो, जिसका चेहरा रोबीला हो।

रोबरू (फा० वि०)–रूबरू, आमने-सामने, सम्मुख, प्रत्यक्ष।

रो'बोदाब (अ० पु०)–धाक और आतंक, भय और त्रास।

रोशन (फा० वि०)–दीप्त, प्रकाशमान, स्पष्ट, उज्ज्वल।

रौग़न (अ० पु०)–तैल, स्नेह, चिकनाई।

रौग़नी (फा० वि०)–तेल में बना हुआ, तेल लगा हुआ, चिकना।

रौज़ः (अ० पु०)–उद्यान, वाटिका। किसी बड़े पीर का मकबरा।

रौज़ए जन्नत (अ० पु०)–स्वर्ग-वाटिका।

रौनक़ (फा० स्त्री०)–शोभा, छटा, दीप्ति, प्रकाश, चमक-दमक, प्रसन्नता और हर्ष की लहर।

रौनक़ अफ़्ज़ाई (फा० स्त्री०)–शोभा बढ़ाना, उपस्थित।

रौशन (अ० वि०)–दीप्त, प्रकाशित, उज्ज्वल, स्पष्ट।

रौशनज़मीर (फा० अ० वि०)–अन्तर्यामी।

रौशनदान (फा० पु०)–मकान में रोशनी आने का सूराख।

रौशन निगाह (अ० फा० वि०)–दूरदर्शी।

रौशनाई (फा० स्त्री०)–उजाला, प्रकाश, सियाही, मसि।

रौशनी (फा० स्त्री०)–प्रकाश, आभा।

ल

लंगर (फा० पु०)–सदाव्रत ।

लंगर अंदाज (फा० वि०)–समुद्र में ठहरा हुआ जहाज़ ।

लंगरखानः (फा० पु०)–वह स्थान जहाँ गरीबों को प्रतिदिन खाना बाँटा जाता है, अन्न-सत्र ।

लईक़ (अ० वि०)–योग्य, शिष्ट ।

लऊक़ (अ० पु०)–ऐसी औषध जो चाटकर खाई जाए, चटनी, अवलेह ।

लक़ब (अ० पु०)–उपाधि, खिताब ।

लक़्क़ोदक़ (अ० पु०)–चटयल मैदान, जंगल जिसमें कोसों छाया, पानी न हो ।

लख़्ते जिगर (फा० पु०)–जिगर का टुकड़ा, पुत्र के लिए बोलते हैं ।

लज़्ज़त (अ० स्त्री०)–स्वाद, आनंद, मनोविनोद ।

लज़्ज़तपसंदी (अ० फा० स्त्री०)–चटोरापन, स्वादिष्ट भोजन प्रिय लगना ।

लताफ़ते मिजाज (अ० स्त्री०)–स्वभाव की पवित्रता और कोमलता ।

लतीफ़ः (अ० पु०)–चुटकुला, अद्‌भुत और अनोखी बात ।

लफ़ंग (फा० वि०)–अधम, नीच, लफंगा ।

लफ़्ज़ (अ० पु०)–शब्द, बोल, बात, वचन ।

लफ़्ज़न लफ़्ज़न (अ० वि०)–एक-एक शब्द करके, अक्षरशः, सारा, सब ।

लफ़्ज़ी (अ० वि०)–शब्द संबंधी ।

लफ़्ज़े बेमा'नी (अ० फा० पु०)–वह शब्द जो निरर्थक हो ।

लफ़्फ़ाज (अ० वि०)–बहुभाषी, बातूनी ।

लफ़्फ़ाजी (अ० स्त्री०)–वाचालता, मुखरता ।

लब (फा० पु०)–अधर, होंठ, तट, किनारा ।

लबरेज़ (फा० वि०)–लबालब, परिपूर्ण ।

लबादः (फा० पु०)–जाड़ों में पहनने का रूईदार चुग़ा ।

लबालब (फा० वि०)–लबरेज़, परिपूर्ण ।

लबेजू (फा० पु०)–नदी तट ।

लबे फर्याद (फा० पु०)–अत्याचार के विरुद्ध दुहाई देने वाले होंठ ।

लबेशीरीं (फा० पु०)–मधुर होंठ ।

लम्स (अ० पु०)–स्पर्श, छूना ।

लम्हः (अ० पु०)–क्षण, पल, बहुत थोड़ा समय ।

लर्जः (फा० पु०)–कंपकंपी, थरथरी, हलचल ।

लश्कर (फा० पु०)–सेना, वाहिनी, बल, भीड़ ।

लश्करकशी (फा० स्त्री०)–चढ़ाई, धावा ।

लह्‌जः (अ० पु०)–बात करने का ढंग, पढ़ने का ढंग, स्वर, आवाज़ (गाने की) ।

लह्‌जः (अ० पु०)–क्षण, बहुत थोड़ा समय, पल ।

ला (अ० अव्य०)–एक अव्यय जो

शब्दों के आरंभ में लगकर निशेध या अभाव सूचित करता है, नहीं, न। जैसे, लाचार—बेबस।

लाइक़ (अ० वि०)–योग्य, विद्वान्, पात्र।

लाइलाज (अ० वि०)–जिसकी चिकित्सा न हो सके, असाध्य, दुष्कर।

लाइल्म (अ० वि०)–अपरिचित, अज्ञात, अशिक्षित।

लाइल्मी (अ० स्त्री०)–परिचय न होना, अज्ञान, न जानना, भूल, त्रुटि।

लाग़री (फा० स्त्री०)–क्षीणता, दुबलापन।

लाजवाब (अ० वि०)–निरुत्तर, अद्वितीय।

लाज़िम (अ० वि०)–आवश्यक, अनिवार्य।

लाज़िमी (अ० वि०)–आवश्यक, अनिवार्य, उचित।

ला'नत (अ० स्त्री०)–धिक्कार, फटकार।

लाफ़ानी (अ० वि०)–अनश्वर, शाश्वत।

लामज़हबीयत (अ० स्त्री०)–नास्तिकता, धर्म-विमुखता।

लालःरुख (फा० वि०)–लाला के फूल जैसा, सुर्ख, लाल।

लाल (फा० वि०)–रक्त, सुर्ख, एक रत्न।

लाला (फा० पु०)–दास, गुलाम।

लावारिस (अ० पु०)–जिसका कोई उत्तराधिकारी न हो।

लाश (तु० स्त्री०)–मृतक देह, शव, लाश।

लासानी (अ० वि०)–अद्वितीय, अनुपम।

लाहासिल (अ० वि०)–निष्फल, व्यर्थ, बेकार।

लाहिक़: (अ० पु०)–वह अक्षर या शब्द विशेष जो किसी शब्द के अन्त में आकर अर्थ-परिवर्तन करे, प्रत्यय।

लिबास (अ० पु०)–वस्त्र, पोशाक।

लियाक़त (अ० स्त्री०)–योग्यता, पात्रता, सामर्थ्य।

लिसानी (अ० वि०)–भाषा संबंधी।

लिसानियात (अ० स्त्री०)–भाषा-विज्ञान।

लिहाज़ (अ० पु०)–आदर, खयाल, शील, लज्जा, स्वाभिमान, संकोच।

लिहाज़ा (अ० अव्य०)–अतः, इसलिए।

लीन (अ० स्त्री०)–कोमलता।

लीनत (अ० स्त्री०)–कोमलता, मुलायमपन।

लुआबदार (अ० फा० वि०)–लेसदार, वह वस्तु, जिसमें चेप हो।

लुक्नत (अ० स्त्री०)–हकलापन, रुक-रुककर बोलना।

लुक़्मः (अ० पु०)–ग्रास, निवाला।

लुक़्मए हराम (अ० पु०)–हराम की कमाई, दूसरे का माल, जो बेईमानी से झटका जाए।

लुक़्मान (अ० पु०)–एक प्रसिद्ध वैद्य, दार्शनिक और विद्वान।

लुग़ज़ (अ० स्त्री०)–प्रहेलिका, पहेली।

लुग़त (अ० पु०)–शब्दकोश।

लुत्फ़ (अ० पु०)–करुणा, तरस, दया, अनुकंपा, आनंद।

लुब्बे लुबाब (अ० पु०)–सार, तत्त्व।

लूक़: (अ० पु०)–ताज़ा घी, ताज़ा

मक्खन।

लेकिन (फा० अव्य०)–परंतु, पर।

लेज़म (फा० स्त्री०)–व्यायाम करने का एक विशेष प्रकार का धनुष।

लेमूँ (फा० पु०)–नीबू, जंजबीर।

लेमूनी (फा० वि०)–जो नीबू के रस से बना हो।

लैतोलाल (अ० स्त्री०)–टालमटोल, बहाना।

लैल: (अ० स्त्री०)–रात, निशा।

लैला (अ० स्त्री०)–'क़ैस' की प्रेमिका, जिसके प्रेम में वह पागल हो गया था और सब उसे 'मज्नून' (पागल) कहने लगे थे।

लोदी (फा० पु०)–पठानों की एक जाति।

लोबान (फा० पु०)–एक सुगंधित गोंद।

लौस (अ० पु०)–लगाव, संपर्क, मिलावट।

लौहे पेशानी (अ० फा० स्त्री०)–ललाटपलट, माथा, भाग्य।

लौहोक़लम (अ० पु०)–बच्चों के लिखने की पट्टी या तख्ती और लिखने का क़लम, भावी भाग्य।

व

वक़ाए' (अ० पु०)-घटनाएँ, समाचार।

वक़ाए' नवीस (अ० फा० वि०)–इतिहासकार, समाचार-लेखक।

वक़ार (अ० पु०)–गुरुत्व, प्रतिष्ठा, गंभीरता।

वकालत (अ० स्त्री०)–वकील का काम, अभिभाषण, अभिवचन।

वकालतनाम: (अ० फा० पु०)–वकील बनाने की तहरीर, अभिभाषण-पत्र।

वक़ाह (अ० वि०)–निर्लज्ज, बेशर्म, धृष्ट।

वकील (अ० वि०)–वकालत करने वाला, अभिवक्ता।

वकीले सरकार (अ० फा० पु०)–सरकारी मुकदमों की पैरवी करने वाला।

वक़्अत (अ० स्त्री०)–प्रतिष्ठा, महत्त्व, आदर।

वक़्त (अ० पु०)–समय, काम, अवसर, ऋतु, विलंब, देर।

वक़्त गुज़ारी (अ० फा० स्त्री०)–समय काटना, कालयापन, बुरे-भले जीवन व्यतीत करना।

वक़्तन फ़ वक़्तन (अ० वि०)–यदाकदा, कभी-कभी।

वक़्त बे वक़्त (अ० फा० वि०)–अच्छे और बुरे समय पर, सुख-दुःख में।

वक़्ते ज़ुरूरत (अ० पु०)–आवश्यकता का अवसर, सहायता का अवसर।

वक़्ते मुलाक़ात (अ० पु०)–मिलने का समय, मिलने के समय।

वक़्ते रुख़्सत (अ० पु०)–विदा होते समय, जाते समय।

वक़्फ (अ० पु०)–ईश्वरार्पण, देवोत्तर, उत्सर्ग, ईश्वर के नाम पर दान की

हुई वस्तु या संपत्ति आदि।

वक़्फ़नामः (अ० फा० पु०)–वक़्फ की दस्तावेज, उत्सर्ग-पत्र, दानपत्र।

वग़ैरः (अ० अव्य०)–आदि, प्रभृति, प्रमुख।

वज़ाअत (अ० स्त्री०)–पवित्रता, सुंदरता, निर्दोष।

वज़ाइफ़ (अ० पु०)–'वज़ीफ़ः' का बहु०, छात्रवृत्तियाँ।

वज़ाहत (अ० स्त्री०)–विस्तार, फैलाव, स्पष्टता, विवरण।

वज़ीफ़ः (अ० पु०)–छात्रवृत्ति, निवृत्ति-वेतन।

वज़ीर (अ० पु०)—अमात्य, मंत्री।

वज़ीरे आ'ज़म (अ० पु०)–प्रधानमंत्री।

वज़ीरे आ'ला (अ० पु०)–मुख्य मंत्री।

वज़ीरे ख़ारिजः (अ० पु०)–परराष्ट्र मंत्री।

वज़ीरे ज़िराअत (अ० पु०)–कृषि मंत्री।

वज़ीरे ता'लीम (अ० पु०)–शिक्षा मंत्री।

वज़ीरे दाख़िलाः (अ० पु०)–गृह मंत्री।

वज़ीरे दिफ़ाय (अ० पु०)–रक्षा मंत्री।

वज़ीरे सेहत (अ० पु०)–स्वास्थ्य मंत्री।

वज़ू (अ० पु०)–नमाज़ पढ़ने के पूर्व शुद्धि के लिए विधिवत हाथ-पाँव आदि धोना।

वज़अ (अ० स्त्री०)–रखना, बनाना, दशा, वेशभूषा, पद्धति, शैली, ढंग कटौती।

वज़अदारी (अ० फा० स्त्री०)–जिससे जैसा संबंध संपर्क रहा हो सदैव वैसा ही बनाए रखना।

वज्द (अ० पु०)–आनंदाधिक्य से आत्म-विस्मृति, काव्य या संगीत की रसानुभूति से होने वाली आत्म-विस्मृति।

वज़्न (अ० पु०)–भार, बोझ, तोलने का बाँट, महत्त्व, छंद, वृत्त।

वज़्नी (अ० वि०)–भारी, बोझल।

वज्ह (अ० स्त्री०)–कारण, हेतु। (पु०) मुख, मुखाकृति, चेहरा।

वज्हे अदावत (अ०स्त्री०)–शत्रुता का कारण।

वज्हे काफ़ी (अ० स्त्री०)–उचित कारण, बड़ा कारण।

वतन (अ० पु०)–स्वदेश, जन्मभूमि।

वतनकुश (अ० फा० वि०)–देशद्रोही।

वतनपरस्ती (अ० फा० स्त्री०)–देश भक्ति।

वतनफ़रोश (अ० फा० वि०)–देश-द्रोही।

वतने क़दीम (अ० पु०)–पूर्वजों का देश, पुरखों का देश।

वतीरः (अ० पु०)–ढंग, पद्धति, आचरण।

वफ़ा (अ० स्त्री०)–प्रतिज्ञा-पालन, भक्ति, निर्वाह, वफ़ादारी।

वफ़ाए इश्क (अ० स्त्री०)–प्रेम करके उसे निबाहना, किसी अवस्था में भी प्रेम न छोड़ना।

वफ़ात (अ० स्त्री०)–मृत्यु, मौत।

वफ़ादारी (अ० फा०स्त्री०)–स्वामी या मित्र का तन, मन, धन से साथ देना।

वफ़ाशिकन (अ० फा० वि०)–जो वफ़ा की प्रतिज्ञा करके तोड़ दे, बेवफा।

वफ़्द (अ० पु०)–प्रतिनिधि मंडल।

वबा (अ० स्त्री०)–महामारी।

वबाल (अ० पु०)–आपत्ति, दुःख, कष्ट, झंझट।

वरक़ (अ० पु०)–पत्र, पेज, पत्ता,

पृष्ठ।

बरक़साज़ (अ० फा० वि०)–चाँदी-सोने के वरक़ बनाने वाला।

वरम (अ० पु०)–सूजन।

वराए नज़र (अ० पु०)–दृष्टि के परे।

वरासत (अ० स्त्री०)–उत्तराधिकार।

वरासतनामः (अ० फा० पु०)–उत्तराधिकार पत्र।

वर्ज़िश (फा० स्त्री०)–अभ्यास, व्यायाम, ग्रहण।

वर्ज़िशी (फा० वि०)–जो व्यायाम का अभ्यस्त हो।

वर्नः (फा० अव्य०)–अन्यथा, नहीं तो।

वलद (अ० पु०)–पुत्र, बेटा, लड़का।

वलदीयत (अ० स्त्री०)–लड़के वाला होना, बाप का नाम आदि।

वली (अ० वि०)–उत्तराधिकारी, वारिस, सहायक, मित्र, महात्मा, ऋषि।

वलीग्रहद (अ० पु०)–युवराज, राजकुमार।

वलीमः (अ० पु०)–विवाह के पश्चात् दूल्हा की ओर से दिया जाने वाला भोज।

वल्लाह (अ० वि०)–ईश्वर की शपथ।

वसाइल (अ०पु०)–'वसीलः' का बहु०, साधन।

वसातत (अ० स्त्री०)–माध्यम।

वसीअ (अ० वि०)–विस्तृत, लंबा-चौड़ा।

वसीक़ः (अ० पु०)–लेखपत्र, व्यवस्था-पत्र, दस्तावेज़, प्रतिज्ञापत्र, वह पेंशन जो किसी जायदाद आदि की जब्ती के बाद मिले।

वसीक़ःदार (अ० फा० वि०)–वसीक़ः अर्थात् पेंशन पाने वाला।

वसीयत (अ० स्त्री०)–मरने वाले का अंतिम कथन, मरते समय अपनी जायदाद और संपत्ति के प्रबंध अथवा व्यय के लिए अंतिम आदेश।

वसीतनामः (अ० फा० पु०)–वसीयत की कानूनी दस्तावेज़, इच्छा-पत्र, दायपत्र, मृत्युलेख।

वसीलः (अ० पु०)–साधन, उपकरण।

वसीलए नजात (अ० पु०)–मुक्ति का साधन, छुटकारे का उपाय, बचने का तरीक़ा।

वस्फ़ (अ० पु०)–गुण, प्रशंसा, अच्छाई।

वस्फ़े इज़ाफ़ी (अ० पु०)–वह गुण जो स्वाभाविक न हो।

वस्ल (अ० पु०)–जोड़, प्रेमी और प्रेमिका का संयोग, मिलन।

वह् ई (अ० स्त्री०)–ईश्वर की ओर से आया हुआ पैग़ंबरों के लिए संदेश, ईश संदेश।

वह् दत (अ० स्त्री०)–एकत्व, एकता, ईश्वर को एक मानना।

वह् दतपरस्त (अ० फा० वि०)–दृढ़ एकेश्वरवादी, ईश्वर को एक मानने वाला।

वह् दतपरस्ती (अ० फा० स्त्री०)–दृढ़एकेश्वरवाद, ईश्वर को एक मानना।

वह् म (अ० पु०)–भ्रम, भ्रांति, भय, शंका।

वह् मी (अ० वि०)–भ्रमी, संशयात्मक, शक्की मिजाज।

वहशत (अ० स्त्री०)–आदमियों से भड़कना, भय, त्रास, सबसे अलग रहना, पागलपन।

वहशतजद: (अ० फा० वि०)–भयभीत, त्रस्त, आतुर, उद्विग्न।

वहशतजदगी (अ० फा० स्त्री०)–भयभीत होना, उद्विग्नता।

वहशियान: (अ० फा० वि०)–पागलों-जैसा, निर्दयों जैसा, बेरहमान:।

वह्शी (अ० वि०)–पागल।

वाइज (अ० वि०)–धर्मोपदेशक, वा'ज कहने वाला।

वाए क़िस्मत (अ० फा० स्त्री०)–हाय रे भाग्य।

वाक़िअ: (अ० पु०)–घटना, वृत्तांत, समाचार, दुर्घटना।

वाक़िआत (अ० पु०)–'वाक़िअ:' का बहु०, घटनाएँ।

वाक़िई (अ० वि०)–सचमुच, वास्तविक में।

वाक़िफ़ (अ० वि०)–परिचित, अनुभवी।

वाक़े' (अ० वि०)–घटित होने वाला, घटित, जो हो चुका हो।

वागुजाश्त: (फा० वि०)–छूटा हुआ।

वागुजाश्त (फा० स्त्री०)–छूट, मुक्ति।

वागुजारी (फा० स्त्री०)–छूट, मुक्ति।

वा'ज (अ० पु०)–धर्मोपदेश, उपदेश, सीख।

वाजिद (अ० वि०)–प्राप्तकर्ता, पाने वाला, आविष्कारक।

वाजिब (अ० वि०)–उचित, गुनासिब, आवश्यक, अनिवार्य, योग्य।

वाजिबी (अ० वि०)–उचित, ठीक, जितना जरूरी था उतना।

वाजेह (अ० वि०)–स्पष्ट, ज्वलंत।

वा'द: (अ० पु०)–प्रतिज्ञा, वचन, इक़रार।

वा'द: खिलाफी (अ० स्त्री०)–प्रतिज्ञा भंग करना, वचन पूरा न करना।

वा'द ए वस्ल (अ० पु०)–मिलने का क़रार।

वादी (अ० वि०)–घाटी, पहाड़ी के नीचे का मैदान, जंगल।

वापस (फा० वि०)–प्रत्यागत, लौटा हुआ, वापस दिया हुआ।

वापसी (फा० स्त्री०)–प्रत्यागम, लौटना, प्रतिदान।

वाबस्तए इश्क़ (फा० अ० वि०)–प्रेमाबद्ध, मुग्ध, मोहित।

वाबस्तगाने महब्बत (फा० अ० पु०)–प्रेम-पाश में बँधे हुए प्रेमी।

वाबस्तगी (फा० वि०)–संबंध, प्रेम, अपनापन।

वामिक़ (अ० पु०)–चाहने वाला प्यार करने वाला, अरब का एक प्रेमी जो अज़्रा पर आशिक़ था।

वार (फा० पु०)–आघात, आक्रमण, योग्य, पात्र, पद्धति।

वारफ़्त: (फा० वि०)–आत्म-विस्मृत, बेसुध, शिथिल।

वारिदात (अ० स्त्री०)–घटना, वाक़िआ।

वारिदाते क़ल्ब (अ० पु०)–हृदय में आने वाली विचारधाराएँ।

वारिस (अ० वि०)–उत्तराधिकारी, अभिभावक।

वाला (फा० वि०)–प्रतिष्ठित, मान्य, महान्, श्रेष्ठ, महत्त्वपूर्ण।

वालाक़द्र (फा० अ० वि०)–उत्तम, प्रतिष्ठित।

वालिए मुल्क (अ० पु०)–किसी राष्ट्र का शासक, राजा, बादशाह।

वालिए रियासत (अ० पु०)–किसी रियासत का स्वामी, रईस, राजा।

वालिदः (अ० स्त्री०)–माता, जननी।

वालिद (अ० पु०)–पिता।

वालिदैन (अ० पु०)–माता-पिता।

वावैला (फा० वि०)–कोलाहल, हाहाकार, कोहराम।

वासितः (अ० पु०)–माध्यम, संपर्क।

वासिल (अ० वि०)–मुलाक़ात करने वाला, सटा हुआ, संयुक्त।

वासोख़्तः (फा० वि०)–जला हुआ, विदग्ध।

वासोख़्त (फा० पु०)–उर्दू पद्य की एक किस्म।

वाह (फा० अव्य०)–ख़ूब, साधु, धन्य।

वाह वाह (फा० वि०)–धन्य-धन्य, साधु-साधु।

वाहियात (अ० स्त्री०)–निरर्थक और व्यर्थ बातें।

विज़ारत (अ० स्त्री०)–मंत्री का पद, मंत्रित्व, मंत्री का काम।

विज़ारतख़ानः (अ० फा० पु०)–मंत्रालय, मंत्री का कार्यालय।

विज़ारते ख़ारिजः (अ० स्त्री०)–परराष्ट्र-मंत्रित्व।

विज़ारते दाख़िलः (अ० स्त्री०)–गृह मंत्रित्व।

विज्दान(अ० पु०)–जानना, खोजना, सहृदयता।

विदाई (अ० वि०)–प्रस्थान संबंधी।

विरासत (अ० स्त्री०)–उत्तराधिकार।

विलादत (अ० स्त्री०)–उत्पत्ति, जन्म।

विलायत (अ० स्त्री०)–पर राष्ट्र।

विसाल (अ० पु०)–मिलन, मेल, प्रेमी और प्रेमिका का संयोग।

वीरानः (फा० पु०)–वीरान, निर्जन स्थान, वन, जंगल।

वीरानशीं (फा० वि०)–वीराने में रहने वाला, जंगल में रहने वाला।

वीरानी (फा० स्त्री०)–निर्जनता, जंगलपन।

वुज़ू (अ० पु०)–चेहरे की सफाई और स्वच्छता, नमाज़ के लिए नियमपूर्वक हाथ-पाँव और मुँह आदि धोना।

वुजूद (अ० पु०)–अस्तित्व, उपस्थिति, देह।

वुसूल (अ० पु०)–प्राप्त होना, प्राप्ति।

वुसूलयाबी (अ० फा० स्त्री०)–प्राप्ति वुसूली।

वुस्अत (अ० स्त्री०)–लंबाई-चौड़ाई, विस्तार, सामर्थ्य।

वुस्अते करम (अ० स्त्री०)–दानशीलता और वदान्यता का प्राचुर्य।

वुस्अते हौसलः (अ० स्त्री०)–साहस का आधिक्य।

वैलकश (अ० फा० वि०)–शत्रुता निबाहने वाला।

वैस (अ० पु०)–धिक्कार, लानत।

श

शंबः (फा० पु०)–दिन, वार, सनीचर-वार।

शएज़ाइद (अ० स्त्री०)–फालतू वस्तु।

शए लतीफ़ (अ० स्त्री०)–प्रतिभा, दक्षता, कुशलता।

शक़ (अ० पु०)–शंका, संदेह।

शक़ (अ० पु०)–फटना, विदीर्ण।

शकर (फा० स्त्री०)–खांड, शर्करा, चीनी।

शकर ख़्वाब (फा० पु०)–मीठी नींद, सवेरे की नींद।

शक़ावत (अ० स्त्री०)–हृदय की कठोरता, निर्दयता।

शकीलः (अ० स्त्री०)–सुंदरी, रूपवती।

शकील (अ० वि०)–सुंदर, रूपवान।

शक्की (अ० वि०)–बहमी, भ्रमी।

शक्ल (अ० स्त्री०)–आकृति, रूप।

शक्वा (अ० पु०)–उपालंभ, उलाहना।

शक्वागुज़ार (अ० फा० वि०)–उलाहना देने वाला।

शख़्स (अ० पु०)–व्यक्ति, मनुष्य।

शख़्सी (अ० वि०)–व्यक्तिगत।

शग़ल (अ० पु०)–कार्य, काम, धंधा, उद्यम।

शग़ाल (फा० पु०)–गीदड़।

शजरी (अ० वि०)–पेड़ के आकार का, पेड़ संबंधी।

शजाअत (अ० स्त्री०)–शूरवीरता, बहादुरी।

शज्रः (अ० पु०)–वंशावली, वंशवृक्ष।

शत्रंज (फा० स्त्री०)–एक प्रसिद्ध खेल।

शत्रंजबाज़ (फा० वि०)–शत्रंज का अच्छा खिलाड़ी।

शदीद (अ० वि०)–प्रचंड, तेज़, कठिन।

शनाख़्त (फा० स्त्री०)–पहचान, चिह्न, निशानी, लक्षण।

शफ़क़त (अ० स्त्री०)–कृपा, दया, ममता, सहानुभूति।

शफ़ा (अ० पु०)–तट, कूल, किनारा।

शफ़ाअत (अ० स्त्री०)–सुफ़ारिश, ईश्वरीय अनुकंपा।

शब (फा० स्त्री०)–निशा, रजनी, रात।

शबख़ून (फा० पु०)–सेना का रात को अंधेरे में शत्रु पर आक्रमण।

शबदेग (फा० स्त्री०)–वह हांडी जो रात-भर पकाई जाए।

शबनम (फा० स्त्री०)–ओस।

शबनमी (फा० स्त्री०)–मच्छरदानी

शबबख़ैर (फा०अ० वि०)–गुडनाइट, वह वाक्य जो रात को दो मित्र परस्पर विदा होते समय कामना के रूप में कहें।

शबाहत (अ० स्त्री०)–आकृति सादृश्य, समता, एकरूपता।

शबीह (फा० स्त्री०)–चित्र।

शबे माह (फा० स्त्री०)–चाँदनी रात, ज्योत्स्ना।

शबे वस्ल (फा० अ० स्त्री०)–मिलन-रात्रि।

शबे हिज्र (फा० अ० स्त्री०)–नायिका से वियोग की रात।
शबोरोज़ (फा० पु०)–रात-दिन, निरंतर, लगातार।
शमा' (अ० स्त्री०)–मोम, मोमबत्ती।
शमीम (अ० पु०)–सुगंध।
शम्अ (अ० स्त्री०)–दीपक, मोमबत्ती।
शम्अदान (अ० फा० पु०)–जिसमें मोमबत्ती रखकर जलाते हैं।
शम्ए बज़्म (अ० फा० स्त्री०)–सभा में जलने वाला चिराग़।
शम्ए हयात (अ० स्त्री०)–शम्अ रूपी जीवन, जो जलने के साथ घुलता जाता है।
शम्शीर (फा० स्त्री०)–तलवार, असि।
शम्स: (अ० पु०)–रोशनदान।
शम्स (अ० पु०)–सूर्य, अर्क।
शम्सी (अ० वि०)–सूर्य संबंधी।
शम्सुलउलमा (अ० पु०)–विद्वानों में सूर्य के समान।
शरंगेज़ी (अ० फा० स्त्री०)–उपद्रव मचाना, झगड़ा करना।
शरफ़ेमुलाक़ात (अ० पु०)–दर्शनों का सौभाग्य।
शर (र्र) (अ० पु०)–बुराई, उपद्रव।
शरर (अ० पु०)–चिनगारी, स्फुलिंग।
शररअंगेज़ (अ० फा० वि०)–चिनगारियाँ फैलाने वाला, उपद्रवी।
शराब (अ० पु०)–मदिरा, सुरा, वारुणी।
शराबख़ोरी (अ० फा० स्त्री०)–मद्यपान।
शराफ़त (अ० स्त्री०)–कुलीनता, सुशीलता।
शरारत (अ० स्त्री०)–दुष्कृत्य, उपद्रव।
शरारतन (अ० वि०)–बुरी नीयत से, शरारत से।
शरीअत (अ० स्त्री०)–धर्मशास्त्र, धार्मिक कानून।
शरीक (अ० वि०)–साझीदार, भागी।
शरीके ज़िंदगी (अ० फा० वि०)–जीवनसंगिनी, पत्नी।
शरीके हयात (अ० वि०)–जीवनसंगिनी, पत्नी, पति, स्वामी।
शरीफ़ (अ० वि०)–कुलीन, सज्जन, सुशील, सभ्य, शिष्ट, निष्कपट।
शरीर (अ० वि०)–दुष्ट, उपद्रवी।
शर्त (अ० स्त्री०)–प्रतिज्ञा, बाज़ी, जुआ।
शर्तिय: (अ० वि०)–अवश्य, अनिवार्य।
शर्ती (अ० वि०)–शर्तवाला, शर्त संबंधी।
शर्बत (अ० स्त्री०)–शर्करोदक, दवाओं से बना शकर का शीरा।
शर्बती (अ० वि०)–एक रंग जो हलका गुलाबी होता है।
शर्बते वस्ल (अ० पु०)–शर्बत रूपी नायिका का मिलन।
शर्म (फा० स्त्री०)–लज्जा, पश्चात्ताप, लाज।
शर्मनाक (फा० वि०)–लज्जाजनक।
शर्मसार (फा० वि०)–लज्जित, पश्चात्तापी।
शर्मिंद: (फा० वि०)–लज्जित।
शर्मिंदगी (फा० स्त्री०)–लज्जा, व्रीड़ा, पश्चात्ताप।
शर्ह: (अ० स्त्री०)–व्याख्या, स्पष्टता, विस्तार।
शर्हनवीस (अ० फा० वि०)–भाष्यकार, टीकाकार।
शशदर (फा० वि०)–चकित, स्तब्ध।
शशोपंज (फा० पु०)–संकोच।

शहंशाह (फा० पु०)–सम्राट्।

शहंशाही (फा० स्त्री०)–साम्राज्य।

शह (फा० पु०)–'शाह' का लघु०, शतरंज की किश्त।

शहखर्च (फा० वि०)–बहुत अधिक खर्च करने वाला, मुक्तहस्त।

शहज़ादः (फा० पु०)–राजकुमार, युवराज।

शहज़ोर (फा० वि०)–शक्तिशाली, बलवान।

शहतीर (फा० पु०)–लट्ठा।

शहनाई (फा० वि०)–एक बाजा, नफ़ीरी।

शहनाज़ (फा० वि०)–दुल्हन, नव विवाहिता।

शहादत (अ० स्त्री०)–साक्षी, गवाही, धर्म या देश के लिए बलिदान।

शहादतगाह (अ० फा० स्त्री०)–शहीद होने का स्थान।

शहीद (अ० वि०)–जिसने धर्म, देश या किसी लोकहित के लिए बलिदान किया हो।

शहीदे वतन (अ० पु०)–वतन की आज़ादी और उन्नति के लिए युद्ध या परिश्रम में मरने वाला।

शह्र (फा० पु०)–नगर, पुरी।

शह्रपनाह (फा० स्त्री०)–नगर के चारों ओर रक्षार्थ बनाई हुई पक्की और ऊँची दीवार, प्राचीर, परकोटा।

शह्रबदर (फा० वि०)–नगर-बहिष्कृत।

शह्रयार (फा० वि०)–शासक, राजा, सम्राट्।

शह्वत (अ० स्त्री०)–इच्छा, क्षुधा, कामातुरता।

शहवत परस्त (अ० फा० वि०)–व्यभिचारी।

शाइक़ (अ० वि०)–इच्छुक, अभिलाषी।

शाइरः (अ० स्त्री०)–कवि-स्त्री, कवयित्री।

शाइर (अ० पु०)–कवि।

शाइरी (अ० स्त्री०)–कविता, शेर कहना, अत्योक्ति।

शाइस्तः (फा० वि०)–सभ्य, शिष्ट।

शाइस्तगी (फा० स्त्री०)–सभ्यता, शिष्टता, योग्यता, संस्कृति, उत्तमता।

शाए' (अ० वि०)–व्यक्त, प्रकट, प्रकाशित।

शाए'कुनिंदः (अ० फा० वि०)–प्रकाशक, छापने वाला।

शाकिर (अ० पु०)–ईश्वर का धन्यवाद करने वाला।

शाख़ (फा० स्त्री०)–डाली, शाखा।

शाख़ दर शाख़ (फा० वि०)–एक-एक डाली में; पेचीदः, उलझा हुआ।

शागिर्द (फा० पु०)–विद्यार्थी, शिष्य।

शागिर्दी (फा० स्त्री०)–किसी आचार्य से किसी कला, शिल्प या विद्या का उपार्जन।

शातिर (अ० वि०)–शतरंज खेलने वाला, धूर्त, छली, धृष्ट।

शातिरानः (अ० फा० वि०)–धूर्ततापूर्ण।

शाद (फा० वि०)–प्रसन्न, हर्षित, आनंदित।

शादबाश (फा० वा०)–प्रसन्न रहो, चैन से जीवन बीते, एक आशीर्वाद, शाबाश।

शादाब (फा० वि०)–हरा-भरा, प्रफुल्ल।

शादी (फा० स्त्री०)–हर्ष, आनंद,

विवाह।

शादोआबाद (फा० वि०)–जो प्रसन्न भी हो और समृद्ध भी।

शान (अ० स्त्री०)–वैभव, शान-शौकत, श्रेष्ठता।

शानदार (अ० फा० वि०)–ठाटदार, उत्तम, विशाल, भारी।

शानोशौकत (अ० स्त्री०)–ठाट-बाट, वैभव, तड़क-भड़क।

शाबाश (फा० स्त्री०)–प्रोत्साहन देने वाला एक शब्द।

शाम (फा० स्त्री०)–संध्या।

शामत (अ० स्त्री०)–दुर्भाग्य, अकल्याण।

शामते आ'माल (अ० स्त्री०)–बुरे कर्मों का फल।

शामिल (अ० वि०)–सम्मिलित, एकत्र।

शायद (फा० वि०)–कदाचित्।

शाल (फा० स्त्री०)–एक ऊनी कामदार चादर।

शाहंशाह (फा० वि०)–सम्राट्।

शाह (फा० पु०)–बादशाह, शासक।

शाहकार (फा० पु०)–किसी कलाकार की सर्वोत्तम कलाकृति।

शाहज़ादः (फा० पु०)–युवराज, राजकुमार।

शाहदरः (फा० पु०)–राजमार्ग।

शाहनामः (फा० पु०)–वह महाकाव्य, जिसमें किसी राज्य विशेष के बादशाहों का वर्णन हो।

शाहिद (अ० वि०)–साक्षी, गवाह, नायिका।

शाहिदे बाज़ारी (अ० फा० स्त्री०)–गणिका, वेश्या।

शाहिदेरोज़ (अ० फा० पु०)–सूर्य।

शाहिदे शब (अ० फा० पु०)–चंद्रमा।

शाहीं (फा० पु०)–श्येन, बाज़पक्षी।

शाही (फा० स्त्री०)–राजकीय, सत्ता, राष्ट्र।

शिकंजः (फा० पु०)–दबाने निचोड़ने और कसने का यंत्र।

शिकन (फा० स्त्री०)–झुर्री, सिकुड़न।

शिकस्तः (फा० वि०)–टूटा हुआ, भग्न, खंडित।

शिकस्तःदिली (फा० स्त्री०)–दिल टूट जाना, साहस।

शिकस्तःहाल (अ० फा० वि०)–जिसकी आर्थिक दशा खराब हो गई हो।

शिकस्तः नवीसी (फा० स्त्री०)–घसीट मार लिखना, अस्पष्ट लेख।

शिकस्त (फा० स्त्री०)–पराजय, हार।

शिकायत (अ० स्त्री०)–निंदा, बुराई, उपालंभ, उलाहना, किसी गलत काम की उसके मालिक या अफसर को सूचना।

शिकार (फा० पु०)–मृगया, आखेट।

शिकारगाह (फा० स्त्री०)–आखेटस्थल।

शिकारी (फा० वि०)–व्याध, आखेटक।

शिगुफ़्तः (फा० वि०)–मुकुलित, विकसित, प्रसन्न, हर्षित।

शिगूफ़ः (फा० पु०)–कली, नयी बात, अचम्भे की बात।

शिताब (फा० वि०)–शीघ्र, जल्द।

शिफ़ा (अ० स्त्री०)–रोग-मुक्ति, रोग के बाद स्वास्थ्य।

शिफ़ाखान: (अ० फा० पु०)–चिकित्सालय, अस्पताल।

शिफ़ायाबी (अ० फा० स्त्री०)–रोग-

मुवित।

शिर्क (अ० पु०)–ईश्वरत्व में ईश्वर के अतिरिक्त किसी और शक्ति को साझेदार बनाना, अनेकेश्वरवादी होना।

शिर्कत (अ० स्त्री०)–सम्मिलन, सहयोग, साझा।

शिर्कतनामः (अ० फा० पु०)–साझेदारी का लिखित पत्र।

शीअः (अ० पु०)–सहायक, मददगार, मुसलमानों का एक संप्रदाय।

शीरः (फा० पु०)–शकर की चाशनी, फलों का निचोड़ा हुआ रस।

शीर (फा० पु०)–दूध, क्षीर।

शीरख़्वार (फा० वि०)–स्तनपायी, दुधमुँहा।

शीरमाल (फा० स्त्री०)–एक रोग़नी रोटी जो आटे में दूध मिलाकर गूँधा जाता है और सिककर मुलायम और गुलाबी रंग की हो जाती है।

शीराज़ःबंदी (फा० स्त्री०)–संघटन, पुस्तक की जुज़बंदी।

शीरीं (फा० वि०)–मधुर, मीठा।

शीरीनी (फा० स्त्री०)–मिठास, मिठाई, मिष्ठान्न।

शीशः (फा० पु०)–काँच, दर्पण, बोतल।

शीशःदिल (फा० वि०)–जिसका दिल बहुत ही नाजुक हो।

शुऊर (अ० पु०)–संज्ञा, होश, विवेक, शिष्टता, सभ्यता, जानकारी।

शुक्र (अ० पु०)–कृतज्ञता, धन्यवाद।

शुक्रगुज़ारी (अ० फा० स्त्री०)–कृतज्ञता।

शुक्रानः (अ० फा० पु०)–किसी काम की सफलता पर प्रयास करने वाले को सम्मानार्थ दिया जाने वाला धन।

शुक्रियः (अ० पु०)–धन्यवाद।

शुगून (फा० पु०)–शकुन।

शुग़्ल (अ० पु०)–काम में लगना, व्यवसाय।

शुजाअ (अ० वि०)–शूर, वीर।

शुतुर (फा० पु०)–ऊँट।

शुब्हः (अ० पु०)–आशंका, संदेह, भ्रम।

शुमार (फा० पु०)–गिनती, संख्या, हिसाब।

शुमारी (फा० प्रत्य०)–शुमार करने का काम, जैसे—'मर्दुमशुमारी' जनगणना।

शुरूआत (अ० स्त्री०)–आरंभ।

शुह्रत (अ० स्त्री०)–प्रसिद्ध, ख्याति, कीर्ति, यश।

शूम (फा० वि०)–कंजूस, अभागा, मनहूस, अनिष्टकर।

शूमिए क़िस्मत (फा० अ० स्त्री०)–शूमिए तक्दीर, भाग्य का खोटापन।

शेख़चिल्ली (अ० फा० पु०)–कल्पित, मूर्ख व्यक्ति, बड़े-बड़े गंगूबे बनाने वाला।

शेख़ी (तु० स्त्री०)–डींग, हेकड़ी, शान।

शेफ़्तः (फा० वि०)–आसक्त, मुग्ध।

शे'र (अ० पु०)–दो मित्रों का समाहार, बैत।

शेर (फा० पु०)–सिंह, बाघ।

शे'रगोई (अ० फा० स्त्री०)–शे'र कहना, कविता करना।

शेरदिल (फा० वि०)–शेर जैसा कड़ा दिल, बहुत बड़ा वीर।

शे'रोसुख़न (अ० फा० पु०)–कविता, काव्य, साहित्य।

शेवः (फा० पु०)–शैली, पद्धति, परि-

पाटी, ढंग।

शै (फा० स्त्री०)–वस्तु, पदार्थ।

शैख़ (अ० पु०)–बूढ़ा, वृद्ध, अध्यक्ष, सरदार।

शैख़े वक़्त (अ० पु०)–अपने समय का सबसे बड़ा धर्मगुरू।

शैतान (अ० पु०)–एक फ़िरिश्तः जिसने ईश्वर की आज्ञा का उल्लंघन किया और बहिष्कृत हुआ, उपद्रवी, शरारती।

शैतानी (अ० वि०)–शैतान का, शैतान संबंधी, निकृष्ट।

शैदा (फा० वि०)–मुग्ध, मोहित, आसक्त।

शैदाए वतन (फा० अ० वि०)–देशभक्त।

शोख़ (फा० वि०)–चंचल, चुलबुला, धृष्ट, उद्दंड, गहरा (रंग), अवज्ञाकारी, असभ्य।

शोख़चश्म (फा० वि०)–निर्लज्ज, धृष्ट।

शोख़ी (फा० स्त्री०)–चपलता, धृष्टता, अशिष्टता।

शो'बः (अ० पु०)–विभाग, खंड, शाखा।

शोर (फा० वि०)–कोलाहल, शोह्रत, नामवरी।

शोरबा (फा० पु०)–पक्के मांस की तरी।

शोरिश (फा० स्त्री०)–उपद्रव, विद्रोह, खारीपन।

शोलः (अ० पु०)–अग्नि-ज्वाला।

शो'लःबारी (अ० फा० स्त्री०)–आग बरसाना।

शौक़ (अ० पु०)–तीव्र, अभिलाषा, उत्कंठा, लालसा, लगन।

शौकत (अ० स्त्री०)–आतंक, वैभव, ऐश्वर्य।

शौक़ियः (अ० वि०)–केवल मन बहलाव के लिए।

शौक़ीन (अ० वि०)–व्यसनी, आदी, किसी कार्यविशेष में बहुत अधिक रुचि रखने वाला।

शौक़े आराइश (अ० फा० पु०)–बनने सँवरने का शौक़।

शौहर (फा० पु०)–पति, स्वामी।

शौहरपरस्त (फा० स्त्री०)–पतिव्रता, पति-परायणा।

स

संग (फा० पु०)–प्रस्तर, पाषाण, पत्थर।

संगतरः (फा० पु०)–संतरा, मीठी बड़ी नारंगी।

संगतराश (फा० वि०)–पत्थर का काम करने वाला।

संगदिली (फा० स्त्री०)–निर्दयता, क्रूरता।

संगरू (फा० वि०)–निर्लज्ज, बेशर्म।

संगसार (फा० वि०)–पथराव करके किसी व्यक्ति को मार डालना।

संगीन (फा० वि०)–कठोर, दुष्कर, सख़्त।

संगीन (उ० स्त्री०)–एक लंबी और पतली बरछी, जो बंदूक के सिरे पर लगाई जाती है।

संगे तराज़ू (फा० पु०)–तोलने का बाँट।

संगेमर्मर (फा० पु०)–एक मशहूर सफेद पत्थर।

संगे मूसा (फा० अ० पु०)–काला पत्थर।

संगे सुर्ख़ (फा० पु०)–लाल पत्थर।

संजीद: (फा० वि०)–संतुलित, गंभीर, शाँत सहिष्णु।

संजीदगी (फा० स्त्री०)–गंभीरता।

संदल (अ० पु०)–एक सुप्रसिद्ध सुगंधित लकड़ी, चंदन।

संदली (फा० स्त्री०)–संदल की लकड़ी का, कुर्सी।

संदास (फा० पु०)–पाखाना।

संदूक (अ० पु०)–मंजूषा

सआदत (अ० स्त्री०)–कल्याण, प्रताप, तेज, भलाई।

सआदतमंद (अ० फा० वि०)–भाग्यशाली।

सई (अ० पु०)–प्रयत्न, पराक्रम।

सईस (अ० पु०)–घोड़े की देख-रेख करने वाला।

सक़ील (अ० वि०)–भारी, बोझल।

सख़ी (अ० वि०)–दाता, दानशील, मुक्तहस्त।

सख़्त (फा० वि०)–कठोर, कड़ा, अत्यधिक, तीव्र, प्रचण्ड, दुष्कर।

सख़्तदिली (फा० स्त्री०)–निर्दयता।

सख़्ती (फा० स्त्री०)–कठोरता, कठिनता, निर्दयता।

सग (फा० पु०)–श्वान, कुत्ता।

सग़ीर (अ० वि०)–छोटा, लघु।

सज़ा (फा० स्त्री०)–दंड।

सज़ायाफ़्त: (फा० वि०)–जिसने पहले किसी अपराध में सज़ा पाई हो।

सज्जाद: (अ० पु०)–किसी बड़े पीर या फ़क़ीर की गद्दी, जायनमाज़।

सज्जाद: नशीन (अ० वि०)–गद्दीधारी।

सज्द: (फा० पु०)–माथा टेकना, सर झुकाना, ज़मीन पर माथा टेक कर ईश्वर की प्रार्थना करना।

सत्र (अ० स्त्री०)–कापी या किताब की लकीर, पंक्ति।

सत्‌ह (अ० पु०)–तल, हर चीज़ का ऊपरी भाग।

सत्‌ही (अ० वि०)–ऊपरी, जो ऊपरी मन से हो।

सत्‌हे आब (अ० फा० स्त्री०)–पानी की सतह।

सदक: (अ० पु०)–दान, खैरात।

सदफ़ (अ० स्त्री०)–वह सीप जिसमें मोती निकलता है।

सदाए ग़ैब (अ० स्त्री०)–आकाशवाणी।

सदाक़त (अ० स्त्री०)–सच्चाई, यथार्थता।

सदाक़तपरस्ती (अ० फा० स्त्री०)–सच्चाई का पालन, सच्चाई पर दृढ़ता।

सदाक़तपसंद (अ० फा० वि०)–सच्चाई को पसंद करने वाला।

सदारत (अ० स्त्री०)–सभापतित्व, अध्यक्षता।

सदारती (अ० वि०)–सभापति का, सभापति से संबंधित।

सदारते अंजमन (अ० फा० स्त्री०)–किसी समिति या संस्था आदि का सभापतित्व।

सदी (फा० वि०)–शताब्दी, शती।

सद्‌मः (अ० पु०)–आघात, चोट, पश्चात्ताप।

सद्र (अ० पु०)–सभापति, अध्यक्ष, केन्द्रीय स्थान, मुख्य, महा, बड़ा, वक्षःस्थल।

सद्रमक़ाम (अ० पु०)–मुख्यालय, राजधानी।

सद्रे दीवान (अ० फा० पु०)–मुख्य मंत्री, प्रधान मंत्री।

सद्रे मुशाअरः (अ० पु०)–कवि-सम्मेलन का सभापति।

सनद (अ० स्त्री०)–प्रमाण, प्रमाण-पत्र, आश्रय, उदाहरण, आदर्श।

सनदे विरासत (अ० स्त्री०)–किसी के स्थान पर उपस्थित होने या उत्तराधिकारी होने का प्रमाणपत्र।

सनम (अ० पु०)–मूर्ति, बुत, प्रेमिका, प्रेयसी।

सने वफ़ात (अ० पु०)–मरने का साल।

सने विलादत (अ० पु०)–पैदा होने का वर्ष।

सन्‌अते शे'री (अ० स्त्री०)–अलंकार, काव्यगत।

सफ़ (अ० स्त्री०)–पंक्ति, रेखा, लंबी चटाई।

सफ़र (अ० पु०)–यात्रा, प्रस्थान, पर्यटन।

सफ़ाई (अ० स्त्री०)–स्वच्छता, विशुद्धता।

सफ़ाहत (अ० स्त्री०)–अधमता।

सफ़ी (अ० वि०)–स्वच्छ, धवल।

सफ़ीनः (अ० पु०)–आदेशपत्र, नौका।

सफ़ीर (अ० पु०)–पत्रवाहक, संदेशवाहक, राजदूत, दूत।

सफ़ूफ़ (अ० पु०)–चूर्ण, पिसी हुई चीज।

सफ़ेदपोश (फा० वि०)–सफेद कपड़े पहनने वाला, सज्जन, भला मानस।

सफ़्फ़ाक (अ० वि०)–रक्तपाती, अत्याचारी।

सफ़्हः (अ० पु०)–पृष्ठ, पन्ना, पेज।

सबक़ (अ० पु०)–पाठ, शिक्षा, अनुभव।

सबब (अ० पु०)–कारण, हेतु, मूल कारण।

सबा (अ० स्त्री०)–पुर्वा हवा, ठंडी और मधुर वायु, समीर।

सबील (अ० स्त्री०)–पियाऊ, मार्ग, उपाय।

सबुक (फा० वि०)–हल्का, चुस्त, जल्दी।

सब्ज़ः (फा० पु०)–हरी घास, हरियाली।

सब्ज़ी (फा० स्त्री०)–घास, शाक, भाजी, भंग।

सब्र (अ० पु०)–धैर्य, धीरज।

समर (अ० पु०)–फल, मेवा, प्रतिकार।

समाअत (अ० स्त्री०)–श्रवण, सुनने की शक्ति।

सय्याह (अ० पु०)–पर्यटक, देश-विदेश घूमना।

सरंजाम (फा० पु०)–अंत, पूर्ति, परिणाम।

सर (फा० पु०)–सिर, सिरा, श्रेष्ठ, उत्तम, ध्यान।

सरकर्दः (फा० वि०)–अगुआ, मुखिया।

सरकश (फा० वि०)–अवज्ञाकारी, उदण्ड, विद्रोही।

सरकार (फा० स्त्री०)–राज्य, शासक, राष्ट्र, न्यायालय, राजसभा।

सरकारी (फा० वि०)–राजकीय, सरकार का।

सरगर्म (फा० वि०)–तन्मय, तल्लीन, तत्पर।

सरगर्मी (फा० स्त्री०)–तन्मयता, तत्परता, संलग्नता।

सरगुज़श्त (फा० स्त्री०)–वृत्तान्त, हाल, घटना।

सरचश्म: (फा० पु०)–स्रोत, सोत, उद्गम।

सरज़द (फा० वि०)–घटित।

सरताज (फा० वि०)–सबसे अच्छा, शिरोमणि, पति, स्वामी, नायक।

सरतापा (फा० वि०)–सिर से पैर तक, आदि से अंत तक, आद्योपांत

सरदार (फा० पु०)–नायक, अध्यक्ष, स्वामी, पति।

सरदारी (फा० स्त्री०)–अध्यक्षता, स्वामित्व।

सरपरस्त (फा० वि०)–पोषक, संरक्षक, अभिभावक।

सरफ़रोशी (फा० स्त्री०)–जान की बाजी लगाना।

सरमाय: (फा० पु०)–पूँजी, धन, दौलत।

सरमाय:दार (फा० वि०)–पूँजीपति, धनवान।

सरमाय:दारी (फा० स्त्री०)–पूँजीवाद।

सरवर (फा० वि०)–सरदार, श्रेष्ठ, नायक।

सरसब्ज़ (फा० वि०)–हराभरा, समृद्ध, उपजाऊ।

सरसरी (फा० वि०)–जल्दी का काम।

सरहद (फा० स्त्री०)–सीमा, हद, सीमान्त।

सरहदी (फा० स्त्री०)–सरहद का, सीमान्त का निवासी।

सरापा (फा० पु०)–मस्तकापाद, सर से पाँव तक, नितांत

सराब (फा० पु०)–मृगतृष्णा, मरु, मरीचिका, धोखा, छल।

सरासर (फा० वि०)–नितान्त, बिलकुल।

सरासीमगी (फा० स्त्री०)–उद्विग्नता, व्याकुलता।

सराहत (अ० स्त्री०)–स्पष्टीकरण, विस्तृत विवरण।

सरीरत (अ० स्त्री०)–भेद, रहस्य, मर्म।

सरे दस्त (फा० वि०)–तत्काल, इस समय, सम्प्रति।

सरे बाज़ार (फा० पु०)–बीच बाज़ार में, सबके सामने।

सरे राह (फा० पु०)–रास्ते में, रास्ता चलते हुए।

सरोकार (फा० पु०)–प्रयोजन, सम्बन्ध।

सर्द (फा० वि०)–शीतल, ठंडा, मंद, धीमा।

सर्दोगर्म (फा० वि०)–गर्म और ठंडा।

सलात (अ० स्त्री०)–नमाज़।

सलातीन (अ० पु०)–'सुल्तान' का बहु०, बादशाह लोग।

सलाम (अ० पु०)–प्रणाम।

सलामत (अ० स्त्री०)–सुरक्षित, जीवित, पूर्ण, स्वस्थ।

सलामी (अ० वि०)–किसी बड़े आदमी के आने पर तोपों के फ़ैर।

सलामुन अलैकुम (अ० वा०)–सलामो अलैकुम, सलाम, बंदगी,

तुम पर सलामती हो, तुम सुरक्षित रहो।

सलासत (अ० स्त्री०)–सरलता, रवानी।

सलाह (अ० स्त्री०)–परामर्श, राय, उद्देश्य।

सलाहकार (अ० फा० वि०)–सदाचारी, परामर्शदाता।

सलाहीयत (अ० स्त्री०)–योग्यता, क्षमता, अच्छाई, संयम।

सलीक़:(अ० पु०)–शिष्टता, योग्यता, सभ्यता।

सलीब (अ० स्त्री०)–सूली, क्रास।

सलीम (अ० वि०)–गंभीर, शान्त, सहनशील।

सल्तनत (अ० स्त्री०)–राज्य, राष्ट्र, शासन, सत्ता।

सल्तनते जुम्हूरी (अ० स्त्री०)–जनता का राज्य, गणतंत्र, जनतंत्र।

सल्तनते शख़्सी (अ० फा० स्त्री०)–व्यक्तिगत राज्य, साम्राज्य।

सवा (अ० वि०)–समता, बराबरी, समान।

सवाब (अ० पु०)–पुण्य, शुभ कृत्य का फल जो स्वर्ग में मिलेगा, भलाई।

सवाब अंदेश (अ० फा० वि०)–शुभचिंतक।

सवाबदीद (अ० फा० स्त्री०)–सलाह, अच्छी राय।

सवार (फा० वि०)–आरूढ़, अश्वारोही।

सवाल (अ० पु०)–प्रश्न, प्रार्थना, इच्छा।

सवालात (अ० पु०)–बहुत से सवाल, प्रश्नावली।

सहरोशाम (अ० फा० पु०)–सवेरे और संध्या के समय।

सहीफ़: (अ० पु०)–पुस्तक, धर्मग्रंथ।

सहीह (अ० वि०)–सत्य, यथार्थ, निर्दोष।

सह्‌न (अ० पु०)–आँगन, मकान के बीच या सामने का मैदान।

सह्‌बा (अ० स्त्री०)–मदिरा, शराब।

सह्रा (अ० पु०)–कानन, जंगल।

साइक़: (अ० स्त्री०)–बिजली, तड़ित।

साइल (अ० पु०)–सवाल करने वाला, प्रार्थी, भिक्षुक, उम्मीदवार।

साकित (अ० वि०)–मौन, चुप, निश्चल।

साक़ी (अ० वि०)–शराब पिलाने वाला।

साख़्त (फा० स्त्री०)–बनावट, कृत्रिमता।

साग़र (फा० पु०)–शराब का प्याला, चषक।

साज़ (फा० पु०)–उपकरण, प्रबंध, वाद्य, बाजा।

साज़गर (फा० वि०)–वाद्यकार, बाजा बनाने वाला।

साज़िंद: (फा० वि०)–साज़ बजाने वाला वादक।

साज़िश (फा० स्त्री०)–कुचक्र, षड्‌यंत्र।

साज़े सफ़र (फा० अ० पु०)–यात्रोपकरण।

साद: (फा० वि०)–कोरा, बेदाग़, भोला-भाला, सीधा, ख़ालिस, निश्छल।

साद:दिली (फा० स्त्री०)–निश्छलता, साफ़दिली।

सादगी (फा० स्त्री०)–भोलापन, निश्छलता, चिह्न।

सादिक़ (अ० वि०)–सत्यवादी, सच्चा, न्यायनिष्ठ।

सानी (अ० वि०)–द्वितीय, दूसरा, अन्य।

साफ़ः (अ० पु०)–पगड़ी, उष्णीष।

साफ़ (अ० वि०)–स्पष्ट, स्वच्छ, निर्दोष, सुगम, आसान, कोरा।

साफ़गोई (अ० फा० स्त्री०)–सच्ची बात कह देना, दो टूक बात करना।

साफ़दिली (अ० फा० स्त्री०)–अंतः-शुद्धि, चित्त का निर्मल और निष्पाप होना।

साबिक़ः (अ० वि०)–उपसर्ग, प्रयोजन, पहली।

साबिक़ (अ० वि०)–पिछला, गुज़रा हुआ।

साबिक़े दस्तूर (अ० वि०)–पहले की तरह।

साबित (अ० वि०)–स्थिर, प्रमाणित।

साबित क़दमी (अ० स्त्री०)–इरादे की दृढ़ता।

साबिर (अ० पु०)–सहिष्णु, सहनशील, संतोषी।

साबुन (अ० पु०)–साबून, रसायनिक क्रियाओं से तैयार एक प्रसिद्ध पदार्थ जिससे शरीर और वस्त्रादि साफ़ किए जाते हैं।

सामान (फा० पु०)–उपकरण, सामग्री।

सामाने ऐश (फा० अ० पु०)–सुख और भोग-विलास की सामग्री, सुख-सामग्री।

सायः (फा० पु०)–छाया, शरण।

साल (फा० पु०)–वर्ष, वत्सर।

सालगिरिह (फा० स्त्री०)–जन्मदिन, जन्म-तिथि।

सालानः (फा० वि०)–वार्षिक।

सालार (फा० पु०)–सेनापति, अध्यक्ष, नायक।

सालारे जंग (फा० पु०)–सेनापति।

सालेह (अ० वि०)–सदाचारी, पुण्यात्मा।

साहिब (अ० पु०)–एक सम्मानसूचक शब्द, जो नाम के अंत में लगाया जाता है; स्वामी, मित्र।

सिकंजुबीन (फा० स्त्री०)–सिर्कः या नीबू का शर्बत।

सिक्कः (अ० पु०)–मुद्रा, रुपया-पैसा, धाक, रोब।

सिज्दः (अ० पु०)–ईश्वर के लिए सिर झुकाना, प्रणिपात।

सितम (फा० पु०)–अत्याचार, अनीति।

सितमगर (फा० वि०)–अत्याचारी।

सिताइश (फा० स्त्री०)–प्रशंसा, स्तुति।

सितारः (फा० पु०)–तारा, ग्रह, भाग्य।

सितारः दाँ (फा० वि०)–ज्योतिषी।

सितार (फा० पु०)–एक बाजा, तंत्री।

सिद्क़ (अ० पु०)–सत्यता, यथार्थता, निश्छलता।

सिद्दीक़ (अ० वि०)–बहुत ही सच्चा और जाँनिसार दोस्त।

सिनरसीदः (अ० फा० वि०)–वयोवृद्ध, बूढ़ा।

सिपर (फा० स्त्री०)–तलवार रोकने का अस्त्र, ढाल, कवच।

सिपह (फा० स्त्री०)–सेना, बल, फ़ौज।

सिपहगरी (फा० स्त्री०)–फौज की नौकरी, शूरता, बहादुरी, सिपाहीपन।

सिपहसालार (फा० पु०)–सेनाध्यक्ष, सेनापति ।

सिपाही (फा० पु०)–सैनिक, फ़ौजी ।

सिपुर्द (फा० वि०)–सौंपा हुआ, हस्तगत ।

सिपुर्दगी (फा० वि०)–सौंप, हवालगी, हिरासत, हवालात ।

सिफ़त (अ० स्त्री०)–प्रशंसा, गुण, उत्तमता, प्रभाव, समान, तुल्य ।

सिफ़ारतखान: (अ० फा० पु०)–दूतावास ।

सिफ़ारिश (फा० स्त्री०)–अनुशंसा ।

सिफ़्र (अ० पु०)–बिंदु, शून्य, नुक़्ता ।

सिफ़्ल: (अ० वि०)–अधम, नीच ।

सियासत (अ० स्त्री०)–राजनीति, नीति ।

सियासी (अ० फा० वि०)–राजनीति से संबद्ध, राजनीति जानने वाला ।

सियाह (फा० वि०)–काला ।

सियाहपोश (फा० वि०)–काले कपड़े पहनने वाला, मातमदार ।

सियाहरू (फा० वि०)–पापी, दुराचारी, कृष्णमुख ।

सियाही (फा० स्त्री०)–कालिमा, अंधकार, मसि ।

सियाहो सफ़ेद (फा० पु०)–काला और सफ़ेद, संपूर्ण, सब, पूरा ।

सिराज (अ० पु०)–दीपक, दिया ।

सिराते मुस्तक़ीम (अ० स्त्री०)–सीधा-सरल मार्ग, धर्मपथ ।

सिरिश्त (फा० स्त्री०)–स्वभाव, प्रकृति ।

सिर्क: (फा० पु०)–फल, गन्ने या ताड़ी आदि का रस जो धूप में रखकर खट्टा किया जाता है ।

सिर्फ़ (अ० वि०)–केवल, एकाकी, निरा, ख़ालिस ।

सिलसिल: (अ० पु०)–शृंखला, क्रम, पंक्ति, क़तार ।

सिलसिल:वार (अ० फा० वि०)–क्रम से, क्रमश:, एक-एक करके, एक के बाद एक ।

सिवा (फा० अव्य०)–अतिरिक्त, अलावा, बिना, अन्य, दूसरा ।

सिह्रकार (अ० फा० वि०)–जादूगर, मायावी ।

सिह्हत (अ० स्त्री०)–स्वास्थ्य, तन्दुरुस्ती ।

सिह्हत अफ़ज़ा (अ० फा० वि०)–स्वास्थ्यवर्द्धक ।

सीख़ (फा० स्त्री०)–लोहे की सलाख़, शलाका ।

सीख़च: (फा० पु०)–छोटी सीख़, छोटी सलाख़ ।

सीन: (फा० पु०)–वक्ष:स्थल, छाती, पयोधर ।

सीन:ज़ोरी (फा० स्त्री०)–अत्याचार, उद्दंडता ।

सीम (फा० स्त्री०)–चाँदी, धन-दौलत ।

सीमाब (फा० वि०)–पारद, पारा, मर्करि ।

सीरत (अ० स्त्री०)–स्वभाव, प्रकृति, आदत, सौजन्य ।

सुकूत (अ० पु०)–मौन, चुप्पी ।

सुकून (अ० पु०)–सन्नाटा, खामोशी, शांति, ठहराव, संतोष, धैर्य ।

सुकूनत (अ० स्त्री०)–निवास, बसाव ।

सुख़न (फा० पु०)–वार्ता, बात, कथन, वार्तालाप, वादा, कविता, काव्य, प्रवचन ।

सुख़नगो (फा० वि०)–कवि, शाइर ।

सुख़नगोई (फा० स्त्री०)–कविता,

शाइरी।

सुतून (फा० पु०)–खंभा, मीनार।

सुन्नत (अ० स्त्री०)–नियम, क़ाइदः, पद्धति, तरीक़ा, मार्ग, प्रकृति, स्वभाव, खतनः मुसलमानी।

सुन्नी (अ० पु०)–मुसलमानों का एक समुदाय।

सुपुर्द (फा० वि०)–सौंपा हुआ, दिया हुआ।

सुपुर्दगी (फा० स्त्री०)–सुपुर्द करना, किसी को देना।

सुबूत (अ० पु०)–प्रमाण, उदाहरण।

सुब्ह (अ० स्त्री०)–प्रातःकाल, प्रभात।

सुब्हे बहार (अ० फा० स्त्री०)–वसंत ऋतु का प्रारंभ।

सुराग़ (तु० पु०)–टोह, पाँव का निशान, खोज, अनुसंधान।

सुराही (अ० स्त्री०)–पानी रखने का एक विशेष प्रकार का मिट्टी का पात्र।

सुरूर (अ० पु०)–हर्ष, खुशी, आनंद, हलका नशा।

सुरूर अंगेज़ (फा० वि०)–मादक, आनंदवर्द्धक।

सुरैया (अ० स्त्री०)–कृत्तिका पुंज, झुमका, तीसरा नक्षत्र।

सुर्ख़ (फा० वि०)–लाल रंग, लाल रँगा हुआ।

सुर्ख़पोश (फा० वि०)–लाल कपड़े पहनने वाला, रक्तांबर।

सुर्ख़रू (फा० वि०)–तेजस्वी, सम्मानित, सफ़ल।

सुर्ख़ी (फा० वि०)–लाली, लालिमा।

सुर्मः (फा० पु०)–रसांजन।

सुर्मःदान (फा० पु०)–सुर्मेदानी, सुर्मा रखने का।

सुलूक (अ० पु०)–व्यवहार, ईश्वर की खोज।

सुलूके बद (अ० फा० पु०)–दुर्व्यवहार।

सुल्तान (अ० पु०)–शासक, नरेश, बादशाह, राजा।

सुल्ह (अ० स्त्री०)–संधि, मेल, मैत्री, समझौता।

सुस्त क़दम (फा० अ० वि०)–धीरे-धीरे चलने वाला, मंद गति, मंद कदम।

सुस्ती (फा० स्त्री०)–आलस्य, शिथिलता।

सुहूलत (अ० स्त्री०)–सुगमता, सरलता, आसानी।

सुहबत (अ० स्त्री०)–संगत, मित्रता, गोष्ठी।

सू (फा० स्त्री०)–ओर, तरफ।

सूए इत्तिफ़ाक़ (अ० पु०)–दुर्योग, कुयोग।

सूद (फा० पु०)–लाभ, ब्याज।

सूदख़ोरी (फा० स्त्री०)–सूद का कारोबार करना।

सूद दर सूद (फा० पु०)–ब्याज की एक क़िस्म जिसमें ब्याज मूलधन में मिलकर उस पर ब्याज चलता है, चक्रवृद्धि।

सूदमंद (फा० वि०)–लाभकारी।

सूफ़ (अ० पु०)–ऊन।

सूफ़ी (अ० पु०)–ब्रह्मज्ञानी, अध्यात्मवादी।

सूबः (अ० पु०)–प्रांत, प्रदेश।

सूबःदार (अ० फा० पु०)–सूबे का शासक, गवर्नर, राज्यपाल, सिपाही से बड़ा एक ओहदः।

सूरत (अ० स्त्री०)–रूप, आकृति,

चेहरा, दशा, चित्र, उपाय।

सूरतेहाल (अ० स्त्री०)–वर्तमान स्थिति।

सूराख़ (फा० पु०)–छिद्र, रंध्र, छेद, विवर।

सेर चश्म (फा० वि०)–परितृप्त, उदार।

सेहत (अ० स्त्री०)–स्वास्थ्य, तंदुरुस्ती।

सेहतमंद (अ० फा० वि०)–स्वस्थ, उत्तम, श्रेष्ठ।

सैद (अ० पु०)–मृगया, आखेट, शिकार।

सैफ़ी (अ० वि०)–ग्रीष्मकाल का, गर्मी के मौसम का।

सैयाद (अ० पु०)–बहेलिया।

सैयारः (अ० पु०)–ग्रह, गतिमान सितारा।

सैयाह (अ० वि०)–पर्यटक।

सैयिद (अ० पु०)–हज़रत इमाम हुसैन की संतान का वंशज, सैयद।

सैर (अ० स्त्री०)–पर्यटन, मनोविनोद, सैर-सपाटा, वायु-सेवन।

सैरो तफ़रीह (अ० स्त्री०)–घूमना और दिल बहलाना।

सैलाब (अ० फा० पु०)–नदी आदि के पानी की बाढ़।

सोख़्तः (फा० वि०)–जला हुआ, दग्ध।

सोख़्तःदिल (फा० वि०)–दग्ध हृदय, प्रेमी।

सोगवार (फा० पु०)–शोकग्रस्त।

सोग़ात (तु० स्त्री०)–उपहार।

सोज़न (फा० स्त्री०)–सुई।

सोज़िश (फा० स्त्री०)–जलन।

सौगंद (फा० स्त्री०)–शपथ।

सौग़ात (तु० स्त्री०)–उपहार, भेंट।

सौत (अ० पु०)–ध्वनि, नाद।

सौदा (अ० पु०)–प्रेम, बेचने का सामान।

सौदाई (अ० वि०)–विक्षिप्त, पागल, प्रेमी।

सौदागर (फा० पु०)–सौदा बेचने वाला, वणिक्।

सौम (अ० पु०)–रोज़ा, व्रत।

सौलत (अ० स्त्री०)–आतंक, रोब।

सौसन (फा० स्त्री०)–ज़बान जैसी पंखुड़ी वाला नीला फूल।

सौहाने रूह (फा० अ० पु०)–कष्टदायक।

ह

हंगामः (फा० पु०)–जनसमूह, उपद्रव, विप्लव, क्रांति।

हंगाम (फा० पु०)–काल, समय, ऋतु।

हंगामए बग़ावत (फा० अ० पु०)–राजद्रोह का हंगामा।

हंगामी (फा० वि०)–सामयिक, अस्थायी, क्षणिक, आवश्यक, संकटकालीन।

हक़ (क़्क़) (अ० पु०)–स्वत्व, अधिकार, सत्य, यथार्थ, यथोचित, पारिश्रमिक।

हक़गोई (अ० फा० स्त्री०)–सत्यवादिता, सच्ची बात कहना।

हक़तलफ़ी (अ० स्त्री०)–स्वत्व-हानि, किसी का हक़ या अधिकार मारा

जाना।

हक़दार (अ० फा० वि०)–अधिकारी, पात्र।

हक़परस्त (अ० फा० वि०)–सत्य-निष्ठ, धर्मात्मा।

हक़पसंद (अ० फा० वि०)–जिसे सत्य पसंद हो, सत्यनिष्ठ।

हक़फ़रामोशी (अ० फा० स्त्री०)–कृतघ्नता।

हक़ बजानिब (अ० फा० वि०)–जो सच्चाई के पक्ष में हो।

हक़ारत (अ० स्त्री०)–तिरस्कार।

हक़ीक़त (अ० स्त्री०)–यथार्थता, सच्चाई।

हक़ीक़ते हाल (अ० स्त्री०)–सच्चा हाल।

हक़ीक़ी (अ० वि०)–वास्तविक, यथार्थ।

हकीम (अ० वि०)–वैद्य, चिकित्सक, मीमांसक, वैज्ञानिक।

हक़ीर (अ० वि०)–तुच्छ, न्यून।

हज (ज्ज) (अ० पु०)–मुसलमानों का एक धार्मिक कृत्य जो मक्के (अरब) में जाकर अदा करना होता है।

हजर (अ० पु०)–पत्थर।

हजरे अस्वद (अ० पु०)–वह काला पत्थर जो मक्के में है, जिसकी परि-क्रमा हज में की जाती है।

हजामत (अ० स्त्री०)–बाल बनाना, बाल बनवाना।

हज़ार (फा० वि०)–दस सौ की संख्या, सहस्र।

हज़ार दास्ताँ (फा० पु०)–बुलबुल, एक प्रसिद्ध सुरीली आवाज़ वाली चिड़िया।

हज्जाम (अ० पु०)–नाई, क्षौरिक।

हज़्ज़े रूहानी (अ० पु०)–आत्मा संबंधी-सुख।

हज़्म (अ० पु०)–पाचन-शक्ति, हाज़िमः।

हज्र (अ० पु०)–वियोग।

हज़रत (अ० पु०)–कोई प्रतिष्ठित और पूज्य व्यक्ति।

हज्व (अ० स्त्री०)–निंदा।

हत्क (अ० स्त्री०)–अपमान।

हद (द्द) (अ० स्त्री०)–पराकाष्ठा, सीमा, छोर।

हदबंदी (अ० फा० स्त्री०)–दो जमीनों के बीच में ऐसा चिह्न, जो दोनों की सीमा निश्चित करे।

हदीस (अ० स्त्री०)–नई बात, नई ख़बर, पैग़ंबर साहब के सत्यवचन।

हद्यः (अ० पु०)–उपहार, भेंट।

हनीफ़ (अ० वि०)–धर्मपरायण, सत्यनिष्ठ।

हफ़्तः (फा० पु०)–सप्ताह, सात दिनों का समय।

हफ़्तःवार (फा० वि०)–साप्ताहिक।

हबाब (फा० पु०)–बुलबुला, बुद्बुद।

हबीब (अ० वि०)–मित्र, प्रेमपात्र।

हमःउम्र (फा० अ० वि०)–आजीवन, जीवन-भर।

हम (फा० पु०)–साथ वाला, जैसे—'हम उम्र'; बराबर वाला।

हमअलामत (फा० अ० वि०)–एक जैसे लक्षणों वाले।

हमअस्र (फा० अ० वि०)–सम-कालीन।

हमदम (फा० वि०)–हर समय का साथी, मित्र।

हमदर्द (फा० वि०)–दुःख-दर्द का

साथी, सहानुभूति करने वाला।

हमदर्दी (फा० स्त्री०)–सहानुभूति।

हमनाम (फा० वि०)–एक से नाम वाले, समनाम।

हमपेशः (फा० वि०)–सहव्यवसायी।

हममा'ना (फा० अ० वि०)–पर्याय-वाची, एक अर्थ वाले।

हममुल्क (फा० अ० वि०)–एक देश के निवासी।

हमराज़ (फा० वि०)–मर्मज्ञ, मित्र, दोस्त।

हमराह (फा० वि०)–रास्ते का साथी। सहपंथी।

हमराही (फा० पु०)–सहपंथी।

हमरोजः (फा० वि०)–उसी दिन, उसी दिन का।

हमवतन (फा० अ० वि०)–एक देश के रहने वाले, एक नगर के रहने वाले।

हमशक्ल (फा० अ० वि०)–एक जैसी शक्ल वाले, अनुरूप, समाकार।

हमसफ़र (फा० अ० वि०)–यात्रा का साथी।

हमाक़त (अ० स्त्री०)–मूर्खता, अज्ञान, मूढ़ता।

हमीदः (अ० वि०)–साध्वी, पुनीता, पवित्रा।

हमीद (अ० वि०)–पुनीत, सदाचारी।

हमेशः (फा० वि०)–सर्वदा, नित्य, निरंतर, लगातार, अधिकतर।

हम्द (अ० स्त्री०)–ईश्वर की स्तुति।

हम्माम (अ० पु०)–स्नानागार, गुस्ल-ख़ाना।

हम्माल (अ० पु०)–भार-वाहक।

हम्माली (अ० स्त्री०)–बोझ ढोने का काम।

हम्लः (अ० पु०)–आक्रमण, आघात, चोट।

हम्लःआवर (अ० फा० वि०)–आक्र-मणकारी।

हया (अ० स्त्री०)–लज्जा, व्रीड़ा।

हयात (अ० स्त्री०)–जीवन, ज़िंदगी।

हरकत (अ० स्त्री०)–गति, चाल, बुरा काम।

हरगिज़ (फा० अव्य०)–कदापि, कभी नहीं।

हरचंद (फा० अव्य०)–जितना कुछ, जिस क़दर, यद्यपि, कितना ही, कितना भी।

हरज (अ० पु०)–हानि, उपद्रव, गड़बड़।

हरजाई (फा० वि०)–हर जगह पहुँ-चने वाला (वाली), कुलटा स्त्री।

हरदम (फा० वि०)–हर समय, निरं-तर, लगातार, नित्य, हमेशा।

हरदिल अज़ीज़ (फा० अ० वि०)–जिसे सब पसंद करें, सर्वप्रिय, लोक-प्रिय।

हरम (अ० पु०)–का'बा, ख़ुदा का घर, मक्के के आस-पास का क्षेत्र, अंतःपुर, जनानखाना, गुंबद।

हरमसरा (अ० फा० स्त्री०)–बड़े आदमियों का जनानख़ाना।

हरयक (फा० वि०)–हर एक, हर कोई।

हररोजः (फा० वि०)–हर दिन होने-वाला, हर दिन का।

हरवक़्त (फा० अ० वि०)–हर समय, निरंतर।

हराम (अ० पु०)–जिसका खान-पान धर्म में वर्जित हो, अविहित, पर स्त्री अथवा पर पुरुष गमन, प्रतिष्ठित।

हरामख़ोर (अ० फा० वि०)–काम-

चोर, कृतघ्न।

हरामख़ोरी (अ० फा० स्त्री०)–काम चोरी करना, कृतघ्नता, मुफ़्त का खाना।

हरामज़ादः (अ० फा० वि०)–जारज, वर्ण-संकर, धूर्त, दोग़ला।

हरामी (अ० वि०)–दोग़ला, जारज, संकर।

हरारत (अ० स्त्री०)–उष्णता, गर्मी, हलका ज्वर।

हरीफ़ (अ० पु०)–प्रतिद्वंद्वी।

हरीस (अ० वि०)–लालची।

हर्फ़ (अ० पु०)–अक्षर, वर्ण, शब्द, दोष।

हर्फ़अंदाज़ (अ० फा० वि०)–धूर्त, वंचक, चालाक।

हर्ब (अ० पु०)–अस्त्र, शस्त्र।

हल(ल्ल) (अ० पु०)–समाधान, सुलझाव, घुल जाना, विलयन, सुगमता।

हलाक (फा० वि०)–हत, वधित, किसी घटना में मरा हुआ।

हलाल (अ० वि०)–विहित, जाइज, जिसका खाना और पीना धर्म में वर्जित न हो, ज़ब्ह किया हुआ।

हलीम (अ० वि०)–सहनशील, अनेक दालों और मांस से बना हुआ खाना।

हल्क़ः (अ० पु०)–परिधि।

हल्फ़नामः (अ० फा० पु०)–शपथपत्र।

हल्लाज (अ० पु०)–रूई धुनने वाला, एक प्रसिद्ध संत।

हल्वा (अ० पु०)–घी, शकर, मेवा और आटा आदि से बना हुआ खाद्य पदार्थ।

हल्वाई (अ० पु०)–मिठाई बनाने और बेचने वाला।

हवस (अ० स्त्री०)–उत्कंठा, लालसा, बढ़ा।

हवसकार (अ० फा० वि०)–लोलुप, लोभी, लालची।

हवा (अ० स्त्री०)–वायु, वात, इच्छा, आकांक्षा, लोभ, लिप्सा, लालच।

हवाई (अ० वि०)–वायु-संबंधी, वायु का।

हवाख़ोरी (अ० फा० स्त्री०)–वायु-सेवन।

हवापरस्त (अ० फा० वि०)–अवसरवादी।

हवाबाज़ (अ० फा० वि०)–वायुयान-चालक।

हवालः (अ० पु०)–हस्तांतरण, सिपुर्दगी, अवतरण।

हवालात (अ० स्त्री०)–मुकदमा निर्णय होने से पहले अपराधियों को रखने का स्थान।

हवेली (फा० स्त्री०)–भवन, बड़ा मकान।

हश्त (फा० वि०)–आठ, अष्ट।

हश्र (अ० पु०)–महा प्रलय, आपत्ति, विपदा।

हश्र अंगेज़ी (अ० फा० स्त्री०)–उपद्रव और हलचल खड़ी कर देना।

हसद (अ० पु०)–ईर्ष्या, डाह, जलन।

हसीनः (अ० स्त्री०)–सुन्दरी, रूपवती।

हसीन (अ० वि०)–सुंदर, रूपवान्।

हस्ती (फा० स्त्री०)–अस्तित्व, जीवन, संसार, सामर्थ्य।

हस्तोनेस्त (फा० पु०)–उत्पत्ति और विनाश।

हस्ब (अ० वि०)–अनुसार।

हस्बे ज़ैल (अ० वि०)–निम्नलिखित।

हस्बे दस्तूर (अ० वि०)–यथाविधि, विधिपूर्वक ।

हस्ब (अ० पु०)–निर्भरता, अवलंबन, सहारा ।

हस्रत (अ० स्त्री०)–निराशा, दुःख, कष्ट, अभिलाषा, लालसा, इच्छा ।

हस्रत अंगेज (अ० फा० वि०)– निराशा पैदा करने वाला ।

हस्सास (अ० वि०)–संवेदनशील, स्वाभिमानी ।

हाकिम (अ० वि०)–पदाधिकारी, स्वामी, शासक, अफ़सर, अध्यक्ष ।

हाकिमानः (अ० फा० वि०)–अफ़सरों-जैसा ।

हाजत (अ० स्त्री०)–इच्छा, अभिलाषा, मनोकामना ।

हाजतमंद (अ० फा० वि०)–इच्छुक, अभिलाषी, निर्धन ।

हाज़िम (अ० वि०)–पाचक ।

हाज़िर (अ० वि०)–उपस्थित, विद्यमान, मौजूद ।

हाज़िर जवाब (अ० वि०)–जो तुरंत ही किसी बात का उचित और चमत्कारपूर्ण उत्तर दे ।

हाज़िरी (अ० स्त्री०)–उपस्थिति, मौजूदगी ।

हाज़िरीन (अ० पु०)–'हाज़िर' का बहु०, उपस्थितगण ।

हाज़ीरीने जल्सः (अ० पु०)–किसी सभा में उपस्थित लोग ।

हाजी (अ० पु०)–हज करने वाला ।

हातिम (अ० पु०)–न्यायाधीश ।

हादिसः (अ० पु०)–दुर्घटना, विपत्ति ।

हाफ़िज (अ० पु०)–जिसकी स्मृति अच्छी हो । जिसे संपूर्ण कुरान याद हो, रक्षक ।

हामिद (अ० वि०)–प्रशंसक ।

हामिलः (अ० स्त्री०)–गर्भवती ।

हामी (अ० वि०)–पक्षपाती, सहायक ।

हार (फा० पु०)–माला ।

हारून (अ० पु०)–दूत, राजदूत, संरक्षक ।

हाल (अ० पु०)–दशा, वृत्तांत, हालत, झूमना ।

हालत (अ० स्त्री०)–दशा, अवस्था ।

हालांकि (अ० फा० अव्य०)–यद्यपि ।

हालात (अ० पु०)–हालतें, दशाएं ।

हाली (अ० वि०)–हाल का, आधुनिक, शृंगारित ।

हावी (अ० वि०)–छाया हुआ, आच्छादित ।

हाशियः (अ० पु०)–किनारा, किसी पुस्तक के नीचे दी हुई टीका-टिप्पणी ।

हासिद (अ० वि०)–ईर्ष्यालु ।

हासिल (अ० वि०)–प्राप्त, वुसूल, उपलब्ध, आय, आमदनी, राजस्व ।

हिंद (फा० पु०)–भारत, हिंदुस्तान ।

हिंदसः (अ० पु०)–संख्या, गणित, अदद ।

हिंदी (फा० स्त्री०)–देवनागरी भाषा, नागरी (पु०) भारत का निवासी, हिंदुस्तानी ।

हिंदी दां (फा० वि०)–हिंदी भाषा जानने वाला ।

हिंदुस्तां (फा० पु०)–'हिंदुस्तान' का लघु०, भारत, भारतवर्ष ।

हिंदू (फा० पु०)–हिंदुस्तान का वह व्यक्ति जो मूर्ति-पूजा करता और वैदिक धर्मावलंबी है ।

हिकायत (अ० स्त्री०)–कला, कहानी,

वार्ता।

हिक्मत (अ० स्त्री०)–विज्ञान, आयुर्वेद, बुद्धिमत्ता।

हिक्मत आमेज (अ० फा० वि०)–युक्तिपूर्ण, बुद्धिपूर्ण।

हिक्मते अमली (अ० स्त्री०)–कूट-नीति।

हिजाब (अ० पु०)–लज्जा, संकोच, पर्दा।

हिज्र (अ० पु०)–वियोग, विरह, जुदाई।

हिज्रत (अ० स्त्री०)–प्रवास।

हिज्रांजदः (अ० फा० वि०)–वियोग का सताया हुआ, विरहग्रस्त।

हिज्री (अ० वि०)–इस्लामी संवत्सर।

हिदायत (अ० स्त्री०)–शिक्षा, सीख, आदेश, निदेश।

हिदायत आमेज (अ० फा० वि०)–शिक्षापूर्ण।

हिदायतनामः (अ० फा० पु०)–अनुदेशपत्र।

हिफ़ाजत (अ० स्त्री०)–रक्षा, बचाव, निरीक्षण, सतर्कता, सावधानी।

हिमायत (अ० स्त्री०)–पक्षपात, सहायता, हिम्मत बढ़ाना।

हिमायती (अ० वि०)–पक्षपाती, सहायक, मित्र।

हिम्मत (अ० स्त्री०)–साहस, उत्साह, धृष्टता।

हिम्मत अफ़्जाई (अ० फा०)–प्रोत्साहन देना।

हिम्मतवर (अ० फा० स्त्री०)–साहसी, उत्साही।

हिम्मतशिकनी (अ० फा० स्त्री०)–निरुत्साह करना।

हिरा (अ० पु०)–मक्के के पास एक पहाड़ जहाँ मुहम्मद साहब ईश्वर का ध्यान किया करते थे।

हिरास (फा० पु०)–भय, त्रास, शंका, आशंका।

हिरासत (अ० स्त्री०)–निरीक्षण, हवालात।

हिरासती (अ० वि०)–हिरासत में लिया हुआ।

हिरासाँ (फा० वि०)–भयभीत, हताश।

हिर्फ़त (अ० स्त्री०)–उद्यम, व्यवस्था, धूर्तता।

हिर्स (अ० स्त्री०)–लोभ, लालच।

हिलाल (अ० पु०)–नया चाँद।

हिल्यः (अ० पु०)–मुखाकृति।

हिस (स्स) (अ० स्त्री०)–संवेदन, अनुभव।

हिसाब (अ० पु०)–गणना, शुमार, गणित, लेनदेन, व्यवहार।

हिसार (अ० पु०)–परिधि, चक्र।

हिस्सः (अ० पु०)–खंड, भाग, टुकड़ा।

हिस्सी (अ० वि०)–इन्द्रिय संबंधी।

हीन (अ० अव्य०)–समय, काल।

हीलः (अ० पु०)–छल, कपट, बहाना, मिथ्या।

हीलःतराश (अ० फा० वि०)–नये-नये बहाने बनाने वाला।

हीलःपसंद (अ० फा० वि०)–जिसे बहानाबाज़ी अच्छी लगती हो।

हुक़ूक़ (अ० पु०)–'हक़' का बहु०, अधिकार समूह।

हुक़ूक़े इंसानियत (अ० पु०)–वह अधिकार जो मानवजाति को प्राप्त हैं।

हुकूमत (अ० स्त्री०)–शासन, सत्ता, राज्य, राष्ट्र, अत्याचार, सरकार।

हुकूमते ग्राइनी (ग्र० स्त्री०)–वह राज्य जो विधान द्वारा चलाया जाए।

हुकूमते इलाही (ग्र० स्त्री०)–ईश्वरीय सत्ता।

हुकूमते ख़ुदइख़्तियारी (ग्र० फा० स्त्री०)–वह राज्य, जिसमें कोई विधान न हो।

हुकूमते जुम्हूरी (ग्र० स्त्री०)–वह राज्य जो जनता के प्रतिनिधियों द्वारा चले, जनतंत्र, गणतंत्र।

हुक़्क़: (ग्र० पु०)–चिलम पीने की गुड़गुड़ी, हुक्का, पिटारी।

हुक्काम (ग्र० पु०)–'हाकिम' का बहु०, हाकिम लोग, पदाधिकारी वर्ग।

हुक्म (ग्र० पु०)–ग्राज्ञा, इजाज़त, ग्रादेश, राजादेश।

हुक्मउदूल (ग्र० वि०)–ग्रवज्ञाकारी, उद्दंड।

हुक्मनाम: (ग्र० फा० पु०)–ग्रादेश-पत्र।

हुक्मराँ (ग्र० फा० वि०)–शासक, हाकिम।

हुजूम (ग्र० पु०)–जन-समूह, भीड़।

हुज़ूर (ग्र० पु०)–संबोधन के लिए एक ग्रादर-सूचक शब्द; उपस्थिति, साक्षात्, ग्रामना-सामना।

हुज़ूरी (ग्र० स्त्री०)–उपस्थिति, विद्यमानता।

हुज़ूरेवाला (ग्र० फा० पु०)–बड़े ग्रादमी के लिए प्रतिष्ठा सूचक संबोधन का शब्द।

हुज्जत (ग्र० स्त्री०)–तर्क, दलील, प्रमाण, कलह, झगड़ा, वाद-विवाद।

हुज्जती (ग्र० वि०)–वाद-विवाद करने वाला।

हुज़्न (ग्र० पु०)–खेद, शोक।

हुनरमंद (फा० वि०)–गुणवान, कलाकार, शिल्पी।

हुमा (फा० पु०)–कल्पित पक्षी, जिसकी छाया से मनुष्य राजा हो जाता है।

हुमायूँ (फा० वि०)–शुभ, (पु०) ग्रकबर का पिता, एक मुगल शासक।

हुर्रीयत (ग्र० स्त्री०)–स्वतंत्रता, स्वाधीनता, ग्राज़ादी।

हुल्य: (ग्र० पु०)–शारीरिक ग्राकार, जेवर।

हुसूल (ग्र० पु०)–प्राप्ति, ग्राय, फल।

हुसैन (ग्र० पु०)–हज़्रतग्रली के छोटे पुत्र का नाम।

हुस्न (ग्र० पु०)–सौंदर्य, सुंदरता, शोभा, छटा।

हुस्नग्राराई (ग्र० फा० स्त्री०)–बहुत सुंदर होना।

हुस्ने इंतिज़ाम (ग्र० पु०)– सुप्रबंध।

हुस्ने यूसुफ़ (ग्र० पु०)–सर्वश्रेष्ठ रूप, पैग़म्बर यूसुफ़ का सौंदर्य जो संसार में सर्वोत्तम माना जाता है।

हुस्ने सुलूक (ग्र० पु०)–व्यवहार की शिष्टता।

हूबहू (फा० वि०)–एक जैसा, सदृश, समान।

हूर (ग्र० स्त्री०)–स्वर्ग में रहने वाली सुंदर स्त्री, स्वर्गांगना, स्वर्ग-वधू।

हेच (फा० वि०)–हीन, बहुत थोड़ा, तुच्छ।

हेचमदाँ (फा० वि०)–ग्रनभिज्ञ, ग्रज्ञानी।

हेमियः (फा० स्त्री०)–ईंधन।

हैग्रत (ग्र० स्त्री०)–खगोल विद्या, रूप, ग्राकृति।

हैज़: (अ० पु०)–विसूचिका रोग।

हैजान (अ० पु०)–तेज़ी, वेग, अशांति।

हैदर (अ० पु०)–शेर, सिंह, हज़्रत अली का लक़ब।

हैफ़ (अ० पु०)–खेद।

हैबत (अ० स्त्री०)–आतंक, धाक, भय।

हैबतनाक (अ० फा० वि०)–भयंकर, डरावना।

हैरत (अ० स्त्री०)–आश्चर्य, विस्मय।

हैरतअंगेज़ (अ० फा० वि०)– आश्चर्यजनक।

हैरान (अ० वि०)–चकित, निस्तब्ध, भौंचक्का।

हैरानी (अ० स्त्री०)–विस्मय, आश्चर्य।

हैवान (अ० पु०)–पशु, जंतु, जंगली जानवर।

हैवानीयत (अ० स्त्री०)–निर्दयता, पशुत्व।

हैसियत (अ० स्त्री०)–प्रतिष्ठित, इज्जत, आर्थिक अवस्था, योग्यता, सामर्थ्य।

होश (फा० पु०)–बुद्धि, समझ, संज्ञा, चेतना

होशमंद (फा० वि०)–बुद्धिमान, सचेत।

होशयार (फा० वि०)–बुद्धिमान, चतुर, चालाक।

होशयारी (फा० वि०)–बुद्धिमत्ता, कुशलता।

हौज़ (अ० पु०)–पानी का पक्का कुंड, चहबच्चा।

हौल (अ० पु०)–भय, त्रास, डर।

हौलनाक (अ० फा० वि०)–भयंकर, डरावना।

हौसल: (अ० पु०)–उत्साह, धृष्टता, साहस।

हौसल:अफ़्ज़ाई (अ० फा० स्त्री०)– प्रोत्साहन, साहस बढ़ाना।

□

हमारे अन्य श्रेष्ठ प्रकाशन

चर्चित पुस्तकें

आवारा मसीहा, विष्णु प्रभाकर, **अदम्य साहस** डॉ. अब्दुल कलाम, **प्रेरणात्मक विचार** डॉ. अब्दुल कलाम, **मेरी आपबीती** बेनज़ीर भुट्टो, **मेरे सपनों का भारत** महात्मा गांधी, **सत्य के प्रयोग** महात्मा गांधी, **परिवर्तन और राजनीति** एन.के. सिंह, **भारतीय अर्थतंत्र, इतिहास और संस्कृति** अमर्त्य सेन, **आर्थिक विकास और स्वातन्त्र्य** अमर्त्य सेन, **आर्थिक विषमताएं** अमर्त्य सेन, **गरीबी और अकाल** अमर्त्य सेन, **भारत विकास की दिशाएं** अमर्त्य सेन, **भारतीय राज्यों का विकास** अमर्त्य सेन, **हिंसा और अस्मिता का संकट** अमर्त्य सेन, **भारतीय दर्शन** डॉ. राधाकृष्णन्, **जिन्ना : भारत-विभाजन के आइने में** जसवंत सिंह

शब्दकोश : कोश : शिक्षा

राजपाल बृहत् हिन्दी-अंग्रेजी शब्दकोश डॉ. हरदेव बाहरी, **राजपाल बृहत् अंग्रेजी-हिन्दी शब्दकोश** डॉ. हरदेव बाहरी, **राजपाल हिन्दी शब्दकोश** डॉ. हरदेव बाहरी, **शिक्षार्थी हिन्दी-अंग्रेज़ी शब्दकोश** डॉ. हरदेव बाहरी, **राजपाल अंग्रेज़ी-हिन्दी शब्दकोश** डॉ. हरदेव बाहरी, **राजपाल अंग्रेज़ी-हिन्दी पारिभाषिक शब्दकोश** डॉ. हरदेव बाहरी, **राजपाल हिन्दी-अंग्रेज़ी थेसॉरस** गोपीनाथ श्रीवास्तव, **राजपाल अंग्रेजी-हिन्दी राजभाषा प्रयोगकोश** गोपीनाथ श्रीवास्तव, **राजपाल लोकोक्ति कोश** हरिवंश राय शर्मा, **राजपाल साहित्यिक मुहावरा कोश** हरिवंश राय शर्मा, **राजपाल साहित्यिक सुभाषित कोश** हरिवंश राय शर्मा, **विद्यार्थी हिन्दी शब्दकोश** डॉ. ओमप्रकाश, **शब्दार्थ-विचार कोश** आचार्य रामचन्द्र वर्मा, **शब्द-परिवार कोश** डॉ. बदरीनाथ कपूर, **व्यावहारिक उर्दू-हिन्दी शब्दकोश** डॉ. सैयद असद अली, **कहावत कोश** समर सिंह

विश्वकोश : संदर्भ-ग्रंथ

विश्वकोश-I (पृथ्वी-आकाश-खनिज) डॉ. बालकृष्ण, **विश्वकोश-II (आविष्कार-खोज)** डॉ. बालकृष्ण, **विश्वकोश-III (जीव-जंतु : पेड़-पौधे)** डॉ. बालकृष्ण, **विश्वकोश-IV (विज्ञान-वैज्ञानिक)** डॉ. बालकृष्ण, **भारतीय संस्कृति कोश** लीलाधर शर्मा पर्वतीय, **भारतीय चरित कोश** लीलाधर शर्मा पर्वतीय, **अंतरराष्ट्रीय व्यक्ति कोश** विश्वमित्र शर्मा, **भारत रत्न** विश्वमित्र शर्मा, **20वीं सदी के सौ प्रसिद्ध भारतीय** विश्वमित्र शर्मा, **नोबेल पुरस्कार कोश** विश्वमित्र शर्मा, **नोबेल पुरस्कार सम्मानित भारतीय** विश्वमित्र शर्मा, **भारत के राष्ट्रपति** भगवतीशरण मिश्र, **भारत के प्रधानमंत्री** भगवतीशरण मिश्र, **नोबेल पुरस्कार विजेता साहित्यकार** राजबहादुर सिंह, **विश्व के महान वैज्ञानिक** फिलिप केन, **विश्व की महिला अंतरिक्ष यात्री** कालीशंकर, **भारतीय भाषाओं के पुरस्कृत साहित्यकार** डॉ. आरसू, **50 क्रांतिकारी** राजेन्द्र पटोरिया, **100 प्रसिद्ध भारतीय खिलाड़ी** चित्रा गर्ग

उपन्यास

मानस का हंस (पुरस्कृत) अमृतलाल नागर, **नाच्यौ बहुत गोपाल** अमृतलाल नागर, **खंजन नयन** अमृतलाल नागर, **बिखरे तिनके** अमृतलाल नागर, **पीढ़ियां** अमृतलाल नागर, **करवट** अमृतलाल नागर **सेठ बांकेमल** अमृतलाल नागर, **भूख** अमृतलाल नागर, **सात घूंघट वाला मुखड़ा**

अमृतलाल नागर, **सोमनाथ** आचार्य चतुरसेन, **वयं रक्षामः** आचार्य चतुरसेन, **वैशाली की नगरवधू** आचार्य चतुरसेन, **सोना और खून** (चार भागों में) आचार्य चतुरसेन, **कब तक पुकारुं** रांगेय राघव, **घरौंदा** रांगेय राघव, **न आने वाला कल** मोहन राकेश, **समग्र उपन्यास** कमलेश्वर, **कितने पाकिस्तान** कमलेश्वर, **एक सड़क सत्तावन गलियां** कमलेश्वर, **काली आँधी** कमलेश्वर, **सुबह दोपहर शाम** कमलेश्वर, **रेगिस्तान** कमलेश्वर, **अभिज्ञान** नरेन्द्र कोहली, **आतंक** नरेन्द्र कोहली, **साथ सहा गया दुख** नरेन्द्र कोहली, **जंगल** नरेन्द्र कोहली, **एक नौकरानी की डायरी** कृष्ण बलदेव वैद, **शिकस्त की आवाज़** कृष्ण बलदेव वैद, **नर नारी** कृष्ण बलदेव वैद, **एक इंच मुस्कान** राजेन्द्र यादव/मन्नू भंडारी, **जंगल के फूल** राजेन्द्र अवस्थी, **अकेली आवाज़** राजेन्द्र अवस्थी, **कुहरे में युद्ध** शिवप्रसाद सिंह, **औरत** शिवप्रसाद सिंह, **रात भारी है** अमृता प्रीतम, **कैली कामिनी और अनीता** अमृता प्रीतम, **जलते बुझते लोग** (एक ही जिल्द में तीन उपन्यास) अमृता प्रीतम, **यह कलम यह कागज़ यह अक्षर** अमृता प्रीतम, **ययाति** वि.स. खांडेकर, **कोणार्क** प्रतिभा राय, **उसका अपना आकाश** प्रतिभा राय, **चित्रप्रिया** अखिलन, **एक गधे की आत्मकथा** कृश्न चंदर, **तापसी** कुसुम अंसल, **पहाड़ चोर** सुभाष पंत, **गोदान** प्रेमचंद, **गबन** प्रेमचंद, **औरतें** खुशवंत सिंह, **समुद्र की लहरों में** खुशवंत सिंह, **मुजरिम हाज़िर** विमल मित्र, **कुली** मुल्कराज आनंद, **अछूत** मुल्कराज आनंद, **सात साल** मुल्कराज आनंद, **दिशाएं बदल गईं** नरेश भारतीय, **सावित्री** व्योहार राजेन्द्रसिंह **कुली बैरिस्टर** राजेन्द्रमोहन भटनागर, **गौरांग** राजेन्द्रमोहन भटनागर, **गाइड** आर.के. नारायण, **स्वामी और उसके दोस्त** आर.के. नारायण, **वध** मनहर चौहान, **जिहादी आतंकवाद** शंकर शरण, **महारानी झांसी** शांति नारायण, **चाणक्य और चन्द्रगुप्त** हरिनारायण आपटे।

कविता

मधुशाला बच्चन, **मधुबाला** बच्चन, **मधुकलश** बच्चन, **खैयाम की मधुशाला** बच्चन, **मेरी श्रेष्ठ कविताएं** बच्चन, **निशा निमंत्रण** बच्चन, **जाल समेटा** बच्चन, **दो चट्टानें** बच्चन, **सतरंगिनी** बच्चन, **मिलन यामिनी** बच्चन, **आत्मिका** महादेवी, **नीलांबरा** महादेवी, **दीपगीत** महादेवी, **चुनी हुई कविताएं** अज्ञेय, **गीतांजलि** रवीन्द्रनाथ टैगोर, **साधना** रवीन्द्रनाथ टैगोर, **पथ का गीत** रवीन्द्रनाथ टैगोर, **आखिर यह मौसम भी आया** रमानाथ अवस्थी, **क्या खोया क्या पाया** अटलबिहारी वाजपेयी, **अंग्रेजी के श्रेष्ठ कवि और उनकी श्रेष्ठ कविताएं** कुलदीप सलिल, **अन्तरा** विश्वनाथ।

कहानियाँ

मोहन राकेश की संपूर्ण कहानियां मोहन राकेश, **अज्ञेय की संपूर्ण कहानियां** अज्ञेय, **एक दिल हज़ार अफ़साने** अमृतलाल नागर, **मालगुड़ी की कहानियां** आर.के. नारायण, **सत्यजित राय की कहानियाँ** सत्यजित राय, **समग्र कहानियां** कमलेश्वर **मेरी प्रिय कहानियां** अज्ञेय, आचार्य चतुरसेन, भगवतीचरण वर्मा, रांगेय राघव, अमृतलाल नागर, मोहन राकेश, निर्मल वर्मा, राजेन्द्र यादव, कृश्न चन्दर, कमलेश्वर, मन्नू भंडारी, फणीश्वरनाथ रेणु, यशपाल, इलाचन्द्र जोशी, भीष्म साहनी,

राजपाल